# 城市轨道交通运营组织

(第2版)

张国宝 编著

上海科学技术出版社

图书在版编目(CIP)数据

城市轨道交通运营组织／张国宝编著．—2版．—
上海：上海科学技术出版社，2012.1(2021.1重印)
 ISBN 978-7-5478-1028-6

Ⅰ．①城… Ⅱ．①张… Ⅲ．①城市铁路－轨道交通－
行车组织 Ⅳ．①U239.5

中国版本图书馆 CIP 数据核字（2011）第 206541 号

城市轨道交通运营组织(第2版)
张国宝　编著

上海世纪出版股份有限公司
上 海 科 学 技 术 出 版 社　出版
（上海钦州南路71号　邮政编码200235）
上海世纪出版股份有限公司发行中心发行
200001　上海福建中路193号　www.ewen.co
常熟市兴达印刷有限公司印刷
开本 787×1092　1/16　印张 15.5
字数 330 千字
2006年8月第1版
2012年1月第2版　2021年1月第15次印刷
ISBN 978-7-5478-1028-6/U·11
定价：38.00元

本书如有缺页、错装或坏损等严重质量问题，请向工厂联系调换

## 内 容 提 要

本书系统阐述了城市轨道交通运营组织理论与实务,主要内容包括:城市公共交通及轨道交通发展沿革、轨道交通分类、轨道交通系统构成、客流分析、列车开行方案、列车运行图、运输能力计算与加强、列车运行组织、车站作业组织、车辆运用、调车作业、票务管理、运营安全和成本效益分析等。

本书可作为城市轨道交通相关专业的必修课教材,以及其他相关专业的教学参考书,也可供从事轨道交通规划建设、运营管理和教学科研的相关人员参考。

# 第 2 版前言

为有效解决城市交通拥挤问题、适应城市社会经济发展，以及为保护城市生态环境，发展大运量的快速轨道交通是必然趋势。截至 2010 年底，我国已有 12 个城市建成轨道交通线路，运营里程近 1 400 km。目前，国务院已批准 28 个城市的轨道交通建设规划，另有 8 个城市的轨道交通建设规划也在报批中。据估算，在"十二五"期间，我国拟建的轨道交通线路总长约为 2 750 km。

随着运营轨道交通的城市不断增加，以及北京、上海等城市进入网络化运营，为提高轨道交通运营效率、服务水平和经济效益，各方面对轨道交通运营组织的关注与重视也是前所未有。例如，网络化运营、运能运量矛盾、运营安全和经济效益等均成为热门话题，许多院校纷纷开设运营管理专业以培养这方面人才，新修订的《地铁设计规范》也增加了运营组织内容。

作者于 20 世纪 90 年代初开始轨道交通运营组织的研究与教学，当时在这个学科领域内耕耘的人员屈指可数，令人欣喜的是近年来这个队伍已经迅速扩大。伴随着我国轨道交通建设速度与发展规模的突飞猛进，本书第 1 版自 2006 年 8 月出版以来也已重印了多次，为了反映近年来轨道交通运营组织实践与学科领域的最新成果，以及为了满足读者需要，作者应邀对本书进行了修订。在本书修订过程中，作者听取了读者的意见、参阅了最新文献资料、进行了现场调研，对第 1 版各章的内容文字做了程度不同的增补、删减与勘正，加强了轨道交通网络化运营、移动闭塞线路行车组织、运营安全及应急处置等方面的内容。

本书各章最后所列的参考文献使作者获益匪浅；吴玲英参加了本书第 1 版的第六章、第七章撰写；此外，在本书编著工作中，得到了校友的帮助和支持，在此一并表示感谢。由于作者业务视野和学术水平的局限性，本书的内容安排、学术观点难免存在不当或疏漏之处，恳请同行、读者批评指正。

作 者
2011 年 9 月于上海

# 第1版前言

在大城市中,出行难、乘车难、行车难不仅成为市民工作和生活的一个突出问题,而且成为制约城市社会经济发展的一个严重问题。为解决大城市交通拥挤、保护城市生态环境,发展大运量的快速轨道交通是必然趋势。

截至 2005 年底,我国已运营轨道交通线路里程近 500 km,在建轨道交通线路长度约 400 km,正在规划建设轨道交通的城市有 30 多个,拟建轨道交通线路有 50 多条、总长约 1 500 km、总投资约 5 000 亿元。北京、上海、广州等 10 多个城市制订了轨道交通建设规划。到 2012 年,上海将建成总长达 510 km 的轨道交通近期线网。上述数据表明,进入 21 世纪后,我国的轨道交通建设步伐明显加快、面临着重大发展机遇。

随着运营轨道交通的城市不断增加以及一些城市线网化运营态势的出现,为提高运营效率、服务水平和经济效益,各方面对运营组织的关注与重视也是前所未有,例如,线网化运营、运能运量矛盾、运营安全和经济效益等均成为热门话题,许多院校纷纷开设运营管理专业以培养这方面人才,新修订的《地铁设计规范》增加了运营组织内容。

作者于 20 世纪 90 年代初开始轨道交通运营组织的研究与教学,当时在这个学科领域内耕耘的人员屈指可数,令人欣喜的是近年来这个队伍正在迅速扩大。为适应发展需要,作者曾数次编撰校内使用教材并出版相关专著。此次应邀编著本书,更加力求反映近年来轨道交通运营实践与学科领域的最新成果,对轨道交通运营组织的理论与实务进行全面、详尽的介绍。

吴玲英参加了本书第六章、第七章的撰写。本书各章最后所列的参考文献使作者获益匪浅;此外,本书的编著得到了许多校友、朋友的支持和帮助,在此一并表示感谢。由于作者业务视野和学术水平的局限性,本书的内容安排、学术观点难免存在不当或疏漏之处,恳请各位同行、读者批评指正。

作　者<br>
2006 年 5 月

# 目　　录

绪论 ······································································································· 1

## 第一章　轨道交通概述 ························································································ 7
### 第一节　轨道交通分类 ···················································································· 7
一、按历史沿革分类 ················································································· 7
二、按支承与导向制式分类 ······································································· 11
三、按小时单向运能分类 ········································································· 11
四、按路权专用程度分类 ········································································· 11
五、按线路服务区域分类 ········································································· 12
### 第二节　轨道交通系统构成 ············································································ 13
一、线路与车站 ····················································································· 13
二、车辆及车辆基地 ·············································································· 16
三、控制系统 ························································································ 19
四、其他重要的设备系统 ········································································ 24
### 第三节　轨道交通运营组织 ············································································ 26
一、轨道交通运营管理模式 ····································································· 26
二、轨道交通网络化若干问题 ·································································· 29
参考文献 ································································································ 34

## 第二章　客流 ······································································································ 36
### 第一节　客流概述 ························································································ 36
一、客流概念 ························································································ 36
二、影响客流的因素 ·············································································· 37
三、客流预测 ························································································ 39
四、客流调查 ························································································ 42
### 第二节　客流分析 ························································································ 45
一、客流的时间分布特征分析 ·································································· 45
二、客流的空间分布特征分析 ·································································· 49
参考文献 ································································································ 53

## 第三章　列车开行计划 ························································································ 55
### 第一节　全日行车计划 ·················································································· 55
一、编制资料 ························································································ 55
二、编制步骤 ························································································ 56

三、全日行车计划编制实例 ………………………………………………… 56
### 第二节 列车开行方案 ……………………………………………………… 59
一、列车编组方案 …………………………………………………………… 59
二、列车交路方案 …………………………………………………………… 61
三、列车停站方案 …………………………………………………………… 62
四、若干相关问题 …………………………………………………………… 64
### 第三节 列车运行图 ………………………………………………………… 68
一、列车运行图图解原理 …………………………………………………… 69
二、列车运行图分类 ………………………………………………………… 69
三、列车运行图要素 ………………………………………………………… 70
四、列车运行图编制 ………………………………………………………… 74
### 第四节 车辆运用计划 ……………………………………………………… 78
一、车辆运用分类 …………………………………………………………… 78
二、车辆运用计划 …………………………………………………………… 80
### 参考文献 …………………………………………………………………… 80

## 第四章 运输能力 …………………………………………………………… 81
### 第一节 运输能力概述 ……………………………………………………… 81
一、通过能力 ………………………………………………………………… 81
二、输送能力 ………………………………………………………………… 82
三、通过能力与输送能力的关系 …………………………………………… 82
### 第二节 线路通过能力 ……………………………………………………… 82
一、线路通过能力计算原理 ………………………………………………… 82
二、线路通过能力计算方法 ………………………………………………… 86
### 第三节 列车折返能力 ……………………………………………………… 88
一、列车折返能力计算原理 ………………………………………………… 88
二、列车折返能力计算方法 ………………………………………………… 90
### 第四节 使用通过能力 ……………………………………………………… 95
一、使用通过能力确定思路 ………………………………………………… 95
二、采用特殊交路对通过能力的影响 ……………………………………… 95
### 第五节 运输能力加强 ……………………………………………………… 97
一、运能-运量适应分析 …………………………………………………… 98
二、运输能力加强途径 ……………………………………………………… 99
三、运输能力加强措施 ……………………………………………………… 99
### 参考文献 …………………………………………………………………… 104

## 第五章 列车运行组织 ……………………………………………………… 105
### 第一节 列车运行概述 ……………………………………………………… 105
一、列车 ……………………………………………………………………… 105

二、行车闭塞法 ……………………………………………………… 105
　　三、行车指挥方式 …………………………………………………… 107
　　四、行车调度 ………………………………………………………… 108
　　五、主要行车规章 …………………………………………………… 111
　　六、附录：信号显示 ………………………………………………… 112
　第二节　正常情况下的列车运行组织 …………………………………… 114
　　一、行车组织指挥层次 ……………………………………………… 114
　　二、行车指挥自动化时的列车运行组织 …………………………… 115
　　三、调度集中时的列车运行组织 …………………………………… 127
　　四、调度监督时的列车运行组织 …………………………………… 127
　第三节　非正常情况下的列车运行组织 ………………………………… 128
　　一、固定闭塞线路 ATC 系统故障时行车 ………………………… 128
　　二、移动闭塞线路 CBTC 系统故障时行车 ……………………… 128
　　三、电话闭塞法行车 ………………………………………………… 132
　　四、特殊情况下列车运行 …………………………………………… 132
　　五、检修施工时列车运行 …………………………………………… 133
　　六、时间间隔法行车 ………………………………………………… 134
　参考文献 …………………………………………………………………… 134

第六章　车站作业组织 ……………………………………………………… 136
　第一节　车站技术设备 …………………………………………………… 136
　　一、行车设备 ………………………………………………………… 137
　　二、客运设备 ………………………………………………………… 138
　　三、设备容量及其确定 ……………………………………………… 141
　第二节　车站行车作业 …………………………………………………… 143
　　一、行车作业基本要求 ……………………………………………… 143
　　二、行车作业制度 …………………………………………………… 144
　　三、接发列车作业 …………………………………………………… 145
　　四、列车折返作业 …………………………………………………… 148
　第三节　车站客运作业 …………………………………………………… 150
　　一、客运作业基本要求 ……………………………………………… 150
　　二、售检票作业 ……………………………………………………… 150
　　三、站台服务作业 …………………………………………………… 151
　　四、客流组织 ………………………………………………………… 152
　　五、乘客投诉处理 …………………………………………………… 153
　　六、客运作业考核指标 ……………………………………………… 153
　　七、客运服务质量评价 ……………………………………………… 154
　第四节　换乘分析及改善 ………………………………………………… 155
　　一、轨道交通不同线路间换乘 ……………………………………… 155

二、轨道交通与其他交通方式换乘 ……………………………………………… 161
　参考文献 …………………………………………………………………………… 166

## 第七章　车辆运用与调车作业 …………………………………………………… 167
　第一节　概述 ………………………………………………………………………… 167
　　一、车辆段技术设备 ……………………………………………………………… 167
　　二、运转车间工作 ………………………………………………………………… 168
　第二节　车辆运用 …………………………………………………………………… 168
　　一、列车作业过程 ………………………………………………………………… 168
　　二、乘务管理 ……………………………………………………………………… 170
　第三节　调车作业 …………………………………………………………………… 172
　　一、基本概念 ……………………………………………………………………… 172
　　二、车辆段调车作业 ……………………………………………………………… 173
　　三、特殊情况调车 ………………………………………………………………… 176
　参考文献 …………………………………………………………………………… 177

## 第八章　票务管理 …………………………………………………………………… 178
　第一节　售检票方式及其自动化 …………………………………………………… 178
　　一、售检票方式 …………………………………………………………………… 178
　　二、自动售检票系统 ……………………………………………………………… 179
　第二节　AFC 设备配置与布局 ……………………………………………………… 183
　　一、影响配置与布局的因素 ……………………………………………………… 183
　　二、车站 AFC 设备配置 ………………………………………………………… 185
　　三、车站 AFC 设备布局 ………………………………………………………… 187
　第三节　车票管理 …………………………………………………………………… 190
　　一、车票分类 ……………………………………………………………………… 190
　　二、车票流程 ……………………………………………………………………… 191
　　三、车票管理 ……………………………………………………………………… 192
　　四、票款流程 ……………………………………………………………………… 193
　参考文献 …………………………………………………………………………… 193

## 第九章　运营安全 …………………………………………………………………… 194
　第一节　安全理论 …………………………………………………………………… 194
　　一、安全有关概念 ………………………………………………………………… 194
　　二、安全理论 ……………………………………………………………………… 195
　第二节　故障与事故 ………………………………………………………………… 200
　　一、轨道交通故障 ………………………………………………………………… 200
　　二、轨道交通事故 ………………………………………………………………… 201
　　三、运营安全评价指标 …………………………………………………………… 205

第三节　突发灾害 ································································································ 206
　　　　一、轨道交通重大灾害案例 ············································································ 206
　　　　二、轨道交通火灾预防 ··················································································· 207
　　　　三、轨道交通防恐反恐 ··················································································· 210
　　第四节　突发事件应急处置 ·················································································· 212
　　　　一、突发事件分类与响应等级 ········································································· 212
　　　　二、应急处置基础工作 ··················································································· 213
　　　　三、突发事件先期处置 ··················································································· 214
　　参考文献 ············································································································· 216

**第十章　成本效益分析** ·························································································· 217
　　第一节　成本、收入与盈利分析 ··········································································· 217
　　　　一、运输成本分析 ························································································· 217
　　　　二、运营收入分析 ························································································· 220
　　　　三、运营盈利分析 ························································································· 221
　　第二节　票价制定 ································································································ 223
　　　　一、票价制式 ································································································ 223
　　　　二、票价制定 ································································································ 224
　　第三节　提高经济效益 ························································································· 228
　　　　一、降低成本 ································································································ 228
　　　　二、增加收入 ································································································ 230
　　　　三、政策扶持 ································································································ 231
　　参考文献 ············································································································· 233

**附录　轨道交通常用缩略语英汉双解** ···································································· 234

# 绪　论

## 一、城市公共交通发展简述

据历史记载，城市公共交通的起源可以追溯到 17 世纪初，那时，巴黎、伦敦等城市先后出现了出租马车。可以说，出租马车是最早出现的城市公共交通工具，也是现代城市中出租汽车的先驱。

经过工业革命，随着城市人口迅速增加、城市区域不断拓展，市民的出行次数和出行距离也相应增加，步行为主的出行方式已经不能适应。此时，城市公共交通应运而生。1819年，第一条公共马车线路在法国巴黎投入运营，开始公共交通服务，公共马车是现代城市公共交通的雏形。自 19 世纪 20 年代起，在城市公共交通发展的历史过程中，按时间顺序，先后出现了以下一些主要的公共交通工具或系统。

1. 公共马车

最早开始公共马车交通服务的是巴黎（1819 年）、纽约（1827 年）和伦敦（1829 年）等城市。起初，马车行驶的街道大多是碎石路面，马车的速度慢，而且乘坐不舒适。1832 年，纽约在街道上铺设了供马车行驶的铁轨。由于轮轨系统减少了摩擦，铁轨马车不但提高了马车速度和乘坐舒适度，而且节省了马匹的使用并降低了噪声。在 19 世纪中期，世界上许多城市修建了铁轨马车线路。

2. 市郊铁路

1825 年，英国修建了世界上第一条铁路。1838 年，伦敦率先修建了市郊铁路，为居住在伦敦郊区和邻近城镇的上下班客流提供公共交通服务。此后，其他国家也相继修建了连接市区与郊区、中心城市与卫星城镇的市郊铁路，许多大都市地区还形成了市郊铁路网。在国外，市郊铁路还有一些其他名称，如在美国被称为通勤铁路（Commuter Rail），在德国被称为 S-Bahn，在法国被称为 RER（Regional Express Rail）。

3. 地下铁道

地下铁道（简称地铁）的出现起源于把铁路引入城市中心区域、为城市公共交通服务的想法。延伸到城市中心的铁路与后来出现的有轨电车不同，在市区内它与道路无平面交叉，而是采用地下或高架的线路形式，并且在地铁的修建初期大多是地下线路，于是产生了地铁的名称。1863 年，世界上第一条地铁线路在伦敦建成并投入运营，由于电力牵引尚未问世，当时是采用蒸汽机车牵引。1890 年，伦敦地铁改为电力牵引，采用第三轨供电。

在地铁出现后的 80 多年间，地铁的修建步伐缓慢，到 20 世纪 40 年代末，世界上仅有 21 个城市修建了地铁。二次世界大战后，伴随着世界各国城市的发展，以及对快速、大运量城市公共交通的需求，地铁修建步伐加快，到 21 世纪初，全世界已有 80 多个城市建成了地铁，地铁线路总长超过了 5 000 km。

#### 4. 高架铁路

1868年，纽约修建了第一条高架铁路，开始是缆索牵引，由于运营经济方面的原因，在1871年又改用小型蒸汽机车牵引。美国的一些城市曾先后修建过蒸汽牵引高架铁路，但由于蒸汽牵引高架铁路对城市带来煤烟、噪声等污染，以及部分城市认为高架铁路设施破坏了城市景观，因此，蒸汽牵引高架铁路在美国以外的城市中并未得到广泛的采用。1895年，世界上第一条电力牵引高架铁路在芝加哥建成，开始是电力机车牵引，两年后改用电动车组。电动车组牵引力大、加速快、运营成本低，并且消除了蒸汽牵引的煤烟污染问题，在当时被认为是一个技术上的突破。

#### 5. 缆车

1873年，第一条客运缆车线路在旧金山建成。与公共马车相比，缆车具有爬坡能力强、运营成本低、街道干净等优点。缆车运行的技术原理是：在两根铁轨中间设置一个槽道，槽道中安装了缆索，缆索借助于滚轮与滑车不停转动；在缆车中安装一种钳套装置，当缆车司机通过操作使缆车上的钳套装置与地面槽道中的缆索套连时，即可带动缆车运行。缆车线路修建的高峰是在19世纪末期，到1893年，美国有30多个城市修建了缆车线路，线路总长达到490 km。此外，欧洲、澳大利亚和新西兰的一些城市也修建了缆车线路。但在有轨电车出现后，绝大多数城市在20世纪初期停止了缆车线路运营。现在，旧金山是世界上唯一有缆车线路的城市，它不但发挥着城市公共交通功能，而且还成为了旧金山的城市景观和旅游资源。

#### 6. 有轨电车

1879年，在柏林工业博览会上，第一次演示了用电力作为驱动力的车辆。两年以后，柏林街头出现了商业运营的有轨电车线路。最初的有轨电车技术并不成熟，例如，向车辆供电的钢轨铺设在街道的一侧，存在马匹和行人触电的危险。1886年，美国南部城市蒙哥马利修建了第一条通过架空导线向车辆供电的有轨电车线路。1888年，在美国东部城市里士满修建了一条长19.3 km、拥有40辆有轨电车、采用架空导线供电的有轨电车线路，并投入商业运营，运营结果表明有轨电车系统在运营、安全和经济上具有良好绩效，给城市公共交通的管理者与经营者带来了深刻的印象。因此，世界上许多大中城市，甚至一些城镇都纷纷修建有轨电车线路，线路数最多时达到1 500条左右。

在世纪交替的40多年中，有轨电车曾在城市公共交通中占有主导地位。20世纪30年代后，由于汽车在城市交通中的应用逐步推广，世界上许多城市开始陆续拆除有轨电车线路。

#### 7. 公共汽车

在发明了用汽油作为动力的内燃机后，1885年德国制造出世界上第一辆汽车。1899年，伦敦率先在城市公共交通中使用公共汽车。直到20世纪20年代，在公共汽车的制造成本被降低和公共汽车线路设置的机动性被认识以后，公共汽车才在城市公共交通中得到广泛使用，并在二次世界大战后，发展成为市场份额最大的城市公共交通工具。公共汽车的广泛使用对城市公共交通的发展具有重要的影响，直接导致了公共马车的消亡和许多有轨电车线路的拆除。但是，公共汽车、私人汽车的广泛使用也对城市交通发展和城市环境保护带来了若干影响，突出的表现是道路拥挤、事故频繁，以及尾气污染和交通噪声等。

#### 8. 无轨电车

1901年，第一条无轨电车线路在法国巴黎投入运营。无轨电车在20世纪20年代得到广泛发展，在40年代末进入全盛时期。据统计，全世界曾经有700多个城市运营过无轨电车线路。50年代后，由于汽车的崛起，无轨电车也经历了一个漫长的衰退期。直到80年代初，无轨电车这一环保型城市交通工具又引起各方面的注意，一些城市又先后恢复或修建了无轨电车系统。

### 9. 单轨铁路

20世纪初，单轨铁路在城市公共交通中出现。1901年，德国的乌珀塔尔修建了一条横跨市区河流的悬挂式单轨铁路，这条单轨铁路有19个车站、全长约13 km，目前仍在运营中。由于车辆摇晃、轮轨磨耗较大等技术原因，单轨铁路未在城市交通中得到广泛应用。直到20世纪后半叶，随着悬挂式和跨座式单轨铁路技术的定型与成熟，以及单轨铁路作为解决城市公共交通问题的途径得到重视，单轨铁路才逐渐成为现代化城市公共交通工具。目前，日本是世界上修建单轨铁路最多的国家。

### 10. 轻轨

1955年，原联邦德国的杜塞尔多夫对旧式有轨电车系统进行技术改造，取得较好的运营效果。20世纪60年代，由于西欧一些城市对旧式有轨电车线路进行技术改造，以及新型轻轨车辆的研制成功，为现代轻轨系统的诞生奠定了基础。

20世纪70年代后期，一些城市开始建造全新的现代轻轨系统。1978年，在比利时布鲁塞尔召开的第一届国际轻轨交通会议上，针对当时存在的多种技术标准并存、各国对其命名不统一的情形，将在有轨电车基础上发展起来的新型、中运量轨道交通系统命名为Light Rail Transit，简称LRT。

现代轻轨系统与旧式有轨电车系统相比，具有路权形式多样、行车速度快、乘坐舒适、噪声较低和车辆购置价格较高等特点。由于轻轨技术比较成熟、工程造价较低，以及多种技术标准并存又使其具有较强的因地制宜性，从20世纪80年代起，轻轨成为世界各国城市发展轨道交通的首选技术之一。

### 11. 新交通系统

在对未来城市交通问题进行研究后，美国科研人员在1968年首次提出开发城市新交通系统(New Systems Of Urban Transportation)的建议。新交通系统概念的核心是从硬件技术的角度研究和开发区别于传统类型的城市公共交通系统。20世纪70年代中期，美国达拉斯沃斯堡机场的PM(People Mover)和摩根城的PRT(Personal Rapid Transit)等新交通系统相继建成运营。随后，法国、加拿大、日本等国也开始新交通系统的研究开发，如法国的VAL、加拿大的Sky Train和日本的AGT(Automated Guideway Transit)等。

城市新交通系统的概念和技术涵盖范围较广，据有关资料介绍，迄今为止已经提出的各种城市新交通系统的设想有百种以上，但这些设想目前大多数尚处于研究开发阶段。

新交通系统的核心是新型轨道交通系统和复合交通系统，前者包括PM(又称AGT)系统和PRT系统，后者如有轨与无轨联运的导向公共汽车系统。鉴于上述系统中的列车或车辆均具有自动控制与导向运行的特征，因此又将它们统称为自动导向交通。

### 12. 磁浮运输系统

磁浮运输系统是一种非粘着、用直线电机驱动列车运行的新型陆上交通运输系统，具有速度更高、运行安全、乘坐舒适、自动控制、节省能源、无振动和低噪声等特点。由于磁浮列车是悬浮运行,因此对于磁浮运输系统是否属于轨道交通,目前存在不同的观点。

按悬浮力产生原理划分,磁浮运输系统分为超导磁斥型和常导磁吸型两类。按速度目标值划分,磁浮运输系统分为高速和低速两类。

高速磁浮主要提供城际间的干线客运服务,速度目标值大于 450 km/h。低速磁浮主要提供城市内、旅游区的短途客运服务,速度目标值为 50～150 km/h。

磁浮运输技术的研究始于 20 世纪 60 年代中期,常导高速磁浮与常导低速磁浮均有实现商业运营的案例,如上海浦东磁浮线和英国伯明翰磁浮线等,而超导高速磁浮尚在研究开发中。

磁浮技术在城市公共交通中已经得到应用,但能否成功运营尚有待于实践检验。

1984 年,英国伯明翰磁浮线(Maglev)建成并投入运营,它是世界上第一个投入商业运营的磁浮系统。该线路连接铁路车站与机场大楼,全长 620 m,最高运行速度为 54 km/h,每小时单向运能为 5 000 人次。由于技术与经济的原因,伯明翰磁浮线已在 1995 年停运。

上海浦东磁浮线采用德国常导高速磁浮技术建设,于 2002 年底建成并投入运营。该线路连接地铁龙阳路站与浦东机场,全长 30 km,最高运行速度为 430 km/h。

2005 年,在日本爱知世界博览会开幕前,采用常导低速磁浮技术的东部丘陵线(HSST)正式运营。该线路连接名古屋市与爱知县,全长 8.9 km,无人驾驶,最高运行速度为 100 km/h。每小时单向运能为 6 000 人次左右。

### 二、轨道交通的地位与作用

现代大城市的公共交通系统由道路交通、轨道交通和其他交通构成,包括陆地、水上与空中、高架、地面与地下、传统与新型的各种城市交通类型,是一个多元化、立体化的复杂系统,如下图所示。

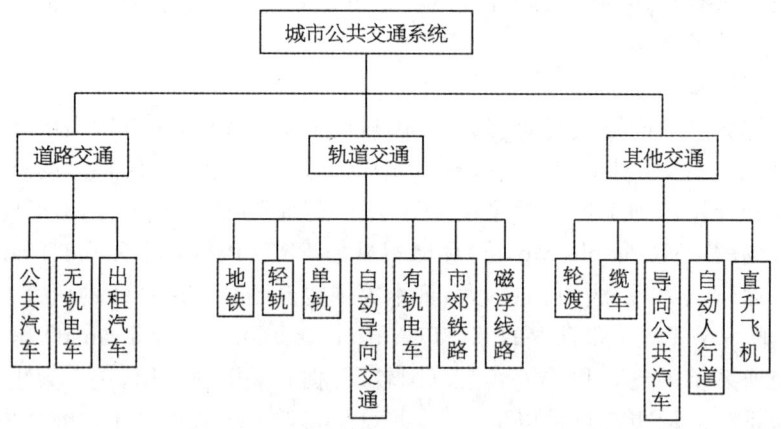

**现代城市公共交通系统构成图**

现代城市公共交通的发展历史揭示,轨道交通曾在城市公共交通发展的早期发挥过重要的作用。

轨道交通发展里程碑事件表明(见下表),轨道交通在城市公共交通的发展中始终占有重要的位置。自地铁、有轨电车问世以来,尽管轨道交通经历了兴盛、衰退和复兴这样一个螺旋式发展过程,但运营实践表明,轨道交通具有运能大、速度快、安全准时、乘坐舒适、节约能源,以及能够缓解地面交通拥挤和有利于环境保护等技术经济方面的优点。因此,世界各国大中城市都把发展立体化的快速轨道交通作为解决日益恶化城市交通问题的主要途径,并逐步形成了目前以地铁和轻轨为主体、多种轨道交通类型并存的现代轨道交通发展格局和趋势。

轨道交通发展的里程碑表

| 年 份 | 国 家 | 城 市 | 轨道交通类型 |
| --- | --- | --- | --- |
| 1832 | 美国 | 纽约 | 第一条铁轨马车线路 |
| 1838 | 英国 | 伦敦 | 第一条市郊铁路 |
| 1863 | 英国 | 伦敦 | 第一条地铁线路 |
| 1868 | 美国 | 纽约 | 第一条高架铁路 |
| 1881 | 德国 | 柏林 | 第一条有轨电车线路 |
| 1901 | 德国 | 乌帕塔尔 | 第一条单轨铁路 |
| 1955 | 德国 | 杜塞尔多夫 | 第一条轻轨线路 |
| 1974 | 美国 | 达拉斯 | 第一条 PM(AGT)线路 |
| 1975 | 美国 | 摩根城 | 第一条 PRT 线路 |

### 三、我国轨道交通发展概况

我国现代轨道交通发源于有轨电车。1904 年,香港出现了有轨电车;1908 年,上海的第一条有轨电车线路通车运营;1909 年,大连建成有轨电车线路。到 20 世纪 30 年代,有轨电车在我国有了较大的发展,北京、上海、天津、沈阳、大连和香港等许多城市修建了有轨电车线路。50 年代后,我国追随世界潮流,出现了停止发展和拆除有轨电车线路的情形,北京在 50 年代中后期拆除了全部有轨电车线路,沈阳到 1963 年也拆除了全部有轨电车线路,上海在 1975 年拆除了最后一条有轨电车线路。目前,我国只有香港、大连、长春和鞍山 4 个城市仍有几十公里有轨电车线路运营。

1969 年,我国第一条地铁线路在北京建成,一期工程线路全长 28.1 km,设 19 个车站。北京地铁建成后,上海、天津、广州等城市开始积极筹建地铁,但由于当时的社会、经济条件,在 20 世纪 70 年代,除北京续建地铁环线 16.4 km、天津建地铁 7.4 km 外,其余城市在地铁修建方面均未有实质性进展。

20 世纪 80 年末至 90 年代初,上海、广州在工程可行性研究的基础上相继开工修建地铁,国内许多城市也先后开始规划和筹建地铁、轻轨,掀起了国内轨道交通建设热潮。为使我国轨道交通建设能健康发展,国务院在 1995 年颁发 60 号文件,除同意北京、上海、广州三城市的在建地铁工程项目继续施工外,其余城市一律暂停轨道交通项目的对外签约和审批立项、开工。在此后的几年中,发展轨道交通的工作重点转向加快轨道交通设备国产化、降低地铁造价、轨道交通建设的投资及相关政策研究、轨道交通(主要是地铁)建设标准的制定等方面。与此同时,许多城市没有停止轨道交通线网规划和建设项目可行性研究。

进入 21 世纪,我国首次把"发展城市轨道交通"列入国民经济第十个五年计划发展纲要,国务院发出"关于加强城市快速交通建设管理的通知"。把发展轨道交通作为解决大城市交通拥挤,改善城市工作、生活与投资环境,促进城市可持续发展的途径与手段,并以政府行为与重大战略的形式提了出来,给轨道交通带来新的发展机遇。截至 2009 年底,我国已有北京、天津、上海、广州、长春、大连、武汉、重庆、深圳、南京等城市建成地铁、轻轨或单轨,运营线路总长达到 999 km;到 2010 年底,我国城市轨道交通运营线路总长已接近 1 400 km(统计数据未包括港台地区),成都、沈阳地铁的建成运营,使我国拥有轨道交通的城市发展到 12 个,其中北京、上海和广州等城市已经初步建成轨道交通网络。

2009 年底,国务院颁布的批准地铁建设指标为:城市人口超 300 万、GDP 超 1 000 亿元、地方财政一般预算收入超 100 亿元。按上述指标,全国现有近 50 个城市达标。目前,国务院已经批准北京、上海等 28 个城市的轨道交通建设规划,兰州、济南等 8 个城市的轨道交通建设规划也在报批中。据估算,在"十二五"期间,我国拟建轨道交通线路总长约为 2 750 km,总投资超过 13 000 亿元;到 2015 年,北京、上海和广州的轨道交通线网规模将分别达到 700、600 和 400 km。

# 参 考 文 献

[1] 张国宝.城市轨道交通运输组织.北京:中国铁道出版社,2000
[2] Alan Black. Urban mass transportation planning. New York:McGraw-Hill,Inc. 1995
[3] 石井一郎.交通运输学概论.北京:人民交通出版社,1983
[4] 张国宝,徐行方.高速铁路.成都:西南交通大学出版社,1995
[5] 袁维慈.英国伯明翰常导低速磁浮线停运原因浅析.城市轨道交通研究.1998(2):70~71
[6] 手岛雄一,安藤直树.2005 年日本国际博览会运输走廊将正式启用 HSST.世界轨道交通.2004(3):23~26
[7] 中华人民共和国国家统计局.中国统计年鉴.北京:中国统计出版社,2010
[8] 顾保南.2010 年中国城市轨道交通运营里程统计.城市轨道交通研究.2011(1)

# 第一章 轨道交通概述

## 第一节 轨道交通分类

轨道交通是指服务于城市范围内客运、电力驱动的列车(车辆)在钢轨上或沿导向轨运行的城市公共交通系统。轨道交通分为传统轨道交通和新型轨道交通两大类。传统轨道交通的基本特征是钢轮车辆在钢轨线路上人工或自动控制导向运行,新型轨道交通的基本特征是胶轮车辆在导轨线路上自动控制导向运行。

轨道交通的分类是一个颇有争议的问题,人们注意到,传统的地铁、轻轨等轨道交通分类思路已经不适应轨道交通发展的现状,但全盘否定传统的分类思路又割断了轨道交通的历史发展,同时也无助于将分类问题解释清楚。事实上,轨道交通的分类可从不同的角度进行,而且这种分类并不是绝对的。在一些文献资料中,将同一条轨道交通线路归入不同的轨道交通类型就说明了这一点。因此,在社会发展多元化的今天,新旧分类思路是可以兼容的,至于如何进行具体的分类,则主要取决于各自不同的分类角度与研究需要。

### 一、按历史沿革分类

按历史沿革及技术特征,轨道交通主要有市郊铁路、地铁、轻轨、单轨与自动导向交通五种类型。从技术特征的角度,市郊铁路与地铁属于重轨类型,轻轨、单轨与自动导向交通属于轻轨类型。

1. 市郊铁路

市郊铁路是位于城市范围内,连接市区与郊区、或连接中心城市与卫星城镇的铁路。市郊铁路往往是干线铁路的一部分,因此它具有干线铁路的技术特征,如通常采用重型轨道、站间距较长,以及市郊旅客列车与干线旅客列车、货物列车混跑等。此外,市郊铁路主要是提供通勤服务,客流具有方向性与高峰性。但随着城市区域的扩大,欧美国家的市郊铁路在市区段的车站设置与运营服务呈现出与地铁接近的趋势。

在我国,由于建设、产权、运营与管理模式的不同,通常不认为市郊铁路是严格意义的轨道交通。但通过对市郊铁路产权的收购,将原有铁路运输功能转变为城市客运功能,并采用轨道交通运营与管理模式时,则这类线路一般不再称为市郊铁路。

2. 地铁

地铁最初是指修建在城市地下隧道中的铁路。但社会发展的多元化同样也反映到世界地铁的建设与发展中。当前,世界地铁有两个发展趋势:一是地铁从早期单一地下隧道线路发展成地下隧道、高架和地面线路相结合的线路系统,新建地铁大多数是这种情形。地铁在城市中心区采用地下隧道线路,在城市边缘区、近郊区或特殊地形的地段采用高架或地面线路,以降低工程造价。因此,现在定义一个轨道交通系统为地铁,并不要求该系统的线路必须全部修建在地下隧道内,它可以有部分地面线路和高架线路。二是地铁从早期单一的重型地铁发展成包括重型地铁、轻型地铁和微型地铁在内的地铁家族。重型地铁就是传统的普通地铁,轨道基本采用干线铁路技术标准,线路以地下隧道和高架线路为主,仅在郊区地段采用地面线路,路权专用,运量最大。轻型地铁是一种在轻轨线路、车辆等技术设备、工艺基础上发展起来的地铁类型,路权专用,运量较大,采用高站台。微型地铁,又称小断面地铁,采用直线电机驱动,隧道断面、车辆轮径和电动机尺寸均小于普通地铁,路权专用,运量中等,行车自动化程度较高,图1-1是微型地铁与重型地铁的隧道断面比较。

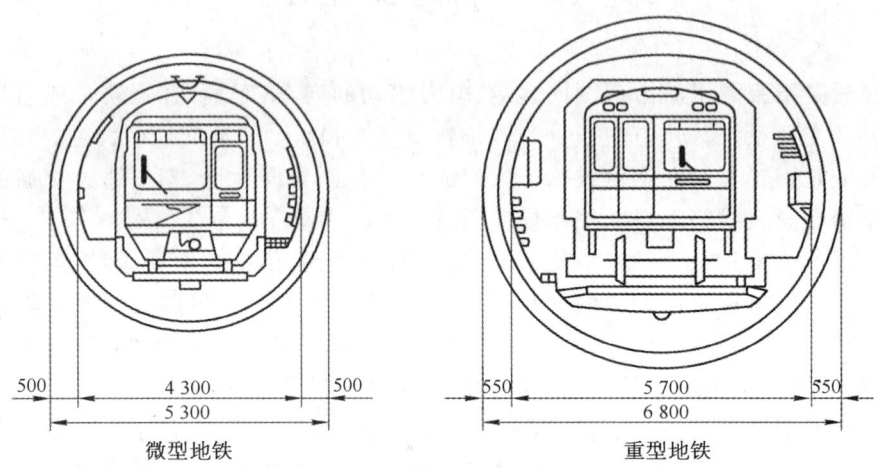

图1-1 隧道断面比较

据对世界各国正在建设中的地铁线路进行统计,属于轻型地铁和微型地铁类型的地铁线路长度约占35%。在我国,目前建设的地铁均属于重型地铁类型。

3. 轻轨

轻轨是从旧式有轨电车发展演变而来的。就技术特征而言,轻轨车辆的容量相对较小,即与市郊列车和地铁列车比较,轻轨列车对轨道施加的荷载相对较轻。轻轨存在多种技术标准并存的情形,高技术标准的轻轨接近于轻型地铁,而低技术标准的轻轨则接近于现代有轨电车。

轻轨是一种可以从新式有轨电车逐步发展到路权专用、自动化程度较高,以及车辆在地下或高架轨道上运行的轨道交通方式。轻轨发展的某一阶段也许是最终阶段,但也许可以进一步发展到更高阶段。因此,轻轨是一种技术标准涵盖范围较宽的轨道交通方式。以站台为例,轻轨既有采用高站台、也有采用低站台,甚至还有无站台的情形。

轻轨线路敷设往往是因地置宜,既可修建在市区街道上,也可修建在地下隧道或高架轨道上,后者通常是路权专用、高技术标准轻轨线路的情形。地面轻轨线路主要有以下三种情形:无平面交叉的路权专用线路、有平面交叉的路权专用线路、有平面交叉的路权共用线路。有平面交叉的路权专用线路通常是采用缘石、栅栏或通过设置高差的方式将线路与其他交通隔离。

4. 单轨

单轨线路通常为高架结构,橡胶轮胎车辆在梁轨合一的单根轨道梁上(下)运行。在构造型式上,单轨有跨座式与悬挂式两种。车辆的转向架在车体的下部,跨骑在轨道梁上运行称为跨座式单轨;车辆的转向架在车体的上部,悬挂在轨道梁下运行称为悬挂式单轨。

单轨的特点是占地少、噪声低,对于小半径(30~50 m)和大坡度(60‰~100‰)线路均能适应,但小时运能、运行速度低于地铁。此外,转向架与道岔的结构比较复杂,如跨座式单轨车辆的转向架,除在车轴上安装了4个走行轮外,还在转向架两侧安装了4个导向轮和2个稳定轮,见图1-2。跨座式单轨的道岔见图1-3。

图1-2 跨座式单轨车辆的转向架　　　　图1-3 跨座式单轨的道岔

5. 自动导向交通

自动导向交通是指新交通系统中利用导轨导向、自动控制运行的新型轨道交通。自动导向交通线路路权专用、大多采用高架结构的混凝土轨道,在轨道的中央或两侧矮墙上安装导向轨,采用橡胶轮胎的轻型车辆、电力驱动、无人驾驶,车辆既可单车运行、也可编成列车运行,导向运行方式有中央导向和侧面导向两种,见图1-4。自动导向交通有PRT与PM(AGT)两种线路,也有文献资料将导向公共汽车(guided busway)称为准自动导向交通。

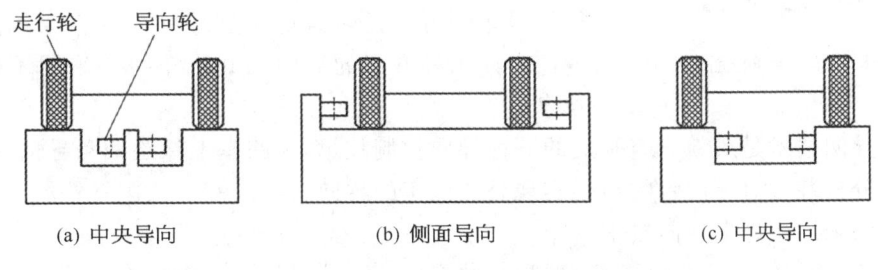

图1-4 导向方式

(1) PRT线路:PRT线路的技术特征是线路通向城市各处,采用小型车辆、自动控制、无人驾驶,乘客用智能卡启动车辆、车辆运行途中不停站、无换乘与搭乘的情形。PRT是为吸引私人汽车客流而研发的网络型、小运量城市公共交通系统。

1979年,美国摩根城建成了世界上第一条商业运营的PRT线路,线路连接市区和西弗吉尼亚大学,该线路为单线,大部分是高架结构,全长约7 km,设车站5座,车辆定员20人,其中座位 8 人、单车编组、侧面导向、无人驾驶运行,车辆最高速度为 48 km/h、最小间隔时间为 15 s。除美国外,德国、日本、英国和法国都进行了 PRT 的研究开发,也有类似摩根城的 PRT 线路建成运营,但由于均未形成网络,这些 PRT 线路还不能算是真正意义上的 PRT 系统。

(2) PM(AGT)线路:PM 线路与 PRT 线路有许多类似之处,但 PM 线路是为解决步行距离过远而研发的专线型、中运量城市公共交通系统,PM 的概念和技术在日本等国家称为 AGT(automated guideway transit)。PM 线路采用小型车辆、自动控制、无人驾驶、在固定线路上往返或循环运行,PM 线路最简单的情形是单向环线、两个车站,但也有一些线路是采用双线、车站数有 10 个以上。PM 线路适用于中央商务区、机场与主题公园内密集人群的输送。

1974 年,美国达拉斯的沃斯堡机场建成了世界上第一条商业运营的 PM 线路。该线路为单线、高架结构,长约 21 km,有 14 个车站,部分车站设有越行侧线。车辆定员 40 人,其中座位 16 人,列车 2 辆编组、侧面导向、无人驾驶运行,列车最高速度为 27 km/h,最小间隔时间为 18 s。

目前,美国、日本、澳大利亚、加拿大、英国、法国、德国和新加坡都有建成运营的 PM 或 AGT 线路。

(3) 导向公共汽车线路:导向公共汽车在普通道路上以人工驾驶方式行驶,在导向线路上借助不同的导向控制技术导向行驶,所采用的导向控制技术主要有导轨导向、电磁导向和光电导向三种。

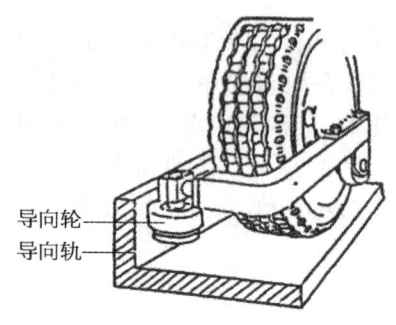

图 1-5 导轨导向控制技术

导轨导向控制技术是最早研究开发的机械控制导向技术。公共汽车前轮处安装导向轮,在线路两侧矮墙上安装导向轨,通过导向轮与导向轨的侧面接触实现导向行驶,见图 1-5。澳大利亚的阿德莱德、巴西的圣保罗等城市的导向公共汽车线路采用了导轨导向技术。

电磁导向技术是通过埋设在路面下缆线的电磁作用实现公共汽车的导向行驶,由于线路上无直立的导向轨,行人或车辆可以无障碍地横越导向公共汽车线路。英国的纽卡斯尔等城市的导向公共汽车线路采用了电磁导向技术。

光电导向技术是最新研究开发的一种导向控制技术,在路基上涂绘两条导向带,通过摄像及图像分析装置对导向带的追随实现公共汽车的导向行驶控制。法国一些城市的导向公共汽车线路采用了光电导向技术。

1980 年,前联邦德国的埃森建成了世界上第一条导向公共汽车线路。1986 年和 1989 年,澳大利亚的阿德莱德分两个阶段建成了世界上线路最长的导向公共汽车线路。该线路为双线地面线路、路权专用、导轨导向,线路全长约 12 km、沿线设中间站 2 个,最高速度可达 100 km/h、最短行车间隔为 20 s、高峰小时单向最大运能为 18 000 人,图定工作日高峰小时列车间隔为 1~3 min,其余时间为 5 min。目前,在德国、澳大利亚、英国、法国、巴西、美国和加拿大的一些城市已有若干采用不同导向控制技术的导向公共汽车线路建成运营。

## 二、按支承与导向制式分类

按支承与导向制式,轨道交通主要有钢轮钢轨、胶轮单轨和胶轮导轨三种类型。

1. 钢轮钢轨系统

钢轮钢轨系统的技术特征是:线路采用两根钢轨,车辆采用钢制车轮,支承与导向合一,钢轮与钢轨起支承、导向作用,利用轮轨粘着力驱动。地铁、市郊铁路、有轨电车与轻轨均属于钢轮钢轨系统。

2. 胶轮单轨系统

胶轮单轨系统的技术特征是:线路以高架结构为主、梁轨合一,车辆采用橡胶轮胎,支承与导向分开,走行轮与轨道梁起支承作用、导向轮与轨道梁起导向作用。跨座式单轨与悬挂式单轨均属于胶轮单轨系统。

3. 胶轮导轨系统

胶轮导轨系统的技术特征是:线路大多采用高架混凝土轨道,车辆采用橡胶轮胎,支承与导向分开,走行轮与轨道面起支承作用、导向轮与导向轨起导向作用,根据导向轨的位置,导向方式有中央导向和侧面导向两种。PRT 与 PM(AGT)均属于胶轮导轨系统。

## 三、按小时单向运能分类

按小时单向运能,轨道交通主要有大运量、中运量与小运量三种类型。

1. 大运量系统

小时单向运能为 3 万人次以上称为大运量系统,地铁与市郊铁路属于大运量系统。

2. 中运量系统

小时单向运能为 1.5 万~3 万人次称为中运量系统,微型地铁、单轨与路权专用轻轨属于中运量系统。

3. 小运量系统

小时单向运能为 0.5 万~1.5 万人次称为小运量系统,路权共用轻轨与自动导向交通属于小运量系统。

应该强调,按小时单向运能对轨道交通进行分类并不是绝对的。决定小时单向运能的基本参数是列车间隔、车辆定员与列车编组辆数。由于上述参数的取值并不是唯一的,同一轨道交通类型、不同线路的运能相差较大,甚至处于不同的运量等级并非罕见。

## 四、按路权专用程度分类

按路权专用程度,轨道交通主要有线路全封闭、半封闭与不封闭三种类型。

1. 线路全封闭型

线路全封闭、路权专用、轨道交通与其他交通无平面交叉。列车或车辆按信号指挥运行,行车速度高、安全好。地铁、市郊铁路、高技术标准轻轨、单轨和自动导向交通均属于线路全封闭系统。

2. 线路半封闭型

线路半封闭,大部分路权专用,但轨道交通与其他交通有平面交叉,平交道口设置防护信号,轨道交通列车按设定条件优先通过。在线路半封闭时,通常设置信号系统控制列车运行。中等技术标准的轻轨属于线路半封闭系统。

### 3. 线路不封闭型

线路不封闭、路权共用。由于轨道交通与其他交通的车辆混合行驶,轨道交通会受到其他交通的一定干扰,行车速度较低。在线路不封闭时,除设置平交道口信号外,通常不设置信号系统。低技术标准轻轨属于线路不封闭系统。

## 五、按线路服务区域分类

按线路服务区域,轨道交通主要有市区线、市域线和区域线三种类型。

### 1. 市区线

线路的起讫点在中心城内,为市区范围的出行提供客运服务。

### 2. 市域线

线路穿越中心城,但线路的起讫点在中心城外围(近郊区),为市区与近郊区(新城、中心镇)、近郊区与近郊区间的出行提供客运服务。

### 3. 区域线

线路呈放射状,线路的一端通常位于中心城或中心城外围的轨道交通环线上,另一端位于远郊区或都市圈卫星城镇,为中心城与远郊区、中心城与都市圈卫星城镇间的出行提供客运服务。

表1-1是5种类型轨道交通的主要技术特征比较,读者应注意,表中提出的技术参数取值仅反映世界各地轨道交通的一般情形。

**表1-1 各种轨道交通主要技术特征比较**

| 按历史沿革分类 | 市郊铁路 | 地铁 | 单轨 | 轻轨 | | 自动导向交通 |
| --- | --- | --- | --- | --- | --- | --- |
| | | | | 高技术标准 | 低技术标准 | |
| 支承导向 | 钢轮双轨 | 钢轮双轨 | 胶轮单轨 | 钢轮双轨 | 钢轮双轨 | 胶轮导轨 |
| 运量等级 | 大运量 | 大运量[2] | 中运量 | 中运量 | 小运量 | 小运量 |
| 路权形式 | 专用 | 专用 | 专用 | 专用 | 非专用 | 专用 |
| 小时运能(万人/h) | 4~8 | 3~7 | 0.5~2[3] | 1.5~4 | 0.8~1.5 | 0.5~2 |
| 最高速度(km/h) | 120 | 100 | 75/80[3] | 80 | 60 | 60 |
| 运送速度(km/h) | 50~60 | 35~45 | 30/45[3] | 35~40 | 15~25 | 25~30 |
| 最小列车间隔(min) | 5 | 1.5 | 2.5 | 1.5 | 2 | 1 |
| 编组辆数(辆) | 4~10 | 4~8 | 2~6 | 3~6 | 单节或铰接 | 1~6 |
| 车辆定员(人) | 250~300 | 250~300 | 100~200 | 200~250 | 100~200 | 20~150 |
| 平均站间距(km) | 2~5 | 0.8~1.5 | 0.8~1.5 | 0.8~1.5 | 0.5~1 | 0.5~1.5 |
| 站台高度 | 高站台 | 高站台 | 高站台 | 高站台 | 低站台 | 高站台 |
| 最小曲线半径(m) | 800 | 300 | 50 | 50 | 50 | 25 |
| 最大坡度(‰) | 12/15[1] | 35 | 100/60[3] | 60 | 60 | 60 |

注:[1] 一级铁路,内燃牵引/电力牵引;
　　[2] 小断面地铁属于中运量系统;
　　[3] 悬挂式/跨座式。

## 第二节 轨道交通系统构成

轨道交通是由活动设备(车辆)与各种固定设备(线路、车站、车辆基地、控制系统、供电与环控设备等)所组成的复杂系统。从广义角度来讲,轨道交通的基本构成中还应包括营运、控制、信息等要素,本节简要介绍轨道交通的主要技术设备。

### 一、线路与车站

1. 线路

(1) 线路种类:按其在运营中的作用,轨道交通的线路分为正线、辅助线和车场线三类。

正线是连接两个车站并从区间伸入或贯穿车站、行驶载客列车的线路。正线还可分为区间正线和车站正线。

辅助线一般不行驶载客列车,是指车站内进行列车到发、通过、折返作业的线路,停放列车的线路,列车进出车辆段(停车场)的线路,以及将线网中的不同线路、车辆段与铁路连接起来的线路。它们包括:车站侧线、折返线、渡线、存车线、出入段(场)线、安全线和联络线等。

车场线是车辆段(停车场)内进行车辆停放、编组、列检、检修、清洗和调试等作业的线路,有停车线、列检线、检修线、洗车线、牵出线和试车线等。

(2) 线路敷设方式:轨道交通的线路敷设有地下、高架与地面三种方式。

地下线路敷设在地下隧道中,按埋设深度有浅埋(埋深不大于 20 m)和深埋(埋深大于 20 m)两种情形。区间段的隧道横断面有单跨矩形、双跨矩形、圆形和马蹄形等形状。地下线路通常采用无碴轨道结构(即钢筋混凝土整体道床),以及采用"高站位、低区间"纵断面设计。

高架线路敷设在高架桥上,高架桥大都采用混凝土结构,其墩柱除应具有足够的强度和稳定性外,造型设计还应与城市景观协调。在轨道结构方面,单轨采用一种特殊类型的道岔,见图 1-3。

地面线路又分为路权共用与路权专用两类。路权共用的地面线路通常敷设在街道上,在街道上的布置有双线在道路两侧、双线在道路一侧、双线在道路中央、单线在道路一侧等情形。为了不影响其他交通,路权共用线路将槽形钢轨嵌铺在街道路面上,见图 1-6。路权专用的地面线路有独立路基,大都采用有碴轨道结构。

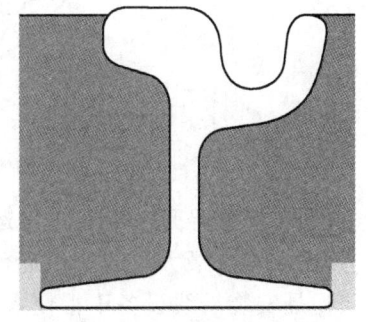

**图 1-6 槽形钢轨示意图**

(3) 线路主要技术标准:轨道交通正线与辅助线的主要技术标准参见表 1-2。按远期高峰小时单向运输能力,大运量(≥3 万人次/h)轨道交通通常采用 A 型车或 B 型车,中运量(1.5 万~3 万人次/h)轨道交通通常采用 L 型车或 C 型车。

由于小半径曲线有轮轨磨耗大、噪声大等缺点,实践中应尽量避免采用小半径曲线。车站应尽可能设置在直线上,高架车站与地面车站的线路一般应采用平坡,地下车站的线路考虑排水需要,一般采用2‰~3‰的坡度。此外,正线与辅助线一般均采用9号道岔。

表1-2 正线与辅助线的主要技术标准

| 基本车型 | 线路类别 | A型车(3 m宽) | B型车(2.8 m宽) | C型车(2.6 m宽) |
| --- | --- | --- | --- | --- |
| 最小曲线半径(m) | 正线 | 300~350 | 250~300 | 50~100 |
|  | 辅助线 | 150~250 | 150~200 | 25~80 |
| 最大坡度(‰) | 正线 | 30~35 | 30~35 | 60 |
|  | 辅助线 | 40 | 40 | 60 |
| 钢轨重量(kg/m) | 正线 | ≥60 | 50~60 | 50 |
|  | 辅助线 | ≥50 | ≥50 | 50 |

（4）限界:限界是指为保证列车在线路上的运行安全,防止车辆与沿线设备、建筑物发生碰撞而规定的车辆、设备和建筑物不得超出或侵入的轮廓尺寸线,是工程建设、设备和管线安装等必须遵守的依据。轨道交通的限界包括车辆限界、设备限界和建筑限界三种,参见图1-7。

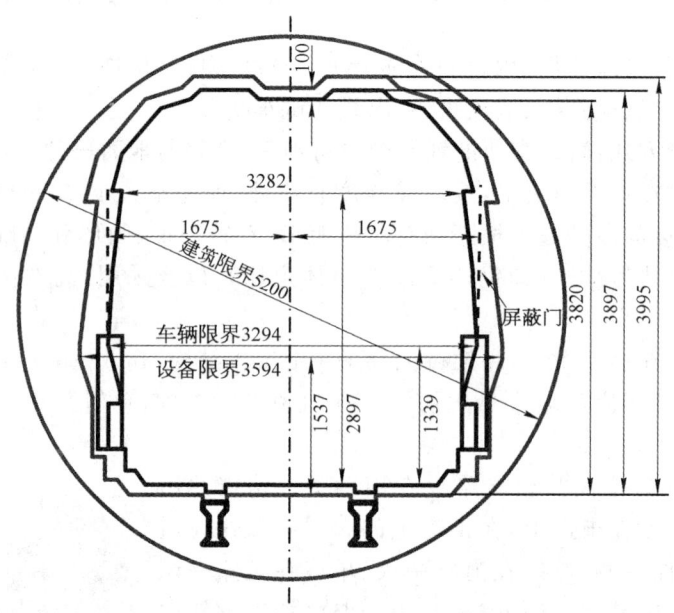

图1-7 某地铁线路限界示意图 单位:mm

车辆限界是车辆在正常运行状态下的最大动态轮廓尺寸线,高架线或地面线的车辆限界还应考虑最大风载荷引起的横向和竖向偏移量。设备限界介于车辆限界与建筑限界之间,是安装沿线设备不得侵入的轮廓尺寸线。建筑限界是线路必须具有的最小有效断面的轮廓尺寸线,地下线路的建筑限界是隧道内径的轮廓尺寸线。以上所述各种限界,均按列车以计算速度在直线段运行条件进行确定。

2. 车站

轨道交通车站是乘客上下车、换乘的场所,也是列车到发、通过、折返或临时停车的地点。

(1) 车站分类：车站的分类可从不同的角度进行。车站按运营功能的不同分为终点站、中间站、折返站和换乘站，按是否具有站控功能分为集中控制站和非集中控制站，按站台型式分为岛式站台车站、侧式站台车站和岛侧混合式站台车站，按客流量大小分为不同等级的车站，按是否有人管理分为有人管理站和无人管理站，按线路敷设方式分为地下站、高架站和地面站。

(2) 车站选址：满足车站的功能和运营要求是车站选址必须遵循的条件，车站选址应考虑沿线土地利用规划，将车站设置在大型客流集散点，并尽可能与附近的交通枢纽、商业中心融为一体，以吸引客流、缓解地面交通拥挤。

在车站选址中，站间距的合理确定要基于对乘客出行时间、车站造价和运营费用的综合考虑。一般而言，延长站间距会增加乘客到站距离，从而增加到站时间，但延长站间距也能提高列车运行速度，从而减少乘车时间。此外，延长站间距可减少车站数量及列车停站次数，从而能降低车站造价与运营费用。在国外，特别是欧洲早期建设的地铁，站间距通常较短，最短的只有 400 m 左右。但近年来新建轨道交通线路的平均站间距有延长的趋势。为最大限度吸引客流，同时兼顾投资和运营经济性目标，站间距确定的原则应是：在市区客流较大区段，站间距可适当较短，约为 1 000 m 左右；在郊区客流较小区段，站间距宜适当延长，约为 1 500～2 000 m 左右。

另外，在车站选址中，还应考虑地质、地形、景观、施工难易程度、拆迁工作量等因素。

(3) 车站基本构成：车站一般由出入口、站厅、站台和生产用房等组成，通道、楼梯和自动扶梯将出入口、站厅与站台连接起来。在决定车站规模及设备容量的各项因素中，最重要的是车站远期高峰小时最大客流量。

车站出入口的位置应满足城市规划、交通功能的要求，与客流进出主要方向一致，并尽可能与换乘枢纽、商场、办公楼、停车场等相连通。

地下车站与高架车站的站厅通常划分为几个区域。如乘客可自由进出、提供售票和商业服务的非收费区；乘客检票后才能进出的收费区；车站控制室、售票室等所在的作业管理区；机电设备及用房所在的机电设备区。地面车站的站厅规模一般较小，低技术标准的轻轨车站一般不设置收费区和车站控制室等。

站台供列车停靠和乘客候车、上下车使用。站台按类型不同，有岛式站台、侧式站台和混合式站台等类型。只有一个站台，且位于上、下行车站正线中间称为岛式站台；有两个站台，且分别位于上、下行车站正线外侧称为侧式站台；同时设置岛式站台与侧式站台，如一岛两侧或一岛一侧称为混合式站台。站台长度按远期列车长度加上停车预留距离确定。站台宽度根据类型、高峰客流量、列车间隔时间和楼梯位置等因素决定。岛式站台宽度一般为 8～15 m，侧式站台宽度一般为 3～6 m。站台高度是指站台到轨面的距离。地铁、高技术标准轻轨的站台与车厢地板高度相同，称为高站台；低技术标准轻轨的站台比车厢地板低几个台阶，称为低站台。

车站生产用房主要分为作业用房、管理用房和设备用房三类。行车、客运作业用房包括车站控制室、售票室、广播室、问询处和休息室等。车站管理用房包括站长室、站务室、票务室、警务室和储存室等。各种设备用房包括通信、信号、自动售检票、变电、环控、屏蔽门、防灾和给排水等设备的用房。

## 二、车辆及车辆基地

### 1. 车辆

车辆是输送乘客的运载工具,轨道交通车辆不但应具有安全、快速、大容量、节能等功能,还应具有良好、舒适的乘车环境,并在外观设计方面有助于美化城市景观、环境。

轨道交通车辆大都采用电力牵引,但市郊铁路也有采用内燃牵引的情形。除街道上行驶的轻轨车辆和自动导向交通车辆有单节运行情形,车辆通常是编组成列车运行,并且大都采用动拖组合、全列贯通的编组形式。例如,地铁列车在6辆编组时,列车中的动拖组合可以是 $T_c-M_p-M-M-M_p-T_c$ 形式($T_c$ 是带司机室拖车、$M_p$ 是带受电弓动车、M 是不带受电弓动车)。

(1) 车辆分类:车辆分类可从不同的角度进行,按技术特征的不同分为地铁车辆、轻轨车辆和单轨车辆等;按支承、导向制式的不同分为钢轮车辆与胶轮车辆;按容量的不同分为大容量车辆、中容量车辆和小容量车辆,以及我国的 A 型车、B 型车、C 型车和 L 型车分类,见表1-3;按车辆质量的不同分为重型车辆和轻型车辆;按牵引动力配置的不同分为动车和拖车,动车是指自身带有动力装置(牵引电机)的车辆,又分为带受电弓动车与不带受电弓动车,拖车是指自身不带有动力装置的车辆,拖车可设置司机室,也可带受电弓;按牵引电机种类的不同分为旋转电机车辆和直线电机车辆。应该指出,各种类型轨道交通所采用的车辆在技术特征方面有较大差异,并且还可以进一步分类,如轻轨车辆又可分为单节式车辆、铰接式车辆,以及低地板车辆等。

表1-3 四种基本车型的主要技术规格和性能

| 车 型 | A 型车[1] | B 型车[1] | C 型车[2] | L 型车[3] |
| --- | --- | --- | --- | --- |
| 车辆宽度[4](mm) | 3 000 | 2 800 | 2 600 | 2 800 |
| 车辆定员(人) | 310 | 230 | 210 | 230 |
| 列车最高速度(km/h) | 80 | 80 | 80 | 100 |
| 起动加速度(m/s²) | 1.0 | 1.0 | 0.8 | 1.0 |
| 常用制动减速度(m/s²) | 1.0 | 1.0 | 1.0 | 1.0 |
| 紧急制动减速度(m/s²) | 1.3 | 1.3 | 1.3 | 1.3 |
| 电网电压(V) | DC1500 | DC1500 | DC1500 | DC1500 |
| 正线最小曲线半径(m) | 300 | 250 | 100 | 80 |
| 正线最大坡度(‰) | 35 | 35 | 60 | 60 |

注:[1] 地铁车辆;
　　[2] 轻轨车辆;
　　[3] 直线电机车辆;
　　[4] 地板高度处车辆宽度。

(2) 车辆基本构造:车辆的基本构造包括车体及附属设备、走行部(转向架)、牵引动力装置、制动装置、车钩缓冲装置和电气系统等。

1) 车体及附属设备:车体是车辆中乘坐乘客、司机驾驶(有司机室车辆)的部分,分有司机室车体与无司机室车体两种。车体由底架、侧墙、端墙、顶板、车门与车窗等组成。底架、侧墙、端墙、顶板被焊接成车辆壳体,形成一个整体承载结构。为降低能源消耗、延长钢轨寿命,车体一般采用轻质合金材料(铝合金结构、不锈钢结构等),以降低车辆自重。

附属设备可以分成两类。一类是与乘车环境有关的设备,包括座椅、拉手、照明、空调和通风设备等;另一类是与车辆运行、控制有关的设备,包括蓄电池、继电器箱、主控制器箱、空气压缩机、牵引箱、电阻箱及各类电气开关等。

2) 走行部:走行部又称为转向架,它的作用是引导车辆沿钢轨或轨道(梁)运行,将荷载、冲击力等传递给轨道。转向架可分为动车转向架和拖车转向架、钢轮转向架和胶轮转向架(图1-8)。转向架一般由构架、轮对轴箱装置和弹簧减振装置等组成。动车转向架还装有牵引电动机及传动装置。

图1-8 胶轮转向架

轮对由两个车轮紧密地压装在一根车轴上组成。轴箱连接轮对与构架,并润滑轴颈(车轴两端伸进轴箱的部分),以降低摩擦系数及运行阻力。

弹簧减振装置安装在车体与构架、构架与轮对之间,它的作用是吸收与减轻振动,保证车辆运行的平稳和乘坐的舒适。

3) 牵引动力装置:牵引动力装置主要是受流器与牵引电动机。受流器是从接触网或导电轨将牵引电流引入动车的装置。按受流方式,轨道交通车辆通常采用受电弓受流器与第三轨(即接触轨)受流器。牵引电动机是动车上产生驱动力(牵引力)的装置,有旋转电机和直线电机两大类。

旋转电机的工作原理为:电动机转子的旋转运动,通过齿轮等传动机构及轮轨相互作用,驱动车辆运行。旋转电动机有直流电机与交流电机两种,轨道交通车辆普遍采用直流电机。

直线电机可看成是将旋转电机沿半径方向剖开展平,定子部分(初级线圈)安装在车体下,转子部分(次级线圈)铺设在轨道上,定子与转子保持10 mm左右的间隙。直线电机的工作原理为:当初级线圈通过三相交流电时,由于感应而产生电磁力,驱动车辆运行。直线电机系统不需要齿轮箱等一系列机械传动机构,使转向架结构变得简单。直线电机车辆具有自重轻、噪声低、爬坡能力强、适应小半径曲线、能降低土建工程造价等优点,但也存在电机效率较低、投资较大(轨道、车辆)等缺点。

4) 制动装置：制动装置的作用是产生制动力，使列车减速或在规定的地点前停车，制动装置的性能对列车运行安全、提高运行速度及通过能力有直接影响。车辆制动主要有电气制动（动力制动）与机械制动（摩擦制动）两类，一般制动时优先采用电气制动，制动力不足时辅以机械制动，车辆的机械制动装置采用空气制动机。

5) 车钩缓冲装置：车钩缓冲装置由车钩、缓冲器、电路与气路连接设备组成。它的作用首先是实现车辆与车辆的机械、电路与气路的连接，使车辆编组成列车、并传递动车牵引力；其次是吸收与缓和因列车加减速而引起的车辆间纵向冲击力，延长车辆使用寿命、提高车辆运行平稳性。

6) 电气系统：车辆电气系统包括车辆上的各种电气设备及其控制电路，可分为主电路、辅助电路和控制电路三个子系统。

主电路由牵引电动机及与其相关的电气设备、连接导线组成，是车辆上高电压、大电流、大功率的动力回路。主电路的作用是将电能转变为动能，驱动车辆运行，或通过电气制动将车辆的动能转变为电能，使车辆减速制动。

辅助电路是为车辆上的空气压缩机、通风机、空调装置和照明设备等提供用电的子系统。

控制电路分为有接点的直流电路与无接点的电子电路。控制电路的作用是实现司机或ATO对主电路与辅助电路中各种电气设备的控制。

2. 车辆基地

车辆基地是车辆段与停车场的统称。车辆段是车辆运用、停放、检修，以及进行列车技术检查、车辆清扫洗刷等日常保养维修作业的场所，见图1-9。停车场除不承担车辆定期检修作业外，其余功能与车辆段相同。

图 1-9　车辆段

（1）车辆段基本构成：车辆段的设施从使用功能上分为生产设施、辅助生产设施和办公生活设施三部分。其中生产设施又分为运用设施和检修设施两类。

运用设施包括停车库、列检库、停车线、列检线、洗车线、出入段线、牵出线和信号楼等。检修设施包括定修库、架修库、定修线、架修线、临修线、静调线和试车线等。

（2）车辆基地设置：车辆基地的设置，按过去的设计标准，原则上每条线路设置一个车辆段，在线路长度超过20 km时，则按"一段一场"设置，即增设一个停车场。

在轨道交通线网多线运营的情况下,从控制轨道交通建设投资、车辆检修设备的资源共享,以及减少车辆基地用地的目的出发,两条以上线路合用车辆基地检修设施问题引起重视。轨道交通建设与运营实践表明:合用车辆基地检修设施是可行的,如香港地铁的6条运营线路,按市区地铁与郊区快线仅设置了两个车辆段。据有关资料:上海轨道交通近期线网车辆基地规划为:13条线路设置车辆基地20处,包括车辆段6个、定修段8个、停车场9个,其中段场合建有3处。段场合建是指将不同线路的两个车辆基地合建在一起,通过段、场之间的地面联络线,实现不同线路之间的连通,从而实现两个车辆基地运用、检修设施的资源共享。

车辆基地选址应符合城市总体规划与轨道交通线网规划;避开地质不良地区,具有良好的自然排水条件;便于几条线路合用车辆基地;尽量靠近正线,缩短列车出入段距离;留有远期发展余地。

根据停车库或列检库与正线连接方式的不同,车辆基地有贯通式与尽端式两种。如果停车库、列检库的两端通过出入段线与正线连接称为贯通式车辆基地,它一般设置在两个车站之间。如果停车库、列检库的一端通过出入段线与正线连接则称为尽端式车辆基地。

### 三、控制系统

控制系统的作用是保障列车运行安全、提高线路通过能力、保证作业协调与提高运营效率。控制系统主要由信号系统、通信系统和控制中心构成。

1. 信号系统

广义概念的信号设备是信号、联锁和闭塞设备的总称。信号设备在保障行车安全、提高作业效率等方面具有重要的意义。为适应列车速度的提高与列车间隔的缩短,新建轨道交通线路大都采用列车自动控制(ATC)系统。ATC系统是在传统的信联闭设备、调度集中(CTC)系统基础上,应用信息、通信、计算机、自动控制等先进技术,以列车速度自动控制为核心的新型信号系统。

(1) 信号设备(狭义概念):信号分为视觉信号和听觉信号两大类。信号设备主要是指视觉信号设备,包括车载信号设备、色灯信号机、信号灯和信号旗等。

车载信号设备是安装在车辆上的信号设备,通过轨道电路等接受来自地面的信息,控制列车安全地追踪运行。车载信号显示不是传统的色灯显示,而是速度码显示,有目标速度显示和曲线速度显示两种。

色灯信号机固定设置在正线、车站和车辆段的特定位置,信号显示是指示列车运行或车辆调移的命令。常用的色灯信号机有出站信号机、防护信号机、进场信号机、出场信号机和阻挡信号机等。出站信号机设置在列车由车站向区间发车地点的前方,指示列车能否进入区间。防护信号机设置在进路的始端位置,指示列车或车辆能否越过该信号机及进路开通方向。进场信号机设置在停车场与入场线的分界位置,指示列车能否进入车场,以及列车进场允许速度和列车是直向进场停车还是侧向进场停车。出场信号机设置在停车场与出场线的分界位置,指示列车能否进入出场线。阻挡信号机设置在接近线路尽头的位置,指示列车或车辆不能越过该信号机。

信号灯和信号旗在显示手信号时采用,原则上昼间使用信号旗、夜间使用信号灯,地下站按夜间办理。

完整意义的信号设备还包括信号表示器与信号标志。

信号表示器不具有防护功能,侧重于指示行车设备的位置、状态和信号显示的某种附加含义。信号表示器有发车表示器、进路表示器、道岔表示器和车挡表示器等。例如,发车表示器设置在站台上列车发车位置前方,仅指示司机能否关闭车门与发车,以及关闭车门与发车的时机。

信号标志设置在线路一侧,用来表示所在位置的某些状态或要求。信号标志有停车位置标、警冲标、站界标和司机鸣笛标等。

(2) 联锁设备:联锁设备设置在有道岔车站和车场范围内,在道岔、信号机、进路之间建立起一种相互制约的联锁关系,保证列车运行与调车作业的安全。轨道交通采用的联锁设备有电气集中联锁设备和微机联锁设备两类。

电气集中联锁设备由线路上的色灯信号机、电动转辙机和轨道电路、控制室或信号楼内的控制台、显示屏和人工解锁按钮盘,以及设置在机械室内的继电器等组成。采用电气集中联锁设备时,道岔、信号机的控制、进路的排列均集中在控制中心及车站控制室和车辆段信号楼。通过操纵控制台上的进路始、终按钮,可以转换道岔、排列进路与开放信号,建立起道岔、信号机、进路之间的联锁关系,并能监督列车运行和线路占用情况。

微机联锁设备包括硬件与软件两部分。硬件设备由轨旁设备、微机、显示器、键盘、鼠标和扬声器等组成。在采用多模块结构时,按实现功能的不同,微机分为人机对话微机、联锁处理微机和执行控制微机等。软件部分通常包括车站数据库、人机界面信息处理、联锁逻辑运算、执行控制功能和自动检测、诊断等模块。微机联锁设备具有排列进路速度快、可靠性与安全性高、便于增加新功能、能降低投资费用与减少维护工作量等优点,因此它是联锁设备的发展方向。

(3) 闭塞设备:为防止同向列车追尾或对向列车冲撞,正常情况下,在线路上运行的列车通过行车闭塞来实现按空间间隔法行车,实现行车闭塞的设备称为闭塞设备。轨道交通采用的主要是自动闭塞设备,自动闭塞设备又可分为固定闭塞设备和移动闭塞设备两类。

在采用固定闭塞设备时,区间线路划分为若干个固定的闭塞分区,闭塞分区内设有轨道电路。追踪运行列车的间隔为若干个固定的闭塞分区或轨道电路区段。地对车的信息传输通过轨道电路实现。根据信号显示制式的不同,固定闭塞设备还可分为三显示带防护区段自动闭塞设备和四显示自动闭塞设备等类型。

在采用移动闭塞设备时,区间线路不划分固定的闭塞分区,即不设置固定的制动减速点。追踪运行列车的间隔为后行列车制动距离加上安全防护距离。列车间隔是动态的,随着前行列车的运行而移动。车地间双向信息传输通过交叉感应环线或无线通信技术实现。由于移动闭塞设备能实现连续、双向信息传输和列车运行控制,并在确保安全前提下提高通过能力,越来越多的新建轨道交通线路考虑采用移动闭塞设备。从移动闭塞设备的发展过程来看,早期发展的移动闭塞设备大部分是采用交叉感应环线技术,近年来研发的移动闭塞设备大部分是采用基于无线通信的技术。

(4) 列车自动控制(ATC)系统:列车自动控制(ATC)系统由列车自动防护(ATP)、列车自动监控(ATS)和列车自动驾驶(ATO)三个子系统构成。ATP子系统与ATO子系统完成列车运行自动化的功能,ATS子系统完成行车指挥自动化功能。

1) ATP子系统:ATP子系统由轨旁设备和车载设备组成,它的主要功能包括:自动控制列车速度、确保列车追踪间隔、确保联锁站只有一条进路有效、监督车门和屏蔽门的安全开闭,因此它是一个确保列车运行安全的子系统。

根据自动闭塞类型的不同,ATP子系统有固定闭塞、准移动闭塞和移动闭塞三种制式。根据信息传输方式的不同,ATP子系统有点式和连续式两种制式。根据速度控制方式的不同,ATP子系统有台阶式和曲线式两种制式。在上个世纪90年代中期前,轨道交通主要是采用固定闭塞、点式信息传输、台阶式速度控制的ATP技术,近年来新建轨道交通线路大都是采用准移动闭塞或移动闭塞、连续式信息传输、曲线式速度控制的ATP技术。在采用ATP技术时,车载信号是行车的主体信号。

2) ATS子系统:ATS子系统由控制中心设备、车站设备等组成,它的主要功能包括:列车运行图编辑及修改、列车进路自动排列、列车自动识别与跟踪、自动列车运行调整、设备状态自动监视、乘客导向信息显示、离线模拟或复示列车在线运行等。

目前,ATS子系统的结构有集中控制和分散控制两种模式,国内已经采用的ATS子系统以集中控制模式为主。分散控制模式的特点是列车时刻表(列车运行图)的管理和列车进路、列车运行状况的监视由控制中心负责,而列车进路的控制则由车站计算机完成。分散控制模式具有可靠性、扩展性和灵活性较好的优点。日本东京都市圈调度指挥系统(ATOS)是采用分散控制模式的典型。ATOS管理2 000多公里线路和200多个车站,实现行车指挥、设备监控和旅客信息服务的综合自动化。

3) ATO子系统:ATO子系统由轨旁设备和车载设备组成,它的主要功能是完成列车自动驾驶的操作,具体包括启动列车、调整列车运行速度、车站定位停车、列车自动折返、车门开闭监督和节能控制等。

在采用ATO子系统的情况下,大多数轨道交通线路还是配备了司机,但法国的VAL系统、加拿大的Sky Train系统和日本的AGT系统均实现了全自动化无人驾驶。

此外,鉴于运营初期客流量较小、列车间隔较大($>150$ s),暂时不采用ATO子系统的情形也有,如运营初期的上海轨道交通5号线。

2. 通信系统

完善先进的通信系统是轨道交通实现安全高效的调度指挥与运营管理,确保各部门、各单位间公务联系,以及向乘客提供信息、提高服务水平的必备手段。通信系统由光纤数字传输、专用通信、公务通信、无线通信、闭路电视监控和有线广播等子系统组成。通信系统设置的主要原则是业务综合、功能完善、迅速便捷、安全可靠。

(1) 光纤数字传输系统:主要由光缆、电端机与光端机组成。电端机将各类设备的语音、文字、数据和图像信号汇集起来,通过光端机将电信号转换成光信号,经光缆将光信号传送到各个终端,光端机将接收到的光信号转换成电信号,再由电端机将各类信号进行分路及送到各类设备。光纤数字传输系统除为程控交换网、无线通信、闭路电视监控和车站广播等系统提供信道外,还能为电力、环控、防灾报警和自动售检票等设备的数据信息传输提供信道。

(2) 专用通信系统:专用通信系统为列车运行组织有关的作业联系提供通信手段,包括调度电话、站间行车电话、站内(段内)直通电话和区间轨旁电话。

调度电话用于各工种调度员指挥车站、车辆基地或变电所相关作业人员办理有关业务的通话,包括列车调度电话、电力调度电话和环控调度电话等。调度电话总机对所属分机具有全呼、组呼或选呼功能,各调度员之间可以直接呼叫,分机也可以直接呼叫总机,但分机之间不能直接呼叫。调度电话要求迅速、直达,因此不允许无关用户接入本系统。此外,所有的通话都被自动记录。

站间行车电话用于相邻车站的车站值班员办理行车业务的通话。为提高作业效率,站间行车电话是直线电话,只要拿起、不必拨号即可通话。

直通电话为车站、车辆段(停车场)的各职能部门与本单位相关部门实现便捷的业务联系而设置。直通电话的分机之间可以进行直接的电话联系。

轨旁电话用于在区间线路上的司机、维修人员与控制中心、车站或有关部门进行业务联系的通话。轨旁电话通常每隔150~200 m左右设置一个。

(3) 公务通信系统:公务通信系统为轨道交通各单位、各部门之间,以及轨道交通与外部的公务联系提供通信手段,它由程控交换设备和局间数字中继线组成,能直接进入市内电话网。公务通信系统具有按用户重要性设置优先等级的功能。

(4) 无线通信系统:无线通信系统为流动作业人员(如列车司机、设备维修人员和抢险救灾人员等)提供通信手段。无线通信系统是双向无线通信,通常采用几个不同的频率对,分别服务于不同覆盖范围内的业务联系。

用于列车调度的无线通信系统,其覆盖范围是全线及各站,为列车调度员、列车司机和车站值班员等办理列车运行及相关业务提供通信手段。它具有以下功能:列车调度员与列车司机、车站值班员之间的相互通话,列车调度员能全呼、组呼或选呼;列车调度员遥控列车广播系统,对列车上乘客进行广播;车站值班员与列车司机相互通话;车站值班员与线路上维修人员相互通话。

用于车辆基地的无线通信系统,其覆盖范围是整个车辆基地,为车辆基地运转值班员、信号楼值班员、列车司机和其他作业人员提供通信手段。

用于公共治安的无线通信系统,其覆盖范围是全线及各站,为公安指挥中心、车站警务人员提供通信手段。

用于紧急情况时的无线通信系统,其覆盖范围是全线及各站、整个车辆基地,为参与抢险救灾的有关人员提供通信手段。

(5) 闭路电视监控系统:设置闭路电视监控系统是为了向行车、安全有关人员(如控制中心调度员、车站值班员、列车司机、公安指挥中心人员等)提供列车在车站上到达、出发、停站及车门开闭动态,站台上乘客的上下车情况,以及站厅层乘客流动情况的监控画面,以便行车与安全有关人员及时发现,并处理可能危急行车安全与乘客安全的突发事件。

闭路电视监控系统主要由控制中心电视监控和车站电视监控两个子系统组成。控制中心电视监控子系统的设备包括光接收设备、主控机、图像切换设备、操作键盘、监视器和录像机等。车站电视监控子系统的设备包括摄像机、光发送设备、主控机、图像切换设备、操作键盘和监视器等,摄像机分别安装在站台上和站厅层。为了便于司机监控、压缩停站时间,还可在列车驾驶室内安装小型监视器。

闭路电视监控系统的主要功能包括:控制中心调度员可对全线各站进行时序循环切换监视,也可选站、选区固定监视;车站值班员对本站有关部位进行时序循环切换监视;列车司机对站台上乘客的上下车情况进行监视等。

(6) 有线广播系统:广播系统主要用于控制中心和车站对乘客和工作人员进行广播。

对乘客广播的播音范围为车站的站台与站厅,播音内容主要是通告列车到站时刻、运行方向及列车晚点等信息;对上、下车乘客进行安全提示;在发生事故或突发事件时疏导乘客安全撤离等。对工作人员广播的播音范围为车站、车辆基地、办公区域和隧道内等,播音内容主要是与业务、作业有关的安排、通知等。

控制中心广播设备包括播音台、话筒、选择键盘和扬声器(监听用)等,控制中心调度员可对全线各站进行遥控开、关机,选站、选区广播或全选广播。车站广播设备包括播音台、话筒、选择键盘、功率放大器和扬声器等,车站值班员可对本站播音范围进行分区、分路广播,播音区一般划分为下行站台、上行站台、站厅和办公区域四个。

3. 控制中心

在轨道交通进入网络化运营后,运营控制分为网络运营协调中心(COCC)和线路控制中心(OCC)两个层次。

(1) 网络运营协调中心:作为轨道交通网络运营协调与应急指挥中心,COCC 实时监控轨道交通网络的列车运行、客流变化和设施设备的运行状态;在发生影响两条及其以上线路的故障、事故或其他突发事件时,COCC 负责协调和指挥有关单位进行应急处置,统筹和调配运营资源;COCC 还承担运营生产信息的采集、核实、报告和发布等职责。

网络运营协调中心的设备主要有综合显示屏、调度工作站、监控工作站、调度电话、无线列调和广播装置,以及应急信息发布系统等。综合显示屏能显示多条轨道交通线路的 ATS、SCADA、AFC 和 CCTV 等信息。

网络运营协调中心可以单独设置,也可以与线路控制中心设置在同一个大厅内。

(2) 线路控制中心:OCC 是轨道交通线路行车组织、电力监控、设备监控和防灾报警监控的调度指挥中枢,同时也是信息交换处理中心,见图 1-10。

图 1-10 线路控制中心

线路控制中心负责管辖线路的行车、客运、电力和环控等调度,根据专业性质设置行车调度、电力调度、环控调度和维修调度等调度工种;在事故、灾害等情况下,线路控制中心还承担突发事件应急处置的职责。

行车调度是线路控制中心的核心工种,担负着指挥列车运行等重要任务。正常情况下,列车运行由 ATC 系统自动控制。列车按 ATS 的指令、在 ATP 的防护下、由 ATO 实现列车自动驾驶,列车进路按 ATS 的指令、由车站联锁设备自动排列,列车调度员监控列车运行。在非正常情况下,如列车运行秩序紊乱、系统不能进行列车运行自动调整时,行车调度可人工介入进行处理。

电力监控系统对变电所、接触网等供电设备的运行状态进行实时监控和数据采集,包括完成监控范围内的断路器、电动隔离开关的控制操作,有关信息的采集与处理等。电力调度通过实时监控供电设备的运行,掌握和处理供电设备的各种故障,保证供电的可靠性与安全性。

环控调度负责监控车站空调通风系统、区间隧道通风系统、给排水设备,以及屏蔽门和防淹门等的运行;监控全线各站典型区域的温度、湿度和 $CO_2$ 等环境参数,各区间的危险水位报警信号;并根据具体情形下的环控要求,下达相关系统或设备的运行模式。

维修调度负责制定设备维修计划,接收各种设备的故障信息、组织指挥大型设备故障的抢修、抢险工作。

为了完成上述调度指挥职能,线路控制中心应设置中央控制室和配备各种设备用房。中央控制室内设置值班主任调度台、行车调度台、电力调度台、环控调度台和维修调度台。行车调度台设备包括综合显示屏、行车调度工作站、联锁监控工作站、调度电话和广播装置等。电力调度台设备包括显示屏、电力监控工作站、调度电话和广播装置等。环控调度台设备包括显示屏、环境监控工作站和防灾报警监控工作站、调度电话和广播装置等。维修调度台设备包括调度电话和广播装置等。各种设备用房是指 ATS 系统、通信系统、电力监控系统(SCADA)、车站设备监控系统(EMCS)、防灾报警系统(FAS)和自动售检票系统(AFC)的设备用房。

在轨道交通线网多线运营的情况下,合用线路控制中心有助于资源共享、提高轨道交通投资建设与运营管理的效率。线路控制中心的资源共享包括土地与空间、人力与物力、信息管理三方面的资源共享,如线路控制中心的用地、设备、管理用房、通信网络和数据信息等的资源共享。实践中,线路控制中心一般是按相交或相近线路合设的思路进行设置。

### 四、其他重要的设备系统

1. 牵引供电系统

轨道交通牵引供电系统由牵引变电所与牵引网组成。牵引变电所将来自主变电站的高压交流电(如 AC35 kV)进行降压整流为所需的电压等级(如 DC1 500 V),向沿线接触网供电,并通过车辆受流器将牵引电流引入动车,牵引电流通过回流网再返回到牵引变电所。

牵引供电系统分为直流制和交流制两种。轨道交通主要采用直流制,国内已规定采用 ICE(国际电工委员会)的标准,牵引电压为 DC750 V 和 DC1 500 V。

牵引变电所的设置数量及其容量,应按远期高峰小时列车密度、列车编组和车辆型式,根据牵引计算与技术经济比较确定。牵引变电所一般设置在车站或车辆基地附近,相邻牵引变电所间的距离为 2~4 km 左右。

牵引网由接触网与回流网组成。接触网为正极,回流网为负极,分别通过电缆与牵引变电所连接。根据安装位置和接触导体的不同,接触网分为架空接触网和接触轨(又称第三轨)。接触网的电分段应设置在下列各处:有牵引变电所车站的列车惰行处,辅助线与正线的衔接处,车辆段出入线与正线的衔接处,车辆段检修库入口处。

2. 环控系统

设置环控系统是为了改善地下车站与区间隧道内的空气质量、温度和湿度环境,以及在发生火灾事故时排烟送风、使乘客能安全撤离。

环控系统包括车站通风空调和隧道通风两个系统。车站通风空调系统还可分为站厅、站台通风空调和设备、管理用房通风空调两个子系统;在采用站台屏蔽门的情况下,隧道通风系统也可分为区间隧道通风和车站隧道通风两个子系统。

车站通风空调系统除为乘客、作业人员提供舒适的候车环境与工作环境,还为车站设备提供所需要的运行环境。在发生火灾时,该系统能迅速排烟,引导乘客向安全区疏散。站厅、站台通风空调子系统在非运营时间停止运行;在运营时间则根据季节不同,采用空调工况和非空调工况等不同的运行模式。

站台屏蔽门将站台与隧道隔开,热交换的减少可使车站空调负荷降低,简化了车站空调系统、减少了空调设备用房、降低了环控系统能耗,从而使工程、设备投资和日常运营费用均有可观的节省。此外,安装站台屏蔽门还有助于发挥列车在隧道内运行时的活塞通风作用,以及提高乘客在站台候车时的舒适度与安全性。

区间隧道通风系统在运营开始前、结束后进行机械通风,排除隧道内的余热、余湿;在运营开始后,区间隧道通风系统停止运行,但车站隧道通风系统投入运行。此外,隧道通风系统在列车停留在隧道内时,向该区间送入新风;在发生火灾时及时排烟,并控制烟气流向、引导乘客安全撤离。

环控系统设中央、车站和就地三级控制。

中央控制设在中央控制室,通过中央级工作站对全线环控系统进行监控,执行隧道通风系统预先设定的运行模式,向车站下达车站通风空调系统或隧道通风系统的各种运行模式指令。

车站控制设在车站控制室,通过车站级工作站对车站通风空调系统进行监控、执行中央控制下达的各种运行模式指令。

就地控制设在单台设备旁,由就地控制箱控制,就地控制具有优先权。

对于高架线和地面线车站,站厅与站台一般采用自然通风,必要时也可设置机械通风或空调系统。对于室外平均气温低于-10℃的严寒地区,车站的站厅区宜设置采暖系统。

3. 防灾报警系统

轨道交通可能发生的灾害包括火灾、水灾、大风、雷击和地震等。由于灾害的发生往往具有突发性质,如不能及时发现及采取有力措施,不但会影响正常的运输生产活动,还会造成重大经济损失、甚至危及乘客的生命安全。在轨道交通发生的灾害中,火灾占的比例最高,因此防灾报警的重点是火灾报警。

火灾报警系统(FAS)由监控工作站、火灾报警控制器、各种火灾探测器、手动报警按钮、报警电话和光纤环网等组成。在探测区域内的每个房间至少设置一只烟感探测器,在站台、站厅公共区的吊顶内与吊顶下分别设置烟感探测器;在每个防火分区至少设置一个手动报警按钮。

火灾报警系统实行中央和车站两级监控。

中央监控设在中央控制室,其主要功能为:对全线所有报警、消防设备进行监控,接收火灾报警,并向车站控制室发出防火救灾和安全疏散的指令。

车站监控设在车站控制室,其主要功能为:对车站报警、消防设备进行监控,接收火灾自动报警、并将信息上传至控制中心，接收控制中心发出的相关指令，通过火灾报警控制器向机电设备监控系统发出模式指令、并由该系统启动消防设备。

## 第三节 轨道交通运营组织

轨道交通运营组织是运营企业为了有效完成乘客运输任务，通过计划、组织、指挥与控制等过程，运用人力、设备和运能等资源所进行的一系列活动。运营组织的主要内容是：客流分析、行车组织、客运管理、站段工作组织、票务管理、设备保养维修、运营安全管理、服务质量管理和成本控制等。运营组织的目标是提高运输生产效率，取得最佳服务水平与企业经济效益。

在轨道交通发展过程中，曾经存在重规划建设、轻运营组织的现象，其原因是认为运营组织比较简单。但是，国内轨道交通运营实践证明了上述认识的不正确。高新技术设备的投入运用，客流增长与运能矛盾的凸现，各方面对服务水平、运营安全与经济效益的关注，以及网络化运营反映出来的诸多问题，使人们认识到运营组织的重要性和加强运营组织的必要性。不言而喻，加强运营组织是轨道交通运营企业应该做好的工作，但它还有另外一层涵义，那就是轨道交通规划设计人员对未来运营组织方面的需求应有充分的重视、了解和预见，在规划设计阶段就应考虑未来运营组织如何做到合理性与经济性。在2003年修订的《地铁设计规范》中增加了"运营组织"一章，一定程度上反映了规划设计部门对加强运营组织问题的重视。

### 一、轨道交通运营管理模式

轨道交通采取何种运营管理模式，与行业性质与产品性质、经营权与所有权的关系，以及运营与投资、建设的关系等密切相关。

从行业性质与产品性质看，轨道交通具有明显的自然垄断特征与准公共产品特征。轨道交通属于资金密集型行业，项目投资大、工期长，运输收入通常难以补偿运输成本。上述情形决定了民营资本的进入在短时期内难以较快实现，政府必须在轨道交通的投资建设方面发挥主要的作用。

1. 经营权与所有权关系

从经营权与所有权关系的角度，轨道交通运营管理模式主要有三种模式。

（1）国有国营模式。政府出资建设轨道交通设施，并指定政府下属机构、国有企业或国有控股公司负责轨道交通的运营管理。对运营中的亏损，政府通常采取财政补贴等措施给予补偿。国有国营模式在欧美国家得到较多的采用，以巴黎、柏林、莫斯科、纽约等城市为代表，我国北京、广州地铁的运营管理也属于这种模式。该模式的特点是提供的服务带有福利性，但运营效率较低。

（2）国有民营模式。政府出资建设轨道交通设施，并通过租赁等形式将轨道交通的经营权转交给民营股份公司。运营者的行为受到政府相关法规的约束，但政府不干涉企业的运营管理，也不对运营亏损进行补贴。新加坡地铁的运营管理属于这种模式。该模式的特点是有助于减轻财政支出和提高运营效率，但客流必须达到一定的数量级。

（3）民有民营模式。民间资本出资建设轨道交通设施，民营股份公司负责轨道交通的运营管理。政府通过合同形式对轨道交通投资建设、运营企业股本结构、票价浮动范围等进行约束,但政府不干涉企业的运营管理,也不对运营亏损进行补贴。东京部分地铁、泰国轻轨的运营管理属于这种模式。该模式的特点是扩大了轨道交通建设资金来源,民间资本在控制成本方面有更大的动力,但轨道交通的公益性目标与民间资本的盈利性目标难免存在冲突。

2. 运营与投资、建设关系

从运营与投资、建设关系的角度来看,轨道交通运营管理模式主要有以下两种模式。

(1) 运营与投资、建设合一模式。在政府的监督管理下,政府下属机构或专门组建的轨道交通总公司(集团公司)全面负责轨道交通的投资、建设和运营。在国有国营与民有民营时,采用投资、建设与运营合一模式较为多见。该模式的特点是体制内的矛盾协调容易,但也存在产权关系不明晰、缺乏市场竞争、效率较低等问题。

(2) 运营与投资、建设分开模式。在政府的监督管理下,由轨道交通项目公司、建设公司和运营公司,分别承担轨道交通投资、建设和运营的职责。在国有国营与国有民营时,采用投资、建设与运营分开模式均有案例。该模式的特点是引入竞争机制,实现市场化运作。

下面是国内几个城市的轨道交通管理体制及其变革的概况。

1. 北京

北京是我国最早建设、运营轨道交通线路的城市。早期修建的两条地铁都是由政府投资,运营者不负担地铁建设成本。在管理体制改革前,北京地铁一直沿袭在北京地铁总公司领导下的建设、运营一体化模式。轨道交通的建设与运营基本上依赖于政府。在建设阶段,政府投入项目资本金,为项目负债提供担保;在运营阶段,政府除负担建设负债的偿还外,每年还对地铁总公司补贴 3 亿元左右。

根据 2002 年调整的近期轨道交通建设规划,2008 年前,北京每年建设的轨道交通线路里程不少于 40 km,每年用于轨道交通建设的资金不少于 100 亿元。为加快轨道交通发展,解决轨道交通投资、运营领域存在的资金来源单一、运营亏损严重等问题,2003 年 11 月,北京市政府对轨道交通管理体制进行了调整,改组北京市地铁集团公司,成立三家公司各司其职,京投公司作为北京市轨道交通业主负责线网规划、项目投融资和资本运营,建设管理公司负责轨道交通新线项目的建设,地铁运营公司负责轨道交通线路的运营。在八通线、城铁、9 号线等轨道交通线路的建设过程中,实行社会多元投资参与的项目公司制;地铁 4 号线作为国内第一个 PPP(公私合营)模式项目进行建设,合营的京港地铁公司获得了 30 年的特许经营权。近年来,为适应轨道交通进入网络化运营的形势,北京地铁集团启动了运营管理体制调整,成立了若干个客运分公司和专业维修分公司,各分公司均为独立核算的经营实体或主体,在运营领域引入竞争机制。

2. 上海

上海地铁在建设初期曾实行总公司制。20 世纪 90 年代中期,为配合城市总体规划,上海重新编制了轨道交通线网规划,计划新建轨道交通线路 9 条,总投资约 1 000 亿元。这样庞大的建设计划,沿用以往的地铁建设模式和单纯依靠政府财政是难以完成的。2000 年 4 月,上海市政府决定进行轨道交通管理体制改革,实施投资、建设、运营、监管"四分开",组建了上海轨道交通投资公司(申通集团)、上海地铁建设有限公司和上海地铁运营有限公司。

申通集团承担市政府在轨道交通领域的投、融资职能,上海市政府每年向申通集团拨款

20亿,对"十五"建设项目,申通集团根据线路的不同情况,通过存量盘活、资产运作等方式,组建多元投资的项目公司。项目公司是轨道交通项目的业主,负责筹措项目建设资金。项目公司由申通集团控股,实行资本金制度,申通集团以现金投入,沿线各区主要以动拆迁费和车站土建资金作价投入。地铁建设公司受项目公司委托,代表业主负责设计、施工招投标等具体组织工作,对轨道交通建设工程进行管理和监督,以及负责设备选型、采购、安装和调试等工作。地铁运营公司负责轨道交通线路的运营,申通集团与地铁运营公司签订委托运营协议,运营公司不承担建设期负债本息的偿还。

5号线建成后,上海现代轨道交通运营股份公司获得了该线路的运营权,在轨道交通运营领域引进了竞争机制。

"四开分"体制改革,对探索一条"政企分开、产权明晰、投资多元化、运作市场化"的轨道交通发展新路,以及对解决轨道交通建设资金筹措、项目投资控制,建成上海轨道交通骨架网络起了积极作用。但随着线网规模逐渐扩大,新的问题又在产生,如投资方与运营方的关系,各方利益矛盾的协调等。在2004年与2005年,地铁建设公司、地铁运营公司又先后并入申通地铁集团。

到2008年底,上海投入运营的轨道交通线路总长已经达到253 km,并要求在2010年上海世博会开幕前,建成11条轨道交通线路,运营里程达到425 km。为了适应上海轨道交通进入网络化运营的态势,2009年初申通地铁集团对轨道交通运营管理体制进行了调整,目前形成了"4+2"的格局,即4家运营公司,加上运营管理中心和维护保障中心。运营公司是管辖线路运营安全、窗口服务和现场应急处置的责任主体,具有独立法人资格;运营管理中心的职责是运营计划编制、调度指挥、应急组织指挥、票务清分管理和运营管理协调等;维护保障中心的职责是对车辆、供电、通信、信号等设备的日常运行与维护、中大修及专项改造,以及应急抢险和生产物资供应等。

这一轮轨道交通运营管理体制调整,反映了申通地铁集团的企业发展战略新思路,即随着上海轨道交通基本网络的逐步建成,企业管理的重点适时转向强化运营管理。通过要素的重组与优化、实行扁平化管理、运营公司间的适度竞争,提高轨道交通网络化运营管理效率,提升轨道交通运营服务和维护保障的水平。

3. 广州

广州轨道交通建设的投融资由市政府承担,政府用土地批租收入作为建设资金的来源。由于建设轨道交通的资本金来源稳定充足,提升了金融机构投资轨道交通项目的信心,这对轨道交通项目的筹融资、加快轨道交通建设产生了积极作用。

广州地铁总公司负责轨道交通线路的建设与运营,不负责轨道交通建设项目的投融资。20世纪90年代,广州地铁总公司下设建设公司、运营公司和实业公司,实行两级管理、两级核算。从1999年8月起,广州地铁总公司进行了以建立现代企业制度为目标的管理体制改革,采用事业部制的企业组织模式,实行事业部和子公司一级核算、自负盈亏。目前,总公司设立了负责地铁建设管理的建设事业总部、地铁运营管理的运营事业总部和AFC研发中心等事业部和中心,还设立了地铁设计研究院、物业管理公司等子公司。2009年,广州地铁集团有限公司的改制方案获政府审批通过。

广州地铁的运营采取包干方式。政府出资建成轨道交通项目后,将线路的运营权交给地铁总公司,地铁总公司自负运营盈亏,政府不对线路的运营亏损进行补贴,也不对因运营亏损而产生的债务承担责任。由于建设期的投资与负债在政府的土地批租收入中列支,地铁总公司减轻了成本压力;而运营上的自负盈亏又促使地铁总公司控制运营成本,努力提高经济效益。

4. 香港

香港地铁的投资、建设与运营均由香港地铁有限公司承担。地铁公司是一家上市公司,第一大股东为香港政府。

香港地铁的建设资金来源于财政拨款与商业融资。财政拨款转为政府对地铁公司的持股;对商业融资,政府仅提供担保,地铁公司负责偿还本息。由于政府将地铁项目周边土地的开发权交给地铁公司,地铁公司通过地产交易、物业开发得到的收入可以在很大程度上偿还商业融资的本息,补充地铁建设的资金需求。

在运营方面,地铁公司通过与政府签订营运协议,实现对社会与市民的服务承诺,同时获得和保持地铁的专营权。政府赋予地铁公司确定票价的自主权,地铁公司确定票价时考虑的因素主要有运营成本、合理回报率和通货膨胀率等,票价调整通过法定程序进行。香港地铁始终按照商业化原则开展运营业务,使地铁的服务质量与经济效益均达到了世界先进水平。

## 二、轨道交通网络化若干问题

随着轨道交通线路的逐条建成,轨道交通的运营由单线运营发展为多线运营,由多线运营进一步发展为网络化运营。轨道交通网络化的概念及内涵包括了轨道交通网络化规划、网络化建设和网络化运营三个层面。网络化规划是指从轨道交通网络、而非单一线路的角度规划枢纽布局、站点设置和设施配置。网络化建设是指各条线路的技术标准协调、设备制式兼容、系统互联互通、资源整合共享和换乘枢纽同步实施等。网络化规划和网络化建设是网络化运营的基础,也是确保轨道交通网络功能最优化、运营效率最大化、运输成本合理化的基础。

轨道交通是一个复杂的系统,涉及效率、安全、效益等诸多方面。轨道交通网络化运营不是单线运营的简单叠加,网络化运营面临许多新的问题,例如:换乘规划、设备兼容、资源共享、网络综合体系、网络管理架构和列车共线运行等,这些问题的解决直接关系到轨道交通网络的运营效率、服务水平和经济效益。

1. 换乘规划

在轨道交通网络中,换乘站集中设置在中心城区的交通枢纽、城市副中心、重要商业街区等大型客流集散点,是轨道交通网络中的重要节点。以上海市轨道交通线网规划为例,国家批准的上海轨道交通远景网络由 17 条线路组成,网络总长约 810 km,车站 455 座,其中一半以上为换乘站,两线换乘枢纽 93 个、三线换乘枢纽 13 个、四线及以上换乘枢纽 3 个。但是,国内在轨道交通建设初期,缺乏从线网角度进行换乘规划,为网络化运营留下遗憾。例如:上海轨道交通 2 号线与 3 号线在中山公园站的换乘就是一个例子,两线乘客在中山公园站换乘,2 号线为地下二层车站,3 号线为高架二层车站,两线换乘乘客必须由一条线的站台层下车、站厅层检票出站,然后经过 110 m 长的非收费区通道,再由另一条线的站厅层检票进站、站台层上车,整个换乘走行距离达到 200 m 以上。显然,这一换乘规划设计很不理想。过长的换乘走行距离,对服务水平与客流吸引产生不利影响。

因此,应总结已建成换乘站的经验教训,在线网规划、建设阶段就解决换乘的优化问题。同时,建立若干评价指标来衡量换乘站规划与换乘方式设计是否科学合理。评价指标主要有:线路间的换乘连接是否最佳、乘客换乘走行距离是否最短、与其他交通方式的衔接是否良好、与停车场等周围设施的联系是否良好、规划实施的难易程度、设备的利用和共享、综合造价指标等。为了确保换乘站的建设,在线网规划及换乘规划批准后,应对相关用地进行严格控制,这是保证规划实施的重要措施。

2. 设备兼容

由于种种原因,国内存在先后建成的轨道交通线路采用不同制式技术设备的情形。技术设备不兼容对轨道交通网络化运营产生不利影响。例如,信号设备不兼容使得列车只能在本线上运行,限制了列车跨线运行与共线运行,制约了网络整体运输能力的发挥;自动售检票设备不兼容使得票卡只能在本线上使用,由于无法在各条线路间实行一票换乘,降低了轨道交通对乘客的吸引力。

因此,为了适应轨道交通网络化,从提高运营效率、服务水平与经济效益出发,要求网络内各条线路的信号、自动售检票等设备能实现设备兼容。通过对上海已建轨道交通线路信号制式的深入研究,结合世界上信号技术最新发展趋势和互联互通实施的可行性分析,目前上海已确定将"基于通信的列车控制系统"作为轨道交通信号系统的基本制式。采用统一的信号制式,既使网络内的列车跨线运行或共线运行成为可能,也为网络内列车运行调整、车辆与车辆基地资源的共享创造了条件。为了实现票卡兼容、方便乘客换乘,解决各条线路间、各个运营公司间的票款清算问题,需要进行包括 AFC 技术规范、标准制定,既有 AFC 系统"一票通"改造和网络票务清分系统建设等工作。

3. 资源共享

国内轨道交通发展初期,由于投入运营的线路相对分散,控制中心、车辆基地、主变电站和车站设备等通常是按单一线路规划配置。但是,在轨道交通网络化情况下,按单一线路规划配置技术设备,既不利于技术设备的充分利用、控制工程造价,也不利于技术管理的规范与运营指挥的统一。因此,为了适应轨道交通网络化,必须实现资源共享。

一个线路控制中心管辖相邻的几条线路,有利于减少建设投资、畅通信息传递、提高调度指挥效率。此外,建立更高层次的网络运营协调中心也是资源共享的重要方面。控制中心的资源共享主要从物理空间、人员设施和信息管理等方面实现。按照这个思路,上海轨道交通网络的控制中心整合为 9 个线路控制中心和 1 个网络运营协调中心。

几条线路共建一个车辆基地,在车辆运用与检修方面实现资源共享,不但有利于车辆的统一调配、统一运用和统一检修,还有利于减少与车辆基地有关的建设投资,以及减少城市土地的占用。这方面,更高一层的资源共享是车辆的架修、大修向社会化方向发展。

主变电站的建设投资较大,如果每条线路均独立设置,既不经济也不合理。应在满足各条线路功能要求的条件下,尽可能实现 2~3 条线路的主变电站合建。此外,还可考虑直接利用城市供电网中的大型变电站资源,实现城市电网资源的共享。

车站设备资源共享主要是指换乘站的站台、机电设备、防灾报警系统等的多线共用。国外的实践表明:多线共用站台,以及多线共用建筑空间、环控设备、供电设备和防灾报警系统等,除了能方便乘客换乘,还能充分利用设备、节省设备投资。此外,车站配线(存车线和折返线)在非运营时间停放列车,可以压缩车辆基地停车库的规模和投资。

### 4. 网络综合体系

轨道交通网络综合体系的构建，以"安全、可靠、高效"为总体目标，以"设施系统完备、运行安全畅通、维护统筹集约、管理智能高效"为指导思想，以网络化运营管理的功能需求为核心。网络综合体系由网络结构功能体系和网络业务管理体系等组成。

网络结构功能体系是整个轨道交通网络"安全、可靠、高效"运行的基础，通过该体系可以执行和实现网络功能。网络结构功能体系由网络管理平台、网络运转体系、网络基础体系、网络维护体系和网络安监体系组成，详见图1-11。网络管理平台包括各个集中管理系统，是轨道交通网络运行的指挥中枢；网络运转体系是网络运行的执行系统，网络基础体系是网络运行的承载系统，网络维护体系是网络运行的保障系统，网络安监体系是网络运行的监护系统。

网络业务管理体系由网络运营管理业务体系、网络维护管理业务体系和网络安全管理业务体系等组成。网络运营管理业务体系的管理对象是网络运转体系，通过网络运营协调系统、应急指挥系统、票务清分系统和信息系统对行车、客运、票务和应急处置等业务进行管理。网络维护管理业务体系的管理对象是网络维护体系，通过网络维护管理系统、物流管理系统和信息系统对车辆检修、综合检修、应急抢修、物流仓储和计量校验等业务进行管理。网络安全管理业务体系的管理对象是网络安监体系；通过维护管理系统的安监模块对行车人员监控、综合监控、运行设施设备监测和基础设施设备监测等业务进行管理。

### 5. 网络管理架构

为了适应轨道交通网络化运营，需要对管理架构进行重组。经过研究与探索，上海提出采取集中分级式的轨道交通管理架构，包括网络集中管理层、线路区域控制层和站场现场执行层三个层次，分别承担不同的网络运营管理职能。

网络集中管理层主要由网络运营协调系统、网络应急指挥系统、网络票务清分系统、网络信息系统和网络维护管理系统等组成，其运营管理职能包括：网络运营统筹管理、行车组织统一协调、运营资源优化整合，应急预案编制优化、突发事件应急处置指挥，一票换乘的票务清分结算、客流统计及数据提供，各管理业务体系信息的汇集、传递、统计和发布，维修计划统一协调、维修资源统一调配、维修成本统一核算等。

线路区域控制层主要由线路控制中心、车辆基地和综合维修中心等组成，其运营管理职能包括：日常行车指挥、客运调度、发生突发事件时执行网络运营协调系统和应急指挥系统的指令，车辆检修计划的协调下达、检修资源组群调配、发生列车故障时配合ETC进行列车救援，区域维修计划的统筹下达、维修资源区域调配、发生运营事故时配合ETC进行应急抢修等。

站场现场执行层主要由车站、维修现场和抢修现场等组成，其运营管理职能包括：车站客运组织、售检票管理、发生突发事件时执行相关指令进行应急处置，车辆、设施设备的检修、维护，列车救援或设施设备的抢修等。

### 6. 列车共线运行

(1) 共线运行模式：列车共线运行是指某一线路区段上运行不同类型或不同线路的列车。目前，列车共线运行主要有下面两种模式。

1) 轨道交通列车与铁路列车共线运行：模式一中的轨道交通列车包括地铁列车、轻轨列车与现代有轨电车，铁路列车则包括旅客列车与货物列车。日本东京(地铁列车与市郊铁路列车共线运行)、德国卡尔斯鲁厄(现代有轨电车与铁路列车共线运行)、英国桑德兰(轻轨列车与铁路列车共线运行)等城市是采用该模式的代表。

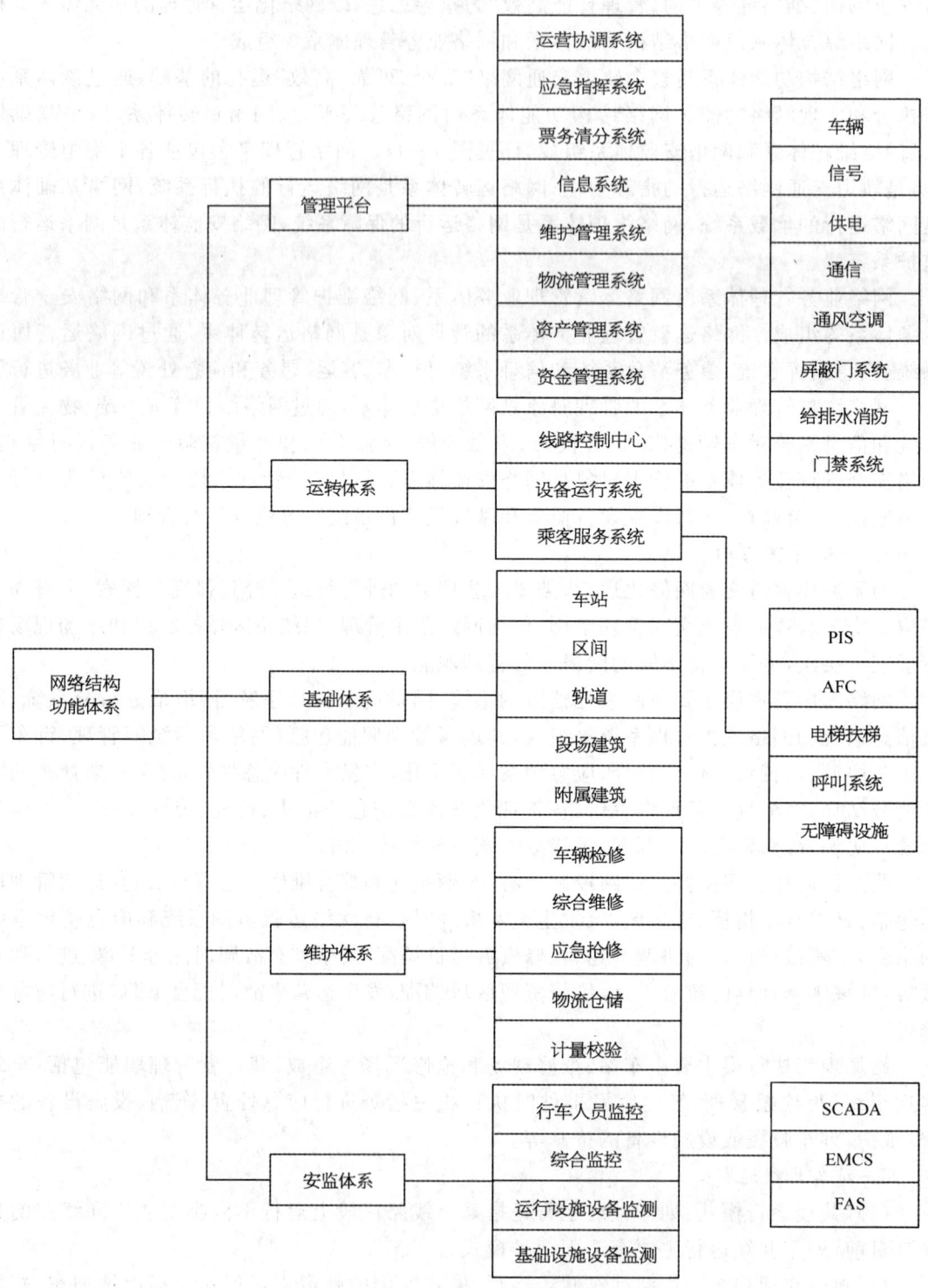

图 1-11 轨道交通网络结构功能体系

德国的卡尔斯鲁厄是欧洲第一个实现列车共线运行的城市。1984年,卡尔斯鲁厄开始这方面的研究与工作;1992年,第一个列车共线运行区段(卡尔斯鲁厄—布雷滕)投入运营。卡尔斯鲁厄的现代有轨电车系统服务于市区,经过技术改造,现代有轨电车可在干线铁路上与铁路列车共线运行,从而实现乘客在市区与郊区间的直通出行。自列车共线运行后,卡尔斯鲁厄轨道交通的客流量增长迅速,到年底时增加了近3倍。卡尔斯鲁厄的成功实践,使欧洲的一些城市纷纷开始列车共线运行的研究。

2) 轨道交通列车共线运行:模式二中的轨道交通列车主要是指地铁列车或轻轨列车,通常情形是两线列车只在若干个线路区间共线运行。我国上海(轨道交通3、4号线列车共线运行)、德国纽伦堡(地铁U2、U3线列车共线运行)等城市是采用该模式的代表。

上海轨道交通3号线与4号线均为高架M线(市区地铁线),两线采用相同的技术标准。2005年底4号线通车后,两线列车在8个区间共线运行。德国纽伦堡计划修建一条自动化、无人驾驶地铁U3线,该线路将与采用传统控制方式的地铁U2线在一个线路区段共线运行,项目研究认为:U3线列车与U2线列车共线运行在技术上是可行的、经济上是合理的。

(2) 共线运行分析:

1) 模式一分析:欧洲的一些城市对发展轻轨列车、现代有轨电车与铁路列车共线运行很感兴趣,究其原因:首先是为了提高公共交通,尤其是轨道交通对私人汽车出行的吸引力;其次是铁路的上下分离改革及线路运能富余促使铁路寻求新的市场。

研究报告(参考文献19)认为,轨道交通列车与铁路列车共线运行具有下列优点:

① 充分利用既有铁路的运输能力。

② 降低轨道交通的建设投资与运营成本。

③ 对市中心与远郊区间的出行,由于线路间的无缝连接和列车密度的增加,缩短了换乘时间与候车时间。

④ 乘客服务水平的提高有助于吸引更多的客流,客运收入的增加使运营企业的财务状况得到改善。

⑤ 私人汽车出行的减少有助于缓解地面交通拥挤、减少道路交通事故和减轻尾气排放等环境污染。

研究报告还提出了列车共线运行需要解决的技术、运营和经营方面的问题。技术方面的问题包括行车安全、信号制式、牵引电压和站台高度等;运营方面的问题包括缩短站间距、增加列车密度等;经营方面的问题包括运营管理机构重组、基础设施与车辆的保养维修承包给第三方等。

2) 模式二分析:相同技术标准的轨道交通列车共线运行,硬件设施方面的障碍较少,运营方面的问题是主要的。一般而言,列车共线运行是否可行,需要对乘客换乘、通过能力与运行秩序进行综合分析。

在运营初期客流量不大的情况下,为避免乘客换乘、提高服务水平,共线运行在运营上是可行的。但在客流量较大的情况下,由于受共线区段通过能力的限制,列车运能与客流密度难以很好匹配,例如:非共线区段通过能力未能充分利用,致使列车运能小于客流密度,车内比较拥挤、候车时间增加;共线区段通过能力虽然充分利用,但列车运能可能大于客流密度,造成运能虚靡。此外,任何一条线路的列车运行延误都会导致另一条线路的列车运行秩序紊乱,从而降低网络的运营可靠性。考虑到上述因素,国外客流量较大的轨道交通线路,很少采用列车共线运行方案。

上海轨道交通4号线投入运营后,3号线与4号线在虹桥路站—宝山路站区段共线运行,见图1-12。评价选择列车共线运行方案是否合理,一般应综合考虑乘客服务水平、运输能力利用、行车组织复杂性和运输成本四个方面因素。例如,从乘客服务水平分析,列车共线运行时,如果非共线区段的运能小于运量,就会出现候车时间增加、车内比较拥挤等情形;而在列车非共线运行时,部分本线跨区段出行的乘客需要换乘,会使出行时间增加并带来不便。此时,对换乘问题的分析不能停留在存在换乘的现象描述,而应具体分析换乘客流量及其占线路总客流量的比例,分析在增加换乘时间的同时、候车时间是否减少,以及研究可采取哪些措施来缩短换乘时间等。从运输能力利用分析,根据《地铁设计规范》,地铁线路远期最大通过能力不应少于每小时30对,按共线运行区段列车间隔为2min,则两线非共线运行区段只能安排开行15对列车,显然非共线区段的通过能力不能充分利用,运能不能适应客流增长;而在列车非共线运行时,非共线区段的运能可以根据断面客流大小进行安排。

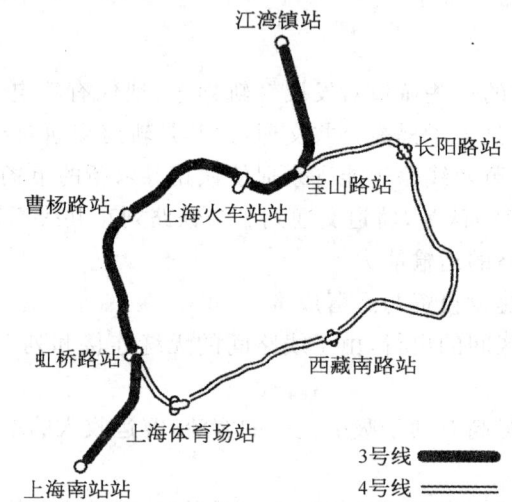

图1-12 上海轨道交通3、4号线共线运行示意图

# 参 考 文 献

[1] 张国宝.城市轨道交通运输组织.北京:中国铁道出版社,2000
[2] 张国宝.自动导向交通—发展中的新型轨道交通.地铁与轻轨.1999(1):5~6
[3] 张志荣.都市捷运:发展与应用.天津:天津大学出版社,2002
[4] Akira Nehashi. New types of guided transport. Japan Railway Transport & Review. 2000(2):58~67
[5] 刘明姝,张国宝.导向公共汽车技术及其应用评析.上海交通运输.2003(6):56~57
[6] 广州市地下铁道总公司,广州市地下铁道设计研究院.广州地铁二号线设计总结.北京:科学出版社,2005
[7] 北京城建设计研究总院.地铁设计规范(GB50157—2003).北京:中国计划出版社,2003
[8] 中华人民共和国建设部.城市快速轨道交通工程项目建设标准(试行本).北京:1999

[9] 顾伟华.上海城市轨道交通网络建设与资源共享.城市轨道交通研究.2005(6):15～19

[10] 胡晓嘉,顾保南等.城市轨道交通运营管理模式研究.城市轨道交通研究.2002(4):43～46,51

[11] 艾阳,马健.国内外城市轨道交通投资及经营模式比较.城市轨道交通研究.2003(4):7～11

[12] 宋孝鋆,孙纪平.深化轨道交通投融资改革的回顾和思考.城市轨道交通研究.2001(1):7～9,17

[13] 中华人民共和国国家统计局.中国统计年鉴.北京:中国统计出版社,2009

[14] 郑荣生.关于上海轨道交通多线运营的思考.城市轨道交通研究.2002(3):7～12

[15] 五一.城市公共交通的一体化管理.城市轨道交通研究.2005(3):1～3

[16] 朱军,宋健.城市轨道交通资源共享探讨.城市轨道交通研究.2003(2):5～8

[17] 朱沪生.轨道交通网络化建设中大型换乘枢纽的探讨.都市快轨交通.2004(5):1～5

[18] 应名洪等.城市轨道交通网络化建设与运营.北京:中国铁道出版社,2007

[19] Cross Rail consortium. Integrating local and regional rail, incl. cross-border aspects. Identification Report. 2000

[20] 许泽成,叶霞飞等.上海轨道交通3、4号线的运营模式.城市轨道交通研究.2004(2):10～12

[21] 徐雍,张国宝.地铁环线列车开行方案的比选研究.都市快轨交通.2008(3):12～16

# 第二章 客 流

## 第一节 客流概述

客流是规划轨道交通线网及线路走向、选择轨道交通制式及车辆类型、安排轨道交通项目建设顺序、设计车站规模和确定车站设备容量、进行项目经济评价的依据,也是轨道交通安排运力、编制列车开行计划、组织日常行车和分析运营效果的基础。

### 一、客流概念

客流是指在单位时间内,轨道交通线路上乘客流动人数和流动方向的总和。客流的概念既表明了乘客在空间上的位移及其数量,又强调了这种位移带有方向性和具有起讫位置。客流可以是预测客流,也可以是实际客流。

根据客流的时间分布特征,轨道交通客流可分为全日客流、全日分时客流和高峰小时客流,全日分时客流是指全日各小时的客流。根据客流的空间分布特征,轨道交通客流可分为断面客流与车站客流,断面客流是指通过轨道交通线路各区间的客流,车站客流是指在轨道交通车站上下车和换乘的客流。

根据客流的来源,轨道交通客流可分为基本客流、转移客流和诱增客流。基本客流是指轨道交通线路既有客流加上按正常增长率增加的客流。转移客流是指由于轨道交通具有快速、准时、舒适等优点,使原来经由常规公交和自行车出行转移到经由轨道交通出行的这部分客流。诱增客流是指轨道交通线路投入运营后,促进沿线土地开发、住宅区形成规模、商业活动繁荣所诱发的新增客流。

1. 断面客流量

在单位时间内,通过轨道交通线路某一地点的客流量称为断面客流量。这里,单位时间通常是一小时或全日。显然,通过某一断面的客流量就是通过该断面所在区间的客流量。断面客流量分为上行断面客流量和下行断面客流量,计算公式如下:

$$p_{i+1} = p_i - p_下 + p_上 \tag{2-1}$$

式中:$p_{i+1}$——第 $i+1$ 个断面的客流量(人);

$p_i$——第 $i$ 个断面的客流量(人);

$p_下$——在车站下车人数(人);

$p_上$——在车站上车人数(人)。

2. 最大断面客流量

在单位时间内,通过轨道交通线路各个断面的客流量一般是不相等的,其中的峰值称为最大断面客流量。轨道交通线路上、下行方向的最大断面客流量一般不在同一个断面上。

3. 高峰小时最大断面客流量

在以小时为时间单位计算断面客流量的情况下，全日分时最大断面客流量一般是不相等的，其中的峰值称为高峰小时最大断面客流量。轨道交通的高峰小时一般出现在早晨和傍晚，称为早高峰小时和晚高峰小时。

高峰小时最大断面客流量是决策是否需要修建轨道交通、修建何种类型轨道交通、确定车辆型式、列车编组、行车密度、运用车配置数和站台长度等的基本依据。

4. 车站客流量

包括全日、高峰小时和超高峰期在轨道交通车站上下车和换乘的客流量，以及经由不同出入口、收费区的进出站客流量和方向别的换乘客流量。超高峰期是指在高峰小时内存在一个约为15~20 min左右的上下车客流特别集中的时间段。

车站高峰小时和超高峰期客流量决定了车站设计规模，是确定站台、售检票设备、自动扶梯、楼梯、通道、出入口等车站设备容量或能力的基本依据，如站台宽度、售检票机数量、楼梯与通道宽度等。

5. 客流与客运需求

需求是指人们对于某种物质或精神目标获得满足的愿望，在经济学意义上，对商品和服务的需求受到社会经济条件的制约，必须建立在有购买能力的基础上。城市客运需求是指人们在城市中实现位移的愿望，同样，它也应是建立在有能力支付交通服务价格的基础上。因此，客运需求是位移欲望和购买能力的统一。如果说客运需求是潜在的客流，那么客流就是实现了的客运需求。

客运需求具有以下四个方面特性：

（1）广泛性：与其他商品和服务的需求相比较，客运需求是一种广泛性的需求，城市的各项功能活动都不可能离开它而独立存在。

（2）派生性：客运需求是一种派生性需求，因为在绝大多数的情况下，乘客实现位移的目的往往不是位移的本身，而是通过空间位移的完成来满足工作、生活或娱乐方面的需求。正是由于客运需求是一种非本源性的需求，决定了部分客运需求的满足在空间和时间上的弹性、以及可以被部分替代的特点，如乘客可以选择迂回径路或避开交通高峰期，现代通讯手段的发展减少了城市中人员的流动等。

（3）时间性：客运需求按一周内的工作日和双休日、一天内的各个小时有规律的变化，客运需求的这种时间特性是城市公共交通系统规划设计和运输组织的基本依据之一。

（4）空间性：客运需求的空间特性是指潜在的客流在方向上、线路上、车站间分布的不均衡。这种不均衡主要是由城市各区域的土地使用和功能活动不同所决定的。但城市交通网的布局、线路通过能力、交通服务价格与质量也是构成城市中的出行在空间分布上不均衡的原因。

## 二、影响客流的因素

影响客流的因素包括经济的和非经济的两方面因素，概括起来主要有：土地利用、城市布局发展模式、人口规模、社会经济发展水平、客运服务及替代服务的价格与质量、政府的交通运输政策、交通网的规模与布局、私人交通工具的拥有量等。

土地利用包括下面三方面的涵义：土地的用途，涉及城市各区域功能的定位；在用地上建造的建筑类型，涉及用地上进行的社会经济活动类型；土地的利用状况，涉及用地上进行的社会经济活动的强度,如人口、就业、产量等。土地利用与客流的关系是"源"与"流"的关系,城市各区域功能的定位决定了出行活动及出行流量、流向。此外,土地利用规划对城市布局发展模式有着重要的影响,在城市由单中心布局发展到单中心加卫星城镇布局,又进一步发展到多中心布局的过程中,通常伴随着客流的大幅增长。1997年,上海轨道交通1号线火车站—莘庄段贯通运营,但1997、1998年的客流增长幅度并不大,主要原因是1号线锦江乐园至莘庄段沿线地区的房地产开发刚刚开始。到2000年后,市民纷纷迁入新建成的住宅区,商业、餐饮业也发展起来,1号线客流也快速增长,2001年的客流增长率达到38.1%,远高于2000年的客流增长率0.5%。

城市中的出行量与人口规模、出行率存在密切的关系,因此除了分析常住人口、暂住人口和流动人口的数量外,还应分析人口的年龄、职业、出行目的、居住区域等特征。根据出行调查资料,不同人群的出行率存在差异,一般规律是:常住人口中,中青年人群的出行率高于幼年与老年人群的出行率,上班上学人群的出行率高于退休人群的出行率,市区人口的出行率高于郊区人口的出行率;暂住人口、流动人口中,旅游人群的出行率高于民工人群的出行率;以及流动人口的出行率高于常住人口的出行率等。

票价是影响客流的重要因素,但票价对客流的影响与收入水平对客流的影响是综合产生作用的。票价与收入有四种可能的组合,其中低收入、高票价对客流的吸引最不利。市民的消费能力与收入水平直接相关,轨道交通的客源主要来自中、低收入人群,而中、低收入人群对票价的变动比较敏感,当轨道交通票价支出占收入水平的比例较大时,选择轨道交通方式出行的客流就会下降。1996年,北京地铁票价由0.5元调整为2元,当年客运量减少1.18亿人次,与上年相比下降20.4%,如果考虑客流自然增长,实际下降达到26%。1999年,类似的情形发生在上海,由于票价调高,轨道交通1号线的客运量下降了13.4%。在分析票价对客流的影响时,还应注意到乘客会权衡各种出行方式的票价高低及性价比来选择出行方式。在收入水平一定的情况下,只有在轨道交通的性价比高于其他出行方式或替代服务的性价比时,轨道交通才具有吸引客流的优势。

评价轨道交通服务水平的指标主要有列车频率、运送速度、列车正点率、舒适便利和乘客安全等。在收入水平逐渐提高、可选择出行方式增多的情况下,服务水平成为市民选择出行方式时主要考虑的因素,因此服务水平是影响客流及潜在客运需求的关键因素。

大城市确立以公共交通为主、个体交通为辅的交通运输政策,优先发展公共交通、大力发展轨道交通、控制自行车与私人汽车的发展,对引导市民出行利用公共交通与轨道交通有重要意义。而要实现这一交通运输政策,首先是加快公共交通设施的建设,如提高轨道交通线网的密度、建成大型换乘枢纽等;其次是优化现有交通资源的利用,如完善轨道交通与常规公交、自行车、私人汽车的衔接换乘,减少与轨道交通线路走向重复的常规公交线路等。2001年,上海因打浦路过江隧道能力饱和,取消了几条经隧道开往浦东的常规公交线路,为引导乘客坐轨道交通2号线过江,推出了在黄浦江两侧乘坐地铁4站以内,优惠票价为1元的调控措施,使2号线增加了大批客流。

多层次的轨道交通线网、合理的线路布局及走向和功能完善的换乘枢纽对实现城市中心区45 min交通圈、增大轨道交通对出行者的吸引力、提高轨道交通在公共交通中的运量分担比例有重要的作用。此外,从土地利用与运输系统互动、运输需求与运输供给互动的角度,国外学者提出了通过建设交通运输走廊来推动车站周边地区土地开发利用的TOD

（Transit-Oriented Development，交通引导开发）规划模式。由于轨道交通具有运能大、速度快、能源消耗和空气污染低的优势，TOD规划模式在轨道交通建设领域得到了较多应用。国外的研究发现，根据车站附近地区的土地利用情形不同，TOD规划模式可降低小汽车车流量5%～20%，而轨道交通的客流则相应增加。

在客运需求一定的情况下，利用私人交通工具出行越多，则通过公共交通出行就越少。长期以来，国内大城市的自行车出行比例达到50%～60%左右，其原因一方面与出行距离较短有关，另一方面也与公共交通服务水平较低有关。大量的自行车出行，与机动车争抢道路，加剧了道路能力的紧张。2000年后，一些大城市的私人汽车拥有量也快速增长，如上海市的载客私人汽车拥有量1999年只有2.14万辆，2009年时已达到84.95万辆，私人汽车拥有量的快速增长使道路交通因拥挤而处于行车难的状态。在发展个体交通，还是发展公共交通问题上，国外的经验教训值得借鉴，西方国家大城市过去曾经对私人汽车的发展不加控制，结果在破坏城市生态环境的同时，出现了严重的道路拥挤和出行难问题，最后不得不又转向发展公共交通和轨道交通。因此，从优化出行方式结构、提高公共交通的客运比例出发，应有序控制自行车与私人汽车的发展。作为一种辅助出行方式，短距离自行车出行仍会大量存在，但长距离自行车出行则应引导到公共交通出行上来。在出行的快捷、方便和舒适方面，私人汽车出行无疑是优于公共交通出行，但私人汽车的发展应考虑道路网能力是否适应，不能以降低大部分市民的快捷、方便和舒适为代价。对私人汽车的使用应通过经济杠杆进行适度控制，鼓励并创造条件让私人汽车使用者以停车—换乘方式进入城市中心区。

### 三、客流预测

1. 客流预测模式

（1）非基于出行分布的客流预测模式：将相关公交线路和自行车出行的现状客流向轨道交通线路转移，得到虚拟的轨道交通基年客流。然后根据相关公交线路的客流增长规律确定轨道交通客流的增长率，并据此推算轨道交通远期客流。这种客流预测模式又称为趋势外推客流预测模式，在确定轨道交通客流增长率时可采用指数平滑法、多元回归预测等方法。北京市的复兴门—八王坟地铁线路、上海市的新龙华—新客站地铁线路客流预测采用了此类预测模式。

趋势外推客流预测模式能较好地反映近期客流量的增长情况，但由于未考虑土地利用形态等客流影响因素，远期客流预测结果的精度较低，并且在预见未来出行分布变化上可靠性较差。该客流预测模式操作简单，常用于其他模式预测后的比较验证，或作为定性分析的辅助手段。

（2）基于出行分布的客流预测模式：以市民出行OD调查为基础，得到现状全方式出行分布，在此基础上预测规划年度的全方式出行分布，然后通过方式划分得到轨道交通的站间OD客流。这种客流预测模式包括出行生成、出行分布、方式划分与出行分配四个阶段，因此又称为四阶段客流预测模式或方法。上海市的轨道交通3号线、南京市的地铁南北线一期工程客流预测采用了此类预测模式。

四阶段客流预测模式以现状OD调查为基础、结合未来城市发展及土地利用规划，因此客流预测结果的精度较高。该客流预测模式对于基础数据的要求较高、操作复杂。此外，在城市发展未能按规划实现时，预测的客流分布与实际客流分布就会存在较大的差异。近年来,国内许多城市的轨道交通客流预测采用了四阶段客流预测模式。但在实践中,各个建设项目在方式划分阶段的位置、预测模型选择及参数标定,以及交通规划软件选用等方面存在不同的情形。

(3) 三次吸引客流预测模式:该客流预测模式认为,可以确定一个轨道交通车站对客流的吸引范围,车站吸引范围是一个以车站为圆心,合理的到达车站时间或到达车站距离为半径的圆形区域。在分析车站吸引范围内的土地利用性质,以及确定合理步行区与接运交通区的基础上,可以预测通过步行、自行车和常规公交三种方式到站乘车的人次,它们分别称为一次吸引客流、二次吸引客流和三次吸引客流,并在车站客流量的基础上进一步推算线路的断面客流量。在西安市的轨道交通可行性研究项目中采用了此类客流预测模式。

采用该客流预测模式,需要确定轨道交通车站客流吸引范围。根据莫斯科地铁的一项研究,在到达中间站乘车的乘客中,步行到站乘客约占58%、利用接运交通到站乘客约占42%。因此,确定车站客流吸引范围主要是确定一次吸引的合理步行区与三次吸引的合理接运区。研究认为:到达轨道交通车站的合理步行区应是以车站为圆心、半径为600~800 m的区域;到达轨道交通车站的合理接运区应是以车站为圆心、半径为2 500~3 000 m的区域。在有快速公交线路接运的情况下,合理接运区半径可以超过3 000 m。此外,研究还指出,轨道交通终点站的合理接运区半径一般要比平均值大30%~50%,在终点站上车的乘客中,利用接运交通到站乘客比例较高,达到55%。

2. 四阶段客流预测

四阶段客流预测包括出行生成、出行分布、方式划分与出行分配四个步骤,但在实际应用中,还存在只用三个步骤等情形。四阶段客流预测的一般流程如图2-1所示,城市土地利用状况所反映的城市社会经济活动特征,以及城市交通设施及其特征决定了客流的产生、分布、出行方式和线路的选择,但它不是单向的作用关系,而是一种相互反馈的动态关系,客流预测、运输规划的结果也会反作用于城市交通系统,并通过城市交通系统对城市的社会经济活动产生影响。

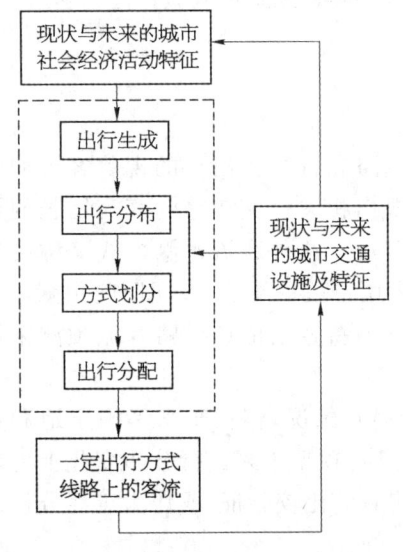

图2-1 四阶段客流预测的一般模式

(1) 出行生成:出行生成阶段预测每一交通小区的出行生成量和出行吸引量。出行生成预测的基础资料是城市的远景人口和就业岗位数等预测数据,而这些数据又需根据远景土地利用规划得出。土地利用规划规定了土地的居住、工业和商业等用途;决定了各种用地上发生的社会经济活动的强度。根据土地利用规划,可以把交通规划的区域划分成许多交通小区,见图2-2。在已知各交通小区的居住人口数、就业岗位数,以及家庭人口、收入和私人交通工具拥有数特征等数据的基础上,应用回归分析法、类型分析法等预测方法来预测各个交通小区的出行生成量和出行吸引量。

(2) 出行分布:出行分布阶段预测每一交通小区出行生成量的去向和出行吸引量的来源,即各交通小区间的出行生成与吸引分布。出行分布可用OD矩阵表来表示,见表2-1。确定OD出行量的常用预测方法有弗雷特法和重力模型等。

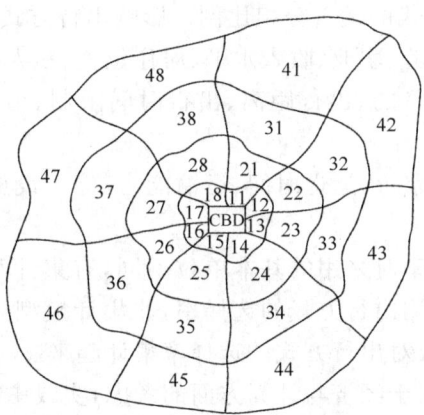

图 2-2 交通小区及其结构

表 2-1 出行分布 OD 矩阵表

| O\D | 1 | 2 | ⋯ | j | ⋯ | n | 合计 |
|---|---|---|---|---|---|---|---|
| 1 | $T_{11}$ | $T_{12}$ | ⋯ | $T_{1j}$ | ⋯ | $T_{1n}$ | $O_1$ |
| 2 | $T_{21}$ | $T_{22}$ | ⋯ | $T_{2j}$ | ⋯ | $T_{2n}$ | $O_2$ |
| ⋮ | ⋮ | ⋮ | ⋱ | ⋮ | | ⋮ | ⋮ |
| i | $T_{i1}$ | $T_{i2}$ | ⋯ | $T_{ij}$ | ⋯ | $T_{in}$ | $O_i$ |
| ⋮ | ⋮ | ⋮ | ⋮ | ⋮ | ⋱ | ⋮ | ⋮ |
| n | $T_{n1}$ | $T_{n2}$ | ⋯ | $T_{nj}$ | ⋯ | $T_{nn}$ | $O_n$ |
| 合计 | $D_1$ | $D_2$ | ⋯ | $D_j$ | ⋯ | $D_n$ | $T$ |

（3）方式划分：方式划分阶段确定轨道交通、常规公交、自行车、步行、出租汽车和私人汽车等各种出行方式承担的交通小区间 OD 出行量的比例。

在四阶段客流预测时，方式划分阶段的位置还有其他几种情形，如图 2-3 所示。

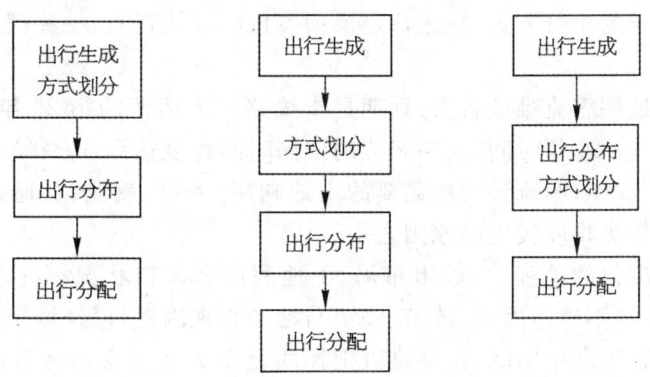

图 2-3 方式划分阶段位置的其他情形

方式划分预测的基本思路为：首先预测出行者对各种出行方式的选择率，常用的预测方法有 Logit 模型等；然后用选择率乘以交通小区的出行生成量、吸引量或者交通小区间的

OD出行量,得到各种出行方式的运量分担比例。影响出行方式选择的因素主要有:

1) 出行者的特性,如年龄、职业、收入水平、居住位置、私人交通工具拥有状况等。

2) 出行的特性,如出行目的、出行距离、出行时间限制、出行时段、对舒适与安全的考虑等。

3) 交通系统的特性,如票价、运送时间、运输能力、停车设施、服务水平(准时、安全、舒适、便利)等。

根据预测出行方式选择率时采用的基本单位不同,有集计和非集计两种模型。集计模型以交通小区为基本单位预测出行方式的选择率,非集计模型先以个人为基本单位预测出行方式的选择率,然后把个人对出行方式的选择率集计起来。

在采用非集计模型时,限于经济与计算方面的考虑,实践中很少是将每个人的出行方式选择率集计起来,而是采用分类法和抽样法等集计方法。分类法是指将个人按类别划分为若干组,先求得各组的选择率,再按各组人数进行加权平均求得集计的选择率。抽样法是指从总体中抽出部分样本,先求得样本中个人的选择率,然后将个人的选择率集计起来,再据此推算总体的选择率。

(4) 出行分配:出行分配阶段将OD出行量按一定的规则分配到交通网中的各条线路上去。城市交通网中的某个OD对间通常会有若干条线路,并且各个OD对间的线路存在部分路段重叠的情形,在OD出行量较小时,按最短路径进行出行分配通常是可行的,但在OD出行量较大时,仍按最短路径分配则会出现因部分线路或路段的能力限制而导致交通拥挤的现象。出行分配的常用方法有:全有全无分配法、逐次平均法和均衡分配法等。

3. 关于客流预测误差

预测客流与实际客流误差较大、存在高估倾向,以及不同机构预测的客流数据离散性较大,是国内客流预测中存在的问题。分析表明,造成客流预测误差的原因主要是:

(1) 四阶段客流预测方法的缺陷:例如,对出行生成、出行分布与土地利用互动,方式划分、出行分配与运输系统改善互动,运输需求与运输供给互动等考虑不够;类型分析法假设家庭的平均出行率基本不变、弗雷特法假设OD对间的出行分布模式基本不变,不一定完全符合实际;在采用重力模型时,交通小区间距离较近时、预测值会偏高;在进行方式划分时,轨道交通作为一种新的出行方式,缺乏标定模型参数的现状资料;一些模型的参数标定问题并未较好解决。

(2) 准确预测远期客流难度较大:远期是指线路投入运营的第25年,加上工程立项至建成通车一般需要5~10年时间,远期客流的预测时间跨度达到30~35年。但国内的远期城市规划一般只做20年,客流预测所需要的土地利用、人口、就业、交通调查等基础资料数据不足是远期客流预测难度较大的原因之一。

我国正处于城市化的进程中,城市布局、土地利用和人口状况都处于不稳定的变化状态,城市发展过程中的不确定因素,政策、经济与社会心理因素,以及城市交通网络结构的未来变化都会对远期客流产生影响,这种难以把握的复杂关系是远期客流预测难度较大的另一原因。

四、客流调查

在轨道交通的运营过程中,为了掌握客流现状与变化规律,还必须经常进行各种形式的客流调查,因此客流调查是轨道交通日常运营活动的组成部分。

客流调查涉及客流调查内容、地点和时间的确定,调查表格的设计、调查设备的选用和调查方式的选择,以及调查资料汇总整理、指标计算和结果分析等多方面问题。

1. 客流调查种类

(1) 全面客流调查:全面客流调查是对全线客流的综合调查,通常也包含了乘客情况抽样调查。这种类型的客流调查时间长、工作量大、需要配备较多的调查人员。但通过调查及对调查资料进行整理和统计分析,能对客流现状及变化规律有一个全面清晰的了解。

全面客流调查有随车调查和站点调查两种调查方式。随车调查是在列车车门处对运营时间内所有上下车乘客进行写实调查;站点调查是在车站检票口对运营时间内所有进出站乘客进行写实调查。在上述两种调查方式中,轨道交通全面客流调查基本上都是采用站点调查。

全面客流调查一般应连续进行两三天,在运营时间内,调查全线各站所有乘客的下车地点和票种情况,并将调查资料以 5 min 或 15 min 为间隔分组记录下来。

(2) 乘客情况抽样调查:抽样调查是用样本来近似地代替总体,这样做有利于减少客流调查的人力、物力和时间。乘客情况抽样调查通常采用问卷方式进行,调查内容主要包括乘客构成情况和乘客乘车情况两方面。

乘客构成情况调查一般在车站进行。调查内容包括年龄、性别、职业、家庭住址和出行目的等。该项调查的时间可选择在客流比较正常的运营时间段。

乘客乘车情况调查的安排视调查对象及调查内容的不同而不同。调查内容除年龄、性别和职业外,还可包括家庭住址和家庭收入、日均乘车次数、上车站和下车站、到达车站的方式和所需时间、下车后到达目的地的方式和所需时间、乘坐轨道交通列车后节省的出行时间、以及对现行票价的认同度等。

进行抽样调查,必须首先确定抽样方法与抽样数,以确保抽样调查的结果具有实用意义。抽样方法主要有简单随机抽样、分层抽样、整群抽样和多阶段抽样等。抽样数的大小取决于总体的大小、总体的异质性程度和调查的精度要求等。表 2-2 是美国交通部规定的家访出行调查抽样率。

表 2-2 家访出行调查抽样率(以家庭为单位)

| 调查范围内人口(万) | 最小抽样率(%) | 推荐抽样率(%) |
| --- | --- | --- |
| <5 | 10 | 20 |
| 5~15 | 5 | 12.5 |
| 15~30 | 3 | 10 |
| 30~50 | 2 | 6.6 |
| 50~100 | 1.5 | 5 |
| >100 | 1 | 4 |

20 世纪 80 年代,国内天津、上海、广州、南京等城市进行的家访出行调查抽样率均在 3%~4% 之间。

(3) 断面客流调查:断面客流调查是一种经常性的客流抽样调查,根据需要,可选择一个或几个断面进行调查,一般是对最大客流断面进行调查。应用 AFC 系统前,调查人员用直接观察法调查车辆内的乘客人数;采用 AFC 系统后,可根据从票卡上读入的 OD 信息,推算断面客流。

(4) 节假日客流调查:节假日客流调查是一种专题性客流调查,重点对春节、元旦、国庆节、双修日和若干民间节日期间的客流进行调查。调查的内容包括机关、学校、企业等单位的休假安排,城市旅游业、娱乐业的发展程度,市民生活方式的变化等。该项调查一般是通过问卷方式进行。

#### 2. 客流调查统计指标

客流调查结束后,对客流调查资料应认真汇总整理,列成表格或绘成图表,计算各项指标,并将它们与设计(预测)数据或历年调查数据进行比较,分析数据增减的比例及原因。轨道交通全面客流调查后应计算的主要指标如下:

(1) 乘客人数:包括分时与全日各站上下车人数,分时与全日各站换乘人数,各站与全线高峰小时乘客人数,各站与全线全日乘客人数,高峰小时乘客人数占全日乘客人数的比例。

(2) 断面客流量:包括分时与全日各断面客流量,分时与全日最大断面客流量,高峰小时最大断面客流量。

(3) 乘坐站数与平均乘距:包括本线乘客乘坐不同站数的人数及所占百分比,跨线乘客乘坐不同站数的人数及所占百分比,平均乘车距离。

(4) 乘客构成:包括全线持不同票种乘客人数及所占百分比,车站别按年龄、家庭住址和出行目的等统计的乘客人数及所占百分比,车站别三次吸引乘客人数及所占百分比,从不同距离、以三种方式到达车站的乘客人数及所占百分比,需不同时间、以三种方式到达车站的乘客人数及所占百分比。

(5) 车辆运用:包括客车公里、客位公里、乘客密度、客车满载率和断面满载率,上述指标的计算公式如下:

1) 客车公里:

$$客车公里 = 客运列车数 \times 列车编组辆数 \times 列车运行距离 \quad (2-2)$$

2) 客位公里:

$$客位公里 = 客车公里 \times 车辆定员 \quad (2-3)$$

3) 乘客密度(人/车):

$$乘客密度 = \frac{客运量 \times 平均运距}{客车公里} \quad (2-4)$$

4) 客车满载率:

$$客车满载率 = \frac{乘客密度}{车辆定员} \times 100\% \quad (2-5)$$

或

$$客车满载率 = \frac{客运量 \times 平均运距}{客位公里} \times 100\% \quad (2-6)$$

5) 断面满载率:

$$断面满载率 = \frac{单向最大断面客流量}{客运列车数 \times 列车编组辆数 \times 车辆定员} \times 100\% \quad (2-7)$$

## 第二节 客流分析

轨道交通的客流是动态流,它的分布与变化因时因地而不同,但这种不同归根结底是城市社会经济活动与生活方式、以及轨道交通本身特征的反映,因此客流的分布与变化是有规律的。对客流的分布特征与动态变化进行实时跟踪和系统分析、掌握客流现状与变化规律,有助于经济合理地进行线网规划、运力安排与设备配置,对搞好日常行车组织与运营管理工作具有重要意义。在轨道交通的运营实践中,客流分析的对象既可以是预测客流,也可以是实际客流,客流分析的重点是客流在时间与空间上的分布特征、动态变化规律,以及它们与行车组织、客运组织和运能配备的关系。

### 一、客流的时间分布特征分析

1. 一日内小时客流分布特征

轨道交通一日内小时客流随人们的生活节奏和出行特点而变化。通常是夜间少,早晨渐增,上班和上学时达到高峰,午间稍减,傍晚因下班和放学又是高峰,此后逐渐减少,午夜最少。因此,轨道交通一日内小时客流通常是双峰型,这种规律在国内外的轨道交通线路上几乎都是一样,只是程度不同而已。反映轨道交通线路分时客流不均衡程度的系数可按下式计算:

$$\alpha_1 = \frac{p_{\max}}{\sum_{t=1}^{H} p_t / H} \quad (2-8)$$

式中:$\alpha_1$——单向分时客流不均衡系数;
$p_{\max}$——单向高峰小时最大断面客流量(人);
$p_t$——单向分时最大断面客流量(人);
$H$——全日营业小时数(个)。

分时客流不均衡系数值大于1。$\alpha_1$趋向于1表明分时客流分布比较均衡,$\alpha_1$越大表明分时客流分布越不均衡。当$\alpha_1 \geq 2$时,表明分时客流的不均衡程度比较大。位于市区范围内地铁、轻轨线路的$\alpha_1$值通常为2左右;而通往远郊区市域轨道交通线路的$\alpha_1$值通常大于3。

由图2-4可知,上海市域轨道交通R4线(一期工程、松江—东安路)的2008年分时最大断面客流具有明显的双峰特征。经计算,分时客流不均衡系数$\alpha_1$达到3.7,表明R4线一日内小时客流分布的不均衡程度很大。

在一日内小时客流不均衡程度较大的情况下,为实现运营组织的经济合理性,可考虑采用小编组、高密度列车开行方案。小编组、高密度与大编组、低密度两种列车开行方案的分时列车运能不变,但在客流低谷时段,小编组、高密度方案具有既能提高客车满载率、又不降低乘客服务水平的优点。

应该指出,小编组、高密度方案的采用只是在一定的客流条件下才是可行的。分时客流不均衡程度比较大是一个条件,线路的客流量较小、尚未达到设计客流量是另一个条件。在线路客流量较小的情况下,由于客流低谷时段列车开行数较少,会使乘客候车时间延长、降低乘客服务水平;而如果为保持乘客服务水平,在客流低谷时段增加列车开行数,则又会使车辆满载率降低,产生运营不经济的情形。小编组、高密度方案既不增加列车运能、又能提高列车密度,从而解决了上述两难问题。但如果线路客流量已经较大、接近设计客流量,采用小编组、高密度方案,低谷时段增开列车问题不大,高峰小时增开列车则会受到线路通过能力的限制。

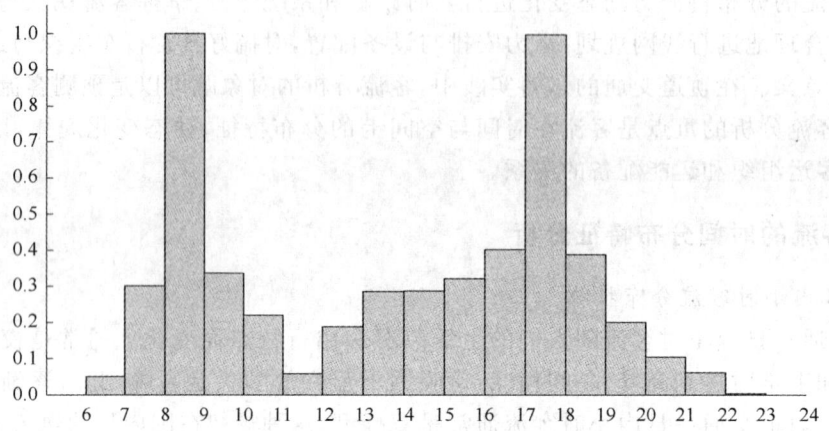

图 2-4　R4 线 2008 年分时最大断面客流分布比例图

2. 一周内全日客流分布特征

由于人们的工作与休息是以周为循环周期进行的,这种活动规律性必然要反映到一周内全日客流的变化上来。在以通勤、通学客流为主的轨道交通线路上,双休日的客流会有所减少;而在连接商业网点、旅游景点的轨道交通线路上,双休日的客流又往往会有所增加。与工作日的早、晚高峰出现时间比较,双休日的早高峰出现时间往往推迟,而晚高峰出现时间又往往提前。另外,星期一与节假日后的早高峰小时客流和星期五与节假日前的晚高峰小时客流,都会比其他工作日的早、晚高峰小时客流要大。

根据全日客流在一周内分布的不均衡和有规律的变化,轨道交通常在一周内实行不同的全日行车计划和列车运行图,以适应不同的客运需求和提高运营经济性。

3. 季节性或短期性客流变化

在一年内,客流还存在季节性的变化,如由于梅雨季节和学生复习迎考等原因,6 月份的客流通常是全年的低谷,见图 2-5 所示的某轨道交通线路 1996～1997 年与 2001～2002 年的月客流量。另外,在旅游旺季,流动人口的增加也会使轨道交通线路的客流增加。短期性客流激增通常发生在举办重大活动或遇到天气骤然变化的时候。对季节性的客流变化,可采用实行分号列车运行图的措施来缓和运输能力紧张状况。当客流在短期内增加幅度较大时,运营部门应针对某些作业组织环节、某些设备的运用方案采取应急调整措施,以适应客运需求。

4. 车站高峰小时客流分布特征

车站高峰小时客流是确定车站设备容量或能力的基本依据。车站高峰小时客流分析,首先应确定进、出站高峰小时的出现时间,其次才是分析客流量的大小。此外,还应分析客流的发展趋势,随着轨道交通新线投入运营、既有轨道交通线路延伸,高峰小时进、出站客流会发生较大的变化。而车站吸引区内在住宅、商业和文化娱乐等方面的发展也会使高峰小时进、出站客流发生较大的变化。研究表明：轨道交通车站高峰小时客流具有以下特征：

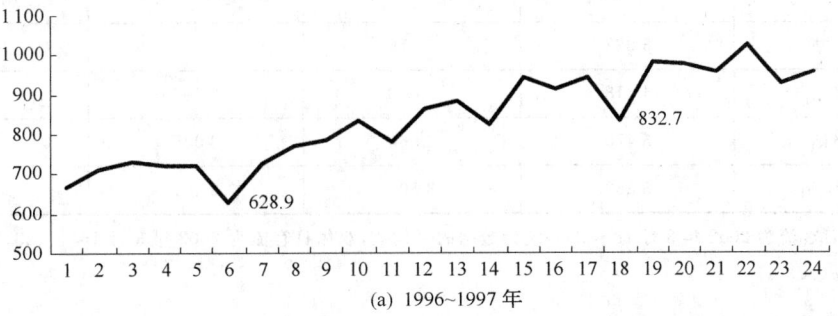

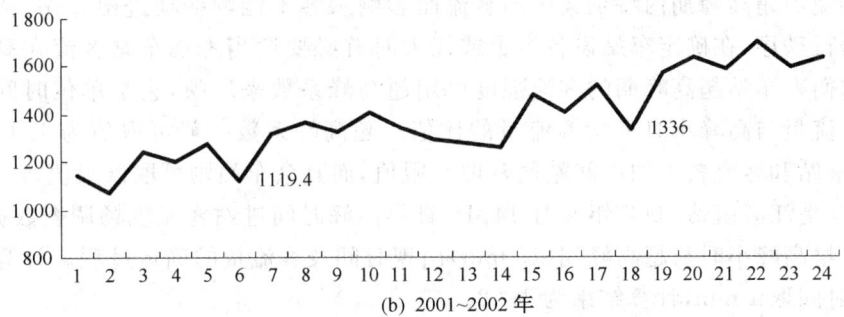

图 2-5 月客流量（单位：万人次）

（1）车站客流的进、出站高峰小时出现时间与断面客流的高峰小时出现时间通常不相同。

（2）各个车站客流的进、出站高峰小时出现时间通常不相同，见表 2-3。

（3）同一车站客流的进、出站高峰小时出现时间通常不相同，见表 2-3。

（4）同一车站工作日客流与双休日客流的进、出站高峰小时出现时间通常也不相同，见表 2-3。

（5）工作日高峰小时进、出站客流通常大于双休日高峰小时进、出站客流，见表 2-4。

表 2-3 进、出站高峰小时出现时间

| | 工作日高峰小时 | | 双休日高峰小时 | |
|---|---|---|---|---|
| | 进 站 | 出 站 | 进 站 | 出 站 |
| 徐家汇站 | 17:00～18:00 | 8:00～9:00 | 16:00～17:00 | 13:00～14:00 |
| 莲花路站 | 8:00～9:00 | 18:00～19:00 | 9:00～10:00 | 16:00～17:00 |
| 河南路站 | 17:00～18:00 | 8:00～9:00 | 16:00～17:00 | 13:00～14:00 |
| 中山公园站 | 8:00～9:00 | 18:00～19:00 | 9:00～10:00 | 17:00～18:00 |

注：进、出站高峰小时出现时间，工作日按 2002 年 3 月 18～22 日统计数据的平均数确定，双休日按 2002 年 3 月 16、17、23、24 日统计数据的平均数确定。

表 2-4 工作日、双休日高峰小时进、出站客流

| | 工作日 | | 双休日 | |
|---|---|---|---|---|
| | 进 站 | 出 站 | 进 站 | 出 站 |
| 徐家汇站 | 5 582 | 5 075 | 5 580 | 4 632 |
| 莲花路站 | 4 318 | 3 008 | 2 406 | 1 833 |
| 河南路站 | 5 470 | 6 564 | 3 025 | 2 538 |
| 中山公园站 | 5 862 | 3 505 | 2 451 | 2 360 |

注：工作日客流为2002年3月18~22日统计数据的平均数，双休日客流为2002年3月16、17、23、24日统计数据的平均数(单位：人)。

5. 车站超高峰期客流分布特征

为了避免因超高峰期内特别集中的客流而影响乘客不能顺畅地进出车站，甚至影响列车的正常运行秩序，在确定车站设备容量或能力时有必要适当考虑车站客流在高峰小时内分布的不均衡。车站超高峰期的客流强度可用超高峰系数来反映，它是单位时间内的超高峰期平均客流量与高峰小时平均客流量的比值。超高峰系数一般可取值为1.1~1.4。对终点站、换乘站和客流较大的中间站通常取高限值，而其余车站则可取低限值。

表 2-5 是江湾镇站 2002 年 5 月 14、15 日早高峰时间进站客流现场调查数据，表 2-6 介绍了该站早高峰小时与超高峰期(15 min)出现时间及客流量的确定过程。计算超高峰系数时，单位时间取 1 min，计算结果为 1.22。

表 2-5 江湾镇站早高峰时间内进站乘客数

| 时 间 | 5月14日进站人数 | 5月15日进站人数 | 时 间 | 5月14日进站人数 | 5月15日进站人数 |
|---|---|---|---|---|---|
| 7:00~7:05 | 220 | 279 | 8:00~8:05 | 415 | 531 |
| 7:05~7:10 | 273 | 275 | 8:05~8:10 | 495 | 426 |
| 7:10~7:15 | 343 | 295 | 8:10~8:15 | 304 | 320 |
| 7:15~7:20 | 377 | 417 | 8:15~8:20 | 300 | 385 |
| 7:20~7:25 | 308 | 352 | 8:20~8:25 | 229 | 301 |
| 7:25~7:30 | 442 | 444 | 8:25~8:30 | 264 | 273 |
| 7:30~7:35 | 350 | 310 | 8:30~8:35 | 223 | 276 |
| 7:35~7:40 | 597 | 472 | 8:35~8:40 | 211 | 284 |
| 7:40~7:45 | 467 | 527 | 8:40~8:45 | 195 | 198 |
| 7:45~7:50 | 603 | 683 | 8:45~8:50 | 145 | 209 |
| 7:50~7:55 | 383 | 549 | 8:50~8:55 | 162 | 197 |
| 7:55~8:00 | 497 | 607 | 8:55~9:00 | 177 | 188 |

表 2-6　江湾镇站早高峰小时与超高峰期时间及其客流量确定

| 时　间 | 平均进站人数 | 按 15 min 统计的小时段 | 按 15 min 统计的小时客流 |
|---|---|---|---|
| 7:00~7:15 | 843 | 7:00~8:00 | 5 035 |
| 7:15~7:30 | 1 170 | 7:15~8:15 | 5 438 |
| 7:30~7:45 | 1 362 | 7:30~8:30 | 5 144 |
| 7:45~8:00 | 1 661 | 7:45~8:45 | 4 476 |
| 8:00~8:15 | 1 246 | 8:00~9:00 | 3 354 |
| 8:15~8:30 | 876 | | |
| 8:30~9:45 | 694 | | |
| 8:45~9:00 | 539 | | |

早高峰小时为:7:15~8:15、客流为 5 438 人
超高峰期为:7:45~8:00、客流为 1 661 人
超高峰期系数=(1 661/15)/(5 438/60)=1.22

## 二、客流的空间分布特征分析

1. 线网客流分布特征

轨道交通网络化的基本标志是建成"放射网状加环线结构"的线网,线网中的大多数线路穿越市中心,并在市中心区相互交叉,而环线则是连接各条径向线路。这种轨道交通线网结构,换乘枢纽较多、线网连通性很好,修建环线对减少市中心区的过境客流、促进城市副中心的形成均有积极的作用。

轨道交通线网客流分布的主要特征包括现状客流分布的不均衡和客流增长的不均衡两个方面。沿线土地利用状况的不同是各条线路客流不均衡的决定因素,而轨道交通线网与接运交通的现状也是各条线路客流不均衡的影响因素。

在网络化运营情况下,同一始发、终到站间通常有多条乘车径路可供乘客出行选择,这种情形增强了轨道交通对客流的吸引,再加上轨道交通实行"一票换乘"的便利性,在促使轨道交通线网客流快速增长的同时,也使线网客流的空间分布状态发生一定的变化。

此外,在网络化运营情况下,如果某条线路或某个线路区段因故障而中断运营,由于乘客可以选择其他乘车径路,也会使客流的流向发生变化,从而可能使某些线路区段或换乘站出现客流超过运能的情形。

2. 上下行方向客流分布特征

由于客流的流向原因,轨道交通线路上下行方向的最大断面客流通常是不均衡的。在放射状的轨道交通线路上,早、晚高峰小时上下行方向的最大断面客流不均衡尤为明显。反映轨道交通线路上下行方向客流不均衡程度的系数可按下式计算:

$$\alpha_2 = \frac{\max\{p_{\max}^{上}, p_{\max}^{下}\}}{(p_{\max}^{上} + p_{\max}^{下})/2} \tag{2-9}$$

式中：$\alpha_2$——上下行方向客流不均衡系数；

$p_{\max}^{上}$——上行方向最大断面客流量(人)；

$p_{\max}^{下}$——下行方向最大断面客流量(人)。

上下行方向客流不均衡系数值大于 1。$\alpha_2$ 趋向于 1 表明上下行方向客流比较均衡,$\alpha_2$

越大表明上下行方向客流越不均衡。当 $\alpha_2 \geqslant 1.5$ 时,表明上下行方向客流的不均衡程度比较大。位于市区范围内地铁、轻轨线路的 $\alpha_2$ 值通常小于 1.5;而通往远郊区市域轨道交通线路的 $\alpha_2$ 值有可能大于 3。

由图 2-6 可知,上海市域轨道交通 R4 线 2008 年早高峰小时两个方向的断面客流一大一小、相差悬殊,上行松江新城至东安路方向的断面客流远大于下行东安路至松江新城方向的断面客流。经计算,上下行方向客流不均衡系数 $\alpha_2$ 达到 3.9,表明 R4 线上下行方向客流的不均衡程度很大。

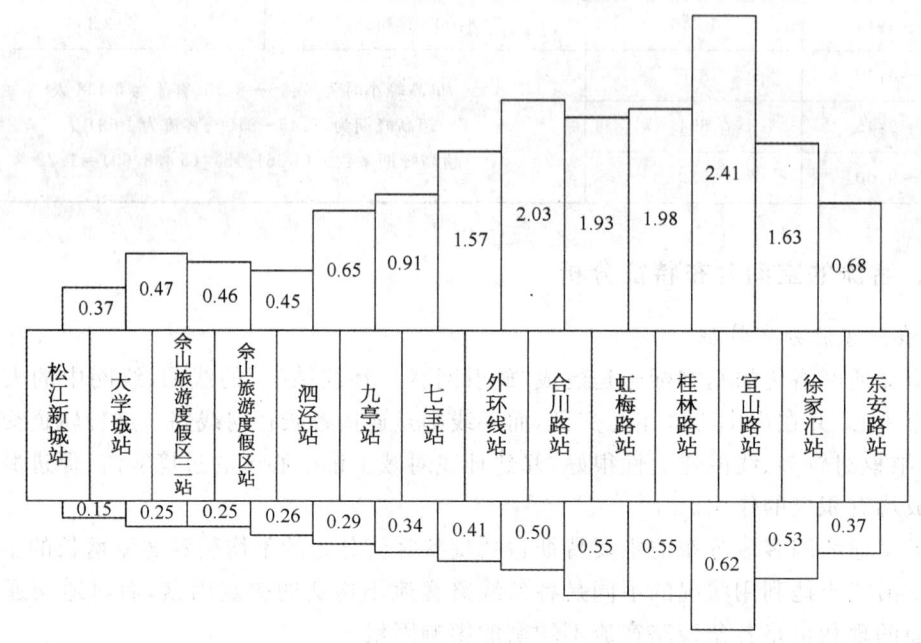

图 2-6　R4 线 2008 年早高峰小时断面客流图

在上下行方向的最大断面客流不均衡程度较大的情况下,直线线路上要做到经济合理地配备运力比较困难,无法避免断面客流较小方向因车辆满载率过低而引起的运能闲置;但在环形线路上可采取内、外环线路安排不同运力的措施,避免断面客流较小方向的运能浪费。

3. 线路断面客流分布特征

在轨道交通线路上,由于各个车站乘降人数的不同,线路上各区间的断面客流通常各不相同,甚至相差悬殊。断面客流分布通常是阶梯型与凸字型两种情形,前者是指线路上各区间的断面客流为一头大、一头小;后者是指线路上各区间的断面客流为中间大、两头小。反映轨道交通线路单向各个断面客流不均衡程度的系数可按下式计算:

$$\alpha_3 = \frac{p_{\max}}{\sum_{i=1}^{K} p_i / K} \tag{2-10}$$

式中:$\alpha_3$——单向断面客流不均衡系数;
　　　$p_i$——单向断面客流量(人);
　　　$K$——单向线路断面数(个)。

断面客流不均衡系数值大于1。$\alpha_3$趋向于1表明断面客流比较均衡,$\alpha_3$越大表明断面客流越不均衡。当$\alpha_3 \geqslant 1.5$时,表明断面客流的不均衡程度比较大。位于市区范围内地铁、轻轨线路的$\alpha_3$值通常小于1.5;而通往远郊区市域轨道交通线路的$\alpha_3$值通常为2左右。

由图2-6可知,R4线2008年早高峰小时上行松江新城—东安路方向断面客流的分布呈现为阶梯型,市区段(东安路—七宝)的断面客流明显大于郊区段(七宝—松江新城)的断面客流。最大断面客流出现在桂林路—宜山路之间。经计算,断面客流不均衡系数$\alpha_3$为2.0,表明R4线断面客流的不均衡程度比较大。

在断面客流不均衡程度较大的情况下,为了运营的经济性,可考虑采用特殊交路列车开行方案。断面客流分布为阶梯型时,可采用大客流区段和小客流区段分别开行不同数量列车的衔接交路方案,或在大客流区段加开区段列车的混合交路方案;断面客流分布为凸字型时,可采用在大客流区段加开区段列车的混合交路方案。在列车密度较大的情况下,采用特殊列车交路与加开区段列车对行车组织和折返设备都会提出新的要求,此时线路通过能力与中间站折返能力是否适应是采用特殊列车交路与加开区段列车措施的充分条件,因此必须进行能力适应性的验算。

4. 站间OD客流分布特征

站间OD客流分析的重点是:各个客流区段内和不同客流区段间的各站发到客流分布特征。在轨道交通线路较长,并且各个客流区段的断面客流不均衡程度较大时,大客流区段通常位于市区段、小客流区段通常位于郊区段。站间OD客流分布特征可以用市区段内与郊区段内各站间发到客流分别占全线各站总发到客流的百分比,以及在市区段与郊区段间各站发到客流占全线各站总发到客流的百分比来反映。

假设轨道交通的车站数为$n$个,其中$1 \sim m$站位于市区段,$m+1 \sim n$站位于郊区段,根据表2-7,市区段内各站间发到客流占全线总发到客流的百分比$\varphi_1$为:

$$\varphi_1 = \frac{\sum_{i=1}^{m}\sum_{j=1}^{m}p_{ij}}{\sum_{i=1}^{n}\sum_{j=1}^{n}p_{ij}} \tag{2-11}$$

郊区段内各站间发到客流占全线总发到客流的百分比$\varphi_2$为:

$$\varphi_2 = \frac{\sum_{i=m+1}^{n}\sum_{j=m+1}^{n}p_{ij}}{\sum_{i=1}^{n}\sum_{j=1}^{n}p_{ij}} \tag{2-12}$$

由市区段各站到郊区段各站的客流占全线总发到客流的百分比$\varphi_3$为:

$$\varphi_3 = \frac{\sum_{i=1}^{m}\sum_{j=m+1}^{n}p_{ij}}{\sum_{i=1}^{n}\sum_{j=1}^{n}p_{ij}} \tag{2-13}$$

由郊区段各站到市区段各站的客流占全线总发到客流的百分比$\varphi_4$为:

$$\varphi_4 = \frac{\sum_{i=m+1}^{n}\sum_{j=1}^{m}p_{ij}}{\sum_{i=1}^{n}\sum_{j=1}^{n}p_{ij}} \tag{2-14}$$

表 2-7 站间 OD 客流表

| O\D | | 市区段 | | | | 郊区段 | | | |
|---|---|---|---|---|---|---|---|---|---|
| | | 1 | 2 | ... | m | m+1 | ... | n-1 | n |
| 市区段 | 1 | 0 | $P_{1,2}$ | | | ... | | | $P_{1,n}$ |
| | 2 | $P_{2,1}$ | 0 | | | ... | | | $P_{2,n}$ |
| | ⋮ | | | 0 | | | | | ⋮ |
| | m | $P_{m,1}$ | $P_{m,2}$ | | 0 | ... | | | $P_{m,n}$ |
| 郊区段 | m+1 | ⋮ | ⋮ | | | 0 | | | $P_{m+1,n}$ |
| | ⋮ | | | | | | 0 | | ⋮ |
| | n-1 | ⋮ | ⋮ | ... | | | | 0 | $P_{n-1,n}$ |
| | n | $P_{n,1}$ | $P_{n,2}$ | ... | | | | $P_{n,n-1}$ | 0 |

在 $\varphi_1$ 与 $\varphi_2$ 较大,即线路上以同一客流区段内发到的短途客流为主时,站间 OD 客流分布一般比较均衡。此时,如果断面客流为阶梯型,可采用衔接交路、站站停车方案;如果断面客流为凸字型,可采用混合交路、站站停车方案。在 $\varphi_3$ 与 $\varphi_4$ 较大,即长距离出行乘客比例较大及某些发到站间的直达客流也较大时,为避免大量乘客换乘,不宜采用衔接交路方案,而应考虑采用混合交路、部分列车跨多站停车方案。如果在非高峰时间,通勤、通学的长距离出行乘客比例明显下降,则可停开跨多站停车的列车。

5. 各个车站乘降客流分布特征

轨道交通各个车站的乘降人数不均衡,甚至相差悬殊情况并不少见。在不少线路上,全线各站乘降量总和的大部分往往是集中在少数几个车站上,见图 2-7。此外,车站乘降客流是动态变化的,新的居民住宅区形成规模,新的轨道交通线路建成通车,既有轨道交通线路延伸使一些车站由中间站变为换乘站或由终点站变为中间站,列车共线运营等都会使车站乘降量发生较大的变化和加剧不均衡或带来新的不均衡。

车站乘降人数的不均衡决定了各个车站的客运工作量、设备容量或能力的配置、客运作业人员的配备、以及日常运营管理的重点。

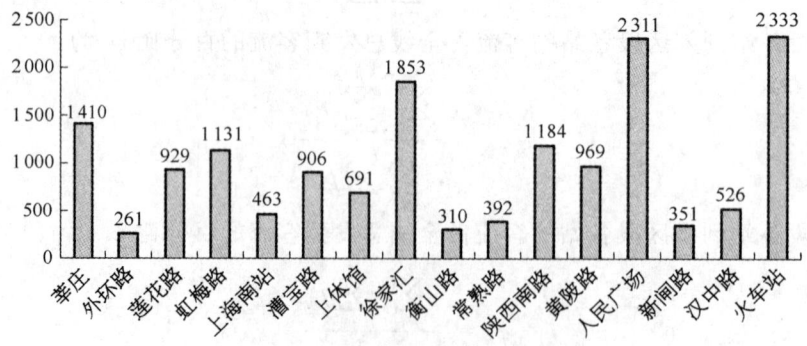

图 2-7 上海轨道交通 1 号线 2002 年各站进站客流(万人次)

### 6. 车站内客流分布特征

分析轨道交通车站内乘客流向及行程轨迹，车站内客流在空间分布上也存在不均衡现象，它们包括经由不同出入口的客流不均衡、各个换乘方向的客流不均衡、通过不同收费区的客流不均衡、通过同一收费区不同检票机的客流不均衡、上下行方向的乘降客流不均衡等。

例如：上海轨道交通1号线徐家汇站设置了2个收费区，收费区1位于车控室一侧，收费区2位于非车控室一侧，由表2-8、表2-9中的日均进出站乘客数据可知，收费区2是高峰小时进出站客流的主要方向，通过进站检票机客流占全站的67.9%、通过出站检票机客流占全站的62.9%。另外，在同一收费区内，高峰小时通过各台进站检票机客流相差悬殊，如G40与G36高低相差2倍多，G34与G31高低相差4倍多。

表2-8　工作日高峰小时通过进站检票机、收费区乘客数及其比例

| 收费区编号 | 收费区1 | | | | 收费区2 | | | | | |
|---|---|---|---|---|---|---|---|---|---|---|
| 检票机编号 | G31 | G32 | G33 | G34 | G35 | G36 | G37 | G38 | G39 | G40 |
| 通过检票机乘客数 | 173 | 339 | 536 | 745 | 468 | 413 | 483 | 640 | 817 | 968 |
| 通过收费区乘客数 | 1 793 | | | | 3 789 | | | | | |
| 通过收费区乘客比例 | 32.1% | | | | 67.9% | | | | | |

注：表中客流数据为2002年3月18～22日统计数据的平均数。

表2-9　工作日高峰小时通过出站检票机、收费区乘客数及其比例

| 收费区编号 | 收费区1 | | | | | 收费区2 | | | | | |
|---|---|---|---|---|---|---|---|---|---|---|---|
| 检票机编号 | G01 | G02 | G03 | G04 | G10 | G11 | G05 | G06 | G07 | G08 | G09 | G12 |
| 通过检票机乘客数 | 267 | 254 | 268 | 304 | 347 | 444 | 666 | 496 | 538 | 489 | 493 | 509 |
| 通过收费区乘客数 | 1 884 | | | | | | 3 191 | | | | | |
| 通过收费区乘客比例 | 37.1% | | | | | | 62.9% | | | | | |

注：表中客流数据为2002年3月18～22日统计数据的平均数。

进一步分析可以发现，通过各台进站检票机客流按距离售票区域的近远而呈现明显的阶梯状递减态势，而通过各台出站检票机客流则相对均匀。究其原因，进站客流是陆续到达，乘客为争取时间通常会选择最近的进站检票机；而出站客流是集中到达，乘客为避免排队通常会选择比较空闲的出站检票机。

掌握客流在车站内、尤其是掌握客流在换乘站内的空间分布特征，对车站自动售检票设备合理配置与优化布局、制定车站客运组织方案与客流组织措施、以及车站突发事件的应急处置等均具有指导意义。

# 参 考 文 献

[1] 张国宝.城市轨道交通运输组织.北京：中国铁道出版社，2000
[2] 王祥骝，张雅琪.轨道运输与城市机能结合的新思维—TOD的规划概念.都市快轨交通.2004(5)：

　　　　9~12

[3] 中华人民共和国国家统计局.中国统计年鉴.北京:中国统计出版社,2000、2010
[4] 高世廉.地下铁道客流规划的基本模式.地铁与轻轨.1989(3):14~16
[5] 刘迁.国内城市快速轨道交通客流预测的分析.地铁与轻轨.1997(2):35~38
[6] 钱冶国等译.城市快速轨道交通.北京:中国城市规划设计研究院交通所、情报所
[7] 姜渝生,王小娥.城市运输规划程序的分析与讨论.城市轨道交通研究.2000(4):19~23
[8] 肖秋生,徐慰慈.城市交通规划.北京:人民交通出版社,1990
[9] 曹锡隽等译.城市交通规划.北京:中国建筑工业出版社,1990
[10] 沈景炎.城市轨道交通客流预测的评估和抗风险设计.城市轨道交通研究.2002(2):26~30
[11] 梁庆槐.城市轨道交通客流预测问题分析及建议.都市快轨交通.2005(1):37~41

# 第三章 列车开行计划

为了经济合理地运用技术设备,实现高服务水平、高效率和低成本的运营目标,轨道交通的运营组织必须以列车开行计划为基础。列车开行计划由全日行车计划、列车开行方案、列车运行图和车辆运用计划组成。

## 第一节 全日行车计划

全日行车计划是营业时间内各个小时开行的列车数计划,它是编制列车运行图和确定车辆运用的基础资料。

全日行车计划根据营业时间内分时最大断面客流量、列车定员人数和车辆满载率,以及希望达到的服务水平进行编制。

### 一、编制资料

1. 营业时间

营业时间的安排主要考虑两个因素:一是考虑市民出行活动的特点,方便乘客;二是满足轨道交通各项设备检修施工的需要。世界上大多数城市的轨道交通营业时间在 18～20 个小时之间,个别城市是 24 小时运营,如美国的纽约和芝加哥。适当延长运营时间,是轨道交通提高服务水平的体现。

2. 分时最大断面客流量

站间 OD 客流数据是计算最大断面客流量的原始资料。根据站间 OD 客流数据,首先计算出各站上下车人数,然后计算出断面客流量,最后得到最大断面客流量。

在新线投入运营时,站间 OD 客流数据来源于客流预测资料;在既有线运营时,站间 OD 客流数据来源于客流统计或客流调查资料。由于在客流预测资料中,通常只有高峰小时与全日站间 OD 客流预测数据,分时最大断面客流量的确定可采用下列两种方法:在已知高峰小时最大断面客流量的基础上,根据分时客流占高峰小时客流的比例进行确定;或者在已知全日最大断面客流量的基础上,根据分时客流占全日客流的比例进行确定。

3. 列车定员数

列车定员数是列车编组辆数和车辆定员数的乘积。

列车编组辆数的确定以高峰小时最大断面客流量作为基本依据。在客流量与列车运能一定的情况下,列车编组辆数取决于列车间隔和车辆选型。但在列车密度已经较大时,为满足增长的客流需求,增加列车编组辆数往往成为选用措施。此时,轨道交通保有的运用车数是增加列车编组辆数的限制因素之一,其他限制因素包括站台长度等。

车辆定员数取决于车辆的尺寸、车厢内座位布置方式和车门设置数。一般而言,在车辆限界范围内,车辆长宽尺寸越大载客越多,车厢内座位纵向布置较横向布置载客要多。

4. 线路断面满载率

线路断面满载率是指单位时间内、特定断面上的车辆载客能力利用率。在实际工作中,线路断面满载率通常是指早高峰小时、单向最大客流断面的车辆载客能力利用率,计算公式参见式(2-7)。线路断面满载率既反映了列车在最大客流断面的满载程度,也反映了乘车的舒适程度。为提高车辆利用率、降低运输成本,在编制全日行车计划时,高峰小时可适当超载。

## 二、编制步骤

1. 计算分时开行列车数

计算公式如下:

$$n_i = \frac{p_{\max}^i}{p_{列} \beta} \tag{3-1}$$

式中:$n_i$——分时开行列车数(列或对);

$p_{\max}^i$——分时最大断面客流量(人);

$P_{列}$——列车定员数(人);

$\beta$——线路断面满载率。

2. 计算分时行车间隔

计算公式如下:

$$t_{间隔}^i = \frac{3\,600}{n_i} \tag{3-2}$$

式中:$t_{间隔}^i$——分时行车间隔(s)。

3. 最终确定全日行车计划

在计算得出分时开行列车数和行车间隔的基础上,应检查是否存在某段时间内行车间隔过长的情形。行车间隔过长,会增加乘客候车时间,降低乘客服务水平,不利于吸引客流。为提高服务水平,轨道交通的行车间隔在非高峰运营时间的 9:00~21:00 一般不宜大于 6 min,在其他非高峰运营时间一般不宜大于 10 min。另外,高峰小时的行车间隔的确定应检验与列车折返能力是否相适应。

## 三、全日行车计划编制实例

1. 编制资料

(1) 早高峰小时(7:00~8:00)站间 OD 客流数据见表 3-1。

(2) 分时最大断面客流分布比例见图 3-1。

(3) 列车编组为 6 辆,车辆定员为 310 人。

(4) 线路断面满载率,早、晚高峰小时为 1.1,其他运营时间为 0.9。

2. 编制全日行车计划

(1) 计算早高峰小时断面客流量:根据早高峰小时站间 OD 客流数据计算早高峰小时断面客流量,计算结果见表 3-2,早高峰小时最大断面客流量为 29 543 人。

表 3-1　早高峰小时站间 OD 客流

| O＼D | A | B | C | D | E | F | G | H |
|---|---|---|---|---|---|---|---|---|
| A |  | 2 341 | 2 033 | 2 518 | 1 626 | 2 104 | 3 245 | 4 232 |
| B | 2 314 |  | 575 | 1 540 | 1 320 | 2 282 | 2 603 | 3 112 |
| C | 1 887 | 524 |  | 187 | 281 | 761 | 959 | 1 587 |
| D | 2 575 | 1 376 | 199 |  | 153 | 665 | 940 | 1 638 |
| E | 1 556 | 1 253 | 322 | 158 |  | 143 | 426 | 1 040 |
| F | 3 100 | 2 337 | 662 | 691 | 162 |  | 280 | 1 895 |
| G | 4 191 | 3 109 | 816 | 956 | 448 | 388 |  | 711 |
| H | 3 560 | 2 918 | 1 569 | 1 728 | 967 | 1 752 | 671 |  |

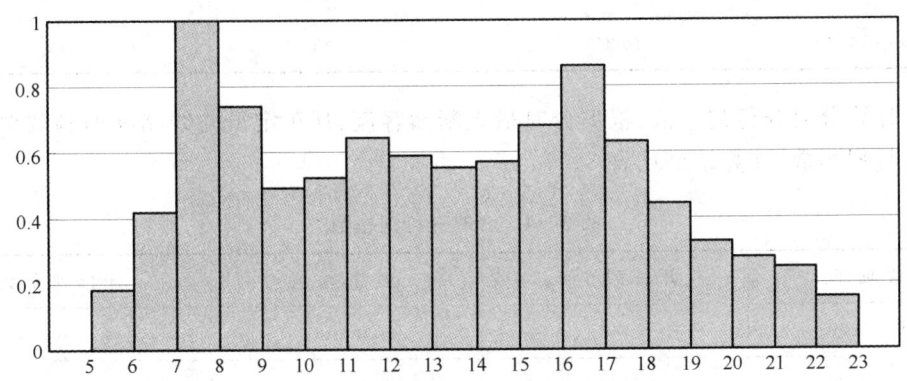

图 3-1　分时最大断面客流分布比例图

表 3-2　早高峰小时上下车人数与断面客流量

| 下行 | | | 车站 | 上行 | | |
|---|---|---|---|---|---|---|
| 断面客流 | 上车 | 下车 |  | 下车 | 上车 | 断面客流 |
|  | 18 099 | 0 | A | 19 183 | 0 |  |
| 18 099 |  |  |  |  |  | 19 183 |
|  | 11 432 | 2 341 | B | 11 517 | 2 314 |  |
| 27 190 |  |  |  |  |  | 28 386 |
|  | 3 775 | 2 608 | C | 3 568 | 2 411 |  |
| 28 357 |  |  |  |  |  | 29 543 |
|  | 3 396 | 4 245 | D | 3 533 | 4 150 |  |
| 27 508 |  |  |  |  |  | 28 926 |
|  | 1 609 | 3 380 | E | 1 577 | 3 289 |  |
| 25 737 |  |  |  |  |  | 27 214 |
|  | 2 175 | 5 955 | F | 2 140 | 6 952 |  |
| 21 957 |  |  |  |  |  | 22 402 |
|  | 711 | 8 453 | G | 671 | 9 908 |  |
| 14 215 |  |  |  |  |  | 13 165 |
|  | 0 | 14 215 | H | 0 | 13 165 |  |

(2) 计算分时最大断面客流量：根据分时最大断面客流分布比例图计算分时最大断面客流量，计算结果见表 3-3。

表 3-3 分时最大断面客流量

| 运营时间 | 最大断面客流量 | 运营时间 | 最大断面客流量 |
|---|---|---|---|
| 5:00~6:00 | 5 318 | 14:00~15:00 | 16 840 |
| 6:00~7:00 | 12 408 | 15:00~16:00 | 20 089 |
| 7:00~8:00 | 29 543 | 16:00~17:00 | 25 407 |
| 8:00~9:00 | 21 862 | 17:00~18:00 | 18 612 |
| 9:00~10:00 | 14 476 | 18:00~19:00 | 12 999 |
| 10:00~11:00 | 15 362 | 19:00~20:00 | 9 749 |
| 11:00~12:00 | 18 908 | 20:00~21:00 | 8 272 |
| 12:00~13:00 | 17 430 | 21:00~22:00 | 7 386 |
| 13:00~14:00 | 16 249 | 22:00~23:00 | 4 727 |

（3）计算分时开行列车数：根据分时最大断面客流、列车定员与线路断面满载率数据计算分时开行列车数，计算结果见表 3-4。

表 3-4 分时开行列车数

| 运营时间 | 开行列车数 | 运营时间 | 开行列车数 |
|---|---|---|---|
| 5:00~6:00 | 4 | 14:00~15:00 | 10 |
| 6:00~7:00 | 8 | 15:00~16:00 | 12 |
| 7:00~8:00 | 15 | 16:00~17:00 | 13 |
| 8:00~9:00 | 13 | 17:00~18:00 | 12 |
| 9:00~10:00 | 9 | 18:00~19:00 | 8 |
| 10:00~11:00 | 10 | 19:00~20:00 | 6 |
| 11:00~12:00 | 12 | 20:00~21:00 | 5 |
| 12:00~13:00 | 11 | 21:00~22:00 | 5 |
| 13:00~14:00 | 10 | 22:00~23:00 | 3 |

（4）计算分时行车间隔：根据分时开行列车数计算分时行车间隔，计算结果参见表 3-5。

（5）最终确定全日行车计划：检查表 3-4 中的分时开行列车数，非高峰运营时间内部分小时的行车间隔较长（超过了 10 min 或 6 min），为保持一定的服务水平，对开行列车数进行了调整，最终确定的全日行车计划见表 3-5。

该轨道交通线路全天开行列车 184 对，其中早高峰小时开行列车 15 对，行车间隔为 4 min，晚高峰小时开行列车 13 对，行车间隔为 4 min35 s。假设早高峰小时客运量占全日客运量的比例为 0.2,则全日客运量为 416 930 人次。

表 3-5 全日行车计划

| 运营时间 | 开行列车数 | 行车间隔 | 运营时间 | 开行列车数 | 行车间隔 |
| --- | --- | --- | --- | --- | --- |
| 5:00~6:00 | 6 | 10 min | 14:00~15:00 | 10 | 6 min |
| 6:00~7:00 | 8 | 7 min30 s | 15:00~16:00 | 12 | 5 min |
| 7:00~8:00 | 15 | 4 min | 16:00~17:00 | 13 | 4 min35 s |
| 8:00~9:00 | 13 | 4 min35 s | 17:00~18:00 | 12 | 5 min |
| 9:00~10:00 | 10 | 6 min | 18:00~19:00 | 10 | 6 min |
| 10:00~11:00 | 10 | 6 min | 19:00~20:00 | 10 | 6 min |
| 11:00~12:00 | 12 | 5 min | 20:00~21:00 | 10 | 6 min |
| 12:00~13:00 | 11 | 5 min25 s | 21:00~22:00 | 6 | 10 min |
| 13:00~14:00 | 10 | 6 min | 22:00~23:00 | 6 | 10 min |

## 第二节 列车开行方案

列车开行方案包括列车编组方案、列车交路方案和列车停站方案三部分。在列车开行方案中,列车编组方案规定了列车是固定编组还是非固定编组,以及列车的编组辆数;列车交路方案规定了列车的运行区段与折返车站;列车停站方案规定了列车是站站停车还是非站站停车,以及非站站停车的方式。此外,列车开行方案还规定了按不同编组、交路和停站方案开行的列车数。

列车开行方案是日常运营组织的基础。列车开行方案的比选应遵循客流分布特征与运营经济合理兼顾的原则,以实现既能维持较高的乘客服务水平,又能提高车辆运用效率的目标。

### 一、列车编组方案

1. 列车编组种类

(1) 大编组方案:大编组是指在运营时间内列车编组辆数固定且相对较多,如地铁列车采用 6 辆或 8 辆编组的情形。

(2) 小编组方案:小编组是指在运营时间内列车编组辆数固定且相对较少,如地铁列车采用 3 辆或 4 辆编组的情形。

(3) 大小编组方案:大小编组是指在运营时间内列车编组辆数不固定。大小编组有两种情形,一种是在客流非高峰时段编组辆数相对较少,在客流高峰时段编组辆数相对较多,如在客流非高峰和高峰时段,地铁列车分别采用 3/6 辆编组、4/6 编辆组或 4/8 辆编组的情形;另一种是在全日运营时间内采用大小编组,如地铁列车采用 3/6 辆或 4/6 辆编组的情形。在采用大小编组方案时,与 4/6 辆编组方案相比,3/6 辆编组方案具有乘客服务水平较高、可根据客流量灵活编组、以及车辆检修周期一致等优点。

应该指出,离开一定的客流条件来讨论列车编组方案的比选是无意义的。例如,在线路的分时客流比较均衡时,大小编组方案失去了比选的必要性;在客流已经接近远期设计客流量时,小编组方案失去了实施的可能性。因此,只有在客流尚未达到远期设计客流量、并且分时客流不均衡程度较大的情况下,才有必要对列车编组方案进行比选。

2. 影响列车编组方案比选的因素

为满足一定的客流需求,轨道交通必须提供一定的列车运能。小时列车运能既与小时内开行的列车数有关,也与列车编组辆数和车辆定员有关。假设小时列车运能应达到18 000人,在车辆选型一定时,列车编组与列车间隔成正比关系;在列车间隔一定时,列车编组与车辆定员成反比关系,见表3-6。由此可见,影响列车编组方案选用的主要因素是客流、通过能力和车辆选型。此外,在进行列车编组方案比选时,通常还应考虑乘客服务水平、车辆运用经济性和运营组织复杂性等影响因素。

表3-6 列车编组与车辆选型、通过能力的关系

| 方案序号 | 一 | 二 | 三 | 四 |
| --- | --- | --- | --- | --- |
| 编组辆数(辆) | 3 | 6 | 4 | 6 |
| 车辆定员(人) | 300 | 300 | 300 | 200 |
| 列车间隔(min) | 3 | 6 | 4 | 4 |
| 列车运能(人/h) | 18 000 | | | |

(1) 客流:客流因素主要是指高峰小时最大断面客流与分时客流不均衡程度。高峰小时最大断面客流越大,需要的小时列车运能也越大。在车辆选型、列车间隔一定的情况下,列车编组辆数与高峰小时最大断面客流成正比关系,即客流较大时,列车编组也较大。从提供必要的小时列车运能出发,在高峰小时最大断面客流较大且列车间隔已无法进一步压缩时,列车编组只有大编组方案一种选择;在高峰小时最大断面客流不大,但分时客流不均衡程度较大时,选择小编组方案或大小编组方案有助于提高运营经济性和乘客服务水平。

(2) 车辆选型:车辆选型的依据是高峰小时最大断面客流量,在高峰小时最大断面客流≥3万人时应采用A型车和B型车,车辆定员分别为310人和230人左右。在列车间隔一定的情况下,小时列车运能取决于列车定员,而列车定员又是车辆定员与列车编组辆数的乘积,如果车辆定员较大,列车编组可相应较小。

(3) 列车间隔:从提供必要的小时列车运能出发,在车辆定员一定的情况下,为适应小编组方案,列车间隔应相应压缩,但列车间隔的压缩受到线路通过能力和列车折返能力的制约。因此,采用小编组方案是有条件的,在用小编组方案替代大编组方案时,应验算与通过能力是否相适应。在客流已经接近远期设计客流量时,由于通过能力的利用接近饱和,无法进一步压缩列车间隔,小编组方案就失去了实施的可能性。

(4) 乘客服务水平:在进行列车编组方案比选时,应考虑不同编组方案的乘客服务水平。在客流量不大、列车密度较低的情况下,与大编组方案相比,采用小编组方案时的乘客候车时间较短。因此,小编组方案有助于提高乘客服务水平。

另外,在采用大小编组方案时,应在站台上设置乘客候车位置导向标志。

(5) 车辆运用经济性:采用小编组方案,对提高列车满载率及降低牵引能耗具有积极意

义,但随着列车中的动车比例增加,车辆的平均价格也呈增加趋势。此外,随着小编组列车开行数的增加,乘务员的配备数也相应增加。

(6) 运营组织复杂性:在进行列车编组方案比选时还应考虑运营组织的复杂性。与采用固定编组方案相比,在选用大小编组方案时,列车的编组与解体、高峰与非高峰时段的过渡、以及列车间隔的调整等均增加了运营组织的复杂程度。

### 二、列车交路方案

1. 列车交路种类

列车交路有常规交路、混合交路和衔接交路三种,其中混合交路和衔接交路又统称为特殊交路。

(1) 常规交路:常规交路又称为长交路,列车在线路的两个终点站间运行,到达线路终点站后折返,如图3-2所示。与采用特殊交路方案相比,采用常规交路方案行车组织简单、乘客无须换乘、不需要设置中间折返站。但如果线路各区段断面客流不均衡程度较大,会产生部分区段列车运能的浪费。

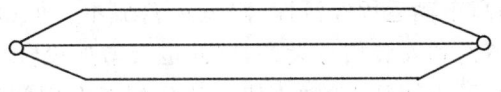

图 3-2 常规交路(长交路)

(2) 混合交路:混合交路又称为长短交路,长短交路列车在线路的部分区段共线运行,长交路列车到达线路终点站后折返、短交路列车在指定的中间站单向折返,如图3-3所示。与采用常规交路方案相比,采用混合交路方案可提高长交路列车满载率、加快短交路列车周转,但部分乘坐长交路列车乘客的候车时间增加,以及需要设置中间折返站。

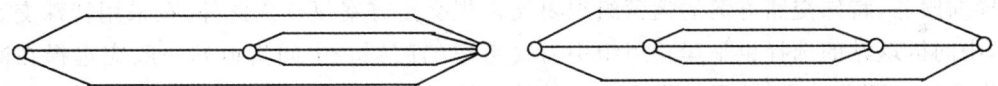

图 3-3 混合交路(长短交路)

(3) 衔接交路:衔接交路又称为短交路,是若干短交路的衔接组合,列车只在线路的某一区段内运行、在指定的中间站折返,如图3-4所示。与采用常规交路方案相比,采用衔接交路方案可提高断面客流较小区段的列车满载率,但跨区段出行的乘客需要换乘,以及需要设置中间折返站。与采用混合交路方案相比,短交路列车在中间折返站是双向折返,增加了折返作业的复杂性。

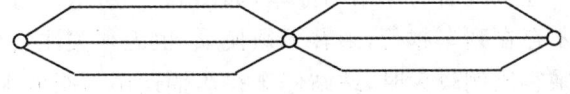

图 3-4 衔接交路(短交路)

2. 影响列车交路方案比选的因素

符合客流的空间分布特征是列车交路方案选用的前提条件或必要条件。此外,影响列车交路方案比选的主要因素还有乘客服务水平、运营经济性、通过能力适应性和运营组织复杂性等。

（1）客流空间分布特征：符合客流的空间分布特征是列车交路方案采用的基本依据，只有在线路各区段断面客流分布不均衡程度较大时，才有必要对常规交路和特殊交路方案进行比选。在断面客流分布为阶梯型时可选用混合交路或衔接交路方案，在断面客流分布为凸字型时可选用混合交路方案；而在断面客流分布比较均衡时，一般应选用常规交路方案。

（2）乘客服务水平：在进行列车交路方案比选时，线路各区段断面客流分布的不均衡仅仅是采用特殊交路方案的必要条件，而不是充分条件。在采用混合交路时，部分乘坐长交路列车的乘客会增加候车时间；在采用衔接交路时，跨区段出行的乘客需要在中间折返站换乘。鉴于上述情形的存在，采用特殊交路会使部分乘客增加出行时间从而引起乘客服务水平的下降。特殊交路方案对乘客服务水平影响的程度，取决于乘坐长交路列车或跨区段出行乘客的数量及其所占比例。如果乘客出行时间增加较大，一般不宜采用特殊交路方案。但应指出，在特殊交路与非站站停车方案结合选用时，乘客服务水平下降的情况可以得到改善。

（3）运营经济性：与采用常规交路相比，采用特殊交路能提高列车满载率、加快列车周转、减少运用车数，从而提高车辆运用经济性、降低运营成本。但由于采用特殊交路方案需要在中间站铺设折返线、道岔和安装信号设备，因此也会增加投资与运营费用。

（4）通过能力适应性：采用特殊交路方案时，部分列车在中间站单向折返，或全部列车在中间站双向折返。在单向折返时，短交路列车的折返作业与长交路列车的到发作业有可能产生进路干扰；在双向折返时，两个方向短交路列车的折返作业有可能产生进路干扰。在产生进路干扰的情况下，线路折返能力、甚至最终通过能力均有可能降低。因此，通过能力是否适应是采用特殊交路方案的充分条件之一。

（5）运营组织复杂性：由于列车按不同的交路运行并在中间站折返，以及需要加强站台乘车导向服务，特殊交路方案的运营组织要比常规交路方案复杂。此外，在采用特殊交路方案时，中间折返站的选择也是运营组织中需要考虑的问题。中间折返站一般应选择在断面客流出现明显落差的车站，但如果这些车站的到达客流较大，乘客下车作业稍有延误就会造成列车出发晚点。因此，在选择中间折返站位置时，可考虑将不同列车交路的中间折返站错开设置，以避免中间站折返能力不足问题，以及可考虑将中间折返站位置选择在断面客流出现明显落差的前方车站，以缩短折返出发间隔时间。

### 三、列车停站方案

1. 列车停站种类

（1）站站停车：列车在全线所有车站均停车，如图 3-5 所示。与非站站停车相比，线路上开行列车种类简单、不存在列车越行，乘客无须换乘、也无须关注站台上的列车信息显示。在跨区段、长距离出行乘客比例较大时，站站停车在车辆运用与服务水平方面均未达到最佳状态。

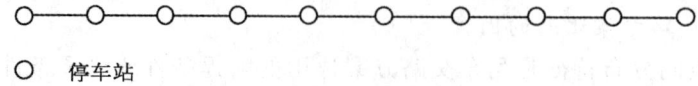

图 3-5　站站停车方案示意图

(2) 区段停车：区段停车在长短交路情况下采用，长交路列车在短交路区段外每站停车，但在短交路区段内不停车通过；而短交路列车则在短交路区段内每站停车，短交路列车的中间折返站同时又是乘客换乘站，如图 3-6 所示。与站站停车相比，区段停车方案中的长交路列车在短交路区段内不停车通过，列车停次数的减少使长交路列车的停站时间及起停车附加时间总和也相应减少，提高了列车旅行速度、压缩了列车周转时间。因此，采用区段停车方案有利于压缩长距离出行乘客的乘车时间和减少车辆运用、降低运营成本。但是，区段停车方案也存在若干问题：首先，在行车量较大的情况下，有可能会产生列车越行情形，需要在部分中间站修建侧线；其次，在不同交路区段间上下车的乘客会增加换乘时间，而在短交路区段内上下车的乘客则会延长候车时间。

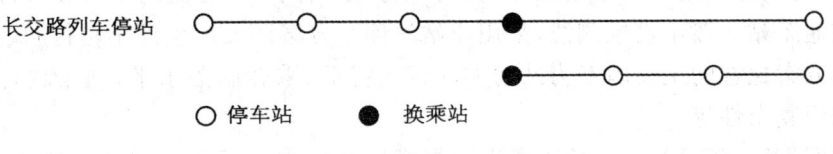

图 3-6 区段停车方案示意图

(3) 跨站停车：跨站停车是在长交路的情况下采用，将线路上开行的列车分为 A、B 两类，全线的车站分为 A、B、C 三类，其中 A、B 类车站按相邻分布的原则设置，C 类车站可按每隔 4 或 6 个车站选择一个的原则设置。A 类列车在 A、C 类车站停车、在 B 类车站通过；B 类列车在 B、C 类车站停车、在 A 类车站通过，如图 3-7 所示。与站站停车方案比较，跨站停车方案的优点类似于区段停车方案。但由于 A、B 两类车站的列车到达间隔加大，在 A、B 两类车站上车乘客的候车时间有所增加；此外，在 A、B 两类车站间上下车的乘客需要在 C 类车站换乘，会增加换乘时间及带来不便。因此，跨站停车方案比较适用于 C 类车站上下车客流较大，并且乘客乘车距离较远的情形。

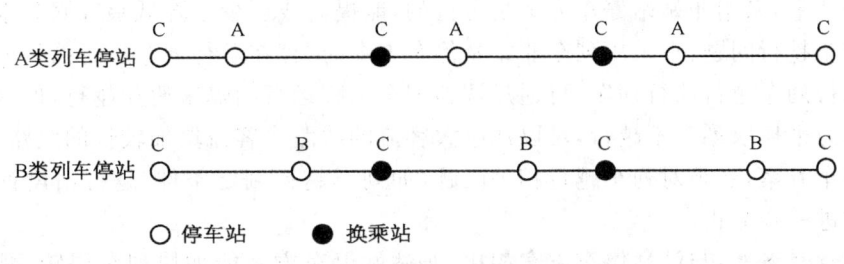

图 3-7 跨站停车方案示意图

(4) 部分列车跨多站停车：部分列车跨多站停车是指线路上开行两类长交路列车，即普速、站站停车列车和快速、跨多站停车列车，快速列车只在线路上的主要客流集散站停车，而在其他站则不停站通过，如图 3-8 所示。该停车方案在提高跨多站停车列车旅行速度的同时，避免了跨站停车方案存在的部分乘客需要换乘问题，做到既能提高运营经济性，又不降低对乘客的服务水平。此外，该停车方案的运用比较灵活，运营部门可根据客流特征、按不同比例确定快速列车开行对数。在线路通过能力利用率比较高的情况下，采用该停车方案通常会引起快速列车越行普速列车；如果不安排列车越行，则只能以损失线路通过能力来保证追踪列车间隔时间。

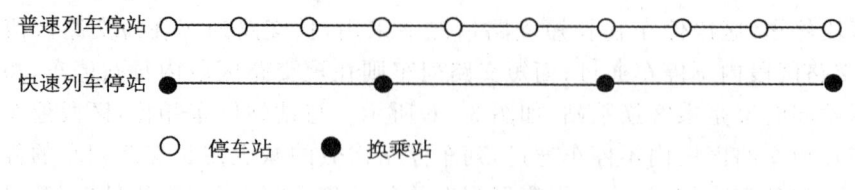

图 3-8 部分列车跨多站停车方案示意图

2. 影响列车停站方案比选的因素

采用非站站停车方案通常有利于减少车辆运用与降低运营成本,但采用非站站停车方案也会出现一部分乘客节约了乘车时间、另一部分乘客又增加了候车时间或换乘时间的情形,乘客节约时间总和是否大于增加时间总和取决于站间OD客流的空间分布特征。此外,由于轨道交通车站一般不设置侧线,采用非站站停车方案还会产生列车越行问题。因此,影响列车停站方案比选的主要因素为站间OD客流特征、乘客服务水平、列车越行、运营经济性和运营组织复杂性等。

(1) 站间OD客流特征:在长距离出行乘客比例较大及某些发到站间的直达客流也较大时,采用非站站停车方案通常是有利的。此时,区段停车方案比较适用于大部分乘客的乘车区间是郊区段各站与市区段终点站之间的通勤出行,如远郊区与中央商务区之间、远郊区车站与轨道交通环线换乘站之间的通勤出行;跨站停车方案比较适用于C类车站上下车客流较大,并且乘客乘车距离较远的情形。在线路上以同一区段内发到的短途客流为主时,不宜采用非站站停车方案。

(2) 乘客服务水平:采用非站站停车方案,在压缩长距离出行乘客乘车时间的同时,也会出现一部分乘客增加换乘时间或候车时间的情形。因此,采用非站站停车方案是否可行,应根据站间OD客流,定量分析计算长途乘客节约的出行时间与部分乘客增加的换乘与候车时间。一般而言,如果乘客的节约时间总和大于增加时间总和,或者乘客的节约时间与增加时间基本持平,采用非站站停车方案是可行的,能提高或至少不降低乘客服务水平。

(3) 列车越行问题:在采用列车非站站停车方案时,存在后行列车越行前行列车的可能性。如果后行列车越行前行列车,可通过调整列车追踪运行间隔来避免越行,但这是以降低线路通过能力来换取列车不越行,难以适应大客流的线路或客流增加较快的线路。因此,采用非站站停车方案,必须对列车越行相关问题,如列车越行判定条件、越行站设置数量及位置等问题作进一步分析。

(4) 运营经济性:与站站停车方案相比,非站站停车方案能加快列车周转、减少运用车数,从而降低运营成本。但采用非站站停车方案时,通常要在部分中间站增设越行线,车站土建与轨道等费用的增加会引起车站造价上升。

(5) 运营组织复杂性:由于各类列车的停站安排不同、以及列车在中间站越行,控制中心、车站控制室对列车运行的监控,以及站台上的乘车导向服务均应加强。因此,非站站停车方案的运营组织要比站站停车方案复杂。

## 四、若干相关问题

1. 方案选优

列车开行方案选优,首先是列车编组、列车交路与列车停站方案的初步选优,然后是列车开行方案的综合选优。

影响列车开行方案选优的因素包括多个方面,每个方面又有若干评价指标,它们分别从某一侧面反映了列车开行方案的某个特征,如车辆运用、运输成本方面的评价指标侧重于反映列车开行方案的经济合理性,通过能力适应性、运营组织复杂性方面的评价指标侧重于反映列车开行方案的技术可行性,但任何一个列车开行方案都很难使各方面的评价指标均达到最优。此外,在众多评价指标中,一些评价指标不能量化,能够量化的评价指标,它们的量纲也不尽相同。因此,列车开行方案选优是一个复杂的多指标综合评价问题。

列车开行方案选优的评价指标包括下列五个方面。

(1) 乘客服务水平:与乘客服务水平有关的评价指标主要是:乘客的乘车时间、候车时间、换乘时间、换乘次数和平均出行速度等。

(2) 车辆运用:与车辆运用有关的评价指标主要是:列车周转时间、旅行速度、运用车数、日车走行公里和车辆满载率等。

(3) 通过能力适应性:通过能力适应性主要是评价列车开行方案实施后的能力损失,以及最终通过能力是否适应。与通过能力适应性有关的评价指标主要是:线路通过能力利用率、列车折返能力利用率等。

(4) 运营组织复杂性:运营组织复杂性与列车开行方案中的列车编组、交路或停站种类数,乘客需要获得的乘车信息量,以及列车运行调整的机动性等有关。运营组织很复杂的列车开行方案,实践中通常不为运营部门所接受。在列车开行方案选优时,可用等级或排序的方式来反映运营组织的复杂程度。

(5) 运输成本:与运输成本有关的评价指标主要是:车辆购置费用、增设折返线费用、增设越行线费用、列车运行距离相关费用和乘务人员费用等。

2. 列车越行

(1) 越行判定条件:图 3-9 中,A、B 两站间的车站数为 $n-2$,前行列车为 A、B 两站间开行的站站停车列车,后行列车为 A、B 两站间开行的不停站列车;前、后行列车在 A、B 两站间的运行时间分别为 $T_{前行}$ 和 $T_{后行}$,前、后行列车在 A 站的发车间隔时间为 $T_{间隔}$。

$$T_{前行} = \sum_{i=1}^{n-1} t_{运,i} + \sum_{j=2}^{n-1} t_{站,j} \tag{3-3}$$

$$T_{后行} = T_{前行} - \sum_{j=2}^{n-1} (t_{停,j} + t_{站,j} + t_{起,j}) \tag{3-4}$$

式中:$t_{运,i}$ —— 第 $i$ 区间的列车运行时间(s);

$t_{站,j}$ —— 第 $j$ 站的列车停站时间(s);

$t_{停,j}$ —— 第 $j$ 站的停车附加时间(s);

$t_{起,j}$ —— 第 $j$ 站的起动附加时间(s)。

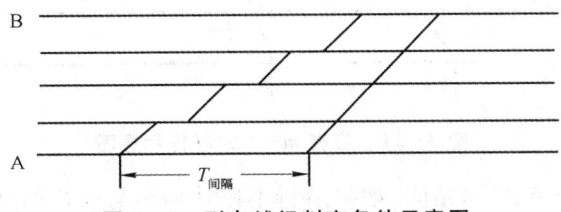

图 3-9 列车越行判定条件示意图

后行列车是否会越行前行列车,可按前、后行列车到达 B 站的间隔时间是否大于或等于追踪列车间隔时间 $h$ 的条件来判定。

在 $T_{间隔}+T_{后行}-T_{前行} \geqslant h$ 时,后行列车在 A、B 两站间不越行前行列车;

在 $T_{间隔}+T_{后行}-T_{前行} < h$ 时,后行列车在 A、B 两站间越行前行列车。

(2) 越行站设置数量:为简化分析过程,先假设前行站站停车列车与后行不停站列车的开行比例为 $p:1$($p$ 为整数)。显然,在开行比例为 $p:1$ 时,后行列车越行前行列车的次数即为需要设置的越行站数。

根据图 3-10,后行列车越行前行列车的次数 $K_{越}$ 可按下式计算:

$$K_{越}=\left(\frac{T_{前行}+h-T_{后行}-T_{间隔}}{I}\right) \quad (3-5)$$

式中:$K_{越}$——越行次数(次);

$I$——前行站站停车列车的平均发车间隔时间(s)。

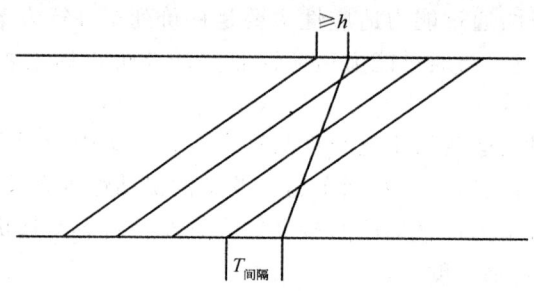

图 3-10 $p:1$ 时的越行次数示意图

当前行站站停车列车与后行不停站列车的开行比例为 $p:q$($p>q>1$,且 $p$ 与 $q$ 均为整数)时,首列不停站快速列车越行前行站站停车列车的次数仍为开行比例 $p:1$ 时的越行次数 $K_{越}$,而其他不停站快速列车越行前行站站停车列车的次数均小于 $K_{越}$。因此,在 $p:q$ 的情况下,尽管总的越行次数会增加,但仍可根据首列不停站快速列车越行前行站站停车列车的次数来确定越行站的设置数。

(3) 越行站设置位置:在图 3-11 所示的 A、B 两站间,如果后行不停站列车与前行站站停车列车在 $m-1$ 站的不同时发车间隔时间大于等于追踪列车间隔时间,但在 $m$ 站的不同时到达间隔时间小于追踪列车间隔时间,则后行列车应在 $m-1$ 站越行前行列车。

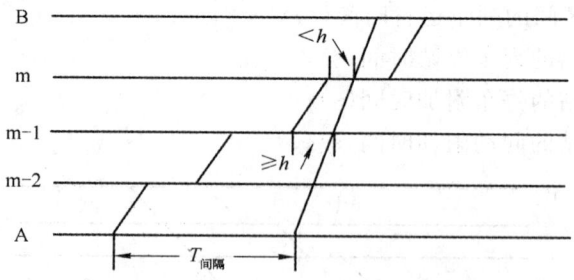

图 3-11 应在 $m-1$ 站越行示意图

在图 3-12 所示的 A、B 两站间,如果后行不停站列车与前行站站停车列车在 $m$ 站的不同时到达间隔时间大于等于追踪列车间隔时间(列车运行线为实线),但在 $m$ 站的不同时发车间隔时间小于追踪列车间隔时间(列车运行线为虚线),后行列车应在 $m$ 站越行前行列车。

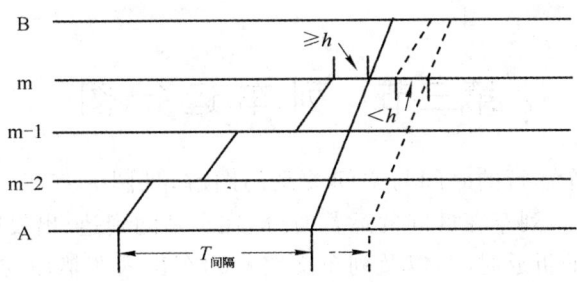

图 3-12　应在 $m$ 站越行示意图

根据以上分析,提出确定越行站设置位置的条件如下:

在 $\begin{cases} T_{间隔}+T_{后行,m-1}-(T_{前行,m-1}+t_{站,m-1}) \geq h \\ T_{间隔}+T_{后行,m}-T_{前行,m} < h \end{cases}$ 时,应将 $m-1$ 站确定为越行站;

在 $\begin{cases} T_{间隔}+T_{后行,m}-T_{前行,m} \geq h \\ T_{间隔}+T_{后行,m}-(T_{前行,m}+t_{站,m}) < h \end{cases}$ 时,应将 $m$ 站确定为越行站。

式中的 $T_{前行,m-1}$、$T_{后行,m-1}$ 分别为前、后行列车在 A、$m-1$ 站间的运行时间(s);$T_{前行,m}$、$T_{后行,m}$ 分别为前、后行列车在 A、$m$ 站间的运行时间(s);$t_{站,m}$、$t_{站,m-1}$ 分别为前行列车在 $m$、$m-1$ 站的停站时间(s)。

3. 车站造价

列车编组大小,即列车长度对车站造价的影响存在两种截然不同的观点。一种观点认为:小编组方案的列车长度较短,因而可缩短站台长度和缩小车站土建规模,进而降低车站造价和运营费用。由于车站土建费用占整条线路土建费用的比例高达 60%,因此采用小编组方案对降低车站造价和整条线路造价具有重要意义。另一种观点则认为:地下站的站厅层除了收费区和非收费区外,还有各种设备用房、作业用房和管理用房,站厅层的总长度接近 200 m,而 A 型车 8 辆编组时的长度约为 186 m。由于站台层长度小于站厅层长度,控制车站长度的不是站台长度。方案比较结果表明,将列车编组由 6 辆减少到 5 辆,车站的土建费用仅降低 4% 左右,因此采用小编组方案对降低车站的造价作用不大。

笔者认为:小编组方案的列车运能只能适应线路的初、中期客流量。因此,即使在运营的初、中期采用小编组方案,站台长度还是应按线路远期客流量,采用大编组方案进行设计和一次建成。在车站的建设规模上,以增加较小的工程投资换取必要的运能储备或发展预留是必需的。

4. 设置配线

车站设置越行线会使车站造价增加,但车站配线的设置也为运营组织带来若干附加功能:

(1) 在列车运行晚点或临时加开短交路列车时,有助于提高列车运行调整的机动性。

(2) 在短交路列车折返作业与长交路列车接发作业干扰时,有助于消除作业干扰对线路通过能力的不利影响。

(3) 在列车故障或发生行车事故时可作为临时停车线使用,有助于在最短时间内开通正线、恢复行车。

(4) 在夜间可作为列车停留线使用，有助于压缩车辆段建设规模、减少工程投资和运营费用。

## 第三节　列车运行图

列车运行图是列车运行的时间与空间关系的图解，见图 3-13。列车运行图规定了各次列车占用区间的次序，列车在区间的运行时分，在车站的到达、出发或通过时刻，在车站的停站时间和在折返站的折返时间，以及列车交路和列车出入车辆段时刻等。它能直观地显示出各次列车在时间上和空间上的相互位置和对应关系，还能直观地显示出列车在各区间运行及在各车站停车或通过的状态。列车运行图是列车运行组织的基础。

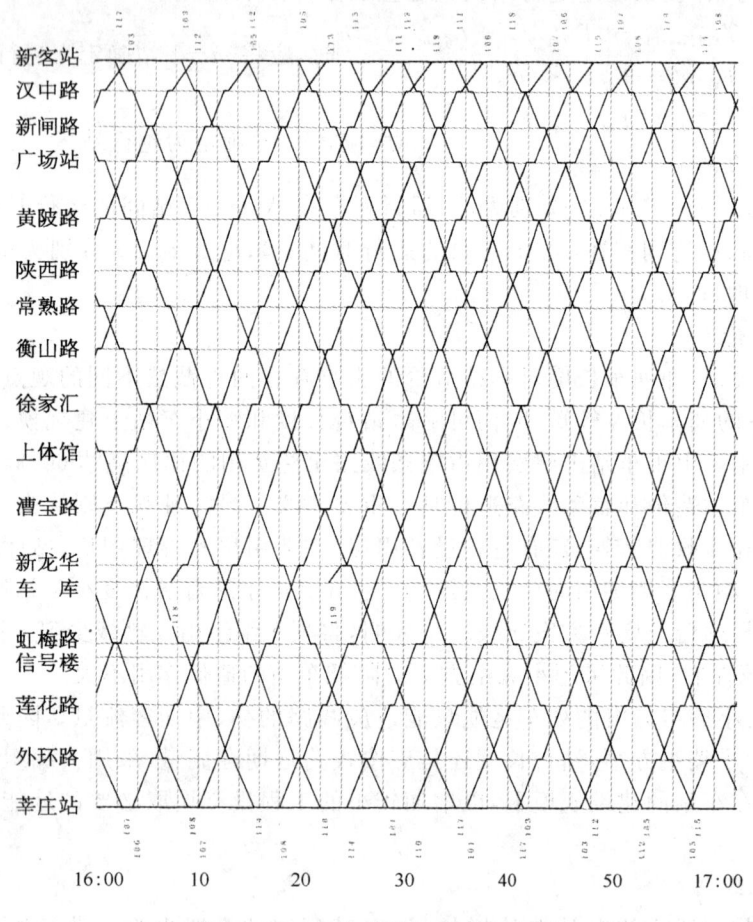

图 3-13　二分格地铁列车运行图

在运营企业内部，列车运行图不但规定了线路、车站、车辆等技术设备的运用，同时也规定了与列车运行有关各部门、各工种的工作要求。例如，控制中心应按列车运行图指挥列车运行；车站应按列车运行图组织行车与客运工作；车辆段应根据列车运行图的要求，确定每天需要派出的运用车数、车辆出入段顺序及时间，安排乘务员作息时间和列检作业等；供电、通号、机电和工务等部门应根据列车运行图的规定来安排检修施工计划。所有与列车运行有关的部门、工种均应根据列车运行图的要求,严格按照一定程序有条不紊地进行工作,因此,列车运行图是轨道交通运营组织的综合性计划。供乘客使用的列车运行图以列车时刻表的形式对外公布,它规定了向乘客提供的运输服务规格与质量。服务质量欠佳的列车运行图会引起乘客的抱怨,严重时还会引起客流的下降。

## 一、列车运行图图解原理

在列车运行图上,对列车运行时空关系的图解可以有两种方式。一种是以横坐标表示时间,纵坐标表示距离,这时,列车运行图上的水平线表示车站的中心线,垂直线表示时间;水平线间的间隔表示车站间的距离,垂直线间的间隔表示时间的单位。另一种是以横坐标表示距离,纵坐标表示时间,这时,列车运行图上的水平线表示时间,垂直线表示车站的中心线;水平线间的间隔表示时间的单位,垂直线间的间隔表示车站间的距离。在我国,列车运行的图解方式采用第一种方式。

在列车运行图上有横线、竖线和斜线三种线条。在采用以横坐标表示时间、纵坐标表示距离图解列车运行状态时,它们的含义分别是:

横线将纵轴按一定比率加以划分,代表车站的中心线,通常中间站的车站中心线可以较细线条表示,换乘站、折返站和终点站则以较粗线条表示。车站中心线的确定,有按区间运行时分比率和按区间实际里程比率两种方法。

竖线将横轴按一定的时间单位进行等分,代表一昼夜的小时和分钟。根据竖线等分横轴的时间单位不同,列车运行图有一分格运行图、二分格运行图、十分格运行图和小时格运行图四种格式。地铁与轻轨通常采用一分格运行图或二分格运行图。

斜线是列车运行的轨迹,代表列车运行线。列车运行线与车站中心线的交点就是列车在车站的到达、出发或通过时刻。在列车运行图上,下行列车的运行线由左上方向右下方倾斜,车次为单数;上行列车的运行线由左下方向右上方倾斜,车次为双数;对于不同种类的列车,采用不同的列车运行线线条符号、颜色和列车车次范围来加以区别,列车车次通常由列车识别符和列车目的地符组成。

## 二、列车运行图分类

根据区间正线数目、列车运行速度、上下行方向列车数和同方向列车运行方式等条件,列车运行图的分类如下:

1. 按区间正线数目的不同,列车运行图可分为

(1) 单线运行图:列车运行图上,上下行列车都在同一正线上运行,上下行方向列车交会必须在车站进行。

(2) 双线运行图:列车运行图上,上下行列车在各自的正线上运行,上下行方向列车交会可在区间或车站进行。

(3) 单双线运行图:单双线运行图兼有单线和双线运行图的特点,列车在单线区间和双线区间分别按单线运行图和双线运行图运行。

2. 按列车运行速度的不同,列车运行图可分为

(1) 平行运行图:列车运行图上,同方向列车的运行速度相同。

(2) 非平行运行图：列车运行图上，同方向列车的运行速度或旅行速度不相同。

3. 按上下行方向列车数目的不同，列车运行图可分为

(1) 成对运行图：列车运行图上，上下行方向的列车数目相等。

(2) 不成对运行图：列车运行图上，上下行方向的列车数目不相等。

4. 按同方向列车运行方式的不同，列车运行图可分为

(1) 连发运行图：列车运行图上，同方向列车的运行以站间区间为间隔，采用连发运行图时，在连发的一组列车之间不铺画对向列车。

(2) 追踪运行图：列车运行图上，同方向列车的运行以闭塞分区（轨道电路区段）或制动距离加上安全防护距离为间隔，即在一个区间内允许有一列以上同方向列车运行。采用追踪运行图必须是安装自动闭塞设备的线路。

实践中，每张列车运行图都具有上述四个方面的特点。例如，地铁列车运行图通常是采用双线、平行、成对和追踪运行图类型。

### 三、列车运行图要素

列车运行图的分类是基于列车运行图的特殊性，而列车运行图的要素则是基于列车运行图的共性。

列车运行图要素的实质是把列车运行过程按空间或时间上衔接的特征划分为若干单项作业。在空间关系上，把列车运行过程划分为列车在区间运行、列车进站停车、列车起动出站、列车停站和列车折返等单项作业；在时间关系上，分别确定每一单项作业的开始、终了和延续时间。决定单项作业时间的主要因素有：活动设备和固定设备的技术条件、作业的质量要求、作业人员数量和作业环境条件。

轨道交通列车运行图的要素包括：列车区间运行时分，列车停站时间，列车在折返站停留时间，列车折返出发间隔时间，列车出入车辆段作业时间，追踪列车间隔时间和连发间隔时间。

1. 列车区间运行时分

列车区间运行时分是指列车在两个相邻车站间的运行时间标准，通过牵引计算和列车试运行相结合的方法计算确定。

由于上下行方向线路平纵断面条件，以及列车运行速度的不同，区间运行时分应按上下行方向和各种列车分别确定。

计算列车区间运行时分的基本参数是区间距离、运行速度、加减速度和线路的平纵断面条件等。计算列车区间运行时分的区间距离按车站中心线的距离确定。

区间运行时分应根据列车在每一区间的两个车站上不停车通过和停车两种情况分别确定。列车不停车通过两个相邻车站所需的区间运行时分称为纯运行时分。因列车到站停车和列车起动出站而增大的区间运行时分与纯运行时分之差称为停车附加时分和起动附加时分。停车、起动附加时分应根据车辆类型、列车编组辆数，以及进、出站线路的平纵断面条件等进行确定。

2. 列车停站时间

列车停站是为了供乘客上下车，列车停站时间取决于下列因素：

(1) 车站上下车人数。

(2) 平均上(下)一个乘客所需时间,该项时间取决于车辆的车门数及车门宽度、车厢内的座椅布置方式、站台高度和车站客运组织措施等。

(3) 开关车门时间。

(4) 车门和屏蔽门的不同步时间。

(5) 确认车门关妥与信号显示时间。

列车停站时间的计算公式为:

$$t_{站}=\frac{(p_{上}+p_{下})t_{上(下)}}{n_{高峰}md}+t_{开关}+t_{不同}+t_{确认} \qquad (3-6)$$

式中:$t_{站}$——列车停站时间(s);

$p_{上}$——高峰小时车站上车人数(人);

$p_{下}$——高峰小时车站下车人数(人);

$t_{上(下)}$——平均每上(下)一个乘客所需时间(s);

$n_{高峰}$——高峰小时开行列车数(列);

$m$——列车编成辆数(辆);

$d$——每车每侧车门数(扇);

$t_{开关}$——开关车门时间(s);

$t_{不同}$——车门和屏蔽门开关不同步时间(s);

$t_{确认}$——确认车门关妥与信号显示时间(s)。

按式(3-6)计算的列车停站时间一般应适当加一余量并取整。在实际工作中,通常将全线各站的列车停站时间确定为3～4种时间标准。

3. 列车在折返站停留时间

列车在折返站停留时间是指列车在折返站办理各项作业时所需时间。

在站后折返时,按作业顺序,列车在折返站应办理的作业有以下五项,见图3-14:

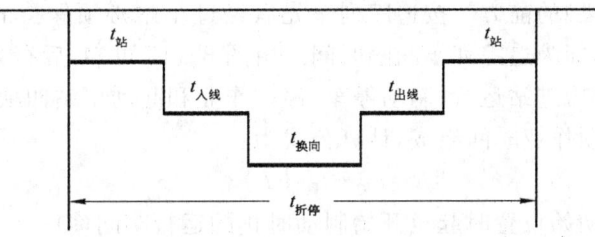

图3-14 列车在折返站停留时间(站后折返)

(1) 在站线上,开车门、乘客下车作业。

(2) 列车入折返线走行。

(3) 在折返线上,列车换向作业。

(4) 列车出折返线走行。

(5) 在站线上,乘客上车、关车门作业。

在站前折返时,列车在折返站应办理的作业有以下两项:

(1) 在站线上,乘客下车、上车与开、关车门作业。

(2) 在站线上,列车换向作业。

上述两项作业可平行进行。

上述各个单项作业时间可根据分析与查标相结合的方法计算确定。综合各个单项作业所需时间，即为列车在折返站的停留时间。

4. 列车折返出发间隔时间

列车折返出发间隔时间是指折返列车在折返站的最小出发间隔时间，该项时间主要取决于折返线的布置、采用的折返方式等。关于列车折返出发间隔时间计算方法的内容详见第四章第三节。

5. 列车出入车辆段作业时间

列车出入车辆段作业时间是指列车在车辆段与正线防护信号机间的运行时间，列车在正线防护信号机与列车始发站间的运行时间，以及列车在进入区间正线前等待信号开放和确认信号的时间。前两项时间可通过牵引计算和列车试运行相结合的方法计算确定。第三项时间可根据分析与查标相结合的方法计算确定。

6. 追踪列车间隔时间

在自动闭塞线路上，同方向运行两列车以闭塞分区（轨道电路区段）或制动距离加上安全防护距离为间隔运行，称为追踪运行。追踪运行的两列车在运行过程中相互不受干扰的最小间隔时间称为追踪列车间隔时间。

影响追踪列车间隔时间的主要因素包括：列车停站时间、列车运行控制方式、列车间隔距离、列车运行速度、接近车站线路的平纵断面、车站是否设置配线和行车组织方法等。

（1）固定（自动）闭塞线路：轨道交通车站一般不设置配线，客运作业在车站正线上办理，由于追踪列车经过车站时的间隔时间远大于在区间运行时的间隔时间，追踪列车间隔时间应根据追踪运行的两列车先后经过车站的条件进行计算确定。

计算追踪列车间隔时间的列车间隔距离如图3-15所示，当前行列车出清了车站轨道电路区段，在确保行车安全的条件下，后行列车以规定的进站速度恰好位于某一分界点（闭塞分区或轨道电路区段）的前方。按追踪列车先后经过车站必须保持的最小列车间隔距离计算得到的间隔时间，即为追踪列车间隔时间。由图3-15可知，后行列车从初始位置至前行列车所处位置，需经历进站运行、制动停车、停站作业和起动出站四项作业过程，即追踪列车间隔时间由四个单项作业时间组成，计算公式为：

$$h = t_运 + t_制 + t_站 + t_加 \tag{3-7}$$

式中：$t_运$——列车从初始位置时起至开始制动时止的运行时间(s)；

$t_制$——列车从开始制动时起至在站内停车时止的制动时间(s)；

$t_加$——列车从车站起动加速时起至出清车站轨道电路区段时止的运行时间(s)。

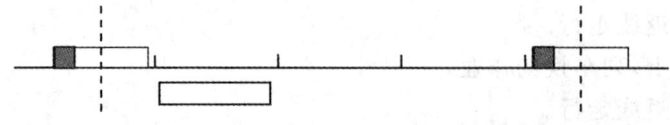

图3-15　固定闭塞时追踪列车经过车站间隔距离

（2）移动（自动）闭塞线路：计算追踪列车间隔时间的列车间隔距离如图3-16所示：在前行列车出清车站轨道电路区段与安全防护距离时，后行列车以规定速度恰好运行至进站位置处。按图中所示的列车间隔距离计算得到的间隔时间就是追踪列车间隔时间。由图

3-16 可知,后行列车从初始位置至前行列车所处位置,需经历制动停车、停站作业和起动出站三项作业过程,即追踪列车间隔时间由三个单项作业时间组成,计算公式为:

$$h = t_{制} + t_{站} + t_{加} \tag{3-8}$$

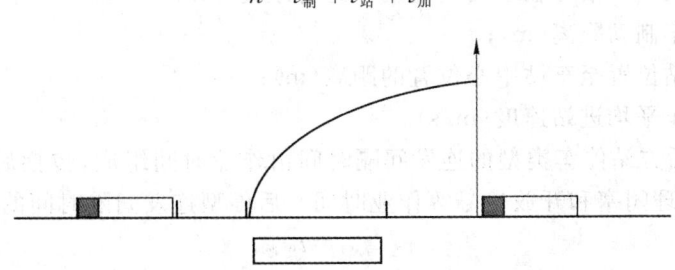

图 3-16 移动闭塞时追踪列车经过车站间隔距离图

**7. 连发间隔时间**

从列车通过或到达前方车站时起,至由车站向该区间发出另一同方向列车时止的最小间隔时间,称为连发间隔时间。连发间隔时间有两种类型、四种形式。两种类型根据后行列车在后方站通过或停车进行划分,四种形式分别为:

(1) 后行列车在后方站通过,前行列车在前方站通过,见图 3-17(a)。
(2) 后行列车在后方站通过,前行列车在前方站停车,见图 3-17(b)。
(3) 后行列车在后方站停车,前行列车在前方站通过,见图 3-17(c)。
(4) 后行列车在后方站停车,前行列车在前方站停车,见图 3-17(d)。

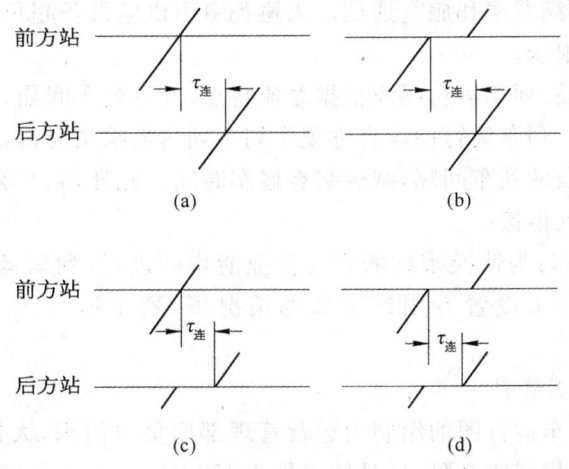

图 3-17 连发间隔时间

后行列车在后方站通过类型的连发间隔时间由两部分组成:第一部分为后方站为后行列车准备接车进路、办理闭塞和开放信号等作业时间;第二部分为后行列车通过后方站进站距离的时间。后通型连发间隔时间的计算公式为:

$$\tau_{连(后通)} = t_{作业} + t_{进} = t_{作业} + \frac{0.5 l_{列} + l_{确} + l_{制} + l_{进}}{v_{进}} \tag{3-9}$$

式中:$\tau_{连}$——连发间隔时间(s);

$t_{作业}$——后方站为通过列车准备接车进路、办理闭塞和开放信号等作业时间(s);

$t_{进}$——后行列车通过后方站进站距离的时间(s);
$l_{列}$——列车长度(m);
$l_{确}$——司机确认信号显示时间内列车运行距离(m);
$l_{制}$——列车制动距离(m);
$l_{进}$——进站位置至车站中心位置的距离(m);
$v_{进}$——列车平均进站速度(m/s)。

后行列车在后方站停车类型的连发间隔时间由作业时间组成,包括后方站为后行列车准备发车进路、办理闭塞和开放信号等作业时间。后停型连发间隔时间的计算公式为:

$$\tau_{连(后停)} = t_{作业} \tag{3-10}$$

式中:$t_{作业}$——后方站为出发列车准备进路、办理闭塞和开放信号等作业时间(s)。

### 四、列车运行图编制

在新线投入运营,既有线技术设备、客运量或行车组织方法发生较大变化时,均需要进行列车运行图的重新编制。

1. 编图要求

列车运行图编制应符合下列要求:

(1) 确保行车安全:列车运行图应符合《行规》等行车规章的有关规定,严格遵守行车作业程序和各项时间标准。

(2) 合理运用设备:列车运行图应流线结合,充分利用线路通过能力。在满足客流需求的同时,注意提高车辆满载率和旅行速度。为避免牵引供电设备超负荷,对供电区段内同时起动的列车数应加以限制。

(3) 优化运输产品:列车运行图应根据客流特点,开行列车间隔、编组辆数、列车交路和旅行速度不同的列车。列车运行图应合理规定列车到达换乘站时刻,减少乘客换乘时间;合理规定运营非高峰时段的列车间隔,减少乘客候车时间。此外,列车运行图应注意轨道交通与其他交通方式的相互衔接。

(4) 配合站段工作:为使换乘站的客运作业能均衡进行,列车运行图应安排列车交错到达换乘站;在车辆段未设置专用试车线的情况下,列车运行图上应预留调试列车运行线。

2. 编图步骤与编图资料

(1) 编图步骤:列车运行图的编制由运营管理部门负责组织,大体经历研究讨论、编制方案、铺画详图和计算指标四个阶段,具体工作步骤如下:

1) 按编图要求与编图目标确定编图注意事项。
2) 收集编图资料,对有关问题组织调查研究和试验。
3) 总结分析现行列车运行图的完成情况和存在问题,提出改进意见。
4) 编制列车运行方案。
5) 征求调度、车站、车辆部门对列车运行方案的意见,并进行必要的调整。
6) 根据列车运行方案辅画详细的列车运行图,编制列车时刻表。
7) 对列车运行图的编制质量进行全面的检查,并计算列车运行图指标。
8) 将编制完毕的列车运行图、列车时刻表与编制说明等报有关部门审核批准。

（2）编图资料：在编制列车运行图前应收集的编图资料包括：运营时间，分时最大断面客流量，全日行车计划、列车编组方案、列车交路方案与列车停站方案，运用车数，线路通过能力、列车折返能力、列车出入段能力、换乘站设备能力与车站存车线能力，列车区间运行时分、列车停站时间、列车在折返站停留时间、列车折返出发间隔时间、列车出入车辆段作业时间、追踪列车间隔时间与连发间隔时间，列检、列车上线调试与乘务员作息安排，与其他交通方式的衔接，以及对现行列车运行图完成情况的分析等。

3. 列车运行图铺画

列车运行图铺画分两步进行。第一步编制列车运行方案，着重解决列车运行图的全面布局问题，第二步铺画列车运行详图，即详细规定每一列车在各个车站上的到达、出发或通过时刻。在铺画列车运行图前，首先应确定车站中心线的位置。

（1）确定车站中心线：在实际工作中，通常是采用按区间运行时分比率来确定车站中心线。采用这种方法，列车运行线基本上是一条斜直线，并且容易发现列车区间运行时分的差错。车站中心线的具体确定方法如图 3-18 所示。

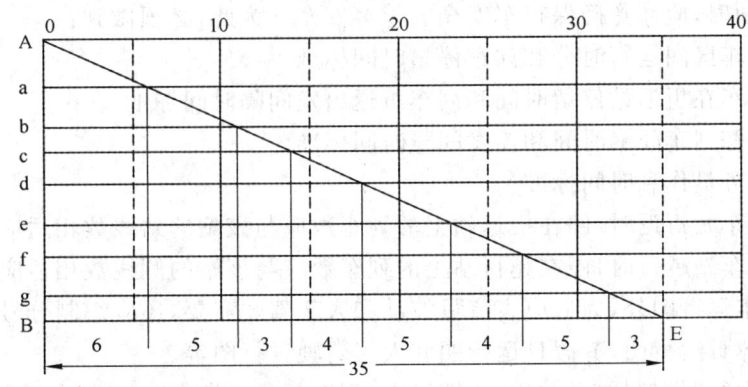

图 3-18 按区间运行时分比率确定车站中心线

某轨道交通线路下行列车单程纯运行时分共计 35 min，首先在列车运行图上确定该线路两终点站 A 与 B 的位置，在代表终点站 B 的横线上向右截取等于 35 min 或 35 min 整倍数的线段，得分割点 E，连结 A、E 两点，得一斜直线；然后自终点站 A 起，根据各区间下行列车的运行时分在代表终点站 B 的横线上向右依次截取相应的线段，得到相应的各分割点；接着以各分割点作为基点作横轴的垂直线，得到垂直线与斜直线的各交点；最后过各交点作横轴的平行线，得到该线路各站的车站中心线。

（2）编制列车运行方案：编制列车运行方案时应考虑的主要问题：

1）方便乘客：在编制列车运行方案时，方便乘客主要体现在：合理排定始、末班车的发、到时刻；清晨与夜间的列车间隔不宜太长；合理规定列车的停车站及停站时间；各线路列车在换乘站到发时刻合理衔接，在换乘站存在几个方向的换乘客流时，各个方向的换乘客流同时得到照顾通常会有困难，此时应重点照顾优势方向的换乘客流；轨道交通列车与其他交通工具在到发时刻上合理衔接等。

2）列车运行与折返站作业协调：列车在中间站单向折返时，有可能产生短交路列车折返作业与长交路列车到发作业的进路干扰；列车在中间站双向折返时，有可能产生两个方向短交路列车折返作业的进路干扰。调整列车在折返站的到发间隔，尽可能安排平行作业，能最大限度避免上述进路干扰，提高列车折返能力。

3）列车运行与换乘站作业协调：在客流高峰时间，如果各线列车同时到达换乘站，由于大客流集中到达，会造成站台、收费区和非收费区的拥挤。为避免车站设备运用紧张与客运作业秩序混乱，在编制列车运行方案时应安排各线列车交错到达换乘站。

4）列车运行与车辆段作业协调：为保证运用车技术状态良好，应均衡安排列检作业时间；在安排列车回段检修时，应考虑列检线的能力；在车辆段未设置专用试车线时，应预留调试列车运行线，调试列车一般应安排在客流非高峰时间开行；此外，还应考虑乘务员的作息时间安排、交接班方式与地点、途中用餐等。

(3) 铺画列车运行详图：在一分格列车运行图上精确铺画每条列车运行线，详细规定列车在每个车站的到达、出发和通过时刻、在折返站的停留时间等。

列车铺画顺序按照列车等级依次为：专用列车、客运列车、调试列车和空驶列车。自列车出车辆段起，从始发站铺画到折返站，经过折返作业停留后，由折返站出发向区间铺画。

在铺画详图时，应注意确保行车安全和乘客安全。为此，必须做到：
1）遵守列车区间运行时分和列车停站时间标准。
2）遵守列车在折返站停留时间和列车折返出发间隔时间标准。
3）遵守追踪列车间隔时间和连发间隔时间标准。
4）遵守乘务员作息时间标准。
5）列车在车站折返时，停在折返站上的列车数应与该站的站线数相适应。
6）列车在车站越行时，停在越行站上的列车数应与该站的侧线数相适应。

除编制基本运行图外，为适应客流量波动和人工驾驶需要，还应编制分号运行图。分号运行图包括双休日运行图、节假日运行图和人工驾驶运行图等。

(4) 列车运行图编制的自动化：长期以来，列车运行图都是人工编制，要求编图人员具有丰富的行车组织实践经验和较高的列车运行图编制技巧，并且每次编图需要较长时间。由于重新编一次列车运行图要做大量工作，费工费时，在实际工作中不得不减少编图次数，延长执行期间，结果是列车运行图不能及时适应运量和设备的变化。

为了解决上述问题，从20世纪60年代起，很多国家开展了利用计算机编制列车运行图的研究。一些国家开发的编制地铁列车运行图软件在20世纪70年代达到实用化。列车运行图编制软件主要包括铺画列车运行线、安排运用车组、安排乘务人员和数据管理四个功能模块。采用计算机编制列车运行图，在节省运用车组和乘务人员方面也有一定效果。

4. 列车运行图指标计算

列车运行图编制完毕后，应对列车运行图的编制质量进行检查，检查的主要内容有：
(1) 开行列车数、折返列车数及列车折返站是否符合要求。
(2) 列车运行线的铺画是否符合规定的各项时间标准。
(3) 停在折返站上的列车数是否超过该站的站线数。
(4) 停在越行站上的列车数是否超过该站的侧线数。
(5) 换乘站的列车到发是否均衡。
(6) 乘务员的作息时间是否符合规定。

在确认列车运行图符合各项要求后，计算列车运行图指标。列车运行图主要指标有：

(1) 开行列车数:凡列车在运营线路上行驶一个单程,不论列车交路长短,均按一列计算。开行列车数按列车种类和上下行分别计算。

(2) 折返列车数:按各个折返站分别计算。

(3) 行车间隔:行车间隔包括高峰小时与非高峰时段。

(4) 首、末班列车始发站发车时刻。

(5) 客运列车技术速度:计算公式为:

$$客运列车技术速度 = \frac{\sum 列车单程运行距离}{\sum (列车单程旅行时间 - \sum 列车停站时间)} \quad (3-11)$$

列车单程旅行时间包括列车在各区间的运行时间、在各中间站的停站时间,以及在各中间站的停车、起动附加时间。

(6) 客运列车旅行速度(运送速度):计算公式为:

$$客运列车旅行速度 = \frac{\sum 列车单程运行距离}{\sum 列车单程旅行时间} \quad (3-12)$$

(7) 输送能力:计算公式为:

$$输送能力 = \sum (客运列车数 \times 列车定员) \quad (3-13)$$

(8) 高峰小时运用车组数:按早、晚高峰小时分别计算。

(9) 列车周转时间:计算公式为:

$$列车周转时间 = \frac{\sum 分时运用车组数 - \sum 回库时间}{全日开行列车对数} \quad (3-14)$$

(10) 车辆总走行公里:包括图定的车辆空驶里程。计算公式为:

$$车辆总走行公里 = \sum (客运列车数 \times 列车编组辆数 \times 列车运行距离) \quad (3-15)$$

(11) 车辆日均走行公里(日车公里):计算公式为:

$$车辆日均走行公里 = \frac{车辆总走行公里}{\sum 分时运用车数} \quad (3-16)$$

(12) 运能利用率:计算公式为:

$$运能利用率 = \frac{日客运量 \times 平均运距}{\sum (客运列车数 \times 列车定员 \times 列车运行距离)} \quad (3-17)$$

为了评价新编列车运行图的质量,应将新图的各项指标与现图的各项指标进行比较,分析各项指标提高或降低的原因。

**5. 实行新图前的准备工作**

为保证新图能够正确和顺利地实行,必须在实行新图前做好下列准备工作:

(1) 发布实行新图的命令;

(2) 印刷并分发列车运行图和列车时刻表;

(3) 拟定执行新图的技术组织措施;

(4) 做好车辆和乘务员的调配工作;

(5) 组织有关人员学习新图,了解与熟悉新图的规定与要求。

## 第四节 车辆运用计划

### 一、车辆运用分类

为完成乘客运送任务,轨道交通必须设置车辆基地,配属一定数量的车辆。车辆按运用上的不同,分为运用车、检修车和备用车三类。

1. 运用车

运用车是指为完成日常客运任务而配备的技术状态良好的车辆。运用车按下式计算:

$$N_{运用} = \frac{n_{高峰} \theta_{列} m}{3600} \tag{3-18}$$

式中:$N_{运用}$——运用车数(辆);

$n_{高峰}$——高峰小时开行列车数(列);

$\theta_{列}$——列车周转时间(s);

$m$——列车编组辆数(辆)。

列车周转时间是指列车在线路上往返一次所消耗的全部时间。它包括了列车在各区间的运行时间,在各中间站的停站时间,以及在两端折返站的折返停留时间。

$$\theta_{列} = \sum t_{运} + \sum t_{站} + \sum t_{折停} \tag{3-19}$$

式中:$\sum t_{运}$——列车在线路上往返一次各区间运行时间的和(s);

$\sum t_{站}$——列车在线路上往返一次各中间站停站时间的和(s);

$\sum t_{折停}$——列车在折返站停留时间的和(s)。

确定运用车组数的方法有分析法和图解法两种。

分析法计算运用车组数的公式如下:

$$N_{车组} = \frac{\theta_{列}}{t_{间隔}} \tag{3-20}$$

式中:$N_{车组}$——运用车组数(组);

$t_{间隔}$——行车间隔(s)。

图解法确定运用车组数如图 3-19 所示,在列车运行图上,垂直于横轴的截取线(J)与列车运行线、折返站停留列车的交点数即为运用车组数。

2. 检修车

检修车是指处于定期检修状态的车辆。车辆经过一段时间的运用后,各部件会产生磨耗、变形或损坏,为保证车辆技术状态良好、确保列车运行安全和延长车辆使用寿命,需要定期对车辆进行各种修程的检修。目前,国内轨道交通实行计划维修和故障维修相结合的车辆检修制度。

车辆的定期检修分为月检、定修、架修和大修(又称厂修),有的轨道交通线路还增设了双周检、双月检或半年检等。车辆检修修程、检修周期根据车辆各部件使用寿命和车辆运用环境等因素综合考虑确定。在实行预防性计划检修制度时,车辆定期检修通常是按车辆运用时间和走行公里先达到者执行,表 3-7 是某地铁线路的车辆检修制度。

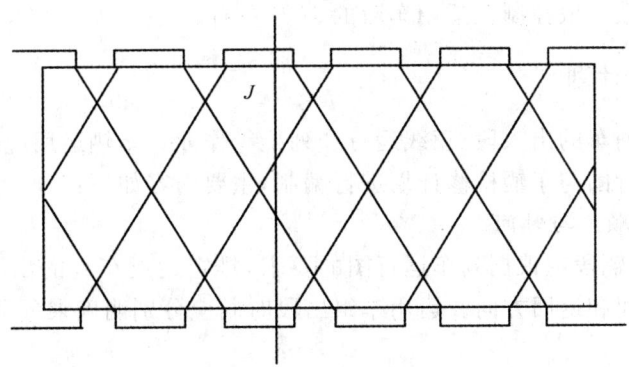

图 3-19 运用车组数图解

表 3-7 车辆检修修程、周期及停时

| 检修修程 | 检修周期 | | 检修停时（日） |
|---|---|---|---|
| | 运用时间 | 走行公里（万） | |
| 双周检 | 2 周 | 0.4 | 0.5 |
| 双月检 | 2 月 | 2 | 2 |
| 定修 | 1 年 | 10 | 10 |
| 架修 | 5 年 | 50 | 25 |
| 大修 | 10 年 | 100 | 40 |

车辆检修制度是确定车辆段建设规模、计算检修车数与配属车数的依据。合理的车辆检修制度对减少检修车等非运用车数、降低轨道交通建设投资与运营成本具有重要意义。轨道交通车辆检修的发展趋势为：优化车辆检修制度、延长车辆检修周期，利用非运营与非高峰时间进行较小修程的均衡修，采用直接更换车辆零部件的方式进行换件修。通过上述途径与措施，可以缩短车辆检修停时、提高车辆检修效率、减少配属车数和压缩车辆段建设规模。

车辆检修除定期检修外，还有日常检修，包括列检和临修。

检修车的数量取决于运用车配属数、检修周期与检修停时。检修周期与检修停时对检修车数量的影响可用检修系数反映。检修车计算公式如下：

$$N_{检修} = N_{运用} \alpha_{检修} \tag{3-21}$$

$$\alpha_{检修} = \frac{\sum T_i^{检修}}{D_年} \tag{3-22}$$

式中：$N_{检修}$——检修车数（辆）；

$\alpha_{检修}$——检修系数；

$T_i^{检修}$——包括临修在内的各种检修修程年均检修停时（天）；

$D_年$——年检修工作日（天）。

**3. 备用车**

备用车是指为完成临时紧急运输任务或为替换退出运营故障列车而储备的技术状态良

好的车辆。备用车数一般控制在运用车数的10%左右。

## 二、车辆运用计划

车辆运用包括列车的出入段、正线运行和列检等作业。车辆运用应按计划进行,车辆运用计划根据列车运行图与车辆检修计划进行编制,主要内容如下:

### 1. 排定出入段顺序与时间

新图下达后,车辆段应根据列车运行图的要求,排定运用车组的出段顺序、时间和担当车次,回段顺序、时间和返回方向。运用车组出段时间应分别明确乘务员出勤时间和运用车组出库、出段时间。

### 2. 铺画车辆周转图

列车正线运行通常采用循环交路,根据列车运行图和车辆出入段顺序,车辆运用计划以车辆周转图的形式规定了全日对应各出入段顺序的运用车组在正线上往返运行的列车交路,运用车组在两端折返站的到、发时刻,以及运用车组出入段时间和顺序,见图3-20。

### 3. 确定对应各出段顺序的运用车

根据车辆的运用状态与检修计划,确定担当次日各出段顺序、列车交路的运用车(编号)与待发股道。在安排车辆运用时,应注意使运用车的走行公里在一定时期内大体均衡。

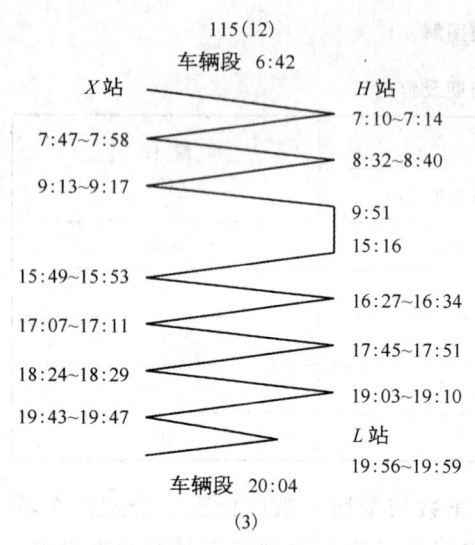

图3-20 车辆周转图

### 4. 配备乘务员

轨道交通的乘务制度通常是采用轮乘制。由于乘务员值乘的列车不固定,在编制车辆运用计划时,应对乘务员的出退勤时间与地点、值乘列车车次,以及工间休息和途中用餐等同步做出安排。在安排乘务员的工作时,应注意乘务员的连续工作时间不要超劳。

# 参 考 文 献

[1] 张国宝. 城市轨道交通运输组织. 北京:中国铁道出版社,2000
[2] 陈浩然. 用于城市轨道交通的小编组高密度列车运行方案. 中国铁路. 2001(5):44～46
[3] 梁广深. 缩短地铁列车编组长度对降低车站造价作用不大. 城市轨道交通研究. 2003(6):17～19
[4] 伍勇,刘思宁. 基于节能和面向旅客服务的列车编组方案研究. 城市轨道交通研究. 2004(6):27～31
[5] Alan Black. Urban mass transportation planning. New York:McGraw-Hill,Inc. 1995
[6] 刘明姝. 市域快速轨道交通线列车开行方案优化研究. 硕士学位论文. 上海:同济大学,2005
[7] 张国宝,刘明姝等. 城轨列车非站站停车及派生的越行问题研究. 都市快轨交通. 2005(5):18～22
[8] 朱弘. 上海城市轨道交通车辆的检修制度和车辆段检修规模的计算. 交通与运输. 2003年增刊

# 第四章 运输能力

## 第一节 运输能力概述

运输能力是通过能力和输送能力的总称。为满足客运需求、完成运输任务,轨道交通必须具备一定的运输能力。运输能力的大小主要取决于固定设备、活动设备,技术设备的运用,行车组织方法和行车作业人员的数量、技能水平。

### 一、通过能力

轨道交通线路的通过能力是指在采用一定的车辆类型和一定的行车组织方法条件下,轨道交通线路的各项固定设备在单位时间内(通常是高峰小时)所能通过的最大列车数。研究影响通过能力的因素,通过能力的计算确定和提高通过能力的途径、措施等问题,对于轨道交通新线的规划设计和既有线的日常运能安排、扩能技术改造,都具有重要的理论和实践意义。

地铁、轻轨的通过能力按下列固定设备计算:

1. 线路

线路是指由区间和车站构成的整体,其通过能力主要受正线数、列车停站时间、列车运行控制方式、车站是否设置配线、车辆技术性能、进出站线路平纵断面和行车组织方法等因素影响。

2. 列车折返设备

其通过能力主要受折返站的配线布置形式及折返方式、列车停站时间、车站信号设备类型、车载设备反应时间、折返作业进路长度、调车速度和列车长度等因素影响。

3. 车辆段设备

其通过能力主要受车辆的检修台位、停车线等设备的数量和容量等因素影响。

4. 牵引供电设备

其通过能力主要受牵引变电所的配置和容量等因素影响。

由于市郊铁路车站通常设置配线,市郊铁路的通过能力按区间、机务整备设备和牵引供电设备等固定设备计算。

根据以上各项固定设备计算出来的通过能力一般是各不相同的,其中通过能力最小的固定设备限制了整条线路的通过能力,该项固定设备的通过能力即为整条线路的最终通过能力,参见式(4-1)。因此,通过能力是各项固定设备的综合能力。根据分阶段发展的可能性,各项固定设备的通过能力配置应相互匹配、协调,以避免出现通过能力紧张或闲置的现象。

$$n_{最终} = \min\{n_{线路}, n_{折返}, n_{车辆}, n_{供电}\} \tag{4-1}$$

式中：$n_{最终}$——最终通过能力（列）；

$n_{线路}$——线路通过能力（列）；

$n_{折返}$——列车折返设备通过能力（列）；

$n_{车辆}$——车辆段设备通过能力（列）；

$n_{供电}$——牵引供电设备通过能力（列）。

在实际工作中，通常还把通过能力分为设计通过能力、现有通过能力和需要通过能力三个不同的概念。设计通过能力是指新建线路或技术改造后的既有线路所能达到的通过能力。现有通过能力是指在现有固定设备和现有行车组织方法条件下，线路能够达到的通过能力。需要通过能力是指为了适应中、远期规划年度的客运需求，线路应具备的包括后备能力在内的通过能力。

## 二、输送能力

轨道交通线路的输送能力是指在一定的车辆类型、固定设备和行车组织方法的条件下，按照现有活动设备的数量、容量和乘务人员的数量，轨道交通线路在单位时间内（通常是高峰小时、一昼夜或一年）所能运送的乘客人数。输送能力是衡量轨道交通技术水平与服务水平的重要指标。

在最终通过能力一定的条件下，输送能力可按下式计算：

$$p = n_{最终} m p_{车} \tag{4-2}$$

式中：$p$——小时内单向最大输送能力（人）；

$m$——列车编组辆数（辆）；

$p_{车}$——车辆定员数（人）。

## 三、通过能力与输送能力的关系

通过能力与输送能力密切相关。通过能力从固定设备的角度确定线路所能开行的列车数，输送能力则是从活动设备与行车作业人员配备的角度确定线路所能运送的乘客人数。因此，输送能力以通过能力为基础，输送能力是运输能力的最终体现。

另外，在通过能力一定的条件下，线路最终输送能力还与车站设备的设计容量或能力存在密切关系。这些设备包括站台、售检票设备、自动扶梯、楼梯、通道和出入口等。

# 第二节 线路通过能力

## 一、线路通过能力计算原理

### 1. 追踪列车间隔时间

线路通过能力是指轨道交通线路在单位时间内（通常是高峰小时）能够通过的最大列车数。自动闭塞线路通过能力计算的一般公式为：

$$n_{线路} = \frac{3600}{h} \tag{4-3}$$

式中：$h$——自动闭塞行车时的追踪列车间隔时间（s）。

显然,线路通过能力计算的关键是确定追踪列车间隔时间。在自动闭塞行车时,列车停站时间与列车运行控制方式是决定追踪列车间隔时间的主要因素。

轨道交通通常是采用双线自动闭塞,列车追踪运行,并在每一个车站停车供乘客乘降。为了降低造价,轨道交通车站一般不设置配线,列车停在车站正线上供乘客上下车。根据轨道交通车站配线设置、以及行车与客运作业的这种特点,列车追踪运行经过车站时的间隔时间远大于列车在区间追踪运行时的间隔时间。因此,在计算线路通过能力时,没有必要再去分别计算区间通过能力和车站通过能力,而应把区间和车站看成是一个线路整体来进行计算。由图 4-1 可知,当列车在区间追踪运行时,追踪列车间隔时间仅 20 s,而当列车在车站停车时,

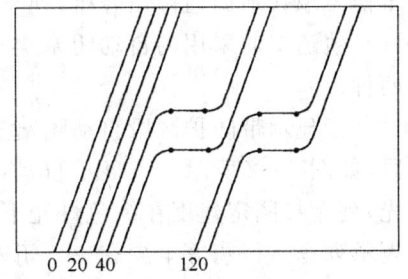

图 4-1 列车停站时间对线路通过能力影响

追踪列车间隔时间增加为 80 s,可见列车停站时间是影响线路通过能力的主要因素之一。

列车运行控制概念通常涉及追踪运行列车的间隔、速度控制和行车调度指挥。在研究追踪列车间隔时间的影响因素时,列车运行控制概念侧重于前者。表 4-1 是轨道交通采用四种不同的列车运行控制方式时的线路通过能力比较。

表 4-1 列车运行控制方式与线路通过能力

| 列车运行控制方式 | 行车闭塞法 | 同方向列车运行 | 线路通过能力 |
| --- | --- | --- | --- |
| 基于通信的 | 移动(自动)闭塞 | 追踪运行 | 高 |
| 采用 ATC 系统 | 固定(自动)闭塞 | 追踪运行 | 较高 |
| 采用传统信号 | 固定(自动)闭塞 | 追踪运行 | 中 |
| 非自动闭塞 | 双区间闭塞等 | 连发运行 | 低 |

2. 列车运行控制方式

在自动闭塞线路上,线路通过能力是由列车间隔时间决定的,而列车间隔时间又与列车间隔距离密切相关。在数量关系上,列车间隔时间随列车间隔距离同方向变化,缩短列车间隔距离能压缩列车间隔时间,进而提高线路通过能力。但是,列车间隔距离的缩短是有前提的,不能危及列车运行安全。采用先进的列车运行控制方式,能在确保列车运行安全的同时使线路通过能力达到最大。

列车运行自动控制的一般原理是:自动检测追踪运行列车的位置、速度和线路的平纵断面等信息,并将检测到的信息传输到控制中心;控制中心根据接收到的信息、列车运行图资料,自动生成对车载设备与地面设备的控制命令;车载设备与地面设备根据控制命令自动对列车运行间隔与速度等实施具体的控制。关于列车检测技术,过去主要是采用轨道电路技术,近年来采用的有计轴器、感应环线和无线通信等技术。

根据列车运行控制技术的发展水平,轨道交通的列车运行控制主要有采用传统信号的列车运行控制、采用 ATC 的列车运行控制和基于通信的列车运行控制三种方式。

(1) 采用传统信号的列车运行控制:自动闭塞信号设备将区间正线按传统原则划分成若干个固定的闭塞分区,每个闭塞分区内设置一个独立的轨道电路,每个闭塞分区的入口处

设置通过信号机进行防护。通过轨道电路将列车运行位置的变化与通过信号机的自动显示联系起来。在自动闭塞轨道交通线路上，追踪运行列车之间以闭塞分区作为间隔，通常用机车信号取代地面通过信号机，列车超速防护采用自动停车装置。

轨道交通采用的自动闭塞类型通常是三显示带防护区段自动闭塞和四显示自动闭塞两种。

三显示带防护区段自动闭塞是在三显示自动闭塞基础上增加一个闭塞分区作为防护区段，如图4-2所示。三显示自动闭塞信号是指区间通过信号机的显示有红、黄、绿三种灯光，列车按图定速度在绿色灯光下运行，在带防护区段的情况下，通过信号机显示绿色灯光表示列车运行前方至少有三个闭塞分区空闲，一个黄色灯光表示列车运行前方还有二个闭塞分区空闲，一个红色灯光表示列车运行前方最多还有一个闭塞分区空闲，不准列车越过该信号机。如果司机因失去警惕而未采取停车措施时，自动停车装置将起作用，使行驶的列车自动停车。

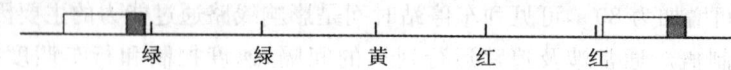

图4-2 三显示带防护区段时的信号显示

在行车密度大、列车速度高的情况下，为提高线路通过能力和保证列车运行安全，可考虑采用四显示自动闭塞设备来进行列车间隔、速度的控制，即在红、黄、绿三种灯光信号显示的基础上，增加一种灯光信号显示（例如黄绿色），如图4-3所示。

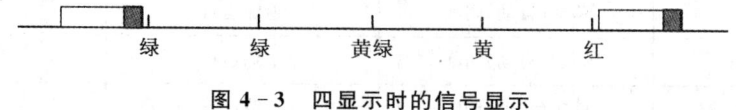

图4-3 四显示时的信号显示

由图4-2与图4-3可知，当列车在区间追踪运行时，列车间隔时间取决于列车间隔距离与列车运行速度，而列车间隔距离主要取决于闭塞分区的数目及其长度。在采用三显示带防护区段信号制式的自动闭塞线路上，为给司机创造良好的驾驶条件，当列车在区间追踪运行时，列车空间间隔一般应保持四个闭塞分区，这样后行列车就能始终在绿色灯光下运行，不必频繁地调速。至于闭塞分区长度，应同时满足大于或等于列车制动距离加上一个安全距离余量和大于或等于列车长度。如果不考虑线路平纵断面对制动距离的影响，闭塞分区长度可按下式计算：

$$l_{分区} = \frac{v_{\max}^2 f}{2b_{\max}} \tag{4-4}$$

式中：$l_{分区}$——闭塞分区长度（m）；

$v_{\max}$——列车最高运行速度（m/s）；

$f$——安全系数，经验取值为1.35~1.5；

$b_{\max}$——紧急制动减速度（m/s²）。

按式（4-4）计算得到的闭塞分区长度应验算是否大于或等于列车长度。由于轨道交通线路的平纵断面与其他因素的影响，各个闭塞分区的长度一般不相等。

（2）采用ATC的列车运行控制：列车自动控制（ATC）系统包括列车自动防护（ATP）、列车自动驾驶（ATO）和列车自动监控（ATS）三个子系统，具有列车运行自动化和行车指挥自动化两大功能,如图4-4所示。

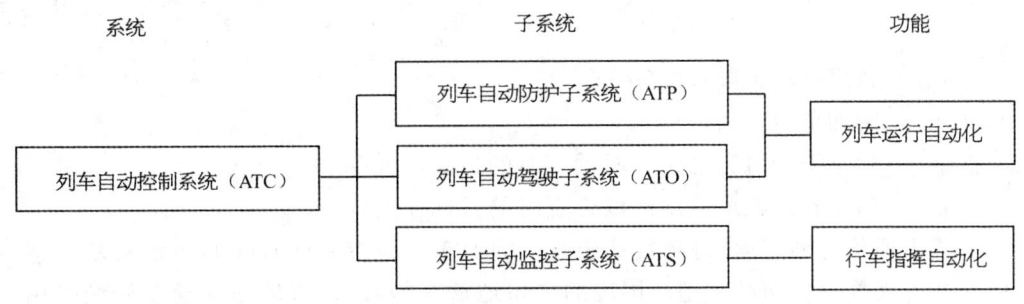

图4-4 ATC系统组成与功能

采用ATC系统时,区间正线划分成若干个固定的轨道电路区段,不设地面信号机,使用车载ATP速度信号。例如,在阶梯式速度控制时,列车运行自动控制程序规定每一轨道电路区段的进、出口速度,其中出口速度又称为目标速度。所谓目标速度是指列车以最高速度进入轨道电路区段后立即施行制动,在考虑制动生效的情况下,列车到达轨道电路区段终点时的速度。追踪运行列车之间以轨道电路区段作为间隔,ATP子系统负责列车的超速防护。

从列车运行控制的角度,ATP子系统是ATC系统的核心,由轨旁设备和车载设备组成。ATP子系统的主要功能是:列车运行超速防护、追踪安全间隔控制、列车安全进站控制和车门安全开闭控制,因此它是一个确保列车运行安全的子系统。根据前行列车位置、线路允许速度、道岔及其开通方向等信息,在阶梯式速度控制时,ATP设备确定后行列车的目标速度,车载设备将列车运行速度与目标速度进行比较,并根据比较结果自动改变牵引工况(制动或加速);而在曲线式速度控制时,ATP设备计算出一段目标距离速度控制曲线,据此平稳地控制列车运行速度。在有联锁设备的车站,ATP设备在确认道岔和信号联锁状态正确、进路办妥的情况下,才允许列车进入或通过车站。与采用传统信号设备的列车运行控制比较,采用ATP子系统能使列车在确保行车安全的前提下缩短列车间隔和提高运行速度,从而提高线路通过能力。

按列车运行速度控制方式,ATP设备分为阶梯式速度控制(速度码模式)和曲线式速度控制(目标距离码模式)两类;按车—地信息传输方式,ATP设备分为点式信息传输和连续式信息传输两类。表4-2是上海3条轨道交通线路采用的ATP设备比较。

表4-2 轨道交通线路ATP设备比较

|  | 1号线 | 3号线 | 5号线 |
| --- | --- | --- | --- |
| 轨道电路 | 音频无绝缘轨道电路 | 数字编码无绝缘轨道电路 | 数字编码无绝缘轨道电路 |
| 速度控制方式 | 速度码 | 目标距离码 | 目标距离码 |
| 信息传输方式 | 连续式 | 连续式 | 点式 |
| 联锁设备 | 电气集中联锁 | 微机联锁 | 微机联锁 |

根据列车自动控制程序对轨道电路区段进、出口速度的规定,轨道电路区段的长度可按

下式计算：

$$l_{电路} = t_{空}v_{始} + \frac{v_{始}^2 - v_{终}^2}{2b_{max}} \tag{4-5}$$

式中：$l_{电路}$——轨道电路区段长度(m)；

$t_{空}$——制动空走时间(s)；

$v_{始}$——列车位于轨道电路区段始点时的最高速度(m/s)；

$v_{终}$——列车到达轨道电路区段终点时的目标速度(m/s)。

(3) 基于通信的列车运行控制：基于通信的列车运行控制(CBTC)，目前有基于感应环线通信和基于无线通信两种类型。国内的广州地铁3号线、武汉轨道交通1号线采用了基于感应环线通信的移动闭塞系统；近年来，国内许多城市的新建轨道交通线路都选用了基于无线通信的移动闭塞系统。

采用移动闭塞时，区间正线不再划分固定的闭塞分区或轨道电路区段，车—地信息传输不再通过有线方式进行，列车制动的起点和终点不再是固定的。基于通信的列车运行控制，能在确保列车安全间隔的前提下，缩短列车间隔时间、提高线路通过能力。

CBTC系统的主要组成部分包括：列车自动监控子系统(ATS)、数据库存储单元、区域控制器(ZC)、车载控制器(VBOC)和数据通信系统，其中区域控制器的主要组件是移动授权单元(MAU)和计算机联锁设备(PMI)。

CBTC(移动闭塞)的原理：

采用基于无线通信的方式检测列车。ATS为列车排列进路，向MAU发送进路请求。通过车载设备与轨旁设备的双向无线通信，列车向MAU发送列车位置、运行方向和速度等信息；MAU根据接收到的列车信息，同时考虑线路限速、列车进路、道岔状态等因素，计算移动授权限制(LMA)、并将LMA发送给列车。LMA是ATO/ATPM模式列车允许运行的终点，可根据前方障碍物(列车)或设备(道岔)的状态延伸。

对列车运行前方的第一个障碍物，MAU会在ATS进路上增加一个安全防护距离。车载控制器建立列车在LMA内的停车点，停车点有安全停车点和运营停车点两种，前者位于LMA终点的安全防护距离前；后者视运营情形而定，如果前行列车尚未离开车站，后行列车在车站外的停车位置即为运营停车点。如果列车进路上有一组道岔，MAU会向PMI发送联锁进路请求，在PMI报告进路已被授权后，MAU会延伸LMA通过道岔区域。

CBTC模式允许列车双向运行，允许通信列车与非通信列车同时运营。受控列车按移动闭塞控制运行，非受控列车按固定闭塞控制运行。当调度员为非受控列车人工排列进路时，MAU为列车生成人工列车授权(AMT)进路。

## 二、线路通过能力计算方法

1. 固定(自动)闭塞线路

计算线路通过能力的前提是确定追踪列车间隔时间，而确定追踪列车间隔时间应从分析追踪运行列车间的最小间隔距离开始。

在把区间和车站作为一个整体进行分析时，计算追踪列车间隔时间的最小间隔距离如图3-15所示，后行列车从初始位置至前行列车所处位置，需经历进站运行、制动停车、停站作业和起动出站四个单项作业过程，追踪列车间隔时间计算公式参见式(3-7)。

式(3-7)中的 $t_运$、$t_制$、$t_站$ 和 $t_加$ 的计算公式如下：

(1) 列车进站运行时间 $t_运$：

$$t_运 = \frac{0.5(l_站 + l_列) + \sum l_i - l_制}{v_运} \qquad (4-6)$$

式中：$l_站$——车站闭塞分区或车站轨道电路区段长度(m)；

$l_列$——列车长度(m)；

$l_i$——闭塞分区或轨道电路区段长度(m)；

$l_制$——列车制动距离(m)，$l_制 = \frac{v_制^2}{2b}$；

$v_制$——制动初速度(m/s)；

$b$——常用制动减速度(m/s$^2$)；

$v_运$——列车运行速度(m/s)。

(2) 列车制动停车时间 $t_制$：

$$t_制 = \frac{v_制}{b} \qquad (4-7)$$

(3) 列车停站时间 $t_站$：按式(3-6)计算，计算线路通过能力时一般取各站停站时间的最大值。

(4) 列车起动出站时间 $t_加$：

$$t_加 = \sqrt{\frac{(l_列 + l_站)}{a}} \qquad (4-8)$$

式中：$a$——起动加速度(m/s$^2$)。

(5) 追踪列车间隔时间计算公式：将上述四个单项作业时间的计算过程合并，得到车站不设置配线时的固定(自动)闭塞线路追踪列车间隔时间计算公式如下：

$$h = \frac{0.5(l_列 + l_站) + \sum l_i - l_制}{v_运} + \frac{v_制}{b} + t_站 + \sqrt{\frac{l_列 + l_站}{a}} \qquad (4-9)$$

式(4-9)中闭塞分区或轨道电路区段的数目取决于列车运行控制的方式，行车组织方法对追踪运行列车间隔距离、列车驶近车站允许速度的规定。列车停站按停靠站台中部考虑。实践中，还应考虑列车不能以较高速度驶离车站正线的情形，如列车进入站后折返线。另外，在进行列车制动和加速的进出站线路纵断面有坡道的情形下，可在式(4-9)中第2与第4项的分母部分增加一个坡道修正参数 $gi$（$g$ 为重力加速度、$i$ 为坡道的坡度），以考虑列车在坡道上制动和加速时对制动减速度和起动加速度的影响程度。修正参数的正负号可根据制动或加速、上坡或下坡的具体组合进行取定，在制动时上坡为正、下坡为负，在加速时上坡为负、下坡为正。

2. 移动(自动)闭塞线路

计算移动(自动)闭塞线路通过能力时，追踪运行列车先后经过车站时的间隔距离如图3-16所示，后行列车从初始位置至前行列车所处位置，需经历制动停车、停站作业和起动出站三个单项作业过程，追踪列车间隔时间计算公式参见式(3-8)。

式(3-8)中的 $t_制$、$t_站$ 和 $t_加$ 的计算公式如下：

(1) 列车制动停车时间 $t_制$：

$$t_{制} = t_{空} + \frac{v_{进}}{b} \qquad (4-10)$$

式中：$v_{进}$——规定的列车进站速度(m/s)。

(2) 列车停站时间 $t_{站}$：计算确定思路与自动闭塞线路相同。

(3) 列车起动出站时间 $t_{加}$：

$$t_{加} = \sqrt{\frac{l_{列} + l_{站} + 2l_{安}}{a}} \qquad (4-11)$$

式中：$l_{安}$——安全防护距离(m)。

(4) 追踪列车间隔时间计算公式：将上述三个单项作业时间的计算过程合并，得到车站不设置配线时的移动（自动）闭塞线路追踪列车间隔时间计算公式如下：

$$h = t_{空} + \frac{v_{制}}{b} + t_{站} + \sqrt{\frac{l_{列} + l_{站} + 2l_{安}}{a}} \qquad (4-12)$$

### 3. 半自动闭塞线路

半自动闭塞在轨道交通信号系统中基本不采用。但在轨道交通新线建成后，如果 ATC 系统尚处于调试阶段，在线路试运营期间可采用半自动闭塞作为过渡。此时，除采用调度监督组织指挥列车运行外，为确保列车运行安全，在同一时间内，列车间隔按"两站、两区间"只准有一个列车占用进行控制，即以双区间闭塞为基本闭塞法。

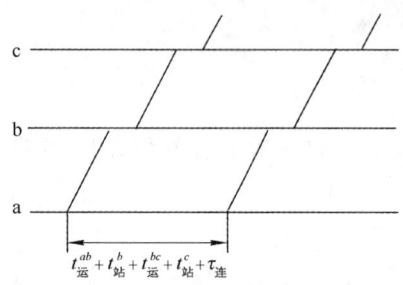

图 4-5 双区间闭塞连发运行

在双区间闭塞情况下，同方向列车按连发方式运行，$a$ 站开放出站信号的条件是前行列车已驶离 $c$ 站的车站正线和双区间闭塞手续办妥，如图 4-5 所示。线路通过能力计算公式为：

$$n_{线路} = \frac{3600}{t_{运}^{ab} + t_{站}^{b} + t_{运}^{bc} + t_{站}^{c} + \tau_{连}} \qquad (4-13)$$

式中：$t_{运}^{ab}, t_{运}^{bc}$——列车在 $a-b$、$b-c$ 区间的运行时分(s)；

$t_{站}^{b}, t_{站}^{c}$——列车在 $b$、$c$ 站的停站时间(s)；

$\tau_{连}$——连发间隔时间(s)。

## 第三节　列车折返能力

### 一、列车折返能力计算原理

1. 列车折返能力计算公式

列车折返能力是指轨道交通折返站在单位时间内（通常是高峰小时）能够折返的最大列车数。

列车折返能力计算的一般公式为：

$$n_{折返} = \frac{3600}{h_{发}} \qquad (4-14)$$

式中：$h_{发}$——折返出发间隔时间(s)。

显然,列车折返能力计算的关键是确定折返出发间隔时间。

2. 折返出发间隔时间计算

折返出发间隔时间定义为:在折返作业正常进行、考虑作业与进路干扰情况下,折返列车在折返站的最小出发间隔时间。折返出发间隔时间是计算列车折返能力的基本参数,其长短反映了列车折返的迅速程度。影响折返出发间隔时间的因素包括车站折返线布置、折返方式、以及作业或进路干扰等。

应该强调,研究列车折返能力问题,只有在列车折返间隔时间大于列车追踪间隔时间时才有意义。如果追踪间隔时间大于理论计算的折返间隔时间,则实际需要的折返间隔时间等于追踪间隔时间。此时列车折返能力不是最终通过能力的限制因素。

此外,列车折返间隔时间与列车在折返站停留时间是两个不同的概念。前者反映的是两个列车在折返站先后出发的时间间隔,而后者反映的是一个列车在折返站由到达至出发的时间间隔,见图4-6。

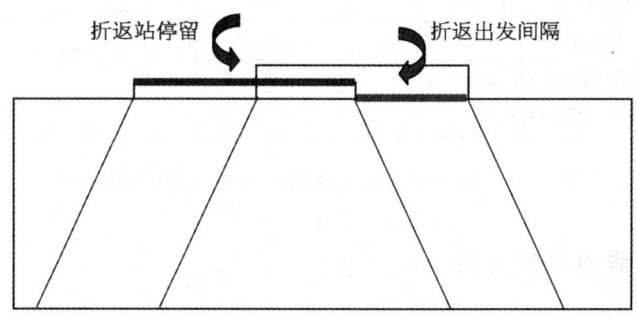

**图 4-6 折返出发间隔时间与折返站停留时间的区别**

关于列车折返间隔时间的计算,笔者提出按折返列车由车站出发计算折返间隔时间的思路,但也有文献提出按折返列车到达车站、折返列车在进站位置、折返列车进折返线或折返列车出折返线计算折返间隔时间的观点。从折返作业循环进行的角度,如果不存在因作业(进路)干扰或因列车到达间隔等引起的作业等待情形,各种算法得到的折返间隔时间计算结果是相同的。但如果在作业过程中存在等待情形,则按折返列车由车站出发计算得到的折返间隔时间是最大的。因此,按折返列车由车站出发计算折返间隔时间能够确保列车折返能力不被高估。

图4-7为站后尽端线折返时的折返列车间隔时间图解,假设列车①进折返线运行20 s后即可办理列车②的接车进路,按给定的各个单项作业时间绘制的折返作业过程及折返间隔时间表明:折返列车到达间隔时间为90 s,折返列车出发间隔时间为105 s。后者大于前者的原因是,列车②在折返线上作业完毕后必须等待列车①驶出车站后才能办理出折返线进路作业,期间存在15s的等待时间(见图中虚线)。

折返出发间隔时间的确定方法有图解法与解析法两种。图解法将组成列车折返作业过程的各个单项作业时间按作业顺序绘制在折返技术作业程序图上,然后在图上找出相邻两列折返列车的折返出发间隔时间,参见图4-7。

图解法适用于特定折返站的折返出发间隔时间确定,也可用来验证采用解析法计算得到的结果。解析法通过对列车折返作业过程、以及列车在折返站的作业(进路)干扰等影响因素的分析,确定满足最小折返出发间隔时间的条件,并在此基础上建立计算折返出发间隔时间的数学关系式。解析法的优点是计算方法的应用具有普遍性,对组成折返出发间隔时间的单项时间比较直观,便于分析影响列车折返能力的各项因素。

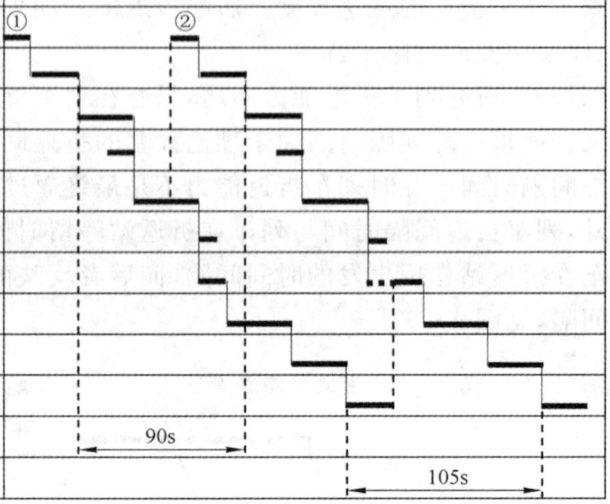

| 序号 | 折返作业项目 | 时间 | 折返作业过程及折返间隔时间 |
|---|---|---|---|
| 1 | 办理接车进路 | 15 | |
| 2 | 列车进站停妥 | 25 | |
| 3 | 列车停站下客 | 30 | |
| 4 | 办理进折返线进路 | 15 | |
| 5 | 列车进折返线运行 | 35 | |
| 6 | 列车换向作业 | 10 | |
| 7 | 办理出折返线进路 | 15 | |
| 8 | 列车出折返线运行 | 35 | |
| 9 | 列车停站上客 | 30 | |
| 10 | 列车驶出车站 | 25 | |
| 折返列车到达间隔时间 | | | 90s |
| 折返列车出发间隔时间 | | | 105s |

图 4-7 站后尽端线折返时的折返列车间隔时间

## 二、列车折返能力计算方法

根据车站折返线的布置,列车折返主要有站前折返、站后折返、站前与站后混合折返三种方式。根据折返站在线路中的位置,列车折返有终点站折返和中间站折返两种情形。根据采用的列车交路不同,列车折返又有单向折返和双向折返两种方式。不同折返方式时的列车折返出发间隔时间应分别计算。

**1. 终点站站后折返**

利用终点站的站后折返线进行折返作业称为站后折返。终点站的站后折返线布置主要有尽端线和环形线两种。

站后折返时的作业过程如图 4-8 所示:折返列车②进入到达正线、停靠站台(a),在规定的停站时间内乘客下车完毕;按原则上优先使用与出发正线连接较近的折返线,折返列车②由车站到达正线进入尽端折返线(b),折返调车进路可以预办;折返列车②在折返线停留规定时间后能够进入出发正线、停靠站台(c)的前提条件是折返列车①已驶出车站闭塞分区,同时道岔开通出发正线和调车信号开放。显然,在采用站后尽端线折返时,当折返列车②在折返线规定的停留时间结束后即能进入下行车站正线,此时折返列车①与②之间有最小的折返出发间隔时间,参见图 4-9,其计算公式如下:

$$h_{发}^{后} = t_{离去} + t_{作业}^{出} + t_{反应} + t_{出线} + t_{站} \tag{4-15}$$

式中:$t_{离去}$——列车驶出车站闭塞分区的时间(s);

$t_{作业}^{出}$——办理出折返线调车进路的时间(s),包括道岔区段进路解锁延迟、排列进路和开放调车信号等时间;

$t_{反应}$——车载设备反应时间(s);

$t_{出线}$——列车从折返线至车站出发正线的运行时间(s)。

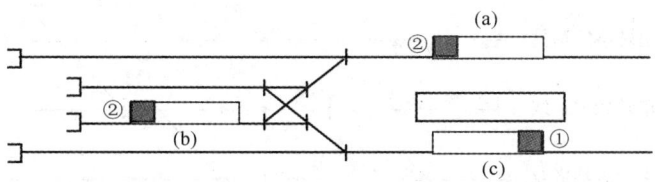

图 4-8 终点站站后折返作业过程

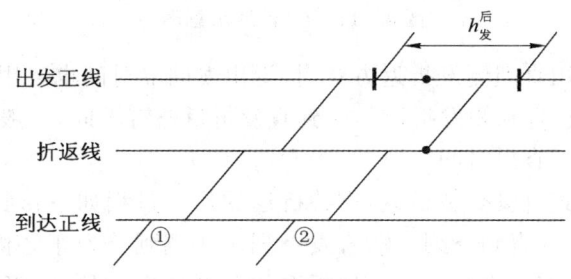

图 4-9 $h_{发}^{后}$ 计算示意图

**2. 终点站站前折返**

利用终点站的站前渡线进行折返作业称为站前折返。终点站的站前渡线布置一般是交叉渡线。

列车经由站前渡线折返可以有直到侧发、侧到直发、直到侧发与侧到直发交替进行三种方式。就直到侧发与侧到直发两种折返方式比较，从列车进站应减速、出站需加速，以及乘客乘坐的舒适性考虑，侧到直发是较为合理的列车进出站运行组织办法。在列车折返能力比较紧张的情况下，可以考虑采用直到侧发与侧到直发交替进行的折返方式。

（1）侧到直发折返：侧到直发折返时的作业过程如图 4-10 所示：上行到达列车由进站渡线道岔外方确认信号距离(a)处侧向进站；停靠车站下行正线(b)，在图定停站时间内乘客下车与上车完毕；由车站出发驶出车站闭塞分区(c)；办理下一到达列车的接车作业。分析表明，在采用站前渡线进行折返时，当进站列车②位于进站渡线道岔外方确认信号距离(a)处时即能进入车站下行正线，此时折返列车①与②之间有最小的折返出发间隔时间，参见图 4-11，其计算公式如下：

$$h_{发}^{前} = t_{离去} + t_{作业}^{接} + t_{反应} + t_{进站} + t_{站}   \qquad (4-16)$$

式中：$t_{作业}^{接}$——办理接车进路的时间(s)，包括道岔区段进路解锁延迟时间、排列进路等时间；

$t_{进站}$——列车从进站渡线道岔外方确认信号距离处至车站正线的运行时间(s)。

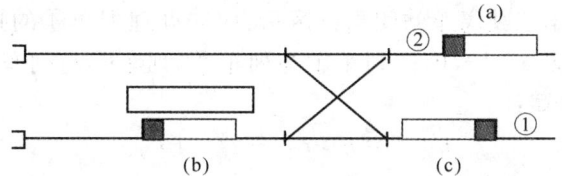

图 4-10 终点站站前侧到直发折返作业过程

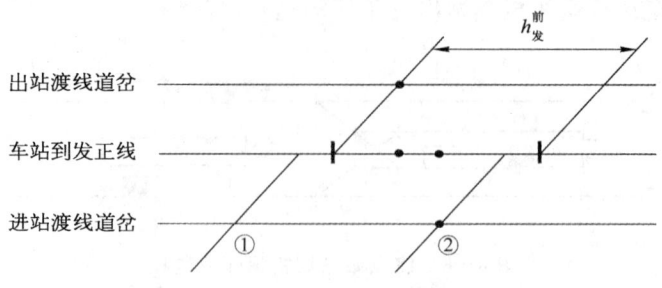

图 4-11 $h_{发}^{前}$ 计算示意图

可以证明,如果采用直到侧发折返方式,折返出发间隔时间也可用式(4-16)计算,但应注意,$t_{离去}$ 和 $t_{进站}$ 的取值,直到侧发折返与侧到直发折返略有不同,一般情形是直到时间小于侧到时间、侧出时间大于直出时间。

(2) 直到侧发、侧到直发交替折返:交替折返的作业过程如下:列车①直到→列车②侧到→列车①侧发→列车③直到→列车②直发→列车④侧到→列车③侧发……,即折返作业按直到侧发与侧到直发交替进行。在上述折返作业循环中,列车③直到与列车②直发可部分平行作业。当然,折返作业循环的初始状态也可以是列车①侧到,但从折返作业循环的角度,它与初始状态是列车①直到并无实质性区别。

鉴于折返作业是交替循环进行,只要分别计算出侧发列车①与直发列车②、直发列车②与侧发列车③的折返出发间隔时间,就能确定采用交替折返时的折返出发间隔时间。

交替折返时的作业过程如图 4-12 所示。在图 4-12(A)中,列车①直到停靠站台(a);办理列车②接车进路、列车②侧到停靠站台(b);办理列车①发车进路、列车①出发驶离车站闭塞分区(c);办理列车②发车进路、列车②出发驶离车站闭塞分区(c)。在图 4-12(B)中,列车③直到停靠站台(a);列车②出发驶离车站闭塞分区(b);办理列车④接车进路、列车④侧到停靠站台(c);办理列车③发车进路、列车③出发驶离车站闭塞分区(b)。

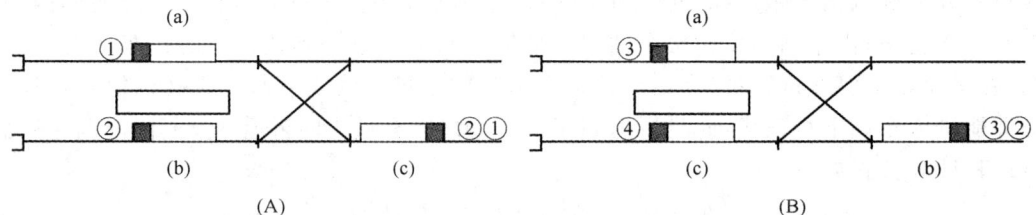

图 4-12 终点站站前交替折返作业过程

折返作业过程显示,列车③的到达进路与列车②的出发进路属于平行进路,在列车①驶离车站闭塞分区后即可办理列车②的发车进路,但列车①、②的折返出发间隔时间不能小于追踪间隔时间;而在列车②驶离车站闭塞分区后,应先办理列车④的接车作业,然后办理列车③的发车进路,参见图 4-13,因此列车①与列车②、列车②与列车③的折返出发间隔时间可分别由下列两式计算:

$$h_{发}^{(1)(2)} = h > t_{离去} + t_{作业}^{发} + t_{反应} \tag{4-17}$$

$$h_{发}^{(2)(3)} = t_{离去} + t_{作业}^{接} + t_{反应} + t_{进站} + t_{作业}^{发} + t_{反应} \tag{4-18}$$

式中:$h_{发}^{(1)(2)}$ ——侧发列车①与直发列车②的折返出发间隔时间(s);

$h_{发}^{(2)(3)}$——直发列车②与侧发列车③的折返出发间隔时间(s);

$t_{作业}^{发}$——办理发车进路的时间(s),包括道岔区段进路解锁延迟时间、排列进路等时间。

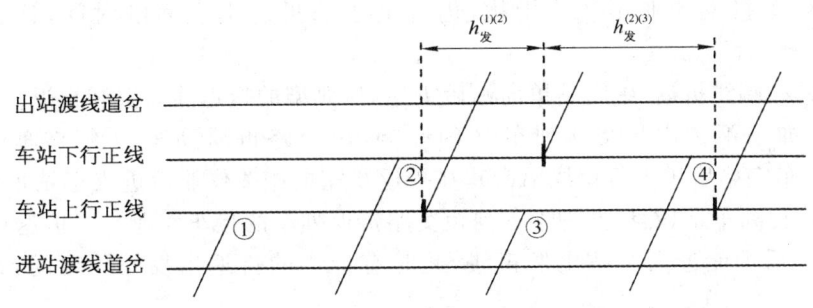

图 4-13　$h_{发}^{(1)(2)}$ 与 $h_{发}^{(2)(3)}$ 计算示意图

由于 $h_{折发}^{(1)(2)}$ 与 $h_{折发}^{(2)(3)}$ 不等值,列车折返能力可按平均折返出发间隔时间计算。假设办理接、发列车进路的时间相同,则交替折返时的平均折返出发间隔时间 $h_{发}^{交替}$ 为:

$$h_{发}^{交替}=0.5(h+t_{离去}+t_{进站})+t_{作业}+t_{反应} \quad (4-19)$$

比较式(4-19)与式(4-16)可知,与站前侧到直发折返相比较,采用交替折返时,因乘客上下车作业能与其他作业平行进行,所以能显著压缩折返出发间隔时间,较大幅度提高列车折返能力。

在实际工作中,针对交替折返时存在的 $h_{折发}^{(1)(2)}$ 与 $h_{折发}^{(2)(3)}$ 不等值问题,折返出发间隔时间可按 $h_{折发}^{(2)(3)}$ 取值,以使列车能按均匀间隔从车站出发与运行。此时,由于 $t_{作业}^{发}+t_{反应}<t_{停站}$,列车折返能力的提高仍是明显的。

3. 中间站单向折返

在列车交路为混合交路时,短交路列车在中间站单向折返,长交路列车在中间站停车作业后通过。短交路列车在中间站折返时,根据折返线布置的不同,有站前折返和站后折返两种。从兼顾折返调车作业和接发列车作业的安全出发,中间站站前单向折返时宜采用直向到达、侧向出发的进出站运行组织办法。

(1) 站前直到侧发折返:采用混合交路时,短交路折返列车 A 在中间站通过站前渡线单向折返,长交路列车 B 在中间站作业后正线通过,折返列车 A 由进站渡线道岔外方确认信号距离 A(1)处直向进站,停靠车站正线 A(2),在图定停站时间内乘客下车与上车完毕,列车由车站侧向出发驶出车站闭塞分区至 A(3),然后办理下一列折返列车的接车作业,如图 4-14 所示。

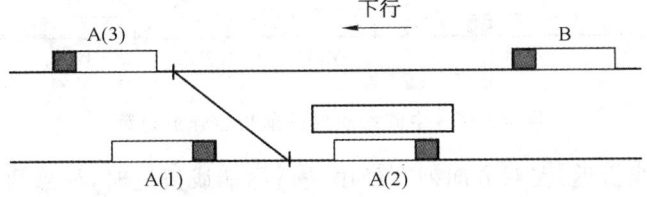

图 4-14　中间站单向站前折返作业过程

当折返列车 A 位于进站渡线道岔外方确认信号距离 A(1)处时,即能进入车站正线,此时有最小的折返出发间隔时间。如果进一步考虑长交路列车 B 的影响,则在折返列车 A 刚好驶出车站闭塞分区至 A(3)时,长交路列车 B 即能进入车站正线,此时短交路列车折返作业和长交路列车接发作业不产生干扰,仍有最小的折返出发间隔时间,计算公式同式(4-16)。

(2) 站后尽端线折返:中间站单向站后折返时,典型的折返线布置和折返作业过程如图 4-15 所示。如果不考虑长交路列车 B 的影响,短交路折返列车 A 停靠车站到达正线 A(1),乘客下车完毕后进入折返线 A(2),在折返线完成相关作业后进入车站正线 A(3),乘客上车完毕后驶离车站,然后办理下一列短交路折返列车的接车作业。当折返列车 A 在折返线作业完毕后即能进入车站出发正线,此时有最小的折返出发间隔时间,计算公式同式(4-15)。

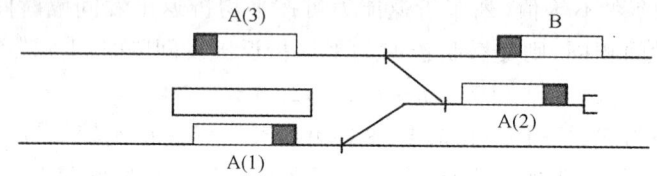

图 4-15 中间站单向站后折返作业过程

4. 中间站双向折返

在列车交路为衔接交路时,双方向列车在中间站折返。根据折返线布置的不同,双方向列车在中间站的折返方式主要有站前渡线折返和站后尽端线折返两种。

(1) 站前渡线折返:双方向列车通过站前渡线折返,有直向到达、侧向出发或侧向到达、直向出发两种折返进路选择,从最大限度避免双方向列车的进路干扰出发,列车在中间站双向折返时宜采用直向到达、侧向出发的运行进路,如图 4-16 所示。

设两个短交路区段开行的列车数分别为 $M$ 与 $N$、且 $M>N$。如果 $M/N$ 为整数,由于能使双方向列车同时到达车站及进行折返作业,此时有最小的折返出发间隔时间,计算公式同式(4-16)。

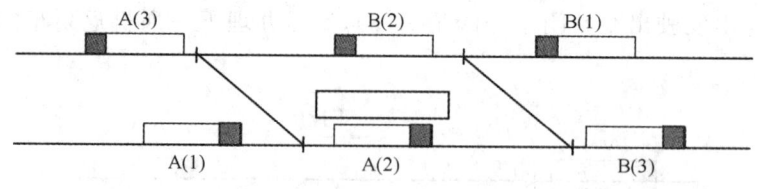

图 4-16 中间站双向站前折返作业过程

(2) 站后尽端线折返:在双方向列车经由站后尽端线折返时,如果两个短交路区段开行的列车数之比 $M/N$ 为整数,由于能使双方向列车同时到达车站,并进行乘降作业与折返作业,见图 4-17,此时有最小的折返出发间隔时间,计算公式同式(4-15)。

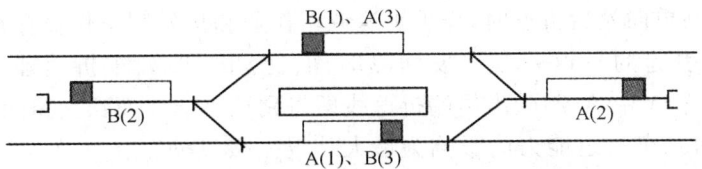

图 4-17 中间站双向站后折返作业过程

## 第四节 使用通过能力

### 一、使用通过能力确定思路

由于限制最终通过能力的固定设备通常是线路和列车折返设备,轨道交通最终通过能力可用下式计算:

$$n_{最终} = \frac{3\,600}{\max\{h, h_发\}} \quad (4-20)$$

根据式(4-3)、式(4-14)和式(4-20)计算得到的通过能力是理想作业状态下的理论计算能力,在日常运营中,列车运行时分偏离、作业进路干扰、设备故障、行车事故和外界影响等因素引起的通过能力损失不可避免,因此实际可使用的通过能力达不到理论计算的通过能力。

为合理安排列车运能、保证列车运行秩序,有必要在理论计算能力基础上进一步确定使用通过能力。确定使用通过能力的关键是对引起通过能力损失的因素进行正确的定性、定量分析。式(4-21)通过引入损失时间来计算使用通过能力,损失时间可根据列车晚点、突发事件等运营统计资料,或者通过对作业进路干扰的分析等,采用解析方法推导确定。

$$n_{使用} = \frac{3\,600}{\max\{h, h_发\} + t_{损失}} \quad (4-21)$$

式中:$n_{使用}$——扣除通过能力损失后的实际可使用通过能力(列);

$t_{损失}$——每列车平均分摊到的损失时间(s)。

### 二、采用特殊交路对通过能力的影响

**1. 中间站单向折返时**

列车在中间站单向站前折返时,如果折返调车作业和接发列车作业存在进路干扰,需要考虑因此而引起的折返列车出发间隔时间的延长,即列车折返能力损失问题。在图4-14中,在折返列车A即将完全驶出车站闭塞分区至A(3),而长交路列车B又恰好运行到进站位置时,对列车折返能力的影响为最大。根据接发列车作业优先原则,如果让折返列车A在A(2)等待长交路列车B进站后再出发,由图4-18可知(图中双线为长交路列车运行线),最大折返出发间隔时间 $h_{发,\max}^{单,前}$ 的计算公式为:

$$h_{发,\max}^{单,前} = h_{发}^{前} + t_{离去} + t_{进站}^{长} + t_{作业}^{短发} + t_{反应} \quad (4-22)$$

式中:$t_{进站}^{长}$——长交路列车从进站位置处至车站正线的运行时间(s);

$t_{作业}^{短发}$——办理短交路列车发车进路的时间(s),包括道岔区段进路解锁延迟时间、排列进路等时间。

列车在中间站单向站后折返时,如果折返调车作业和接发列车作业存在进路干扰,同样需要考虑因此而引起的折返列车出发间隔时间的延长,即列车折返能力损失问题。图4-15中,折返列车 A 由 A(2)驶出尽端折返线即将到达 A(3),而长交路列车 B 又恰好运行到进站位置时,对列车折返能力的影响为最大。根据接发列车作业优先原则,折返列车 A 应该在 A(2)待避,在长交路列车 B 到站停车、乘客上下车完毕和驶出车站闭塞分区,以及为折返列车 A 办妥调车进路后,折返列车 A 才能从折返线进入车站出发正线。此时,最大折返出发间隔时间 $h_{发,max}^{单,后}$ 的计算示意图见图4-19(图中双线为长交路列车运行线),计算公式为:

$$h_{发,max}^{单,后} = h_发^后 + t_{进站}^长 + t_{停站}^长 + t_{离去}^长 + t_{作业}^出 + t_{反应} + t_{出线} \qquad (4-23)$$

式中:$t_{停站}^长$——长交路列车停站时间(s);

$t_{离去}^长$——长交路列车驶出车站闭塞分区的时间(s)。

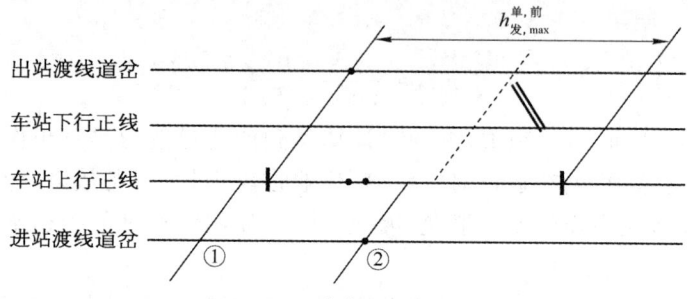

图 4-18　$h_{发,max}^{单,前}$ 计算示意图

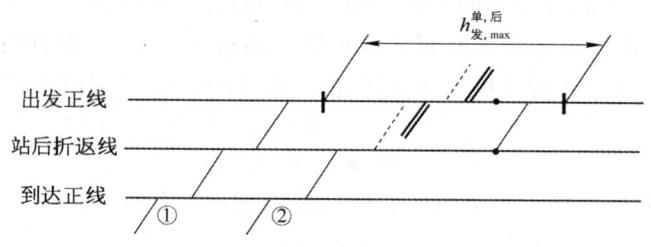

图 4-19　$h_{发,max}^{单,后}$ 计算示意图

分析式(4-22)与式(4-23)可知:因折返调车作业和接发列车作业干扰引起的折返出发间隔时间延长,站后折返远大于站前折返。因此,短交路列车在中间站单向折返时,采用站前折返方式比较有利。尤其是在行车密度较高的情况下,折返调车作业和接发列车作业干扰的概率较大,此时不宜采用站后折返方式。

进一步分析可知,列车在中间站单向站前折返,还有可能对长、短交路列车的追踪列车间隔时间产生不利影响。长、短交路列车在中间折返站的追踪运行组合有前长后短和前短后长两种。在前行列车为长交路列车、后行列车为短交路列车时,列车在中间站单向折返不引起列车间隔时间增大,即不引起线路通过能力的损失。在前行列车为短交路列车、后行列车为长交路列车时,如果因为接发列车作业优先让短交路折返列车等候长交路列车进站停妥后再出发,就会增大短交路折返列车与前行列车的间隔时间,进而引起线路通过能力的损失。此时,最大的列车间隔时间可按下式计算:

$$h_{max} = h + t_{进站}^长 + t_{作业}^短发 + t_{反应} + t_{离去} \qquad (4-24)$$

## 2. 中间站双向折返时

列车在中间站双向站前折返时,如果 $M/N$ 为非整数,由于双方向列车不能全部同时到达车站,并进行乘降作业与折返作业,需要考虑因双方向列车进路交叉干扰影响而引起的折返出发间隔时间延长,即列车折返能力损失问题。此时的分析思路与采用混合交路方案、短交路列车站前单向折返时类似,不再赘述。最大折返出发间隔时间 $h_{发,max}^{双,前}$ 的计算示意图类似于图 4-18,不同的是图中双线为反方向列车运行线,计算公式为:

$$h_{发,max}^{双,前} = h_发^前 + t_{离去} + t_{进站}^反 + t_{作业}^发 + t_{反应} \tag{4-25}$$

式中: $t_{进站}^反$ ——反方向列车从进站位置处至车站正线的运行时间(s)。

列车在中间站双向站后折返时,如果 $M/N$ 为非整数,由于双方向列车不能全部同时到达车站,并进行乘降作业与折返作业,需要考虑因双方向列车进路交叉干扰影响而引起的折返出发间隔时间延长,即列车折返能力损失问题。图 4-17 中,折返列车由 A(2) 或 B(2) 位置驶出尽端折返线即将到达 A(3) 或 B(3) 位置,而进站列车 B(1) 或 A(1) 又恰好运行到进站位置时,对折返出发间隔时间的不利影响最大。根据接发列车作业优先原则,折返列车 A(2) 或 B(2) 应在尽端折返线等待进站列车腾空车站正线后再由尽端折返线运行至 A(3) 或 B(3) 位置。由图 4-20 可知,最大折返出发间隔时间 $h_{发,max}^{双,后}$ 计算公式为:

$$h_{发,max}^{双,后} = h_发^后 + t_{进站}^反 + t_{停站}^反 + t_{入线}^反 + t_{作业}^出 + t_{反应} + t_{出线} \tag{4-26}$$

式中: $t_{停站}^反$ ——反方向列车停站时间(s);

$t_{入线}^反$ ——反方向列车从车站到达正线至折返线的运行时间(s)。

分析式(4-25)与式(4-26)可知:因双方向列车进路交叉干扰引起的折返出发间隔时间延长,站后折返远大于站前折返。因此,双方向列车在中间站折返时,不宜采用站后折返方式。

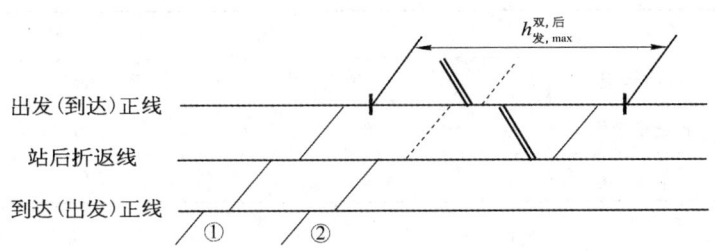

图 4-20 $h_{发,max}^{双,后}$ 计算示意图

## 第五节 运输能力加强

在一定时期内,轨道交通的运输能力通常是相对固定的。但随着城市经济的不断发展、市民出行需求的不断增加、以及轨道交通的逐渐网络化,客流呈现逐年增长的态势,轨道交通运输能力紧张或不足的问题会逐渐凸现出来。运输能力不足的主要原因是进一步提高行车密度或增加列车定员受到限制,而列车过分超载又引起服务水平的降低。站台上的上下车乘客拥挤,还会迫使列车延长停站时间、影响列车运行秩序,使现有运输能力不能得到有效利用。此外,由于车辆运用紧张,车辆的定修、架修无法按规定修程进行,引起列车上线运行故障率的上升,直接影响到列车运行安全和客运服务质量。因此,为了适应客流的增长,

轨道交通应及时和有计划地采取加强运输能力的措施,不断提高运输能力。

运输能力加强通常是在运输能力接近饱和时进行。确定运输能力是否饱和可以参考下列两个指标：①高峰小时单向最大客流断面满载率≥1.0,②客车满载率≥0.7。

应该指出,在某些情况下,尽管运输能力还有一定的后备,但通过采用新的技术设备或加强现有的技术设备,可以达到提高服务水平、降低运输成本、提高劳动生产率、改善劳动条件和加强行车安全等目的,因而也是合理的。

## 一、运能—运量适应分析

在解决运输能力不足问题时,是否需要采取和何时采取提高运输能力的措施,应通过运能—运量适应分析来确定,即根据轨道交通高峰小时现有运输能力能否适应规划年度高峰小时需要运输能力来确定。高峰小时现有运输能力的计算原理和方法已在前面进行了阐述。至于高峰小时需要运输能力,根据预测的规划年度高峰小时最大断面客流量计算确定,计算公式如下：

$$p_{需} = p_{预测}(1 + \gamma_{备}) \tag{4-27}$$

式中：$p_{需}$——高峰小时需要输送能力（人）;

$p_{预测}$——规划年度线路的高峰小时单向最大断面客流量（人）;

$\gamma_{备}$——考虑客流波动的运输能力后备系数,一般可取0.1。

假设需要运输能力在运营初始年为25 000人,平均每年增加2 500人,现有运输能力和采取扩能措施后所实现的运输能力见表4-3中数据,根据上述资料绘制的运量适应图见图4-21。

表4-3 绘制运量适应图数据

| 序 号 | 运能状态变化 | $h(s)$ | $m$(辆) | $p_{车}$(人) | $p$(人次) |
|---|---|---|---|---|---|
| （1） | 现有运能 | 180 | 6 | 250 | 30 000 |
| （2） | 扩能措施甲 | 180 | 8 | 250 | 40 000 |
| （3） | 扩能措施乙 | 120 | 8 | 300 | 72 000 |

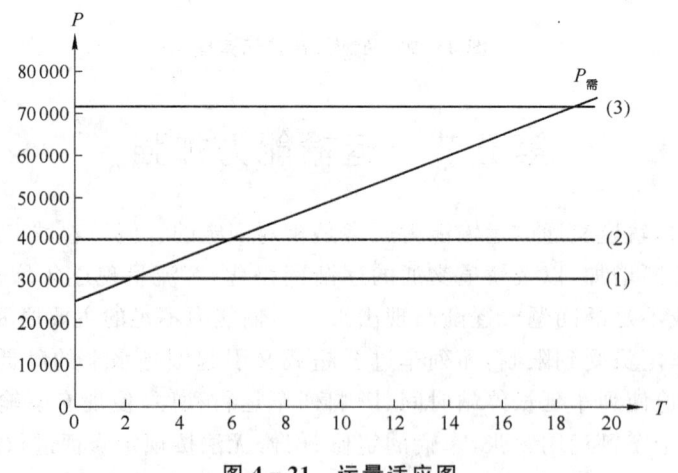

图4-21 运量适应图

从运量适应图上可以清楚地看出运能—运量适应分析的结果。例如,现有运输能力能否满足需要运输能力的逐年增长,采取某种扩能措施形成能力的最后期限、可以适应的运营年限,以及采取不同扩能措施后的运能—运量适应性等。

## 二、运输能力加强途径

运输能力加强主要有建设新线、提高行车密度和增加列车定员三个途径:

### 1. 建设新线

建设新线,主要是指根据轨道交通线网规划新建轨道交通线路,其中也包括既有线的延伸。通过建设新线,使轨道交通线网逐步扩大,实现网络化运营,从而使运输能力有较大的提高,满足城市公共客运的需求,提高轨道交通的服务水平。在国外的一些城市中,建设新线还包括在既有单线或双线基础上建成双线或多线,达到提高运输能力的目的。

### 2. 提高行车密度

提高行车密度:由于建设新线会遇到资金、土地及环保等一系列的困难或限制,并且建设新线也不是在任何客流条件下都是合理经济的。因此,提高既有线行车密度是提高既有线运输能力的基本途径。

提高行车密度时的通过能力提高值可由下式表示:

$$\Delta n_{线路} = 3\,600\left(\frac{1}{h''} - \frac{1}{h'}\right) \tag{4-28}$$

式中:$\Delta n_{线路}$——提高行车密度后的小时通过能力提高值(列);

$h''$——提高行车密度后的追踪列车间隔时间(s);

$h'$——提高行车密度前的追踪列车间隔时间(s)。

### 3. 增加列车定员

通过增加列车编组辆数、采用大型车辆或优化车辆内部布置来增加列车定员,是提高既有线输送能力的又一途径。但地铁列车的扩大编组往往受到站台长度的限制;而轻轨线路在路权混用时,列车编组辆数较多会在平交道口对其他交通产生一定影响。

增加列车定员时的输送能力提高值可由下式表示:

$$\Delta p = n_{线路}(p''_{列} - p'_{列}) \tag{4-29}$$

式中:$\Delta p$——增加列车定员后的小时输送能力提高值(人);

$p''_{列}$——增加列车定员后的列车定员数(人);

$p'_{列}$——增加列车定员前的列车定员数(人)。

根据国内外轨道交通的运营实践,在扩能的途径方面,加强既有线运输能力的步骤通常是先提高行车密度,后增加列车定员,当然也有提高行车密度与增加列车定员两者并用的情形。

## 三、运输能力加强措施

运输能力加强措施有多种多样,各种运能加强措施解决问题的内涵也不尽相同,但尽管如此,运输能力加强措施大体上还是可以分为运输组织措施和设备改造措施两大类。

运输组织措施是指无须大量投资,通过有效使用技术设备和优化运输组织过程,使运输能力达到需要水平的能力加强措施,如优化列车运行图、合理规定停站时间、科学组织折返作业、改善列车乘务制度、以及采用各种在短时期内能提高通过能力的措施等。

设备改造措施是指需要较大投资,通过设施、设备的新建或加强,使运输能力达到需要水平的能力加强措施,如建设新线、改造既有线、采用先进的列车运行控制系统和购置新型车辆等。

在影响运输能力的众多变量中,最重要的是正线数、列车运行控制方式、列车停站时间、追踪列车间隔时间、折返站的配线布置、折返出发间隔时间、列车编组辆数和车辆定员数等。就最终通过能力而言,轨道交通一般是由线路通过能力和列车折返能力两者中的能力较小者所决定。因此,采用何种运输能力加强措施必须具有针对性。

根据国内外轨道交通的运营实践,在扩能的措施方面,加强既有线运输能力通常是运输组织措施和设备改造措施两者并用。但在线路行车密度已经较高的情况下,提高运输能力往往需要通过采用设备改造措施来实现。

应该指出,轨道交通车辆可以随着客流的增加而逐步购置,各种技术设备也有更新改造的可能,而车站在建成后想扩建是极为困难的。因此,在轨道交通的规划设计中,必须充分考虑到轨道交通的这一特点,折返站、换乘站的站型选择及设计应能确保线路的远期运能潜力充分发挥。

1. 线路通过能力加强措施

线路通过能力与追踪列车间隔时间成反比关系,决定追踪列车间隔时间的因素主要是列车停站时间、列车运行控制方式等,而列车停站时间、列车运行控制方式本身又涉及到多方面的问题。例如,列车停站时间既与车站的上下车客流量大小、车辆的车门数及车门宽度等有关,也与车站的站台类型与配线设置、中间折返站位置的选择等有关,还与站台上的乘车组织、乘客的文明乘车等有关。

基于以上分析,加强线路通过能力的措施主要有:

(1) 修建双线或四线:在既有单线或双线基础上建成双线或多线,能大幅度提高线路通过能力。但修建四线的情况在国外也不多见。

(2) 改造线路平纵断面:采用该措施能提高行车速度,进而提高线路通过能力。但改造线路的平面和纵断面会受到诸如工程经济性、施工困难和影响日常行车等因素的制约。因此该措施通常在旧式有轨电车线路改造为轻轨线路时采用;而在既有轻轨或地铁线路情况下,则更倾向于采取用新型车辆来适应线路条件的做法。

(3) 增设侧线及站台:在中间站与换乘站客流较大、或因列车在中间站折返对线路通过能力产生不利影响时,可考虑增设侧线及站台。图 4-22(a)是侧式站台中间站增设侧线后,侧式站台变成双岛式站台;图 4-22(b)是岛式站台中间折返站增设侧线及站台,岛式站台变成混合式站台。中间站增设侧线后,列车在站台两侧轮流停靠平行作业,追踪列车间隔时间中不再包括列车停站时间,能够较大幅度提高线路通过能力。

另一种情形是,岛式站台中间站只增建侧式站台,列车停站时两侧均有站台,乘客可从

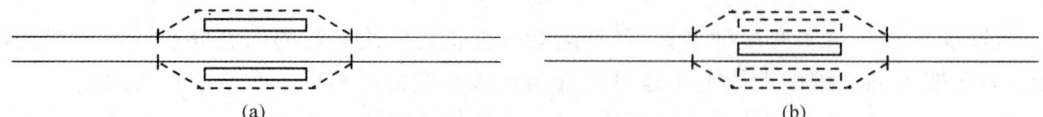

图 4-22 中间站增设侧线及站台

两侧车门上下车或分开上下车,有利于缩短列车停站时间,提高线路通过能力。

在既有线加强运输能力时,该措施一般适用于地面线路。

(4) 使用新型车辆:新型车辆的含义包括车辆运行性能改善和安装车载控制设备等。车辆运行性能主要包括车辆构造速度、车辆起动加速度和制动减速度等运行参数,车载控制设备主要是指车载 ATC 设备和道岔自动转换设备等,车辆运行性能改善和安装车载控制设备能提高列车运行速度,缩短追踪列车间隔时间。此外,采用车门数较多的车辆也能有效缩短列车停站时间。

(5) 采用先进的列车运行控制系统:对三显示带防护区段自动闭塞信号、调度集中控制的轨道交通线路,采用列车自动控制(ATC)系统后能较大幅度提高线路通过能力。ATC 系统通常由 ATP、ATS 和 ATO 三个子系统组成,实践中也有只采用 ATP 子系统或采用 ATP、ATS 子系统的情形。

在列车追踪运行过程中,移动闭塞能使后行列车与前行列车始终保持一个自动控制程序规定的最小安全间隔距离,而不是原先固定闭塞时规定必须间隔若干个闭塞分区或轨道电路区段所形成的安全间隔距离。因此,用移动闭塞取代固定闭塞,能较大幅度缩短追踪列车间隔时间。

(6) 分割车站区域轨道电路:图 4-23 是采用该措施后缩短追踪列车间隔时间的图解。通过分割车站区域轨道电路,增加了一个前行列车离去速度监督等级,当前行列车出清轨道电路段 cd,达到被监督速度,后行列车恰好运行至进站线路的 a 处,见图 4-23(A);当前行列车出清整个车站轨道电路区域时,后行列车已运行到进站线路的 a′处,如图 4-23(B)所示。采用该措施可缩短组成追踪列车间隔时间的列车进站运行时间。

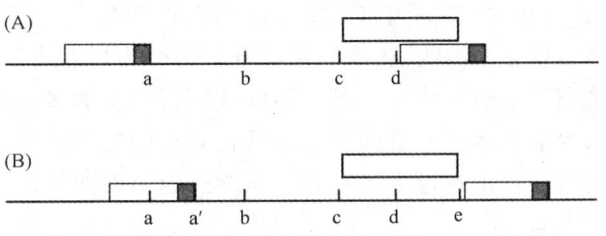

图 4-23　分割车站区域轨道电路时列车追踪运行图解

(7) 加强站台乘车组织:为了在到站后能减少出站走行距离和避开因人多而引起的检票等待,乘客的候车位置往往选择在离出站口较近的车辆停靠处,而列车内乘客分布的不均匀会造成列车在车站的停站时间延长。加强站台乘车组织,使列车内的乘客尽可能分布均匀,有利于减少列车停站时间。

2. 列车折返能力加强措施

在行车密度比较高的情况下,列车折返能力往往成为线路最终通过能力的限制环节,并最终决定了列车的追踪间隔时间。

列车折返能力与折返出发间隔时间成反比关系。决定折返出发间隔时间的因素主要是折返站的配线布置形式及折返方式、列车停站时间、车站信号设备类型、车载设备反应时间、折返作业进路长度、调车速度、列车长度,以及折返调车作业与接发列车作业的干扰等。

基于以上分析,加强列车折返能力的措施主要有:

（1）优化折返线布置：优化折返线布置，对缩短折返出发间隔时间作用显著。图 4-24 中，终点站有站前、站后两条平行的折返进路，在运营高峰期间可采用混合折返方式。图 4-25 中，终点站为双岛环形折返线布置，可增加折返进路、无列车换向作业，并缩短了乘客上车时间。图 4-26 中，中间站为双岛三线式布置。短交路列车站前折返接入中间线路，列车停站后两侧车门均可打开；长交路列车则停靠站台两侧线路。

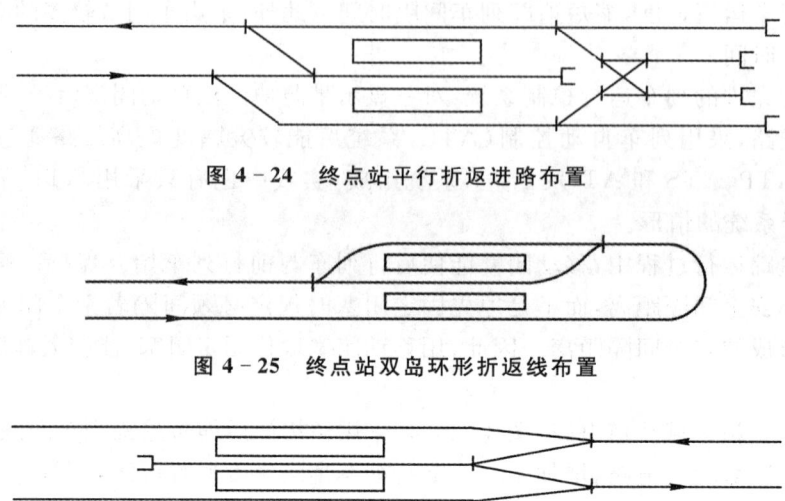

图 4-24　终点站平行折返进路布置

图 4-25　终点站双岛环形折返线布置

图 4-26　中间站双岛三线式布置

（2）改变折返方式：在折返线布置一定时，改变折返方式可缩短折返出发间隔时间，如折返线布置为站前交叉渡线时，将侧到直发折返改为交替折返。

在图 4-27 中，站后设交叉渡线、正线的站后延伸部分为折返线。采用直进Ⅰ道侧出折返时，在前行列车未腾空尽端折返线Ⅰ道时不能办理后行列车的接车进路，而采用侧进Ⅱ道直出折返时，列车进入尽端折返线Ⅱ道即可办理后行列车的接车进路。显然，与采用直进侧出折返方式比较，采用侧进直出折返方式有利于压缩折返出发间隔时间。

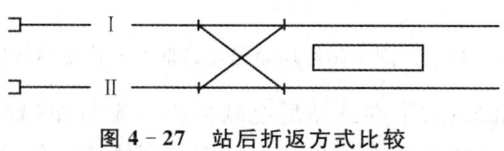

图 4-27　站后折返方式比较

（3）压缩列车停站时间：在图 4-28 中，通过增建侧式站台，形成一岛一侧混合式站台组合，可以缩短乘客上下车时间，加速列车折返。该措施一般适用于地面线路情况，由于土建工程量较大，是否采用应在与其他提高列车折返能力措施进行技术经济比较后确定。

另外，站前折返时，列车换向作业在乘客上下车时间内平行进行也能有效压缩列车停站时间。

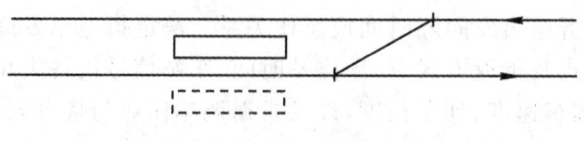

图 4-28　一岛一侧站台组合

(4) 采用自动折返模式：自动折返模式是指折返调车进路办理及进路解锁由中央ATS根据列车折返运行情况自动控制，列车进出折返线运行为ATO驾驶模式。采用该措施后，能压缩办理进路时间与折返运行时间，达到加速列车折返的目的。

(5) 优化轨道电路设计：通过进路解锁提前，使后续折返进路或接车进路的办理提前进行，从而减少折返过程中的等待时间。例如，在站后折返时，分割车站轨道电路能使办理折返列车出折返线进路的时间提前；调整车站轨道电路绝缘节的位置能使办理到达列车接车进路的时间提前。图4-29(a)、(b)分别是轨道电路绝缘节D调整前后的示意图，在图4-29(b)中，进折返线列车尾部出清绝缘节的时间提前，使办理到达列车接车进路的时间也相应提前。

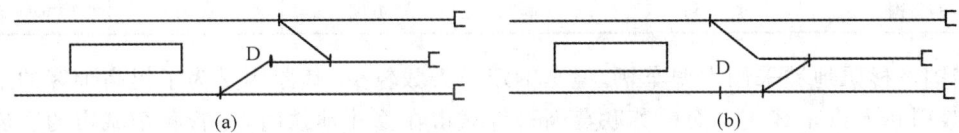

图4-29　调整轨道电路绝缘节位置

(6) 道岔选用与优化设计：折返站采用12号道岔有助于提高列车侧向过岔速度，压缩折返运行时间。

在站后尽端线折返时，将单渡线道岔按两副单动道岔设计，只要进折返线列车的尾部越过第一副道岔，该道岔即可由开通侧向转换为开通直向，办理到达列车的接车进路。

(7) 折返线预置一列车：在站后折返时，如因列车到达折返站的间隔较大，当前行列车已经腾空出发正线，而后行列车还未进入折返线或还在折返线停留过程中，此时在折返线预置一列车可加快列车折返，提高列车折返能力。

3. 输送能力加强措施

在轨道交通最终通过能力一定的条件下，列车定员是决定输送能力大小的主要因素。

列车定员与列车编组辆数、车辆定员成正比关系。决定列车编组辆数的因素主要是客流大小及分布特征、列车开行间隔、站台长度、车辆使用经济性和乘客服务水平等；决定车辆定员的因素主要是客流大小、车辆选型和车内布置等。在需要输送能力一定时，车辆选型还与列车编组辆数和列车开行间隔等因素有关。

基于以上分析，加强输送能力的措施主要有：

(1) 增加列车编组：列车扩大编组能大幅度增加列车定员，但列车扩大编组受到站台长度、运营经济性等因素的制约。

在大多数轨道交通线路上，当列车编组达到8辆时，列车长度将接近站台长度。在全日分时客流不均衡程度较大的情况下，采用大编组列车，运营非高峰时间内的车辆满载率一般较低。此外，当列车长度接近站台长度时，需要降低列车进站速度以确保列车在指定位置停车，这样会增加停车附加时间，对线路通过能力产生不利影响。

(2) 采用大型车辆：国内轨道交通使用的车辆主要有A型车、B型车和C型车三种，车辆定员分别为310、230和210人左右。目前，A型车是国内新建地铁线路的首选车型。

车辆定员由车辆的座位人数与站位人数组成。站位面积为车厢面积减去座位面积，站位人数国内现按每平米6人计算。显然，车辆尺寸大小是决定车辆定员的主要因素。表4-4是部分城市地铁的车辆尺寸与车辆定员数据。

表 4-4  部分城市地铁车辆的尺寸与定员

| 城市<br>车辆 | 洛杉矶 | 新加坡 | 香港 | 上海 | 莫斯科 |
|---|---|---|---|---|---|
| 车宽(m) | 3.08 | 3.2 | 3.11 | 3.00 | 2.71 |
| 车长(m) | 22.78 | 23.65 | 22.85 | 24.14 | 19.21 |
| 座位(人) | 68 | 62 | 48 | 62 | 47 |
| 站位(人) | 164 | 258 | 279 | 248 | 187 |
| 定员(人) | 232 | 320 | 327 | 310 | 234 |
| 制造国 | 意大利 | 日本 | 英国 | 德国 | 前苏联 |

美国洛杉矶地铁采用大型车辆,但车辆定员人数较少,其原因是为了提高乘客的乘车舒适度、吸引私人汽车客流。而前苏联莫斯科等城市在修建地铁时,尽管各个城市的客流量差别较大,但均采用小型车辆,输送能力水平则通过采取调整行车密度和列车编组辆数、改变车内的座位数和站位密度等措施来达到。其他几个城市地铁的资料基本上反映了车辆尺寸和车辆定员的关系。20 世纪 80 年代前后,新加坡、中国香港和上海修建的地铁均采用大容量地铁车辆,车体宽度在 3.0～3.2 m 之间。

(3) 优化车辆内部布置:在车辆尺寸一定的条件下,将双座椅该为单座椅,或将纵向布置的固定座椅改为折叠座椅,可以增加车辆的载客人数。改为折叠座椅后,在运营高峰时间可翻起座椅、增加车内站立人数,同时也提高了全体乘客的平均舒适度。

# 参 考 文 献

[1] 张国宝.城市轨道交通运输组织.北京:中国铁道出版社,2000
[2] C. Jotin Khisty. Transportation Engineering. New Jersey:Prentice-Hall Inc,1990
[3] Satoru Sone. Squeezing capacity out of commuter lines. Developing Metros. 1990
[4] 吴汶麒等.轨道交通运行控制与管理.上海:同济大学出版社,2004
[5] 梁东升.ATP/ATO 在广州地铁 1 号线信号系统中的应用.地铁与轻轨.2002(3):33～39
[6] 姜坚华.上海轨道交通 ATC 系统的比较.城市轨道交通研究.2003(2):56～59
[7] 黄钟.上海城市轨道交通 ATC 系统的发展策略.城市轨道交通研究.2003(1):6～8
[8] 徐金祥等.城市轨道交通信号基础.北京:中国铁道出版社,2010
[9] 张国宝.地下铁道通过能力计算方法的探讨.上海铁道学院学报.1995(1):66～71
[10] 张国宝.关于城轨列车折返能力计算与加强的研究.都市快轨交通.2006(4):55～58
[11] 刘夏菁.地铁线路的通过能力.地铁与轻轨.1995(2):27～31
[12] 吴懋远,陈琪.地铁折返站折返能力的确定.地铁与轻轨.1996(1):23～27
[13] 陈冠莺.关于北京地铁五号线部分折返站折返方式改进的建议.铁路通信信号设计.2003(1):9～12
[14] 单宁,宋健.重庆市轨道交通三号线运输能力及行车交路研究.地下工程与隧道.2003(2):8～13
[15] 刘明姝.市域快速轨道交通线列车开行方案优化研究.硕士学位论文.上海:同济大学,2005
[16] 张国宝,刘明姝等.城轨列车在中间站折返时的通过能力适应性分析.城市轨道交通研究.2005(6):31～35

# 第五章 列车运行组织

## 第一节 列车运行概述

### 一、列车

列车是指以正线运行为目的、按规定辆数编成并具有列车标志(如列车两端的标志灯)的车组。列车运行主要是指列车在正线上的运行。在双线行车时,地铁、轻轨列车按右侧单向运行,而市郊列车则是按左侧单向运行。

按列车用途分类,列车分为:专运列车、图定客运列车、加开客运列车、调试列车、空驶列车、救援列车和施工列车。

在行车组织工作中,根据列车车次号、以及车次号的颜色显示来识别运行在不同轨道交通线路上的各种列车。表5-1是国内几条轨道交通线路列车车次号的使用规定及比较。

表 5-1 列车车次号使用规定及比较

| | 上海轨道交通2号线 | 上海轨道交通11号线 | 广州地铁2号线 |
|---|---|---|---|
| 车次号位数 | 5位数字 | 4位数字+2位字母 | 6位数字 |
| 使用规定 | 第1位:线路识别符<br>中间2位:出库顺序号<br>后2位:列车交路号 | 前2位:线路识别符<br>中间2位:出库顺序号<br>后2位:目的地代码 | 前2位:目的地代码<br>中间2位:列车服务号<br>后2位:列车序列号 |

上海轨道交通2号线,列车交路号为01时,表示目的地为浦东机场—徐泾东的列车运行交路;列车交路号为03时,表示目的地为徐泾东—龙阳路的列车运行交路;列车车次号为粉红色时,表示ATO模式下的8节编组列车;列车车次号为深绿色时,表示人工ATP模式下的8节编组列车。上海轨道交通11号线是基于无线通信的移动闭塞线路,字母JS表示目的地车站为江苏路站、AT表示目的地车站为安亭站。广州地铁2号线,可根据列车服务号识别列车种类,如客运列车服务号为41~65、空驶列车服务号为66~70;列车序列号按顺序编号,个位奇数为下行、偶数为上行。

列车车次号使用规定的不同,与轨道交通线路采用的列车运行控制系统、以及ATS子系统对列车描述的不同有关。

### 二、行车闭塞法

为保证列车运行的安全,在组织列车运行时,通过设备或人工控制,使连续发出列车保持一定间隔距离安全行车的办法,称为行车闭塞法。

保持列车间隔距离的方法有两大类：一类是空间间隔法，按一定的空间间隔开行列车，即在区间、闭塞分区或轨道电路区段内没有列车占用的时候，才准许驶入列车；或者是前后行列车间必须保持一个列车制动距离加上安全防护距离。另一类是时间间隔法，按一定的时间间隔开行列车，即第一列车发出后，需经过一定的时间才发出下一列车。由于按时间间隔法行车，不易严格保持前后行列车间的安全间隔，如果进路办理疏忽或司机操纵不当，容易发生追尾事故。因此，正常情况下，轨道交通采用空间间隔法行车。只是在特殊情况下，如一切电话中断时才准许采用时间间隔法，并且要有安全保证措施。

按空间间隔法行车时，行车闭塞法有基本闭塞法和代用闭塞法两类。基本闭塞法是指使用基本闭塞设备时采用的行车闭塞法。在自动闭塞设备线路上，基本闭塞法是连续发出列车以闭塞分区、轨道电路区段，或者以列车制动距离加上安全防护距离作为安全间隔运行。在非自动闭塞设备线路上，基本闭塞法是连续发出列车以站间区间作为安全间隔运行。代用闭塞法是指基本闭塞设备因故不能使用时临时采用的行车闭塞法，电话闭塞法是常用的代用闭塞法。

轨道交通采用的基本闭塞设备主要是自动闭塞设备。自动闭塞技术的发展经历了从固定（自动）闭塞到移动（自动）闭塞的过程，固定闭塞技术又分为传统信号和 ATC 系统两种。

在采用传统信号时，区间线路划分成若干个固定的闭塞分区，追踪运行列车之间以闭塞分区作为间隔，通常用机车信号取代地面通过信号机。自动闭塞信号系统有三显示带防护区段和四显示两种，参见图 4-2 和图 4-3。

在采用 ATC 系统时，区间线路划分成若干个固定的轨道电路区段，追踪运行列车之间以轨道电路区段作为间隔，不设置地面通过信号机，使用车载 ATP 速度信号。根据前行列车位置等信息，ATP 子系统不断调整前行列车后方各轨道电路区段的出口速度，通过车载 ATO 设备对后行列车运行速度进行自动控制、确保追踪安全间隔。图 5-1 是基于轨道电路的 ATC 系统的速度控制与列车间隔示意图，按前行列车所在位置，要使后行列车运行速度不低于 65 km/h，则列车间隔至少应有 6 个轨道电路区段。

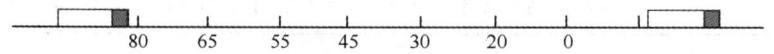

图 5-1 ATC 系统时的速度控制与列车间隔示意图

在采用移动闭塞时，取消了传统的轨道电路，区间线路不再固定划分闭塞分区或轨道电路区段，列车间隔按后行列车制动距离加上安全防护距离控制，并且列车间隔是动态的、随着前行列车移动而移动，列车制动的起点和终点均无分界点位置限制。移动闭塞时的列车追踪运行间隔见图 5-2。

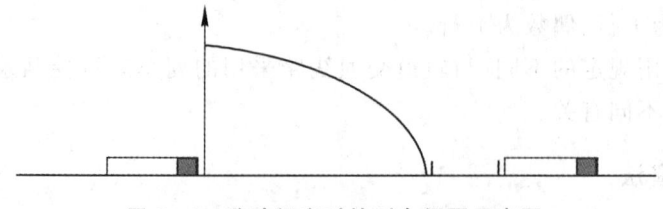

图 5-2 移动闭塞时的列车间隔示意图

### 三、行车指挥方式

根据采用的调度指挥设备类型,轨道交通行车指挥的方式主要有行车指挥自动化、调度集中和调度监督三种。行车指挥自动化是 20 世纪 80 年代发展起来、先进的行车指挥方式。调度集中是 20 世纪 80 年代以前普遍采用的行车指挥方式。在新线建成投入运营,但 ATC 系统尚未安装或调试完毕的过渡期,采用区间闭塞设备、实行调度监督是经实践检验比较经济实用的行车指挥方式。

1. 行车指挥自动化

采用列车自动监控(ATS)子系统的轨道交通线路,行车指挥实行自动化控制。ATS 子系统是计算机控制调度集中设备、指挥列车运行的一种自动远程遥控设备。ATS 子系统由控制中心 ATS 设备、车站 ATS 设备等组成。控制中心 ATS 是一个实时控制系统,由运行监控和数据传输计算机(按二取二或三取二冗余配置)、系统控制台、工作站、显示盘、数据传输设备、列车运行记录仪和打印机等组成。车站 ATS 设备由数据传输设备、联锁设备、发车表示器和乘客信息显示系统等组成。

ATS 子系统的主要功能有:

(1) 列车时刻表(列车运行图)的编辑、修改,如由基本时刻表或计划时刻表生成使用时刻表。

(2) 自动或人工控制车站的发车表示器、道岔,排列列车进路。

(3) 实时显示车站发车表示器、道岔的状态和进路占用情况,自动跟踪列车运行与列车车次号。在列车运行显示上,基于轨道电路的 ATS 显示界面是列车占用的轨道电路区段;而基于无线通信的 ATS 显示界面则是列车在线路上的具体位置,并且能够显示更多的列车信息。

(4) 自动或人工进行列车运行调整。

(5) 站台列车到达信息显示。

(6) 绘制实绩列车运行图和生成运营统计报告。

(7) 离线模拟或复示列车的在线运行,用于系统的调试、演示和人员培训。

2. 调度集中

采用调度集中设备的轨道交通线路,行车指挥实行调度集中控制。调度集中设备是指挥列车运行的一种远程遥控设备,由控制中心的调度集中总机、进路控制终端、显示盘和列车运行记录仪、闭塞设备、调度集中分机和数据传输设备,以及联锁设备等组成。

调度集中的主要功能有:

(1) 行车调度员可直接控制车站的信号机、道岔,排列列车进路。

(2) 控制中心能实时显示车站信号机、道岔的状态、进路占用情况、列车车次和列车运行状态等。

(3) 绘制实绩列车运行图和生成运营统计报告。

3. 调度监督

采用调度监督设备的轨道交通线路,行车指挥实行调度监督控制。调度监督设备是指挥列车运行的一种远程监控设备,由控制中心的调度监督设备、显示盘、闭塞设备、车站终端和数据传输设备,以及联锁设备等组成。调度监督与调度集中的区别是只能监督、间接控制,不能直接控制。

调度监督的主要功能有:

(1) 控制中心能实时显示车站信号机、道岔的状态、进路占用情况、列车车次和列车运行状态等。

(2) 打印实绩列车时刻表和生成运营统计报告。

### 四、行车调度

1. 调度机构及其组成

轨道交通是一个复杂的、技术密集型的城市公共交通系统,具有各项作业环节紧密联系和各部门、各工种协同工作的特点,为对运输生产活动进行集中领导、单一指挥和实行有效监控,轨道交通必须设立调度机构。

调度机构是轨道交通日常运输工作的指挥中枢,凡与列车运行有关的各部门、各工种都必须在调度机构的统一组织指挥下进行日常运输生产活动。

调度机构的基本任务是合理运用技术设备,组织指挥与列车运行有关的各部门、各工种协同作业,确保实现列车运行图、完成运输生产任务,保证行车安全和乘客安全,提高运输效率和经济效益。

在轨道交通进入网络化运营后,网络层面的调度机构是网络运营协调中心(COCC),与应急指挥中心一套班子,包括运营监控、辅助决策和应急指挥三个子系统,设置指挥长、统计分析和信息调度员。实时监控轨道交通网络的列车运行、客流变化和设施设备运行状态;在发生影响两条及其以上线路的故障、事故或其他突发事件时,COCC负责协调和指挥有关单位进行应急处置,统筹和调配运营资源;COCC还承担运营生产信息的采集、核实、报告和发布等职责。

线路层面的调度机构是线路控制中心,根据运输生产活动的专业性质设置不同的调度工种,实行分工管理。调度机构通常设置行车调度、电力调度和环控调度等调度工种,线路控制中心的生产组织系统如图5-3所示,需要指出:目前国内也有用调度长职名取代值班主任调度,将行车调度、客运调度并岗设为运营调度,电力调度、环控调度并岗设为设备调度的情形。

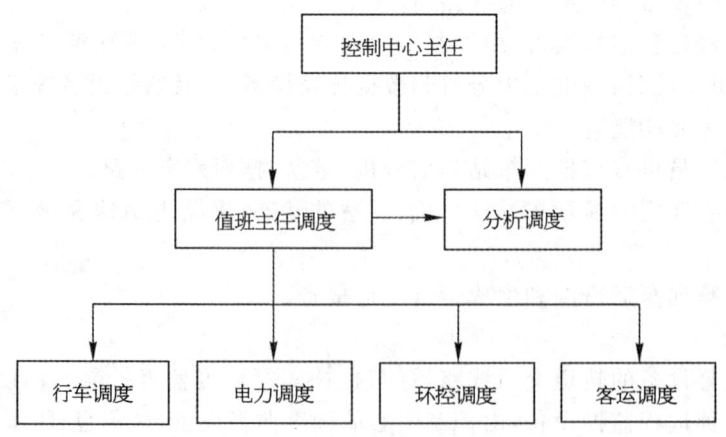

图5-3 线路控制中心生产组织系统

行车调度是调度机构的核心工种,担负着指挥列车运行、贯彻安全生产、实现列车运行图、完成运输计划的重要任务。

电力调度负责对变电所、接触网等供电设备的运行状态进行实时监控,掌握和处理供电设备的各种故障,保证供电的可靠性与安全性。

环控调度负责监控车站空调通风系统、区间隧道通风系统、给排水设备,以及屏蔽门和防淹门等的运行;监控全线各站典型区域的环境参数、各区间的危险水位报警信号;并根据具体情形下的环控要求,下达相关系统或设备的运行模式。

客运调度负责监控全线各站的客流状况,在行车调度采取列车清客、载客通过等调度措施时,客运调度应根据拟采取的列车运行调整措施,及时通知有关车站,通过车站广播、显示屏发布运营信息和临时公告等形式告知乘客,以实现对车站客流的有序组织,保证列车运行调整措施顺利执行。

2. 行车调度工作

(1) 行车调度员基本职责:行车调度员是列车运行的组织者和指挥者,其基本职责为:

1) 组织指挥各部门、各工种严格按照列车运行图的规定和要求进行工作;

2) 监控列车到发和途中运行,监控行车设备运用状况,在人工控制时排列进路;

3) 根据客流变化,及时调整列车开行计划;

4) 在列车晚点、运行秩序紊乱时,通过自动或人工列车运行调整,尽快恢复按图行车;

5) 发生运营事故或其他突发事件时,按规定程序立即向上级和有关部门报告,迅速采取救援措施控制事故或突发事件的发展态势,最大限度减少人员伤亡、降低事故损失和防止事故升级;

6) 安排各类检修施工作业,组织施工列车开行。

(2) 行车调度员岗位要求:鉴于行车调度员肩负的重要责任,为了保证行车调度员的素质和业务水平,应高度重视行车调度员队伍的建设。

行车调度员应从大专及其以上学历、有一定现场工作经验的行车作业人员中选拔。新选拔的行车调度员应进行心理素质测试和调度知识学习,指定专人带教跟班实习,并经岗位资格考试合格后才能正式上岗。

为保持行车调度工作的相对稳定性,行车调度员的工作岗位不宜随意调换。为提高行车调度员的组织指挥水平,应有计划地经常组织行车调度员深入现场熟悉设备与人员情况,交换工作意见,改进工作作风,解决好日常行车工作中存在的问题。作为一个合格胜任的行车调度员,必须熟悉人、车、天、地、图等各种与运营有关情况。

行车调度员必须熟悉司机、车站值班员等与列车运行有关作业人员的业务流程,了解他们的工作经历、业务水平和个性等情况,充分调动有关人员的工作积极性;必须熟悉车辆技术性能和使用状态等情况;必须掌握气候变化对客流增减及对列车运行影响的一般规律,如雨雪天对高峰小时客流的影响、雷阵雨对高架线路接触网及列车运行安全的影响等;必须熟悉与行车有关的各种技术设备,如线路的平纵断面、信联闭设备、运营调度设备和车站折返设备,列车运行控制系统的组成与功能等;必须掌握列车运行图理论,熟悉《行车组织规则》、《行车调度工作规则》和各类突发事件处置预案等有关技术文件和规章制度,能及时正确地发布调度命令,准确填写各种表报和登记簿。

在实现行车指挥自动化后,虽然先进的自动化设备可以取代行车调度员的一部分操作性劳动和感知性思维,但是先进的自动化设备也对行车调度员的业务水平和指挥技能提出了新的要求。行车调度员在集中精力监控列车运行的同时,还必须随时准备处理自动化系统不能处理的问题,因此行车调度员的作用仍然是不可替代的。

(3) 调度命令:在进行某些作业前,行车调度员应按规定发布调度命令,以强调进行有关作业的严肃性、强制性和授权性。例如:在列车切除 ATP、变更行车闭塞法、列车反方向运行、封闭或开通区间、区间限速、列车清客、载客通过、列车救援、列车以 close-in(慢速前行)方式越过红灯、开行施工列车或调试列车、改变列车运行交路等情况下,行车调度员应发布调度命令。

指挥列车运行的调度命令,只能由行车调度员发布。行车调度员在发布调度命令之前,应详细了解现场情况,并认真听取有关人员的意见。调度命令发布后,有关行车作业人员必须严格执行。

调度命令必须一事一令,先拟后发。调度命令包括书面命令和口头命令。在无线录音设备正常时,调度命令可以口头命令形式下达;但在无线录音设备故障停用、封锁或开通区间、停止或恢复基本闭塞法、列车反方向运行、进行列车救援等情形时,调度命令应以书面命令形式下达。调度命令的内容包括命令号、受令处所、受令人、命令内容、发令日期与时间、发令人及复诵人姓名。

调度命令日期的划分,以零时为界。命令号每日按 1～100 顺序循环使用,每一循环期间不得跳号与重号使用。调度命令中的各项内容必须正确完整、用语标准、简明扼要。

发收调度命令时,必须填记《调度命令登记簿》,并由行车调度员指定受令人员中一人复诵。受令人员在抄收命令中如有遗漏或不清之处,应及时向发令行车调度员提出核对并更正。

行车调度员向司机发布调度命令时,如列车在车辆段,调度命令由车辆段负责传达。如列车已离开车辆段,调度命令由列车始发站或进入关系区间前的车站负责传达。在列车运行过程中,如无法将书面命令及时转交给司机,应适时完成调度命令的补交手续。传达给司机的书面命令应盖有车辆段或车站的行车专用章。司机在运行途中换班时,应将调度命令内容交接清楚。

3. 行车调度工作考核指标

(1) 列车运行图兑现率:实际开行列车数(不包括临时加开列车数)与图定开行列车数之比。

$$列车运行图兑现率 = \frac{实际开行列车数}{图定开行列车数} \times 100\% \qquad (5-1)$$

(2) 列车正点率:按列车运行图正点运行列车数与实际开行列车数之比。

$$列车正点率 = \frac{正点运行列车数}{实际开行列车数} \times 100\% \qquad (5-2)$$

列车正点率包括列车始发正点率和列车到达正点率,列车正点统计的标准是:

1) 凡按列车运行图图定车次、时间准点始发、终到的列车都统计为正点列车数。早点或晚点不超过规定时间的列车也按正点统计;

2) 由于客流变化而停开或加开列车、以及行车调度员对部分列车调点时,该部分列车也按正点统计。

列车到、发和通过时刻的确认：
1) 列车到达时刻，以列车在规定位置停妥时为准；
2) 列车出发时刻，以列车由车站（包括车辆段规定发车地点）前进起动时为准；
3) 列车通过时刻，以列车最前部通过车站停车标位置时为准。

(3) 列车通过率：在车站不停车通过的列车数（不包括图定通过列车）与实际开行列车数之比。某次列车如连续或不连续在几个车站通过，只统计为一列通过列车。

$$列车通过率 = \frac{通过列车数}{实际开行列车数} \times 100\% \tag{5-3}$$

(4) 平均满载率：单位时间内，车辆运能的平均利用率。

$$平均满载率 = \frac{日客运量 \times 平均运距}{输送能力 \times 线路长度} \times 100\% \tag{5-4}$$

(5) 责任事故率：单位时间内，平均每完成百万列车公里的责任事故次数。

$$责任事故率 = \frac{责任事故次数}{列车公里} \times 10^6 \tag{5-5}$$

4. 行车调度工作分析

对行车调度工作完成情况进行分析，其目的是为了总结经验、发现问题，有针对性地制定加强行车调度工作的措施，提高行车调度指挥水平。行车调度工作分析有日常分析、定期分析和专题分析三种。

(1) 日常分析：对日常的行车调度工作进行分析，分析的内容包括：列车运行图兑现率、列车正点率、车辆运用情况、列车晚点及其原因、列车运行调整、列车故障、设备故障、调度命令发布和安全生产情况等。

(2) 定期分析：在日常分析的基础上，对一定时期（如每月、每半年等）的运输生产和运营指标完成情况等进行比较全面的分析。分析的重点包括运营计划与指标完成情况、安全生产情况、检修施工情况、客流变动规律和调度指挥质量等。

(3) 专题分析：不定期进行，分析的内容通常是与列车运行有关的某些重要问题，包括正线行车中断 30 min、晚点时间超过 15 min、节假日客流特征等。例如，针对列车正点率下降问题，经过专题分析，找出引起列车晚点的原因主要是：车辆故障、信号故障、乘降拥挤、供电故障、线路故障、出库滞后、列车运缓和司机操纵等。

### 五、主要行车规章

1. 行车组织规则

《行车组织规则》简称《行规》，根据采用的行车技术设备类型和各项行车作业的要求等制定。目前，国内除北京地铁外，其他轨道交通线路均未制定《地下铁道技术管理规程》，因此《行规》是轨道交通行车组织和运营管理的基本法规。所有与列车运行有关的部门都不得违反《行规》的规定，各部门制定的有关行车工作的规则、细则和办法等都必须符合《行规》的规定，轨道交通员工对《行规》必须认真学习、严格执行。

《行规》的主要内容如下：

(1) 行车技术设备：包括限界、线路（含轨道与道岔）、车站（含站台）、车辆段（含停车场）、车辆、列车运行控制系统、通信设备、供电设备、站台屏蔽门、机电设备等。

(2) 行车组织基本要求：包括行车组织原则、行车指挥机构与层次、列车车次号规定、中央控制操作、车站控制操作、联锁设备控制区、列车进出联络线、列车过线等。

（3）行车闭塞法：包括基本闭塞法和代用闭塞法的作业组织及相关规定。

（4）列车运行组织规定：包括正常情况下的列车运行模式、列车运行准备、列车出入车辆段、列车接发作业、列车折返作业、列车驾驶等；非正常情况下的列车运行控制系统故障、列车反方向运行、救援列车开行、施工列车开行、车辆故障、屏蔽门故障、列车退行、列车推进运行、隧道内线路积水时行车、地面线路迷雾天时行车等。

（5）调车作业组织规定：包括调车作业基本要求、调车作业计划编制、调车进路、车辆连挂、调车速度、尽头线调车、越出场界调车等。

（6）检修施工及施工列车开行：包括检修施工作业的计划、登记和注销程序，施工列车开行及安全措施等。

（7）《行车调度工作规则》、《车站行车工作细则》和《车辆段行车工作细则》的编制与审核：包括上述规章的编制部门和审核部门，以及上述规章应包括的内容等。

（8）附录：包括电话闭塞法作业程序及有关规定，各种信号显示要求与规定，全线道岔、信号机编号与布置示意图等。

2. 行车调度工作规则

《行车调度工作规则》简称《调规》，根据《行规》的原则和要求、结合控制中心设备与作业的具体情况等编制。其主要内容包括：控制中心生产组织系统，各调度工种职责与要求、调度工作制度、运营调度设备、日常调度工作、列车运行调整、调度命令发布、中央控制操作、特殊情况下调度处置、检修施工作业实施、调度工作图表、运营指标统计和调度工作分析等。

3. 车站行车工作细则

《车站行车工作细则》简称《站细》，根据《行规》的原则和要求、结合车站设备与作业的具体情况等编制。其主要内容包括：车站概况（如车站名称、类型、中心位置和站间距等），车站行车技术设备，车站行车工作制度，接发列车、折返作业组织及程序、办法等，非正常情况下车站行车工作，车站检修施工管理，以及其他有关要求或规定。《站细》中应附有联锁图表。

除《行规》、《调规》和《站细》外，轨道交通主要行车规章还有：《车辆段行车工作细则》、《ATC系统操作手册》、《列车操纵规则》、《检修施工作业管理办法》、《行车事故处理规则》、《安全生产管理制度》和《突发事件应急处置预案》等。

## 六、附录：信号显示

1. 信号种类

信号是指示列车运行和调车作业的命令，行车作业有关人员必须严格执行信号显示的要求，以确保列车运行和调车作业的安全。

信号分为视觉信号和听觉信号两大类。属于视觉信号的有车载信号、信号机、信号灯、信号旗、信号牌和火炬等，属于听觉信号的有鸣笛、口笛和响墩等。

视觉信号按使用时间分为昼间信号、夜间信号和昼夜通用信号，按使用特征分为固定信号、移动信号和手信号，按设置位置分为地面信号和车载信号。

轨道交通以车载信号为主体信号；区间内不设通过信号机，车站一般不设进、出站信号机，有岔站和停车场设有防护信号机和阻挡信号机。

完整的信号概念还包括信号表示器与信号标志。信号表示器指示某种行车设备的位置或状态、或者表示信号显示的某种附加涵义,它与信号机的区别是没有防护的意义。信号标志设置在线路一侧,用来表示所在位置的某些状态或要求。

轨道交通使用的信号表示器主要有发车表示器、进路表示器、道岔表示器和车挡表示器等;使用的信号标志主要有停车位置标、警冲标、站界标和司机鸣笛标等。

2. 视觉信号显示

(1) 地面信号显示:

1) 红色—停车。

2) 黄色—注意或减速。

3) 绿色—按规定速度运行。

(2) 车载信号显示:通常以数字方式显示列车实际运行速度和最大允许速度等信息。

(3) 防护信号显示:防护信号机和阻挡信号机,一般都可归入调车信号机的范畴,设置在有岔站和停车场内。防护信号机显示及其涵义见表 5-2。

表 5-2 防护信号机显示及其涵义

| 信号机显示 | 信号显示涵义 |
| --- | --- |
| 红色灯光 | 列车不准越过该信号机 |
| 绿色灯光 | 前方道岔开通直向、允许列车按规定速度运行 |
| 月白色灯光 | 前方道岔开通侧向、允许列车按规定速度运行 |
| 红色灯光+月白色闪光 | 准许列车以不超过 20 km/h 的速度越过该信号机 |

3. 手信号显示

手信号主要有列车运行手信号和调车手信号两类,各种手信号显示方式见表 5-3。

表 5-3 手信号种类及其显示方式

| 种类 | 显示方式 | |
| --- | --- | --- |
| | 昼间 | 夜间 |
| 停车信号 | 展开的红色信号旗;无红色信号旗时,两臂高举头上向两侧急剧摇动 | 红色灯光;无红色灯光时,用白色灯光上下急剧摇动 |
| 减速信号 | 展开的黄色信号旗;无黄色信号旗时,用绿色信号旗下压数次 | 黄色灯光;无黄色灯光时,用白色或绿色灯光下压数次 |
| 发车信号 | 展开的绿色信号旗向司机方向作顺时针圆形转动 | |
| 通过信号 | 展开的绿色信号旗 | 绿色灯光 |
| 引导信号 | 展开的黄色信号旗高举头上左右摇动 | 黄色灯光高举头上左右摇动 |
| 道岔开通信号 | 拢起的黄色信号旗高举头上左右摇动 | 白色灯光高举头上左右摇动 |

手信号显示,原则上昼间使用信号旗、夜间使用信号灯。地下站按夜间办理,使用信号灯。

手信号显示时机,停车信号、减速信号与通过信号为看见列车头部时开始显示,列车头部越过显示地点后停止显示;发车信号为列车车门关闭开始显示,列车启动后停止显示;引导信号为列车司机以鸣笛一短声要道、车站值班员准备进路完毕后开始显示,列车头部越过显示地点后停止显示;调车手信号应待对方作出回示后方可收回。

## 第二节 正常情况下的列车运行组织

正常情况是指在营业时间内、采用基本的行车闭塞法和行车指挥方式的情形。轨道交通采用的基本闭塞法主要有自动闭塞和区间闭塞两种,采用的行车指挥方式主要有行车指挥自动化、调度集中和调度监督三种。

鉴于采用自动闭塞与 ATC 系统已是国内轨道交通线路的首选列车运行控制技术,因此,行车指挥自动化时的列车运行组织是本节内容的重点。

### 一、行车组织指挥层次

轨道交通行车组织实行集中领导,单一指挥,行车组织指挥层次如图 5-4 所示。

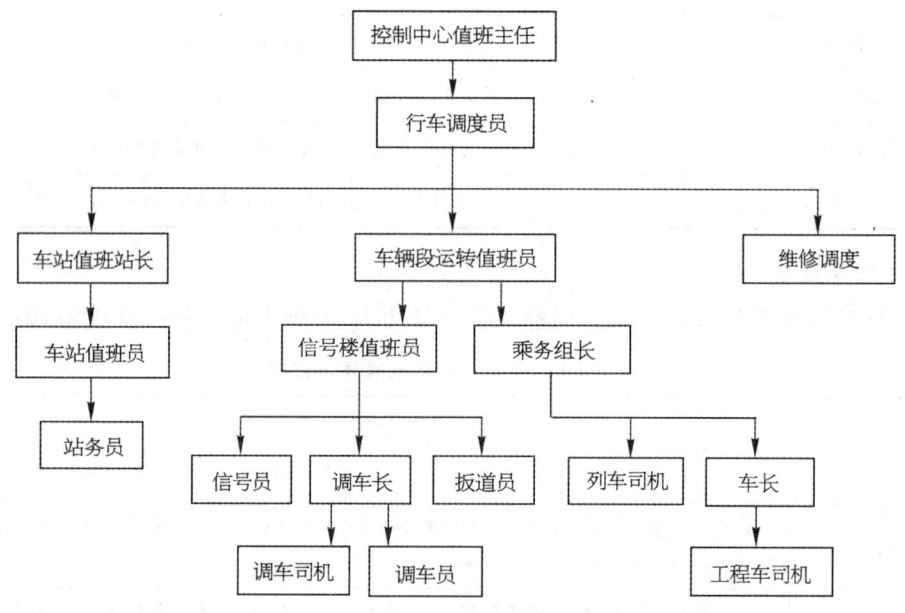

图 5-4 轨道交通行车组织指挥层次

线路控制中心代表运营公司总经理行使日常运营指挥权;值班主任(调度长)是调度班组长,负责领导、指挥和协调本班的运营工作;行车调度员是列车运行的组织者和指挥者,所有与列车运行有关的作业人员都必须服从行车调度员指挥、执行行车调度员命令,行车调度员应严格按图指挥行车。在车站,行车组织工作由值班站长领导、车站值班员指挥;在车辆段,行车组织工作由运转值班员领导,调车进路和列车进路办理由信号楼值班员指挥,调车作业由调车长指挥;列车在区间时,客运列车由司机指挥,施工列车由车长指挥;列车在车站时,接受行车调度员或车站值班员指挥;行车设备在运营时间内发生故障时,由行车调度员通知维修调度组织抢修。

## 二、行车指挥自动化时的列车运行组织

1. 控制中心 ATS 在线控制功能与操作（固定闭塞线路）

下面以国内某地铁线路为实例，重点叙述固定闭塞线路控制中心 ATS 的在线控制功能与操作。

(1) 系统运行模式：

1) 在线运行模式：在线运行是指系统实时监控列车运行。系统在线运行时，两台计算机同时处于工作状态，一主一备，一旦主机故障，备机立即接替控制。

2) 模拟运行模式：模拟运行是指系统模拟在线控制运行，是系统的辅助运行模式，用于系统调试、演示和培训。模拟运行能模拟在线运行模式中的所有功能，但与现场没有任何信息和控制命令的交换。

3) 运行复示模式：运行复示是指系统真实地再现此前 72 h 的系统运行情况。系统可选择重放其中任意一个小时的运行记录，也可按事件或按秒重放运行记录。重放速度有原速、慢速、快速和最快速几种选择。在线控制和模拟运行两种模式的运行记录均可重放。

(2) 在线控制功能：

1) 时刻表管理：该项控制功能仅供调度员使用。

列车时刻表管理，主要是指计划时刻表、使用时刻表的建立和编辑。计划时刻表源于基本时刻表、是建立使用时刻表的基础，使用时刻表是指列车运行使用的时刻表。使用时刻表的编辑包括增加或删除列车，将使用时刻表中的一部分列车平移一段时间等。

2) 列车描述：列车描述包括设置或修改列车车次号、司机号和车辆号。

① 车次号。车次号由 5 位数组成，前 3 位是运行号，后 2 位是目的地号。运行号是列车的标识，是系统把列车与时刻表相联系的基础，也是系统掌握列车运行状态的基础。目的地号指明列车运行的终点站，系统把目的地号传送给列车，列车在运行中又将目的地号传送给车站联锁设备。根据列车的目的地号，车站联锁设备为列车自动排列进路。

② 司机号和车辆号。司机号和车辆号各由 5 位数组成。司机号由司机在车上人工输入，设置司机号是为了使系统能跟踪司机的行车过程，从而产生司机运行报告。设置车辆号是为了使系统能跟踪车辆的运行过程，从而产生车辆运行报告。

3) 列车运行控制：

① 设置控制模式：控制模式有中央控制和车站控制两种模式。

在中央控制时，系统能执行它的所有控制功能；在车站控制时，系统处于运行监督状态，所有对车站进路的控制功能均不能执行。控制模式的转换必须经过控制中心和车站双方确认后方能进行。必要时，车站可实施紧急站控，但紧急站控结束后只能转回车站控制，不能直接转回中央控制。

② 设置自动控制：设置自动控制是指启动、取消或恢复系统对列车的自动控制。

系统对列车的自动控制分为两个方面：一个是自动调度列车出车辆段，进入正线运行；另一个是对正线运行的列车进行自动控制。图定列车取消自动控制后，该列车将从列车时刻表中删除，变为非图定列车；恢复自动控制后，该列车又进入列车时刻表，变为图定列车，系统恢复对它的自动控制。

③ 设置进路控制：设置进路控制是指设置或取消列车进路。

为安全起见，系统不直接操纵道岔转换，也不直接控制信号机开闭。ATS 系统在控制中心设有人工进路控制功能，调度员可通过点击进路的始端和终端，建立或取消进路，信号机随进路的建立而开放，随进路的占用而关闭。控制中心可以对全线所有车站的信号机设置成"通过信号"或"自动信号"工作模式。此时，列车进路排列及相关信号机的开放，由车站联锁设备自动完成。

通过信号是指以该信号机为始端的进路为通过进路，列车通过该进路后，进路将再次自动排列。自动信号是指以该信号机为始端的进路为自动进路，车站联锁设备根据列车的目的地号，自动为列车排列进路。

④ 设置折返模式：不同的折返模式与不同的折返进路对应。在折返站有数条折返进路时，需要确定优先采用的列车折返模式。

在设置了优先采用的列车折返模式后，根据列车运行的目的地号，车站联锁设备将自动为折返列车排列进路；特殊情况下，可由控制中心或车站人工排列折返进路。

对于折返顺序，系统的自动控制功能有列车模式和顺序模式两种。列车模式是指在折返站按列车的车次号调度列车，顺序模式是指在折返站按列车的先后顺序调度列车。

4）列车运行调整：

① 设置调整模式。根据系统自动控制功能实现的程度，有四种列车运行调整模式：
- 全人工模式：系统自动控制功能不起作用，人工进行列车运行调整；
- 人工调度模式：系统具有自动排列进路功能，以及具有对列车时刻表和车次号进行管理的功能，人工进行列车运行调整；
- 非自动调整模式：系统具有人工调度模式全部功能，还具有自动调度列车从终点站（包括车辆段出口处）出发的功能，人工进行列车运行调整；
- 自动调整模式：系统具有自动控制功能，自动进行列车运行调整。

② 设置调整措施。设置调整措施是指对列车运行调整措施的选择。设置调整措施的具体功能包括：
- 显示正在起作用的列车停站时间和运行等级；
- 设置列车停站时间：有人工和自动两个选项。如选择人工选项，则可以人工设定一个新的停站时间。如选择自动选项，则停站时间由系统根据列车时刻表和列车早、晚点情况自动设定；
- 设置列车运行等级：有人工和自动两个选项。如选择人工选项，则可以人工设定一个新的运行等级。如选择自动选项，则运行等级由系统根据列车时刻表和列车早、晚点情况自动设定；
- 设置列车跳停：设置或取消列车在某个站不停车通过，跳停功能必须在列车由前一车站发车前设置才有效；
- 扣车和终止停站：扣车是指使发车表示器不显示，列车不能发车。终止停站则是指行车调度员进行催发车，发车表示器显示发车信号。组合使用这两个功能能控制列车停站时间。

（3）系统日常操作：

1）进入系统：系统维护员启动系统，工作站显示语言选择窗口后，行车调度员操作步骤如下：

① 选择中文或英文用户界面。
② 输入用户名和密码、进入系统。
③ 选择运行模式。在三种运行模式中选择一种。
④ 选择用户等级。应选择行车调度员等级。

2）建立使用时刻表：每日运营前，必须建立使用时刻表。可以先建立计划时刻表，再建立使用时刻表；也可以直接建立使用时刻表。

计划时刻表是从 5 个基本时刻表中选择一个，可以通过增加或删除列车、列车平移功能等对计划时刻表进行修改。使用时刻表是从 5 个基本时刻表和计划时刻表中选择一个，也可以通过增加或删除列车、列车平移功能等对使用时刻表进行修改。

3）设置系统工作模式：
① 设置控制模式：在中央控制或车站控制中选择。在车站控制时，折返模式、信号控制和列车停站时间均由车站设置。
② 设置进路控制：在自动信号或通过信号中选择。
③ 设置折返模式：通常选择优先采用的列车折返模式，对列车折返顺序通常选择顺序模式。
④ 设置调整模式：自动调整时选择自动调整模式，人工调整时通常选择人工调度模式。

4）设置列车停站时间和运行等级：根据使用时刻表，为每个站台设置列车停站时间和运行等级。在采用自动调整模式时，应选择自动项；在采用其他调整模式时，应设置具体的列车停站时间和在四个列车运行等级中选择一个。

5）调度列车由车辆段进入正线：出库列车应按时刻表的要求及时到达并停在车辆段出口处。显示时刻表中下一出库列车的车次号与时间。如不符，采用列车描述和指定下一车次号功能，并以车地通信方式发送车次号给列车。自动控制时，系统将自动排列进路，指挥列车进入正线；但也可使用人工调度方法使列车进入正线。

6）调度列车从始发站出发：显示时刻表中始发站下一出发列车的车次号与发车时间。如不符，采用列车描述和指定下一车次号功能，对停在折返线上的列车设置或者修改车次号。如列车已有车次号，并且系统处于非全人工模式，系统自动修改列车的目的地号。自动控制时，系统将自动排列进路，指挥列车出发；但也可采用人工调度方法使列车出发。

7）监控列车运行：使用显示下一车次号功能，查看各始发站下一列车的车次号与发车时间；也可打开下一车次号监视窗，连续地监视各始发站的列车出发情况。通过告警信息窗，随时了解列车早、晚点情况和设备故障情况。

使用进路控制功能排列进路；在设置为通过信号和自动信号时，进路自动排列；在车站控制时，进路由车站排列。通过设置列车停站时间和运行等级功能，调整列车停站时间和区间运行时间，使列车按图正点运行。在系统采用自动调整模式，并且列车停站时间和运行等级设置选择自动项时，系统将自动调整列车停站时间和运行等级。

8）列车运行调整：在列车早、晚点时间超出了允许范围时，采用下列措施进行列车运行调整。
① 列车晚点。可采用缩短列车停站时间、提高列车运行速度、跳停等列车运行调整措施。
② 列车早点。可采用延长列车停站时间、降低列车运行速度、扣车等列车运行调整

措施。

③ 早、晚点列车较多。可采用增加或删除列车、列车平移功能等对使用时刻表进行修改，恢复列车运行秩序。

9) 常见异常情况处理：

① 当车次号跟踪不上列车或车次号跟踪产生错位时，可使用移动车次号功能使跟踪正常。

② 当某一图定列车故障、无法继续运行时，可使用取消自动控制功能将该列车变成非图定列车，然后人工控制该列车退出运行。

③ 当控制中心显示的 ATP 模式与列车的实际情况不一致时，可使用设置 ATP 模式功能加以纠正。

10) 运行结束处理：

① 打印所需的运营报告。

② 绘制所需的列车运行图。

③ 删除使用的时刻表。

**2. 控制中心 ATS 在线控制功能与操作（移动闭塞线路）**

近年来，国内新建轨道交通线路已将基于无线通信的列车运行控制系统(CBTC)作为首选技术，下面以国内某地铁线路为实例，重点叙述移动闭塞线路控制中心 ATS 的在线控制功能与操作。

(1) CBTC 系统简介：系统的主要功能包括：有信号防护的双向运行、列车位置确定、列车速度确定、列车超速防护与间隔保证、倒溜防护、列车完整性监督、车门联锁控制、列车运行调整、紧急停车按钮状态监控、ATO 自动驾驶和自动折返等。

CBTC 系统由 ATS 子系统、区域控制器(ZC)、车载控制器(VOBC)和数据通信子系统(DCS)等组成。

ATS 子系统是一个非安全子系统，中央 ATS 设备位于控制中心、本地（车站）ATS 设备位于区域控制器所在的集中站。控制中心 ATS 的设备主要有 ATS 服务器、CATS 表示屏、CATS 工作站、时刻表编辑器、培训（仿真）服务器与工作站、行车调度电话、公务电话、无线对讲控制台、闭路电视系统、PIS 系统、中央广播、短信平台和打印机等。控制中心 ATS 的主要功能包括：列车时刻表编辑和执行；列车进路自动排列；线路、道岔、站台、屏蔽门等设备状态，以及列车运行轨迹的显示与监视；列车运行调整；调度员的人机界面，与轨旁与车载设备接口；信息发布；记录事件、采集数据和生成运营统计报告；重放系统运行记录等。

区域控制器(ZC)是安全子系统，设置在有联锁设备的车站，主要组件包括移动授权单元(MAU)和计算机联锁设备(PMI)，按三取二冗余配置。区域控制器的功能包括：根据接收到的列车位置等信息，计算控制区域内每个列车的移动授权限制(LMA)，如图 5-5 所示；并将 LMA 发送给列车上的车载控制器，控制列车运行与安全间隔；根据 ATS 的进路请求，控制道岔和信号机，排列进路；将列车移动限制范围内的道岔和信号机状态发送给列车；监督站台屏蔽门、站台紧急停车按钮等状态；提供计轴区段检测，为非通信列车预留进路等。

车载控制器(VOBC)是安全子系统，按三取二冗余配置。车载控制器可实现 ATP 和 ATO 的所有功能，如确定列车位置、根据 LMA 执行移动授权控制、车门控制与安全联锁、自动驾驶和自动折返等。其他车载设备还有司机显示器(TOD)、无线设备和速度传感器等。司机显示器为列车司机提供人机接口，在 TOD 上显示列车当前速度、最大允许速度、以及列车运行模式等信息。

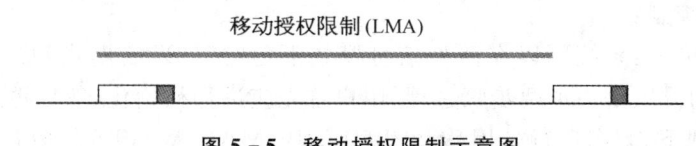

图 5-5 移动授权限制示意图

数据通信子系统（DCS）由光纤通信网、网络交换机、轨旁无线接入点和车载无线设备组成。与传统的 ATC 系统比较，无线通信是 CBTC 的特色。数据通信子系统实现 ATS 与 ZC、ATS 与 VOBC、ZC 与 VOBC、ZC 与 ZC 之间的信息传输。

（2）系统运行模式：

1）在线运行模式：在线运行是指系统实时监控列车运行，移动闭塞线路在线控制模式有 CBTC 模式和后备模式两种。

2）模拟运行模式：模拟运行是指系统模拟在线控制运行，用于系统调试、演示和培训。

3）运行复示模式：运行复示是指系统真实地重放此前的系统运行记录，用于运营情况检查。

（3）在线控制功能：

1）时刻表管理：该项控制功能仅供行车调度员使用。列车时刻表由时刻表编辑器离线生成，生成的时刻表存放在 ATS 服务器内。当运营服务需要使用这些时刻表时，将存放的时刻表传送到时刻表调整子系统（SRS）中，最多可以传送 24 个时刻表，位于 SRS 中的时刻表可以被删除。

调度员可以查看所有可用的时刻表，选择待用的时刻表。ATS 的自动时刻表分配功能，可以是分配一天的时刻表，也可以是自动地为下一个星期分配一周的时刻表。在某一个时间里，仅有一个时刻表可以被激活；当一个时刻表还处于激活状态时，试图再分配时刻表会被系统拒绝。

在运营中，调度员可根据需要清除当前激活的时刻表；修改时刻表中所有班次的投入运营位置，或者在维持原有运行线情况下给列车重新分配班次。调度员可以查看激活时刻表的相关信息，如班次号、车站（又称为站台）、所有车站的计划到达和发车时间、实际到达和发车时间等。此外，在激活状态下，详细的时刻表信息还可以用图形格式来显示。

在时刻表管理中，运行线定义为列车在线路各站间的重复运行模式；班次定义为列车将要完成的运营服务，包括相关的运行线和计划的车站发车时间。

2）列车描述：包括列车车次号使用规定与 ATS 工作站列车标签描述。

列车车次号由 4 位数字与 2 位字母组成。前 4 位数字为列车识别符，其中第一、二位为线路识别符，表示所属运营线路，第三、四位按出库顺序依次编号，图定客运列车编号为 01～99；后 2 位字母为目的地代码，表示列车运行的目的地车站。在必要时，列车车次号可以重新设置。

ATS 工作站列车标签描述，对无运行线、班次指派的列车或单一目的地进路、且处于停车状态的列车，列车标签描述为 4 位数字，与 VOBC 标识号相同，VOBC 标识号是车载控制器报告的 VOBC 身份号码；对已指派运行线的列车，列车标签描述为 4 位数字与 2 位字母，即 VOBC 标识号与目的地代码；对已指派班次的列车，列车标签描述为 4 位数字与 2 位字母，即班次标识号与目的地代码。

3）列车运行控制：

① 设置信号模式：系统可以在两种信号模式下运行：CBTC 模式和后备模式。CBTC 模式或后备模式的设置是一个两步骤过程，用户首先应进行初始化、然后再进行确认。

在 CBTC 模式下，列车运行应用移动闭塞原理。MAU 从 ATS 接收进路请求，计算移动授权限制，并将 LMA 发送给列车。如果列车进路上有一组道岔，MAU 向 PMI 发送联锁进路请求，在 PMI 报告该进路已被授权后，MAU 延伸 LMA 通过道岔区域。车载控制器建立列车在 LMA 内的停车点，列车在 ATO 或 ATPM（人工 ATP）模式下运行。

在后备模式下，MAU 不工作。ATS 向 PMI 发送进路请求，PMI 基于固定闭塞原理设置进路及开放信号。列车按照 PMI 建立的进路，在 WSP（轨旁信号防护）模式下运行。在因无线通信系统故障而采用后备信号模式时，控制中心 ATS 仍具有自动控制功能。

② 设置控制模式：控制模式有中央控制和车站控制两种模式。

根据车站值班员的请求，调度员可将车站控制区域的控制权限转移给车站值班员。在控制中心两个 ATS 服务器都故障，或因网络故障使本地 ATS 工作站、区域控制器与控制中心 ATS 服务器失去通信时，系统会自动转换为车站控制。车站控制时，系统处于运行监督状态。在紧急情况下，调度员可以不需要经过转权请求，直接收回控制权。

③ 设置自动控制：设置自动控制是指启动、取消或恢复系统对列车的自动控制。

系统对列车的自动控制包括自动分配运行线与班次、将列车投入运营，自动将列车退出运营，以及自动列车运行调整等。调度员可以通过设置来使列车退出当前的班次，此时列车将不排进列车时刻表；调度员也可以通过设置来清除列车当前的运行线或班次分配，使列车进入闲置状态。

④ 设置进路控制：设置进路控制是指设置或取消列车进路。

运行线分配后，系统能根据运行线要求自动排列进路，但调度员也可人工排列进路。

在 CBTC 模式下，对受控列车，由 MAU 为列车生成移动授权限制（LMA）进路；对非受控列车，由 MAU 为列车生成人工列车授权（AMT）进路。调度员可以人工排列一条从列车当前位置到站台或信号机的进路。调度员也可以人工取消列车进路，但这会触发 ATO 或 ATPM 模式列车紧急制动，而 WSP 或 RMF（限制人工向前）模式列车则在下一架红灯信号机处停车。

在后备模式下，调度员可以人工排列自动解锁进路，当列车通过进路后，进路自动解锁。调度员还能使用进路禁止设置功能，在进路区段已有列车占用时，也可对该进路进行禁止设置，但不会对该列车生效，而是在该列车出清进路区段后，对后续列车生效。

⑤ 设置折返模式：不同的折返模式与不同的折返进路对应。在折返站有数条折返进路时，需要确定优先采用的列车折返模式。

正常情况下，根据设置的优先采用折返模式，由系统自动排列折返进路；特殊情况下，可由控制中心或车站人工排列折返进路。

4）列车运行调整：主要是自动调整和人工调整两种模式。列车运行调整措施包括：

① 调整运行偏差：使用系统的分析数据日志功能，可以显示特定时间内列车在每个车站的发车时间及偏差，偏差是指列车实际和计划发车时间的差值；以及显示特定时间内某一

车站的实际和计划运行间隔。

调度员可以通过调整列车停站时间,重新分配运行线、班次等措施来调整列车运行偏差。在调整列车停站时间时,最小停站时间不得低于 20 s;对终点站或客流较大站,停站时间应控制在 30 s 以上。

② 设置运行等级:调度员通过设置列车运行等级来调整列车运行速度。系统有五种列车运行等级:

- 加速:运行速度最高、运行时分最短、能耗最大;
- 正常:运行速度、运行时分和能耗介于"加速"和"中速 1"之间;
- 中速 1:运行速度、运行时分和能耗介于"正常"和"中速 2"之间;
- 中速 2:运行速度、运行时分和能耗介于"中速 1"和"节能"之间;
- 节能:运行速度最低、运行时分最长、能耗最小。

③ 调整运行间隔:通过调整列车停站时间和列车运行等级,可使部分或全部列车实现运行间隔调整。调度员选择一条运行线,然后为沿线的车站指定所需的列车运行间隔。对不同的运行线,可以设置不同的列车运行间隔,但是如果该运行线已经与另一条进入运行间隔调整模式的运行线相交,则不能进入运行间隔调整模式。

④ 设置列车跳停:设置或取消列车在某个站不停车通过。

调度员可以选择列车和站台,使指定的列车在指定的车站跳停一次;也可以选择运行线和站台,使所有分配该运行线的列车均跳停指定的车站,直到跳停命令被取消。列车跳停设置,应在跳停车站的前一站列车发车前进行。

⑤ 设置扣车:扣车是指将列车扣在车站站台,通过调度员操作进行。

调度员在进行系统扣车时,如列车在区间运行,则自动扣车在下一个到达站台;如列车在车站上尚未发车,则扣车在当前的站台。两种情形下扣车失效,一是系统扣车取消,二是到列车发车时刻;在后一种情形时,列车按时刻表向下一站驶去,然后扣车在下一车站站台。

调度员还可以设置或取消列车扣车在一个或多个车站站台。到达选定车站的所有列车一律都进入扣车状态,直到扣车命令被取消、或使用发车命令让列车发车。

⑥ 选择会车模式:会车模式是指定义列车通过线路交汇点的顺序。

在线路交汇点,调度员可以选择会车模式,由 ATS 系统根据班次分配来执行交汇管理。系统有五种会车模式:

- 自动:优先权按超过重大延迟时间由多到少分配给列车;
- 先到先通过:列车按计划到达的先后顺序通过交汇点;
- 晚点列车优先:列车按晚点时间由多到少的顺序通过交汇点
- 路径:按"选择路径优先"原则,优先权分配给沿着选择路径运行的列车;
- 无:ATS 系统不进行交汇管理。

(4) 系统日常操作:

1) 调度员输入用户名和密码,登录工作站,进入系统。
2) 激活一台 SRS 服务器。
3) 设置控制模式。
4) 分配时刻表。
5) 分配时刻表后,系统自动产生一个进入/退出列表,显示内容包括:班次号、列车 ID、班次的部署点（列车自动投入运营位置）、部署点发车时间、终点站、退出车站、退出站到达时间、接收点和到达接收点时间。如果需要，调度员可以修改投入运行参数。

6）调度列车由车辆段进入正线：司机以 RMF 模式驾驶列车从车库运行至转换区；在时刻表激活时，系统自动给停在转换区的列车分配运行线和班次；司机根据 TOD 显示，转换列车驾驶模式至受控模式（ATO/ATPM）；然后列车从转换区运行到部署点。当时刻表上的列车发车时间已到，并且列车已位于部署点，ATS 系统会自动发送列车投入正线运营。调度员应从远程工作站上监控车辆段，确保列车按图定时间到达部署点，如果列车到达部署点的时间晚于时刻表上的列车发车时间，那么列车将会被分配到与到达时间最近的班次。

7）监控列车运行。

8）在必要时，调度员采取列车运行调整措施。

9）在故障时，调度员进行故障管理。故障管理包括：故障报警与识别、系统自动反应、采取措施减少运营中断时间和恢复正常运营等。

3．列车正线运行

（1）投入运营条件：每日运营前，调度员应检查运营前准备工作，列车运营的必要条件如下：

1）检修施工注销，线路空闲、无异物侵入限界。

2）电动列车数（包括投运及备用）符合当日运行计划要求，车辆及车载设备技术状态良好。

3）信号系统、通信系统、牵引供电设备等技术状态良好。

4）控制中心与集中站的工作站已登录，系统处于中央控制状态。

5）建立和确认使用时刻表，并确认系统工作模式。

6）道岔位置与信号显示正确，车站屏蔽门、供电、环控等设备功能正常；

7）所有运营有关值班人员到岗，车站值班员、运转值班员等有关人员与行车调度员校对钟表时间，列车司机在出乘前与运转值班室校对钟表时间。

（2）列车进入区间：

1）固定闭塞线路：列车占用区间的行车凭证为列车收到的速度码。因 ATP 故障而切除 ATP、或以 close-in（慢速前行）方式运行时，列车占用区间的行车凭证为调度命令。列车发车凭证为出站信号开放（发车表示器显示稳定白色灯光），如出站信号故障无显示，列车发车凭证为调度命令。列车司机发车前，应确认站务员发出的允许发车手信号。

2）移动闭塞线路：对受控列车，列车占用区间的行车凭证为 TOD 显示的最大速度与目标距离；列车发车凭证为发车表示器的允许发车信号、TOD 显示的出发"YES"；如发车表示器故障，列车发车凭证为 TOD 显示倒计时为零、出发"YES"。对非受控列车，列车占用区间的行车凭证为信号机显示的允许信号及速度码；列车发车凭证为发车表示器的允许发车信号。列车司机发车前，应确认站务员发出的允许发车手信号。

（3）列车区间运行：

1）固定闭塞线路：采用 ATC 系统、基于固定闭塞的自动闭塞法行车。在 ATC 正常时，列车驾驶模式为 ATP 防护下的自动驾驶（ATO）或人工驾驶（ATPM），列车运行速度控制根据 ATP 限速与 ATS 速度执行，列车安全间隔由 ATP 自动实现。

2）移动闭塞线路：对受控列车，采用 CBTC 系统、基于移动闭塞的自动闭塞法行车。

列车驾驶模式为 ATO 或 ATPM,列车安全间隔由系统计算的移动授权限制(LMA)自动防护。对非受控列车,采用降级运行信号系统,即基于固定闭塞的自动闭塞法行车,列车驾驶模式为 WSP,列车安全间隔由计轴区段、双红灯控制进行防护。

(4) 列车到达车站:

1) 固定闭塞线路:列车以规定速度进站(参考表 5-4),如 ATP 限速低于规定速度,则按 ATP 限速执行。列车进站,司机要加强了望,遇有危及行车与人身安全的险情时,应立即采取紧急停车措施,确保行车与人身安全。车站不办理接车作业,不显示接车信号。在 ATS 正常时,车站不向行车调度员报列车到、发点。列车停站时间延长 30 s 以上时,车站要向行车调度员报告原因。使用时刻表未规定或无调度命令,司机不得驾驶列车通过车站。

2) 移动闭塞线路:列车进站速度由 VOBC 速度曲线控制。受控列车进站,以 ATO 驾驶模式运行的列车自动停站;以 ATPM 驾驶模式运行的列车由司机手动停站。非受控列车进站,司机驾驶列车手动停站。在非受控列车又是非通信列车时,屏蔽门或安全门与车门无法联动打开或关闭。在移动闭塞线路,其余的有关列车到达车站的行车组织管理办法基本上与固定闭塞线路相同。

表 5-4 某地铁线路列车进站速度规定

| 项 目 | 进站速度(km/h) | | |
|---|---|---|---|
| | ATO 自动驾驶 | ATP 防护人工驾驶 | ATP 切除人工驾驶 |
| 列车进中间站停车 | 57.5 | 50 | 50 |
| 列车进终点站停车 | 按设定速度 | 35 | 35 |
| 列车通过中间站 | 40 | 40 | 40 |

(5) 列车折返作业:在车站有数条折返进路时,应规定优先采用的列车折返模式。列车折返进路由中央 ATS 自动排列或调度员人工排列。列车在进行折返作业前,应清客与关车门。列车进出折返线凭调车信号显示及收到速度码,以 ATO 或 ATPM/WSP 驾驶模式进入折返线,司机在折返线或折返停车位置进行驾驶端的转换操作。

4. 列车出入车场

轨道交通列车出入车场的走行线为双线。原则上,列车应经由出场线和入场线出入车场;但在图定或行车调度员准许的情况下不受上述规定限制。

(1) 固定闭塞线路:

1) 列车由车场进入正线车站:凭出场信号机的绿色灯光显示出场;在出场线无码区按慢速前行方式运行,在接近车站的防护信号机前一度停车标处停车。待设置好车次号及收到速度码后,凭防护信号机的月白色灯光显示,以 ATO 或人工 ATP 方式驾驶列车至车站停车牌处停车。

2) 列车由正线车站进入车场:凭防护信号机的月白色灯光显示、收到的速度码及发车表示器的稳定白色灯光显示开车,经入场线入场。入场列车在有码区按人工 ATP 方式运行,无码区按慢速前行方式运行;在入场信号机前方停车,然后凭入场信号机的黄色灯光显示进入车场。

3) 列车出入车场的若干规定:有关车站与车场信号楼的值班员应办理行车日志的填

报,内容包括车次、开车点、到达点、反向运行时必须注明径路(出场线或入场线)及命令号。在车站控制时,有关车站与车场信号楼的值班员应向调度员报出入场列车的车次、到开点。车场运转值班员应将出场列车的车号及时报调度员。

(2) 移动闭塞线路:

1) 列车由车场进入正线车站:信号楼办理车场至转换轨区的出场进路,列车以 RMF 方式运行至防护信号机前方一度停车;司机切换手持机频率至正线,凭允许信号继续以 RMF 方式运行至转换轨区;列车在转换轨区出口的防护信号机前方一度停车,司机根据 TOD 显示,列车驾驶模式转换至受控模式(ATO/ATPM)。ATS 系统自动为列车分配运行线及班次、排列进入正线的进路,TOD 显示"最大速度、目标距离",司机驾驶列车由转换轨区进入正线车站。

如果列车驾驶模式无法转换至受控模式(因列车与 MAU 无法建立通信),司机在转换轨区出口的防护信号机前停车报调度员;调度员确认转换轨区出口防护信号机至车站的进路已经排列完毕,命令司机凭转换轨区出口的防护信号机开放显示,驾驶列车越过该信号机运行至车站站台后停车转换至 WSP 模式。

2) 列车由正线车站进入车场:在转换轨区空闲的前提下,系统自动办理由正线车站至转换轨区的入场进路;如系统未自动排列,可由调度员人工排列。列车以 ATO/ATPM/WSP 模式运行至防护信号机前一度停车,驾驶模式转为 RMF 模式,对讲机切换为车库专用频率;司机凭退出信号机的允许信号显示,以 RMF 模式进入车场。

5. 列车运行调整

由于设备故障、乘降拥挤、途中运缓或作业延误等原因,难免出现列车运行晚点的情形。此时,行车调度员应根据列车运行的实际情况,按恢复正点和行车安全兼顾的原则,根据规定的列车等级进行运行调整,尽可能在最短时间内使晚点列车恢复正点运行。

列车的等级依次为:专运列车、客运列车、调试列车、空驶列车和其他列车。在抢险救灾情况下,优先放行救援列车。对同一等级的客运列车,可根据列车的接续车次和载客人数等情况进行运行调整。

下面重点叙述固定闭塞线路的列车运行调整。在采用 ATS 的情况下,列车运行调整有自动调整和人工调整两种。根据 ATS 自动控制功能实现的程度,人工调整可设置几种模式。例如,在系统没有自动控制功能情况下进行人工调整称为全人工模式;在系统具有自动排列进路功能,以及具有对列车时刻表和车次号进行管理功能的情况下,进行人工调整称为人工调度模式等。

(1) 自动列车运行调整:在 ATS 设置为自动调整模式时,系统根据使用时刻表对早、晚点时间在一定范围内的图定列车自动进行列车运行调整。

1) 运行调整基本原理:列车运行的自动调整,通过改变列车停站时间和列车运行等级来实现。系统将 $i$ 站的列车实际到达时间与图定到达时间进行比较,如果列车早点或晚点,首先调整早、晚点列车在该站的停站时间,列车停站时间的计算确定方法如下:

$$t_{站,i}^{计算} = t_{发,i}^{图定} - t_{到,i}^{图定} - t_i^{早(晚)} \tag{5-6}$$

式中:$t_{站,i}^{计算}$——列车在 $i$ 站的计算停站时间(s);

$t_{发,i}^{图定}$——列车在 $i$ 站的图定出发时间(s);

$t_{到,i}^{图定}$——列车在 $i$ 站的图定到达时间(s);

$t_i^{早(晚)}$——列车在 $i$ 站的早、晚点时间(s),该值早点时取负、晚点时取正。

系统规定了列车停站时间的最小值 $t_{站}^{最小}$ 和最大值 $t_{站}^{最大}$。如果 $t_{站}^{最小} \leqslant t_{站,i}^{计算} \leqslant t_{站}^{最大}$,实际列车停站时间取计算值;$t_{站,i}^{计算} \leqslant t_{站}^{最小}$,实际列车停站时间取最小值;$t_{站,i}^{计算} \geqslant t_{站}^{最大}$,实际列车停站时间取最大值。

在 $t_{站,i}^{计算} \leqslant t_{站}^{最小}$ 或 $t_{站,i}^{计算} \geqslant t_{站}^{最大}$ 的情况下,为恢复列车正点运行,需要进一步调整列车在 $i \sim i+1$ 区间的运行时间,计算确定办法如下:

$$t_{区}^{计算} = t_{到,i+1}^{图定} - t_{到,i}^{实际} - t_{站,i}^{实际} \tag{5-7}$$

式中:$t_{区}^{计算}$——列车在 $i \sim i+1$ 区间的计算运行时间(s);

$t_{到,i+1}^{图定}$——列车在 $i+1$ 站的图定到达时间(s);

$t_{到,i}^{实际}$——列车在 $i$ 站的实际到达时间(s);

$t_{站,i}^{实际}$——列车在 $i$ 站的实际停站时间(s)。

系统规定了区间运行时间的最小值 $t_{区}^{最小}$ 和最大值 $t_{区}^{最大}$。如果 $t_{区}^{最小} \leqslant t_{区}^{计算} \leqslant t_{区}^{最大}$,实际区间运行时间取计算值;$t_{区}^{计算} \leqslant t_{区}^{最小}$,实际区间运行时间取最小值;$t_{区}^{计算} \geqslant t_{区}^{最大}$,实际区间运行时间取最大值。

如果调整区间运行时间后仍未能恢复列车正点运行,则要进一步调整前方车站的列车停站时间和前方区间的列车运行时间,直至列车早、晚点时间缩短到一定时间以内。

区间运行时间的调整实质上就是列车运行速度的调整,而列车运行等级的自动降低或升高可实现列车运行速度的自动控制。

2) 运行调整实例分析:某地铁线路的ATS子系统针对列车运行偏离列车运行图的各种可能,设置了太早、很早、早点和太晚、很晚、晚点,以及最大、最小停站时间参数,参见表 5-5。

表 5-5 列车运行调整参数取值

| 参 数 | 取 值(s) | 参 数 | 取 值(s) |
|---|---|---|---|
| 太早 | 90 | 太晚 | 90 |
| 很早 | 60 | 很晚 | 60 |
| 早点 | 10 | 晚点 | 10 |
| 最大停站时间 | 60 | 最小停站时间 | 20 |

列车运行等级设置如下:

1) 运行等级 1:ATS 限速等于 ATP 限速,列车在 ATS 限速±2 km/h 范围内调速。

2) 运行等级 2:ATS 限速等于 ATP 限速,但列车经过惰行标志线圈后,如列车速度高于 30 km/h 时,应惰行进站停车;列车速度低于 30 km/h 时,可提速至 30 km/h 运行。

3) 运行等级 3:除 ATP 限速为 20 km/h 和 30 km/h 外,ATS 限速等于 ATP 限速的 75%。

4) 运行等级 4:ATS 限速等于 ATP 限速的 65%。

正常情况下,系统将列车运行等级设置为运行等级 2。

ATS 子系统计算列车实际到站时间与列车图定到站时间的差值,并将差值与表 5-5 中的参数值进行比较,根据比较结果确定列车运行调整方法。

1) 在早于太早和晚于太晚时,系统不能进行自动列车运行调整。
2) 在早点与晚点之间时,系统不进行列车运行调整。
3) 在早点与很早之间时,列车运行等级不变,调整列车停站时间,停站时间改为图定停站时间加上早点时间,但调整后的列车停站时间不大于列车最大停站时间。
4) 在晚点与很晚之间时,列车运行等级不变,调整列车停站时间,停站时间改为图定停站时间减去晚点时间,但调整后的列车停站时间不小于列车最小停站时间。
5) 在很早与太早之间时,列车降低一个运行等级,并调整列车停站时间。
6) 在很晚与太晚之间时,列车升高一个运行等级,并调整列车停站时间。

(2) 人工列车运行调整:在列车早点早于太早、晚点晚于太晚时,由行车调度员进行人工列车运行调整。行车调度员可在自动调整模式下进行人工列车运行调整。此时,人工调整优先于自动调整。但人工调整时设定的列车停站时间和列车运行等级仅对经过指定车站的指定列车一次有效。当该次列车经过指定车站后,系统将自动恢复对经过该站的后续列车进行自动列车运行调整。

在列车运行秩序较紊乱时,应退出自动调整模式,进行人工列车运行调整。待列车运行基本恢复正常后,再使用自动调整模式。

在自动调整模式下,人工列车运行调整的措施有:
1) 设置列车停站时间。
2) 设置列车运行等级:行车调度员可将初始设定的运行等级2改设为其他运行等级。列车运行等级的设置可由行车调度员在工作站上进行,也可由行车调度员命令司机在当次列车上进行。行车调度员设置只对指定列车一次有效。
3) 设置列车跳停:列车跳停是指图定停站列车在车站上不停车通过。列车跳停设置可由行车调度员在工作站上进行,也可由行车调度员命令司机在当次列车上进行,前者称为中央设置,后者称为列车设置。列车跳停设置仅对ATO自动驾驶的列车有效。

中央设置在列车由前一车站发车前设置才有效。中央设置可对若干个车站同时设置跳停,但对允许设置跳停的车站有所限制。中央设置不能设置一个列车在两个车站连续跳停。

列车设置根据调度命令进行,在列车到达跳停站以前设置有效。列车设置对允许设置跳停的车站没有限制。列车设置具有连续设置跳停功能,但每次设置跳停只对下一站有效。

为保证一定的服务水平和行车安全,规定:
① 一般情况下不办理列车跳停通过。
② 广播故障的列车不办理列车跳停通过。
③ 图定首、末班列车不办理列车跳停通过。
④ 除特殊情形外,客流较大车站不准列车跳停通过。
⑤ 同一车站不允许连续两个列车跳停通过。
⑥ 同一列车不允许连续跳停通过两个车站。
⑦ 列车通过车站的速度按《行规》的规定掌握。

4) 实施扣车:实施扣车是指使发车表示器不显示、列车不能发车;实施扣车后,如要终止列车停站,行车调度员应进行催发车。

行车调度员实施扣车应在列车到达指定站台停稳,并在发车表示器闪光前完成。如遇列车运行秩序紊乱,需要对多个列车分别在各站进行扣车时,行车调度员应及时命令司机在指定车站扣车。扣车时间一般应控制在 10 min 内。

在人工调整模式下，除采用上述列车跳停、扣车等运行调整措施外，其他人工列车运行调整的措施还有：

1) 调整列车在始发站的出发时刻。

2) 组织列车加速运行。采用此措施应充分考虑车辆技术状态、司机驾驶水平和线路允许速度，确保行车安全。

3) 组织乘客快速乘降，压缩列车停站时间。

4) 延长列车停站时间。

5) 变更列车运行交路，组织列车在具备条件的中间站折返。

6) 组织列车反方向运行。在环形线路上，如果列车密度较大方向的运行秩序紊乱，为恢复正点运行，可利用有道岔车站的渡线将列车转到列车密度较小的线路上反方向运行。此外，如果某方向线路由于设备故障或发生事故使正线行车中断时，为恢复列车运行，可利用有道岔车站的渡线将列车转到可正常行车的线路上反方向运行。组织列车反方向运行时，行车调度员应注意确保行车安全。

7) 停运部分列车。为尽快恢复正常运行秩序，行车调度员可根据实际情况抽调部分列车下线。

### 三、调度集中时的列车运行组织

在实行调度集中控制时，正常情况下由行车调度员人工排列列车进路，指挥列车运行，以及进行人工列车运行调整。

行车调度员通过进路控制终端键盘输入各种控制命令，控制管辖线路上的信号机、道岔和排列列车进路；通过显示盘掌握车站信号机显示状态和道岔开通位置、区间和站内线路的占用情况，以及线路上列车运行和分布情况。列车运行调整人工进行，采用的调整措施参见行车指挥自动化时的相关内容。

在调度集中、自动闭塞行车时，列车占用区间的行车凭证为出站信号机的绿灯显示。如出站信号机故障，行车凭证为行车调度员下达的调度命令。追踪列车的安全间隔由自动闭塞设备实现。

### 四、调度监督时的列车运行组织

在实行调度监督控制时，调度监督设备只起监督作用，不具有行车调度员直接控制功能。基本闭塞法通常采用双区间闭塞，即列车间隔按两个区间内只准有一个列车占用进行控制。行车调度员通过显示盘监督出站信号开闭、区间占用情况和列车运行状态，组织指挥列车运行，并按规定收记列车到、发点和绘制实绩列车运行图。

在调度监督、双区间闭塞行车时，列车占用区间的行车凭证为出站信号机的绿灯显示，凭站务员的手信号发车。如出站信号机故障，行车凭证为行车调度员下达的调度命令。连发列车的安全间隔由双区间闭塞设备实现。

在列车晚点或列车运行秩序紊乱时，行车调度员应及时进行列车运行调整，尽快恢复按图行车，可采用的列车运行调整措施与调度集中控制时相同。但应强调，在调度监督控制时，对采取列车跳停、反方向运行等运行调整措施应有更严格的控制。

在调度指挥过程中,如发现车站值班员或列车司机有违章作业情况,行车调度员应及时下令纠正,确保行车安全。

## 第三节 非正常情况下的列车运行组织

非正常情况主要是指列车运行控制设备出现故障、采用代用闭塞法和车站控制的情形。轨道交通采用的代用闭塞法主要是电话闭塞法。

### 一、固定闭塞线路 ATC 系统故障时行车

**1. 控制中心 ATS 设备故障**

控制中心 ATS 自动功能故障时,由行车调度员人工排列进路和进行列车运行调整,以及通知折返列车司机输入新的车次号。控制中心 ATS 显示功能故障时,控制权下放给集中站,由车站值班员在联锁工作站上排列进路。

**2. 车站联锁设备故障**

集中站联锁设备故障时,行车调度员下达按电话闭塞法行车的调度命令,控制权下放给集中站。控制中心和车站共同确认按电话闭塞法行车的第一趟列车运行前方区间和车站空闲,手信号接发列车,列车在故障区间以限速人工驾驶方式运行。

**3. ATP 设备故障**

(1) 车载设备故障:车载 ATP 设备故障时、司机应向行车调度员报告,凭调度命令切除车载 ATP,以限速人工驾驶方式(限速 20 km/h)运行至前方站,清客后以双区间间隔、人工驾驶方式运行至就近有折返线或入段线的车站,退出运营。

(2) 轨旁设备故障:小范围轨旁设备故障时,由行车调度员确认故障区间空闲后,向司机发布调度命令,列车不切除车载 ATP,但在故障区间以限速人工驾驶方式运行,并且在故障区间只准一个列车占用。

大范围轨旁设备故障时,由行车调度员发布调度命令,停止使用基本闭塞法,按电话闭塞法行车。列车切除车载 ATP,以人工驾驶方式运行。列车占用区间的行车凭证为路票,手信号接发列车。

**4. ATO 设备故障**

ATO 设备故障时,列车改为 ATP 防护下的人工驾驶。列车在区间运行速度按 ATP 速度码执行。列车进入通过式车站的限速为 45 km/h,列车进入尽头式车站的限速为 30 km/h。

### 二、移动闭塞线路 CBTC 系统故障时行车

**1. ATS 设备故障**

(1) 控制中心 ATS 设备故障:

1) ATS 工作站故障:系统配置了多个工作站,单个工作站的故障不会影响系统工作,调度员所有的监控操作均可由其他工作站完成。

2) ATS 服务器/SD 故障:ATS 服务器的配置为一主一备,在主用服务器故障时,系统在 10 s 内自动切换到备用服务器进行运营服务;SD(Security Device)是 ATS 系统中起防火墙作用的安全单元。

在两个 ATS 服务器均无法使用时（故障或通信故障），系统在 10 s 内激活车站 ATS 服务器，自动降级为车站控制模式。此时，车站 ATS 服务器与车载控制器不通信，但车站 ATS 服务器、车载控制器继续与 MAU 通信，车站 ATS 服务器从 MAU 接受列车位置报告。列车仍以 ATO 驾驶模式运行。

在两个 ATS 服务器故障时，应通知全线列车在就近车站停车，在与终点站及支线接轨站核对列车占用情形后，再布置各站后续的发车要求。

在车站控制时，车站值班员只监控本区域的列车运行。列车越过控制区域边界，受控列车不受影响、可正常运行。非受控的通信列车，发车区域值班员在本区域最后一个车站列车进路触发之前复位列车，人工排列列车到边界信号机的进路；司机确认轨旁信号机显示动车，驾驶列车到边界信号机前方停车；发车区域值班员排列列车到下一个车站的进路；司机确认轨旁信号驾驶列车越过边界；如果运行线自动分配功能激活，列车运行至接车区域的第一个车站，车站 ATS 将自动给列车分配缺省的运行线。非受控的非通信列车，在越过边界进入接车区域、给它们分配缺省运行线前，接车区域值班员应对列车进行占用关联。

ATS 服务器/SD 恢复正常后，由车站控制转换为中央控制，行车调度员激活时刻表，重新给全线列车分配班次。

（2）本地 SD 故障：在故障区域内运行的受控列车紧急制动；故障区域外受控列车的移动授权只能延伸到故障区域边界，而故障区域内的列车无法建立受控模式。

行车调度员应将故障区域外的列车扣车在进入故障区域边界前的最后一个车站，通知故障区域集中站激活 ATS 服务器，实行车站控制；待故障区域内所有列车停站后，车站值班员将故障区域转为后备模式；调度员与司机、值班员共同确认故障区域内列车位置，值班员对故障区域内所有列车进行占用关联；值班员办理故障区域内的列车进路；在故障区域内，列车以 WSP 模式，凭 TOD 显示的最大速度及轨旁信号允许显示运行。

列车从非故障区域进入故障区域：受控列车运行至区域边界后停车，司机凭调度命令确认轨旁信号以 RMF 模式动车，WSP 模式可用后，停车转换至 WSP 模式运行；非受控列车确认轨旁信号，凭 TOD 显示的最大速度运行。值班员对进入故障区域的列车进行占用关联；列车到达故障区域车站后被自动分配缺省的运行线，值班员可根据运营需要对缺省运行线进行修改。

列车从故障区域进入非故障区域：列车运行至边界停车后，接车区域为列车排列越过边界的进路，列车凭轨旁信号允许显示越过边界；对非通信列车，在进入非故障区域后应停车，值班员对该列车进行占用关联，为列车分配运行线与班次。

本地 SD 恢复正常后，原故障区域转为 CBTC 模式；在转换模式时，原故障区域的列车应停站；转为 CBTC 模式后，原故障区域的列车重新建立受控模式。

2. 轨旁设备故障

（1）PMI 故障：分为 PMI-MEI（电子联锁模块）故障和 PMI-SCOM（通信模块）故障两类。在 PMI 故障时，故障区域现场信号机红灯显示，道岔处于非锁闭状态；受控列车紧急制动，非受控列车在红灯信号前停车。

在 PMI-MEI 故障时，由调度员、司机和值班员共同确认故障区域内列车位置；故障区域实行车站控制，按电话闭塞法行车，手信号接发列车；在按电话闭塞法行车前，取消故障区域内的所有列车进路；终点站、接轨站的道岔手动转换；在列车继续运行前，必须确保中间站道岔钩锁在正确位置。

PMI 恢复正常后，默认备用模式，需人工转为 CBTC 模式；转换模式时，列车应停车。转为 CBTC 模式后，调度员安排列车以 RMF 模式清扫 NCO（非通信障碍物），待受控模式可用和得到调度员同意后停车转换至受控模式。调度员还应打开原故障区域的所有站台轨道。

（2）MAU 故障：故障区域列车进路消失、现场信号机红灯显示；受控列车紧急制动，非受控列车在红灯信号前停车；故障区域外受控列车的移动授权只能延伸到故障区域边界，而故障区域内的列车无法建立受控模式。

在 MAU 故障时，有条件时先进行 MAU 重启；无条件重启或重启不成功，将故障区域转为后备模式；在转为后备模式前，调度员应确保相邻区域的列车不会进入故障区域、并且故障区域内的列车已经停车。

在故障区域内的列车，司机凭调度命令确认轨旁信号以 RMF 模式动车，WSP 模式可用后，停车转换至 WSP 模式运行。列车从非故障区域进入故障区域，受控列车运行至区域边界后停车，司机凭调度命令确认轨旁信号以 RMF 模式动车越过边界，建立 WSP 模式；非受控列车确认轨旁信号，凭 TOD 显示的最大速度运行越过边界。列车从故障区域进入非故障区域，待受控模式可用后，根据调度命令，转换成受控模式

MAU 恢复正常后，调度员应令故障区域内列车在就近车站停车、并打开全部关闭的轨道，将原故障区域从后备模式转为 CBTC 模式；安排列车对 NCO 进行清扫，重新建立受控模式；为故障区域内的列车分配运行线和班次。

（3）计轴区段故障（计轴受扰）：计轴故障时将产生错误的计轴占用状态，线路相应区段会显示橙色或紫色光带。例如：在计轴结果为出的轮轴数大于进的轮轴数时显示橙色光带。

在 CBTC 模式下，未清扫的 NCO 是一个报告占用状态与计轴受扰、可能存在列车占用的计轴区段。未清扫的 NCO 对列车是一个障碍物，LMA 和 AMT 不能延伸通过未清扫的 NCO。清扫的 NCO 是一个报告占用状态、但 MAU 确认为空闲的计轴区段，LMA 和 AMT 可以延伸通过清扫的 NCO。

在非道岔区段有未清扫的 NCO 时，进入预复位状态；通信列车在相邻区段外方停车、非通信列车在相邻区段红灯信号机前停车；调度员人工排列越过未清扫 NCO 的列车进路；司机凭调度命令转换至 RMF 模式，越过前方信号机，对计轴受扰进行清扫，清扫完成后，凭调度命令停车重新建立受控模式（通信列车）或 WSP 模式（非通信列车）。

在道岔区段有未清扫的 NCO 时，进入预复位状态；通信列车在相邻区段外方停车、非通信列车在相邻区段红灯信号机前停车；如道岔不需要动作，调度员人工排列越过未清扫 NCO 的列车进路，司机凭引导信号越过故障区段进行清扫；如道岔需要动作，车站进行手摇道岔作业，司机凭调度命令转换至 RMF 模式，确认手信号及道岔位置，越过故障区段进行清扫。

列车通过计轴区段，如果进入的轮轴数与离开的轮轴数相等，表明计轴受扰状态清除。

3. 车载设备故障

（1）车载控制器故障：包括失去定位信息和完全故障两类。

在失去定位信息时，VOBC 与 MAU 终止通信、但与 ATS 保持通信，ATO、ATPM 和 WSP 模式运行的列车将紧急制动。系统将列车转换为非通信列车，根据计轴区段的占用状

态来组织列车运行。当列车已有一条进路,并且 LMA 的保留时间已终止,MAU 自动将 LMA 转为 AMT。调度员应与司机确认列车进路,并授权列车以 RMF 模式运行。当 TOD 显示 ATO/ATPM 模式可用时,司机停车切换到受控模式;MAU 根据前一个 ATS 进路请求自动将 AMT 转为 LMA。如果失去定位信息故障不能消除,列车应退出运营。

在完全故障时,列车将紧急制动。列车停车后,重启 VOBC。如果 VOBC 重启成功,列车以 RMF 模式运行,重新建立定位和轮径校准,然后转换到受控模式。如果 VOBC 重启失败,列车应以切除 ATP 方式运行至指定地点退出运营。

(2) TOD 黑屏:司机应向调度员报告。除 ATO 运行列车,其余列车均应切除 ATP,按调度命令和轨旁信号显示、限速 60 km/h 运行;切除 ATP 列车与前行列车至少保持一站一区间的安全间隔;TOD 黑屏的列车原则上运行至终点站应退出运营。

4. 无线通信系统故障

在无线通信系统(CBTC 系统)故障的情况下,为使线路能继续运营、以及确保列车安全运行,移动闭塞线路大多采用降级运行信号系统,即后备模式。降级运行信号系统的组成包括:计轴固定闭塞、车站微机联锁、地面信号机与传感器(有源信标)等。

降级运行信号系统的列车运行控制原理:基于计轴器(图 5-6)的列车占用检测;信号机显示激活传感器,传感器向列车传送相关信息;列车以 WSP 模式运行;基于计轴区段、"双红灯"防护的列车间隔控制;PMI 完成列车进路联锁控制;车载控制器完成速度控制、超速防护、"闯红灯"防护和列车倒溜防护;控制中心 ATS 按时刻表自动排列进路,但也支持人工排列进路;在车站控制时,人工排列进路。

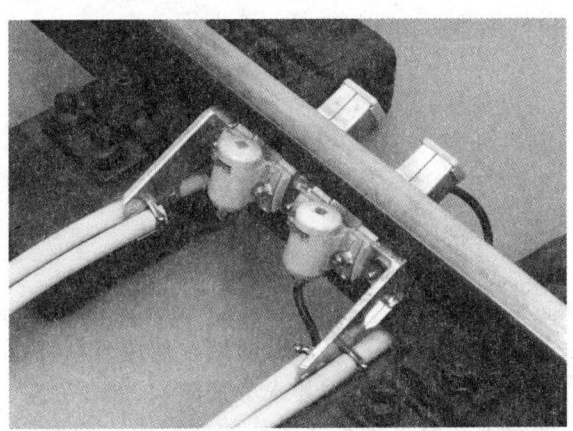

图 5-6 计轴器

调度员在转为后备模式前,应确保相关区域内的所有列车停车;将系统转为后备模式需时 3 min。

在后备模式下,MAU 不工作。ATS 向 PMI 发送进路请求(图 5-7),PMI 基于固定闭塞原理设置进路及开放信号。列车按照 PMI 建立的进路,在 WSP 模式下运行。

对控制中心 ATS 自动排列或调度员人工排列的自动解锁进路,在列车通过该进路后自动解锁;而对调度员人工排列的非自动解锁进路,在列车通过该进路后需要人工解锁。如果列车进路内有一个受扰的计轴区段,调度员需要排列一条人工解锁进路使列车通过受扰区段,防护信号机显示引导信号。

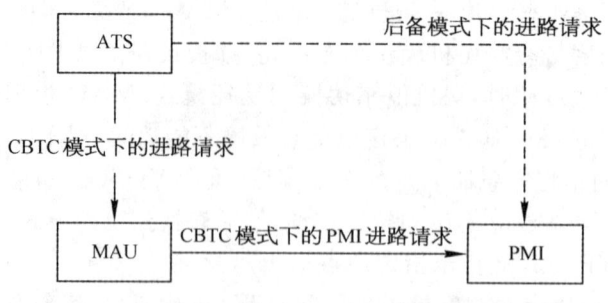

图 5-7 后备模式下的进路请求

### 三、电话闭塞法行车

在停用基本闭塞设备、车站联锁设备故障、列车反方向运行(反方向运行区段有 ATP 速度码除外)、开行施工列车和轨道车时,均应停止使用基本闭塞法,改用电话闭塞法行车。

电话闭塞法是在没有机械、电气设备控制的条件下,仅凭站间行车电话联系来保证列车空间间隔的一种临时代用的行车闭塞法。改用电话闭塞法或恢复基本闭塞法行车,均应有行车调度员发布的调度命令。电话闭塞法行车时,列车占用区间的行车凭证为路票(图 5-8),凭手信号发车。

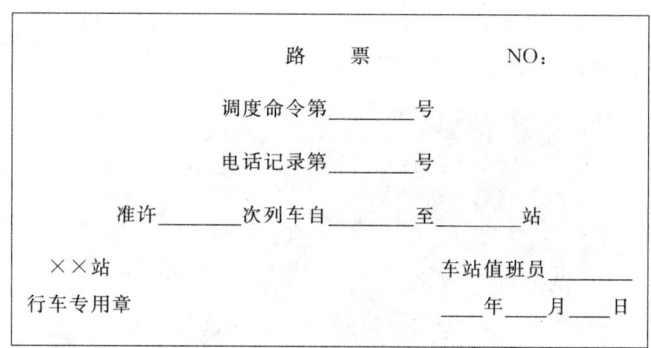

图 5-8 路票

在改用电话闭塞法行车时,行车调度员应及时调整使用时刻表,车站值班员根据调整后的使用时刻表,严格按照规定的作业程序与要求办理闭塞、准备进路、显示信号和接发列车。

路票在确认闭塞区间空闲并取得接车站承认闭塞后方可填发。为了确保行车安全,原则上,路票应由车站值班员亲自填写。

路票填写应内容齐全、字迹清楚,涂改无效。对无效路票应注销,重新填写。车站值班员应将填写的路票与电话记录号码进行核对,确认无误并签名后方可交给司机。

电话记录号码每站一组,按日循环使用;相邻站不使用相同的号码;每个号码在一次循环内只使用一次,号码一经发出,无论生效与否,不得重复使用。

### 四、特殊情况下列车运行

1. 列车反方向运行

正常情况下,列车按正方向运行,但在特殊情况下,可组织列车反方向运行。列车反方向运行,应按规定程序进行审批,以调度命令下达执行。行车调度员应对反方向运行列车重点监控,确保行车安全。

在固定闭塞线路,如反方向运行区段有 ATP 速度码,列车以 ATP 防护下的人工驾驶方式运行,行车凭证为列车收到的 ATP 速度码,发车凭证为调度命令;如反方向运行区段无 ATP 速度码时,列车以双区间间隔、人工驾驶方式运行,行车凭证为调度命令,列车的区间运行限速为 60 km/h、进入车站限速为 30 km/h。在反方向运行区段无闭塞设备控制时,控制权应下放,改用电话闭塞法行车,列车应按规定限速运行。此时,列车占用区间的行车凭证为路票。

在移动闭塞线路,对受控列车,调度员可视运营调整需要酌情使用列车反方向运行功能,但应加强监控;对非受控列车,原则上不允许列车反方向运行,特殊情况下需要非受控列车反方向运行,列车切除 ATP、按规定限速运行,改用电话闭塞法行车,列车发车间隔应符合"二站二区间"空闲的要求。

2. 列车退行

列车因故需要退行时,司机应立即向行车调度员报告。行车调度员在确认进入相邻区间的后行列车已停车和车站已广播通告乘客注意安全的情况下,下达准许列车退行的调度命令。

司机以 3 km/h 速度退行,退行列车在进站位置处应一度停车,由接车人员手信号引导进站。站台服务人员负责列车退行的安全防护。退行列车进站后,司机应立即向行车调度员报告。

在实行电话闭塞法行车时,列车出发后退回发车站,由发车站发出电话记录号码作为与邻站取消闭塞的依据。

3. 救援列车开行

在接到司机的救援请求后,如果确定由在线列车担当救援任务,行车调度员应尽可能根据正向救援的原则指派救援列车,并及时向担当救援任务的列车司机下达调度命令,以及向有关车站值班员下达封锁区间的调度命令。

在线列车担当救援任务时,原则上应先清客、后担当救援任务;如列车在区间内,救援列车与故障列车连挂后,运行至最近车站清客。有关车站应根据救援命令,适时进行扣车、准备列车进路,并做好客运组织工作。

向封锁区间开行救援列车,不办理行车闭塞手续,以调度命令作为进入封锁区间的凭证、手信号发车。救援列车接近故障列车时应一度停车,然后与故障列车安全连挂。在连挂前,救援列车与故障列车均切除 ATP。在进行连挂作业时,调车指挥人为救援列车司机,连挂速度不得超过 3 km/h。

救援列车牵引运行与推进运行采用人工驾驶方式。牵引运行时,前方进路由救援列车司机负责了望和确认,区间运行限速 40 km/h;推进运行时,前方进路由故障列车司机负责了望和确认,区间运行限速 30 km/h。

### 五、检修施工时列车运行

除了必须中断列车运行的设备抢修和必须利用列车间隔来排除设备故障外,轨道交通的检修施工作业原则上安排在非运营时间进行。在确认进行夜间检修施工时,行车调度员既要根据检修施工计划的安排,保证检修施工作业能顺利完成,又要确保次日运营能正常进行。夜间检修施工作业必须在次日运营前 40 min 结束。

为减少施工列车占用正线,在需要开行施工列车时,各部门应周密计划,尽量合并装运、压缩开行列次,行车调度员在满足检修施工作业的前提下,尽量缩小线路封锁或线路封闭的范围。

开行施工列车时,按电话闭塞法行车或根据调度命令办理,并按批准的运行进路、运行方式开行。施工列车推进运行时应在列车前部设专人引导。到达检修施工地段后,应在防护人员显示的停车手信号前停车,然后再按调车作业办法进入指定地点。

为简化作业手续、提高作业效率,当封锁区间内只有一个施工列车,但该列车需多次往返运行时,可采用封闭区间运行的办法。采用该办法,除应有调度命令准许外,还必须做到:封闭区间内无其他检修施工作业,封闭区间内所有道岔均开通于施工列车运行方向,施工列车不准越出封闭区间,以及施工列车按调度命令指定时间离开封闭区间。

在施工列车作业区域,原则上不安排其他检修施工作业。同一线路上,有两列及以上施工列车进行作业,施工列车安全间隔为至少二站一区间;施工列车作业区域与无需动车作业区域的安全防护间隔为至少一站一区间;施工列车作业区域与需接触网停电作业区域的安全防护间隔为至少一个供电区段。

在检修施工中发生设备损坏、人员伤亡或不能按时完成检修施工作业时,行车调度员应立即报告值班主任,采取有效措施确保次日运营能正常进行。检修施工结束后,行车调度员根据车站值班员的报告,在确认运营设备试验完好、检修施工人员和机具撤离后,下达调度命令同意注销检修施工。

### 六、时间间隔法行车

按电话闭塞法行车时,如果车站一切电话中断,为了维持列车运行,双线线路可采用时间间隔法行车。此时,列车占用区间的行车凭证是红色许可证,凭手信号发车。车站值班员应指定按时间间隔法行车的第一趟列车司机将改用时间间隔法的情况通告前方车站。

为了保证行车安全,中间站道岔均应开通列车运行方向,禁止办理影响正线列车运行的调车作业。此外,连续发出两列车的间隔时间和列车运行速度均应符合行车规章的规定。

在电话通信恢复正常时,车站值班员向行车调度员汇报列车运行情况,并根据调度命令恢复原行车闭塞法。

# 参 考 文 献

[1] 张国宝.城市轨道交通运输组织.北京:中国铁道出版社,2000
[2] 黄钟.上海城市轨道交通 ATC 系统的发展策略.城市轨道交通研究.2003(1):6～8
[3] 斯亚非.上海地铁一号线中心列车自动监控(CATS)系统的组成(三).地铁与轻轨.1998(1):40～43
[4] 斯亚非.上海地铁一号线中心列车自动监控(CATS)系统的组成(四).地铁与轻轨.1998(3):23～25
[5] 梁东升.自动列车监控 ATS 在广州地铁一号线信号系统的应用.地铁与轻轨.2000(1):38～42
[6] 张大华.列车自动调整系统.地铁与轻轨.1999(3):44～47

[7] 张大华.地铁列车运行自动调整功能的改进.城市轨道交通研究.2004(3):70~73
[8] 北京市地下铁道公司.地下铁道技术管理规程.北京:1988
[9] 上海轨道交通运营管理中心.上海轨道交通1号线行车组织管理办法.上海:1998
[10] 上海轨道交通运营管理中心.上海轨道交通行车调度工作规程.上海:2009
[11] 广州市地下铁道总公司.广州地铁2号线行车组织规则.广州:2003
[12] 上海轨道交通维护保障中心.上海轨道交通11号线ATS系统用户手册.上海:2010
[13] 泰雷兹.上海轨道交通11号线3阶段操作功能和故障处理.上海:2010

# 第六章　车站作业组织

在运输生产活动中,车站起着极为重要的作用。车站是线路上供列车到发、通过的分界点,某些车站还具有折返、停车检修和临时待避等功能;车站是客流集散的场所,是乘客出行乘坐列车的始发、终到及换乘地点,也是运营企业与服务对象的主要联系环节;车站还是轨道交通各工种联劳协作的生产基地。

车站的运输生产活动主要由行车作业和客运作业两部分组成。车站行车作业包括接发列车作业、列车折返作业等。车站客运作业包括售检票、组织乘客乘降和换乘作业等。

车站的分类可从不同的角度进行。就车站作业而言,主要是按运营功能、是否具有站控功能和车站设置标高分类。

1. 按运营功能分类

(1) 终点站。是指线路两端或列车交路两端的车站,除供乘客上下车外,通常还具有列车折返、停留或临时检修等运营功能。

(2) 中间站。一般只供乘客上下车。有的中间站设有配线,可供列车越行;也有的中间站设有折返设备,可供列车折返。

(3) 折返站。设有折返线、渡线等折返设备,可供长、短交路列车进行折返作业的车站。

(4) 换乘站。设在两条及以上线路的交汇点,除供乘客上下车外,还供乘客由一条线路的列车换乘到另一条线路的列车上去。

2. 按是否具有站控功能分类

(1) 集中站。是指具有站控功能的车站,集中站车站值班员根据调度命令,可监控集中站管辖线路上的列车运行、办理电话闭塞行车和执行扣车、催发车等列车运行调整措施。集中站通常设置在有道岔车站。

(2) 非集中站。是指不具有站控功能的车站。

3. 按车站设置标高分类

(1) 地面站。

(2) 地下站。一般设置两层,即站厅层和站台层。根据车站埋深,地下站又分为浅埋式车站和深埋式车站。

(3) 高架站。一般设置两层,即站厅层和站台层。

## 第一节　车站技术设备

车站每天要办理大量的行车作业与客运作业。为此,根据车站的运营功能和客流量的不同,车站上应设置各种不同种类和容量的行车设备与客运设备。

## 一、行车设备

1. 线路

车站线路包括正线、配线、折返线和存车线等。正线是列车在站内到发、通过及停留的线路;配线是供列车待避、越行的线路,为了降低工程投资,轨道交通车站一般不设置配线;折返线是供列车折返的线路,折返线的布置应尽可能保证线路最大通过能力的实现;存车线是临时停放列车的线路,存车线的设置应兼顾运营功能需要与车站造价控制。车站辅助线的长度一般按远期列车长度加 30 m 设计。

地下车站的线路通常采用"高站位、低区间"设计,如图 6-1 所示。列车在进站前上坡缓行、出站后下坡加速。这种凸形纵断面设计对行车安全、节约电能、减少加减速时间、降低乘客出入站升降高度、降低造价和缩短工期都是有利的。

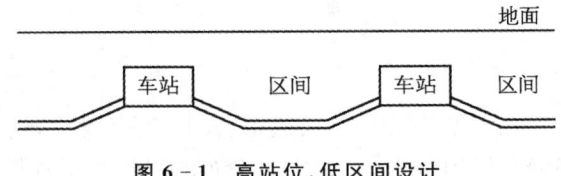

图 6-1 高站位、低区间设计

地下车站的线路坡度,考虑排水因素与防止列车溜逸,一般设计为 2‰。地面车站与高架车站的线路一般设置在平道上。

2. 道岔与渡线

(1) 道岔:道岔是使列车、车辆由一条线路转入另一条线路的连接设备,通常设置在车站上和车辆段(停车场)内,是轨道的组成部分。道岔有单开道岔、双开道岔和交分道岔等类型,单开道岔是最常用的道岔。

单开道岔由转辙器(包括尖轨、基本轨和转辙机械)、连接部分(包括直轨和导曲线轨)、辙叉及护轨(包括辙叉心、翼轨和护轮轨)三部分组成,见图 6-2。

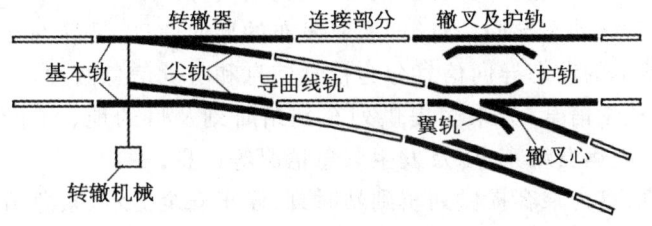

图 6-2 单开道岔的组成

道岔号数以辙叉号数 $N$ 表示($N=\operatorname{ctg}\alpha$),辙叉角 $\alpha$ 越小、辙叉号数 $N$ 越大,列车通过道岔速度,尤其是侧向通过道岔速度也越高。轨道交通正线和辅助线一般采用 9 号道岔,车辆段线路一般采用 7 号道岔。

(2) 渡线:为使列车、车辆能从一条线路转入另一条线路,应设置渡线。渡线有单渡线和交叉渡线两种。

单渡线由两副单开道岔和道岔间的直线段组成,交叉渡线由四副单开道岔和一副菱形交叉组成,分别见图 6-3 与图 6-4。

图 6-3 单渡线　　　　　　　图 6-4 交叉渡线

**3. 信号与通信设备**

为保证行车作业安全和提高行车作业效率,车站设置信号、联锁和通信设备。

(1) 信号设备:车站信号设备包括出站信号机、发车表示器、防护信号机和阻挡信号机等。车站锁设备设置在有道岔车站,有电气集中联锁设备和微机联锁设备两种类型。在采用列车自动控制系统时,车站还设置车站 ATS 等设备。

(2) 通信设备:用于车站行车作业的通信设备主要有站间行车电话、集中电话和无线调度电话等。

## 二、客运设备

**1. 乘客导向系统**

乘客导向系统由设置在车站外、出入口、通道、站厅、站台和车辆等处,包括图形、文字、符号和数字在内的各种静态导向标志,以及实时发布的视觉和听觉导向信息组成。

(1) 导向系统组成:

1) 静态导向标志:按基本功能不同,静态导向标志分为方向性标志、示警性标志和服务性标志三种。

方向性标志为乘客提供引路信息和定位信息,如出入口方向、售检票区域方向、换乘方向、列车运行方向、紧急出口等。

示警性标志一般是危险或警告标志,指示乘客注意安全或不能进入,如注意碰头、禁止吸烟、乘客止步、严禁跳下站台、高电压危险等。

服务性标志为乘客提供公共服务信息,如线路和车站分布图、列车运行时刻表、票价信息、厕所、公用电话、车站周边公交线路与公共设施指南等。

2) 动态导向信息:动态导向信息,即实时发布的导向信息,是静态导向标志的补充。按媒介形式不同,车站上的动态导向信息分为视觉信息和听觉信息两种。

站台上的电子视觉信息,为乘客提供列车到站时刻及目的地、列车到站预告及安全提示、末班车离开后本站运营结束、以及发生紧急情况等信息。

车站内的广播信息为乘客提供列车到站时刻、候车安全提示、紧急情况时的安抚乘客和撤离通知等信息。

(2) 导向系统设计:导向系统是为方便乘客及其出行服务的,导向系统设计的关键是了解与满足不同乘客以及他们在不同地点对导向信息的需求。导向系统设计的要点如下:

1) 全过程、不中断地提供导向信息:从车站外面的公交站点与商业设施到车站出入口、从车站出入口到站台以及换乘站台之间,在乘客决策前行方向的位置处均应设置导向标志,以排除乘客对前行方向是否正确的疑虑。

2) 静态导向标志以图形、符号及它们的组合为主:应采用标准的用语、规范的字体、易于辨认与理解的符号、统一的形状与颜色、合理的设置位置。

3) 在满足引导客流的功能前提下,信息量应最小,为避免导向信息被弱化,商业广告应远离导向标志。

4) 考虑盲人乘客、轮椅乘客、不识汉字乘客对导向标志设置的特殊要求：如设置盲道触觉导向标志、在无障碍通道内设置导向标志以及采用中英文对照等。

5) 考虑运营结束后保养、维修的方便与经济。

2. 售检票设备

售检票设备是指为乘客提供售票和检票服务的相关设备。目前，国内新建轨道交通线路均采用自动售检票系统。

在自动售检票（AFC）系统的发展过程中，先后出现了磁卡 AFC 系统、接触式 IC 卡 AFC 系统和非接触式 IC 卡 AFC 系统三种技术制式。由于非接触式 IC 卡 AFC 系统具有使用方便快捷、售检票能力高、运营成本低等优点，使其成为轨道交通 AFC 系统的首选技术制式。

车站自动售检票设备主要有自动售票机、半自动售票机、检票机、自动验票机和自动加值机等。关于车站售检票设备的详细介绍，可参阅第八章内容。

3. 站台

站台供列车停靠和乘客候车、上下车使用。站台按型式不同，有岛式站台、侧式站台、混合式站台和纵列式站台等型式，如图 6-5 所示。岛式站台在地下车站采用较多；侧式站台在高架车站采用较多；混合式站台通常是在需要较大的通过能力情况下采用；纵列式站台主要是路权共用的轻轨线路采用。岛式站台与侧式站台比较见表 6-1。

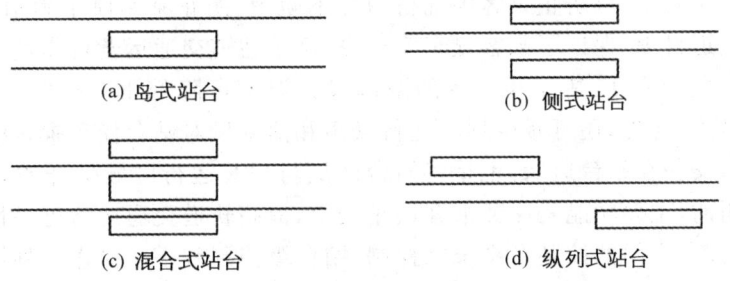

图 6-5 站台型式示意图

表 6-1 岛式站台与侧式站台比较

|  | 岛 式 站 台 | 侧 式 站 台 |
| --- | --- | --- |
| 站台利用 | 较高 | 较低 |
| 乘客服务 | 折返方便、可能乘错方向 | 折返不便、不会乘错方向 |
| 客运管理 | 管理集中 | 管理分散 |
| 工程投资 | 较大 | 较小 |
| 站台延长 | 困难 | 容易 |

实践中，还存在车站的两个侧式站台分别位于上、下层的特殊站台型式，如上海轨道交通 11 号线曹杨路站的上、下行线侧式站台分别位于地下 3 层与地下 2 层。

4. 站台屏蔽门/安全门

站台屏蔽门安装在站台边缘，是将站台区域与列车运行区域隔开的设备，见图 6-6。

站台屏蔽门系统由门体结构、门机驱动系统和控制系统组成。

图 6-6 站台屏蔽门

站台屏蔽门的主要功能：

（1）降低空调能耗：避免列车运行产生的活塞风进入站台区域，减少站台区域与列车运行区域的热交换。根据广州地铁 2 号线的资料，安装站台屏蔽门后，车站空调的负荷可以降低 40% 以上。

（2）保证候车安全：可防止乘客因拥挤而掉下轨道、防止乘客跳下轨道拾取物品、防止外部人员跳下轨道自杀，保证了乘客候车安全、提高了轨道交通运营可靠性。

（3）提高环境舒适度：站厅和站台的空调设计温度可降低 1 ℃～2 ℃，且温度波动较小、气流相对稳定。此外，还可减少列车运行噪声和活塞风对站台候车乘客的影响。

站台安全门安装在站台边缘，也是将站台区域与列车运行区域隔开的设备。但站台安全门不是全封闭的，主要功能是保证乘客候车安全，提高轨道交通运营可靠性。

站台屏蔽门/安全门的控制有系统级控制、站台级控制和手动操作三种模式。

（1）系统级控制：在正常运行情况下，由列车司机对屏蔽门/安全门进行控制。在列车到站并停在允许误差范围内时，列车司机在驾驶室内开启和关闭屏蔽门/安全门。此时，车门与屏蔽门/安全门同时开闭。

（2）站台级控制：在列车到站并停在允许误差范围内时，如系统级控制无法实现，列车司机可通过站台上的控制盘开启和关闭屏蔽门/安全门。

（3）手动操作：在单个屏蔽门/安全门出现故障不能正常开启时，由工作人员在站台侧用钥匙开启屏蔽门/安全门，或乘客在轨道侧用手开启屏蔽门/安全门。

5．升降设备

车站升降设备主要有楼梯、自动扶梯和无障碍电梯等，其作用是为乘客提供快速、舒适的升降服务。

为降低运输成本，出入口的升降设备通常采用步行楼梯，但在出入口提升高度超过 6 m 时应设置上行自动扶梯，超过 12 m 时应设置上、下行自动扶梯；站厅、站台间的升降设备通常采用上行自动扶梯、下行步行楼梯，但在高差超过 6 m 时应设置上、下行自动扶梯。自动扶梯选用重载型，要求每天能连续工作 20 h，在任何 3 h 内持续重载（每个梯级 120 kg）时间不小于 1 h。

无障碍电梯主要是为行动不便的乘客服务。广州地铁 2 号线在国内首次采用了楼梯升降机(图 6-7),主要是为轮椅乘客服务。楼梯升降机操作安全方便、占用空间不大,安装后保证进、出车站均有一条无障碍通道。

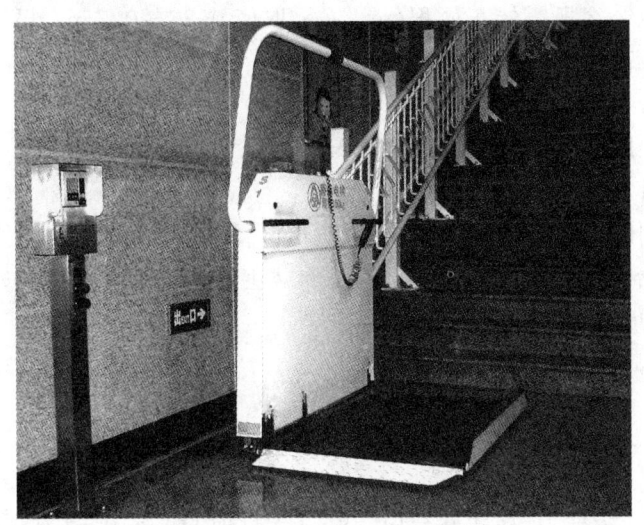

图 6-7　楼梯升降机

6. 其他设备

车站的其他客运设备还有广播、照明、通风和空调设备等。

### 三、设备容量及其确定

设备容量是指站台、通道、楼梯、自动扶梯和售检票设备等的能力,它决定了车站的规模,也是车站日常作业顺利进行的物质基础。

车站设备容量计算确定的基本依据之一是车站远期高峰小时预测客流量,但还要考虑高峰小时内进出站客流的不均衡性。在高峰小时内,存在一个 15~20 min 进出站客流特别集中的时间段,称为超高峰期。超高峰期平均客流与高峰小时平均客流的比值称为超高峰系数。

为了避免乘客因拥挤而不能顺畅地进出车站,甚至影响列车的正常运行秩序,必须考虑超高峰期内客流强度较大这一因素。从留有余地出发,应采用设计客流量来计算确定车站设备容量。高峰小时设计客流量等于高峰小时预测客流量乘上超高峰系数。

超高峰系数一般取值为 1.1~1.4。终点站、客流较大的换乘站和中间站通常取高限值,其他车站则取低限值。

1. 站台长度、宽度

(1) 站台长度:站台长度根据远期列车长度确定,考虑到列车停车位置误差和列车司机确认信号需要,站台长度一般预留 1~2 m。

站台宽度由站台型式、客流量、楼梯位置和列车间隔等因素决定。

(2) 站台宽度:

1) 侧式站台:侧式站台宽度计算公式为:

$$B_{侧} = \frac{P_{设计} M}{n_{高峰} L_{有效}} + b_{安} + b_{柱} + b_{梯} \tag{6-1}$$

式中：$B_{侧}$——侧式站台宽度(m)；

$P_{设计}$——远期高峰小时设计客流量(人)；

$M$——每位乘客所需候车面积($m^2$/人)，取值 $0.33 \sim 0.75 m^2$/人；

$n_{高峰}$——远期高峰小时开行列车数(列)；

$L_{有效}$——站台有效长度(m)；

$b_{安}$——安全附加宽度(m)，取值 0.5m；

$b_{柱}$——站台立柱宽度(m)；

$b_{梯}$——控制断面自动扶梯与楼梯宽度(m)。

在上式中，站台有效长度 $L_{有效}$，按列车长度减去列车头部至最前车门的长度和列车尾部至最后车门的长度确定。

2) 岛式站台：岛式站台宽度计算公式为：

$$B_{岛} = 2\left(\frac{P_{设计} M}{n_{高峰} L_{有效}} + b_{安}\right) + b_{柱} + b_{梯} \tag{6-2}$$

式中：$B_{岛}$——岛式站台宽度(m)；

站台宽度的设计标准为：岛式站台应≥8 m(无柱时)或≥10 m(有柱时)，侧式站台应≥3.5 m(无柱时)。根据理论计算得到的站台宽度值，应与设计标准进行比较，如小于设计标准值，应取设计标准值。实践中，站台宽度的取值，岛式站台一般为 8～15 m，侧式站台一般为 3.5～6 m。

2. 出入口、通道宽度

车站出入口、通道宽度的确定以远期高峰小时设计客流量为依据。出入口宽度又与通道宽度有关，它们的计算公式如下：

$$B_{通道} = \frac{P_{设计}}{C_{通道} n_{通道}} \tag{6-3}$$

$$B_{单} = B_{通道} \tag{6-4}$$

$$B_{双} = \frac{1.25 B_{通道}}{2} \tag{6-5}$$

式中：$B_{通道}$——通道宽度(m)；

$C_{通道}$——每米宽的通道通过能力(人/h)；

$n_{通道}$——通道数(个)；

$B_{单}$——衔接一个方向的出入口宽度(m)；

$B_{双}$——衔接两个方向的出入口宽度(m)。

在上式中，系数 1.25 是考虑了出入口客流分布的不均衡；每米宽的通道通过能力 $C_{通道}$，单向通道取值为 5 000 人/h，双向通道取值为 4 000 人/h。

根据设计标准，通道的宽度应≥2.4 m，一个车站至少应有两个出入口。此外，出入口的通过能力应大于楼梯和自动扶梯的输送能力。

3. 楼梯宽度

楼梯宽度计算公式为：

$$B_{楼梯} = \frac{P_{设计}}{n_{高峰} t_{高峰} P_{密度} V_{客流}} \qquad (6-6)$$

式中：$B_{楼梯}$——楼梯宽度(m)；

$t_{高峰}$——高峰小时列车间隔时间(s)；

$P_{密度}$——客流密度(人/m²)；

$V_{客流}$——客流移动速度(m/s)。

在上式中，客流密度 $P_{密度}$ 按一般拥挤程度考虑，取值 2.2 人/m²；客流移动速度 $V_{客流}$ 取值 0.5 m/s。根据设计标准，单向楼梯宽度应≥1.8 m，双向楼梯宽度应≥2.4 m。

**4. 自动扶梯输送能力**

自动扶梯输送能力可按下式计算：

$$C_{自扶} = 3\,600 V_{自扶} m p \varphi \qquad (6-7)$$

式中：$C_{自扶}$——自动扶梯输送能力(人/h)；

$V_{自扶}$——自动扶梯运行速度(m/s)，取值 0.65m/s；

$m$——每延米梯级数；

$p$——每个梯级站立人数；

$\varphi$——自动扶梯乘载系数，$\varphi = 0.6 \times (2 - V_{自扶})$。

根据设计标准，自动扶梯设计输送能力应不大于 9 600 人/h。

## 第二节 车站行车作业

### 一、行车作业基本要求

车站行车作业包括列车接发作业、列车折返作业等。车站行车作业应按照列车运行图要求，不间断地接发列车与折返列车，确保行车安全与乘客安全。对车站行车作业的基本要求是：

**1. 执行命令听从指挥**

严格执行单一指挥制，车站行车作业由车站值班员统一指挥。列车在车站时，列车司机应在车站值班员指挥下进行工作。车站值班员应认真执行行车调度员的命令和上级领导的指示。

**2. 遵章守纪按图行车**

认真执行行车规章制度，遵守各项劳动纪律。办理作业正确及时，严防错办和忘办，严禁违章作业。当班必须精神集中，服装整洁、佩戴标志，保证车站安全、不间断地按列车运行图接发列车。

**3. 作业联系及时准确**

联系各种行车事宜时，必须程序正确、用语规范、内容完整、简明清楚，严防误听、误解和臆测行事。

**4. 接发列车目迎目送**

接发列车严肃认真，姿势端正。认真做好看、听、闻，确保列车安全运行。

**5. 行车表报填写齐全**

行车表报包括各种行车凭证、行车日志和各种登记簿。行车凭证有路票和调度命令等，登记簿有《调度命令登记簿》、《检修施工登记簿》和《交接班登记簿》等。应按规定内容、格式认真填写各种行车表报，保持表报完整、整洁。

## 二、行车作业制度

为加强车站行车作业组织，必须建立和健全各项行车作业制度，做到行车作业制度化、程序化和标准化。车站行车作业的制度主要有车站值班员岗位责任制、交接班制度、检修施工登记制度、道岔擦拭制度、巡视检查制度和行车事故处理制度等。

### 1. 车站值班员岗位责任制

车站行车作业实行单一指挥制，车站值班员是车站行车作业的组织者和指挥者。根据行车作业的需要，车站还可设置助理车站值班员，但在采用ATC系统时一般不设。

车站值班员的岗位职责是：执行行车调度员的命令和指示，统一指挥车站的行车作业。监视行车控制台的进路开通方向、道岔位置及信号显示，监视列车运行状态和乘客乘降情况。在实行车站控制时，按列车运行图及行车调度员下达的列车运行计划办理闭塞、排列进路、开闭信号、接发列车。填写行车凭证和其他各种行车表报。办理设备检修施工登记。组织交接班工作。

助理车站值班员的岗位职责是：接送列车、监护列车运行，交递调度命令及行车凭证，手信号发车，调车作业现场组织，进行站线巡视和协助乘客乘降组织。在不设助理车站值班员岗位时，上述职责主要由站务员承担。

### 2. 交接班制度

车站值班员交班时，应将列车运行和设备状态，上级指示和命令及完成情况等填记在《交接班登记簿》上，并口头向接班车站值班员交代清楚。

车站值班员接班时，要了解列车运行情况，对行车设备、备品、表报进行检查后，签认接班。

### 3. 检修施工登记制度

车站值班员对各项检修施工作业，应根据检修施工计划，向检修施工负责人交代有关注意事项后，方可登记。凡影响行车作业的临时设备抢修，要在与行车调度员联系作业时间并获同意后，方可登记。检修施工作业结束后，行车设备经试验、确认技术状态良好，方可签认注销。

### 4. 道岔擦拭制度

道岔必须由专人负责定期擦拭。擦拭道岔，必须与行车调度员联系，办理控制权下放手续。道岔擦拭时，车站控制室要有人监护，不准随意扳动道岔；擦拭道岔人员一律穿绝缘鞋，携带防护用具，擦拭前施放木楔，无关人员不得擅自进入道岔区；如需转换道岔，室内监护人员与现场擦拭人员应进行联系，说明道岔号码及定、反位，现场擦拭人员要离开道岔。道岔擦拭完毕，要认真清理现场，清点工具，撤除木楔，并检查有无妨碍列车运行及道岔转换的物品；试验道岔及确认良好后，与行车调度员办理控制权上交手续，有关按钮由信号人员加封并做记录；填写《道岔擦拭登记簿》。

### 5. 巡视检查制度

送电前，车站值班员应进行站线巡视，检查线路上有无影响列车运行的异物。对站内检修施工后的现场进行巡视检查,复核检修施工登记注销情况。检查行车控制台是否有异常情况。

6. 行车事故处理制度

发生行车事故,应立即采取有效措施进行处理,同时向行车调度员及有关部门报告。认真记录事故发生的时间、地点、列车车次、车号、关系人员姓名及人员伤亡和设备损坏情况。赶赴现场,查找人证与物证,并做成记录。清理现场,尽快开通线路。对责任行车事故,应认真找出原因,提出处理意见,制定防范措施。

### 三、接发列车作业

车站接发列车作业的主要内容是办理闭塞、准备进路和接送列车等。其中办理闭塞与准备进路这两项作业,正常情况下由控制中心办理,非正常情况下由车站办理。

1. 控制中心办理接发列车作业

在采用自动闭塞时,区间闭塞自动办理,进路排列有两种情形。

在行车指挥自动化时,控制中心 ATS 根据使用时刻表及列车运行实际情况,通过车站联锁设备自动排列进路、实时控制列车接发作业。在控制中心 ATS 自动功能故障时,列车进路由行车调度员人工排列。

在调度集中时,由行车调度员通过进路控制终端控制管辖线路上的信号机、道岔,人工排列列车进路,办理列车接发作业。

在上述两种情形下,车站值班员通过行车控制台监视列车进路排列、信号显示,列车到发、通过情况,以及列车运行状态是否正常等。

2. 车站办理接发列车作业

在采用区间闭塞设备时,行车闭塞法为双区间闭塞法;在停用自动闭塞设备时,行车闭塞法为电话闭塞法;在上述两种情形下,区间闭塞由车站值班员办理,图 6-8 为车站控制室。

图 6-8 车站控制室

在区间闭塞由车站值班员办理的情况下,列车进路也由车站值班员排列。此外,如果仅是控制中心 ATS 的自动排列进路功能故障,列车仍可按自动闭塞法行车,此时将控制权下放给集中站,由车站值班员在联锁工作站上排列进路,办理列车接发作业。

(1) 列车进路及办理:

1) 列车进路概念:根据行车作业内容不同,进路分为列车进路和调车进路。列车进路是指列车在车站上到达、出发或通过所需占用的一段线路。列车进路又分为接车进路、发车进路和通过进路。

2) 联锁概念:列车进路的排列通常涉及道岔开通位置转换,列车进路的防护则由设置在进路入口处的信号机担当。为了确保列车进路安全,在道岔、信号机与进路之间建立起一种相互制约的关系称为联锁。

联锁关系可以归纳为以下几点:

① 只有进路上有关道岔开通位置正确,防护这一进路的信号机才能开放。

② 当防护某一进路的信号机开放以后,该进路上的所有道岔均不能转换。

③ 当防护某一进路的信号机开放以后,所有敌对进路的信号机均不能开放。

④ 在正线出站信号机开放以前,进站信号机不能显示正线通过信号。

实现联锁关系的技术设备称为联锁设备,它是保证轨道交通行车安全的基础信号设备。联锁设备有电气集中联锁设备和微机联锁设备两种类型。目前,国内新建轨道交通线路广泛采用的是微机联锁设备。

在列车自动控制系统中,微机联锁设备与 ATS、ATP 子系统相结合,实现联锁的基本功能,包括列车进路的排列和解锁,道岔与信号机控制,以及实行车站控制等。

3) 列车进路办理:

① 电气集中联锁:在采用电气集中联锁设备时,列车进路办理在行车控制台上进行。

在行车控制台上顺序按压拟建立列车进路的始、终端按钮,只要该进路区段无列车占用、以及无敌对进路存在,与进路有关的所有道岔会自动转换到规定位置并锁闭,进路排列完成。此时,在行车控制台的显示盘上,选出的进路从始端到终端呈现一条白色光带,防护该进路的信号机也同时开放,信号复示器显示绿灯。

当列车驶入进路,防护信号机关闭,信号复示器显示红灯,白色光带随着列车运行逐段变为红色光带,表示该进路被占用。列车出清进路后,光带由红色变为灭灯状态,表示该进路已经解锁。进路解锁可以是分段解锁,也可以是一次解锁。

取消已建立的列车进路,应先确认进路的接近区段与进路内无列车,然后同时按压总取消按钮与进路始端按钮。此时,总取消表示灯显示红灯、信号关闭、进路白色光带熄灭。

② 微机联锁:在采用微机联锁设备时,列车进路办理在操作员工作站上进行。

在工作站显示器窗口的视图上,用鼠标点击拟建立列车进路的始、终端要素(信号机),然后点击"排列进路"按钮,再点击"执行"按钮,计算机根据输入的操作命令,经过联锁判断,自动建立进路、开放信号。

当列车驶入进路,防护信号机关闭;随着列车的运行,进路可逐段解锁。

(2) 双区间闭塞法行车:在调度监督、双区间闭塞法行车时,控制权下放给车站。此时,车站值班员办理接发列车作业,行车调度员监督现场设备和列车运行状态。接发列车作业的内容、程序与办法如下:

1) 准备进路:接发列车进路可根据行车调度员下达的列车运行计划预先办理。

2) 办理闭塞:发车站值班员用站间行车电话向接车站请求闭塞;接车站值班员接到请

求闭塞电话后,确认前次列车已经到达前方站、接车区间空闲、接车进路畅通、有关道岔位置正确,以及确认影响接车进路的调车作业已经停止后,按压同意接车按钮。此时,接车站接车表示灯由黄灯显示变为灭灯。关于表示灯的显示颜色与意义参见表6-2。

表6-2 表示灯的显示颜色与意义

| 表示灯类型 | | 发车表示灯 | 接车表示灯 | 到达表示灯 |
|---|---|---|---|---|
| 表示灯显示 | 红灯 | 出站信号开放 | 邻站出站信号开放 | 列车到达本站 |
| | 绿灯 | 可以开放出站信号 | | |
| | 黄灯 | 列车到达接车站 | 列车到达前方站 | |
| | 红黄灯 | | 列车到达本站 | |
| | 灭灯 | | 同意接车 | |

3)开放信号:发车站值班员确认发车进路正确无误后,按压发车信号按钮。此时,发车站发车表示灯由绿灯显示变为红灯显示,出站信号机绿灯显示;接车站接车表示灯变为红灯显示以及闭塞电铃鸣响。

4)列车出发:列车发出后,发车站值班员拔出发车信号按钮,向接车站值班员和行车调度员报点,填写《行车日志》;接车站值班员接到报点后填写《行车日志》。此时,出站信号机变为红灯显示。

5)列车到达:列车到达后,接车站值班员向发车站值班员和行车调度员报点,填写《行车日志》;发车站值班员接到报点后填写《行车日志》。此时,发车站发车表示灯为黄灯显示;接车站列车到达表示灯为红灯显示以及闭塞电铃鸣响,接车表示灯为红黄灯显示。

6)取消闭塞:在发车站请求闭塞、接车站同意接车和发车站尚未开放出站信号时,如因故需要取消闭塞,由发车站值班员用站间行车电话向接车站值班员请求取消闭塞,接车站值班员接请求取消闭塞电话后,破封登记,按压故障按钮。此时,发车站发车表示灯为黄灯显示;接车站接车表示灯为红黄灯显示。

7)接送列车:列车在车站上到发或通过时,站务员(助理车站值班员)应按规章要求站在规定地点接送列车,密切注意列车运行状态与乘客乘降情况,发现有危及行车安全和乘客安全的情况应立即采取有效措施妥善处理。

(3)电话闭塞法行车:改用电话闭塞法行车,必须有行车调度员命令。由于电话闭塞法行车时无设备控制,为了防止因疏忽向占用区间发车,造成同向列车尾追,要求车站值班员在接发列车作业过程中,严格按照规定的作业程序和要求进行,以确保接发列车作业安全。电话闭塞法行车时,车站值班员办理接发列车作业的内容、程序与办法如下:

1)办理闭塞:发车站向接车站请求闭塞。接车站确认接车区间空闲,接车进路准备妥当后,向发车站发出承认某次列车闭塞的电话记录号码,并填写《行车日志》。

所谓进路准备妥当是指接发列车进路空闲、有关道岔位置正确和影响接发列车进路的作业已经停止。闭塞办妥后,因故不能接车或发车时,应立即发出停车手信号进行防护,并由提出一方发出电话记录号码作为闭塞取消的依据,取消闭塞应及时向行车调度员报告。

2)发出列车:发车站接到接车站承认闭塞的电话记录号码后,填写路票交给列车司机,向司机显示发车手信号。列车出发后,发车站向接车站和行车调度员报点,并填写《行车日志》。

3) 接入列车:接车站在列车停车位置向司机显示停车手信号。列车整列到达停妥后,向列车司机收取路票。

4) 闭塞解除:接车站在列车到达并发出或进入折返线,以及接车进路准备妥当后,向发车站发出到达列车闭塞解除的电话记录号码。向行车调度员报点,并填写《行车日志》。

需要指出,在国内城市轨道交通系统颁布的行车规章中,对电话闭塞法时的接发列车作业内容、程序与办法的规定存在一定的差异。

### 四、列车折返作业

1. 列车折返方式

根据车站折返线的布置,列车折返主要有站后折返、站前折返和混合折返三种。

(1) 站后折返:站后布置的折返线如图 6-9 所示。其中,(a)是列车在终点站站后折返时的尽端线折返设备,(b)是列车在中间站站后折返时的单渡线折返设备,(c)是列车在终点站站后折返时的环形线折返设备。

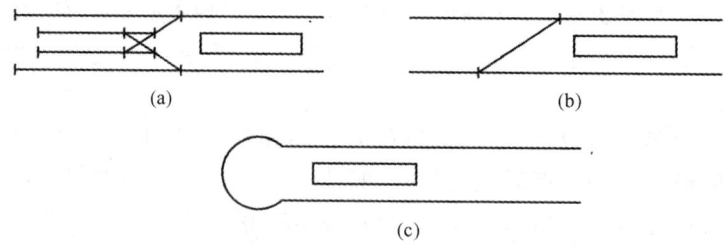

图 6-9 站后折返时的折返设备

采用站后折返方式,出发列车与到达列车不存在敌对进路;列车进出站速度较高,有利于提高旅行速度;列车进出站不经过道岔区段、乘客无不舒适感;此外,采用尽端线折返设备,折返线既可供列车折返,也可供列车临时停留检修。因此,站后折返方式被广泛采用。站后折返方式的缺点是列车的折返走行距离较长。

环形线折返设备能保证最大的通过能力,节约设备费用与运营成本。但它也存在一些缺点,如列车在小半径曲线上运行造成单侧钢轨磨耗,折返线不能停放检修列车,以及如用明挖法施工修建增大了开挖范围等。图 6-10 是某终点站的高架站后环形折返线,该站还修建了车站配线,解决了环形折返线不能停放列车的问题,提高了列车折返作业组织的机动性。

(2) 站前折返:站前布置的折返线如图 6-11 所示。其中,(a)是列车在终点站站前折返时的交叉渡线折返设备,(b)是列车在中间站站前折返时的单渡线折返设备。

采用站前折返方式,列车无空驶折返走行;乘客上下车一起进行能缩短停站时间;车站正线兼折返线以及折线长度缩短,有利于车站造价的节省。站前折返方式的缺点是出发列车与到达列车存在敌对进路;因列车进站或出站侧向通过道岔,列车速度受到限制、影响乘坐的舒适感;在大客流的情况下,站台秩序会受到影响。

产生交叉干扰的条件是空间上存在进路交叉、时间上占用进路的时间相同,两个条件同时具备才构成真正的进路交叉。在采用站前折返方式的情况下,要完全消除接发列车作业的交叉干扰难度较大。而为了避免进路交叉,只能将接发列车作业在时间上错开,但这样又会对终点站的列车折返能力、甚至是线路的最终通过能力产生不利影响。

图 6-10　终点站环形折返线

图 6-11　站前折返时的折返设备

（3）混合折返:站后、站前混合布置的折返线如图 4-24 所示。采用混合折返方式的目的是为了提高列车折返能力与线路通过能力。混合折返兼有站后折返与站前折返的特点。

2. 折返作业组织

（1）中央控制:列车在进行折返作业前,应清客、关车门。列车折返进路由中央 ATS 自动排列或行车调度员人工排列。在车站有数条折返进路的情况下,应在折返作业办法中规定优先采用的列车折返模式,明确列车折返优先经由的折返线或渡线。在办理列车折返作业时,如要变更列车折返模式,在折返列车尚未起动时,可在通知折返列车司机后,变更列车折返模式。

在自动排列折返进路时,折返列车凭发车表示器的稳定白灯显示进入折返线或折返停车位置。在人工排列折返进路时,折返列车凭调车信号显示进入折返线或折返停车位置。列车停妥后,司机应立即办理列车换向作业,然后凭防护信号机的准许越过显示进入车站出发正线。

在列车自动驾驶时,列车进出折返线的速度按接收到的 ATP 速度码自动控制;在列车人工驾驶时,列车进出折返线的速度根据有关规定,由司机人工控制。

（2）车站控制:车站控制时的折返作业组织,除列车折返进路由车站值班员人工排列,其余与中央控制时相同。原则上,车站值班员按作业办法中规定的优先模式排列折返进路,如要变更列车折返模式,必须得到行车调度员的同意。

## 第三节　车站客运作业

### 一、客运作业基本要求

车站客运作业包括售票作业、检票作业、站台服务和客流组织等；直接面对乘客、从事客运服务的车站员工统称为站务员。车站是轨道交通对乘客服务的窗口，车站客运作业直接面对乘客，客运作业（服务）的质量，既反映了轨道交通的乘客服务水平，也反映轨道交通的运营管理水平，关系到市民对轨道交通的满意度。对车站客运作业的基本要求是：

1. 站容整洁卫生

车站环境要达到内外整洁、窗明地净；各种服务设施配置整齐有序；出入口、通道、楼梯、站厅与站台应保持四壁无尘，地面无痰迹、无污垢、无杂物；乘客座椅、栏杆等服务设施应做到无积尘、无污迹；厕所清洁卫生。

2. 导向标志完好

导向标志应完整、清晰、准确。在各种导向标志中，为乘客指引方向的导向标志是主要的。车站外应有车站出入口、站名等导向标志；车站内应有到达出入口、售票处、检票口、站台和紧急出口等导向标志；站台上应有站名、列车运行方向等导向标志。此外，还应有示警性和服务性导向标志，如指引乘客换乘其他轨道交通线路或常规公交线路的导向标志等。

3. 优质服务

站务员应遵守职业道德，文明礼貌、规范地为乘客提供服务，对老弱病残孕或其他有特殊困难的乘客应重点照顾。耐心、正确地回答乘客提出的询问，帮助乘客解决疑难问题。经常征询乘客的意见，及时改进工作，提高客运服务水平。

4. 遵章守纪

站务员必须严格执行客运规章制度、劳动纪律，服从命令、听从指挥。上班时，站务员要做到仪容端庄、举止文明、按规定着装并佩戴服务标志。

5. 掌握客流规律

分析客流统计资料，掌握车站客流在时间、空间上的分布与变动，对可能出现的大客流应有预见性。

6. 搞好联劳协作

站务员应与车站值班员、列车司机、公安人员等有关工种作业人员加强联系，密切配合，协同工作，确保列车按图运行，以及保证行车安全与乘客安全。

### 二、售检票作业

按是否设置检票口，车站售检票有开放式售检票和封闭式售检票两种方式。按是否采用自动售检票设备，封闭式售检票又有人工售检票和自动售检票两种方式。

人工售检票速度慢，售检票人员配备较多，并且无法杜绝无票乘车、越站乘车。自动售检票能为乘客提供便捷的服务，检票口通过能力较大，售检票人员配备较少，能杜绝无票乘车、越站乘车。

1. 人工售检票

（1）售票作业：售票作业既要有较快的售票速度，又要求票款不出差错，还要求售票员随时、耐心解答乘客的询问。

售票员应执行"一收、二验、三找、四清"的一次作业程序准确发售车票，对大面额钞票应"唱票"。售票员必须离开岗位时，应与指定专人办理交接手续。与售票作业无关人员不得进入售票室。售票员的票务违章分票务差错、票务事故和票务贪污三种情形。

车站应根据客流情况开足售票窗口。遇有大客流集中到达，应指定专人维护售票处秩序，并增加开设售票窗口。遇有列车运行秩序紊乱等特殊情况时，车站应按行车调度员的调度命令要求进行售票。停止出售当日车票，必须要有调度命令。

一般情况不办理退票，特殊情况需要退票时，应得到值班站长同意。退回车票不得再出售，在退回车票背面加盖退票戳记、进行登记后上缴。

严格执行票务有关规章制度，车票与票款的管理做到不丢失、无差错，做到日清、月结、帐款相符。车票遗失、票款缺少，有关责任人应赔偿。

（2）检票作业：在检票中，检票员应执行"一看、二撕、三放行"作业程序，认真核对车票的日期、车站等，防止无票乘车、使用废票、伪票与无效证件乘车。认真做好票卡分析和补票工作。严禁以售代检和收存有效车票。在客流较大时，应积极疏导乘客，组织乘客有秩序地进站乘车。

建设部、上海市颁布的轨道交通运营管理办法均规定：禁止乘客携带易燃、易爆、有毒和放射性、腐蚀性危险品乘车，禁止乘客携带宠物乘车。检票员在检票时应认真执行、履行职责。

2. 自动售检票

自动售票机和检票机能自动完成售检票作业。但每一个收费区还应配备一名站务员。站务员应执行"一迎、二导、三处理"的一次作业程序。收费区站务员作业的主要内容是车票分析、处理和补票，以及指导乘客使用检票机等。

此外，收费区配置了半自动售票机，站务员输入密码和识别码、登录半自动售票机，然后进行车票发售、车票分析和对车票进行更新等作业。

3. 故障清客时的票务处理

在因故障需要清客时，车站可以打开专用通道，让持单程票、公共交通卡的乘客出站；通过广播通知持单程票、公共交通卡的乘客在7日内到本线各站的售票窗口办理更新退款手续；办理乘客退款后，收费区站务员应填写《乘客票务事务处理单》。

### 三、站台服务作业

在站台区域，站务员作业的主要内容是接送列车、组织乘降和站台监护。

1. 接送列车

在接送列车时，应精神饱满、思想集中，站在指定位置面向列车，目送目迎，注意列车运行状态。遇有危及行车安全和乘客安全的险情，应立即采取有效措施并及时向车站值班员报告。此外，站务员还承担显示发车手信号的职责。

2. 组织乘降

列车到达前，注意观察站台客流动向，提醒乘客在安全线内候车，维持站台上的候车秩序;尽可能组织乘客在站台上均匀分布候车,以缩短列车停站时间。列车到达后,提醒乘客先下后上,对乘客进行疏导。列车到达终点站后,要及时做好清客工作,严禁列车带客进入折返线或车辆段。对通过列车,应及时广播通知候车乘客;因特殊原因需在中间站清客时,应耐心做好解释工作,迅速清客。

3. 站台监护

加强站台巡视,防止乘客跳下站台或进入隧道;有屏蔽门/安全门的车站,注意观察屏蔽门/安全门的状态。注意候车乘客动态及其携带物品,发现异常、可疑情况,或闲杂人员在站台上长时间停留,应及时与有关人员取得联系,进行处理。与列车司机密切配合,防止车门夹人、夹物,或车门未关闭、列车起动等现象,保证乘客安全。遇突发事件,按处置预案规定及时采取相应措施;遇发生伤亡事故,应保护现场、疏导乘客、做好取证、并协助清理现场。

### 四、客流组织

分析乘客在站内的走行径路,揭示乘客在站内接受服务的状态,研究车站服务设施能力的适应性、以及服务设施配置与布局的合理性,是改善车站客流组织的基础。

1. 乘客站内走行径路

乘客在站内走行有进站上车走行、下车出站走行和换乘走行三种情形,乘客在站内的走行径路见图6-12。

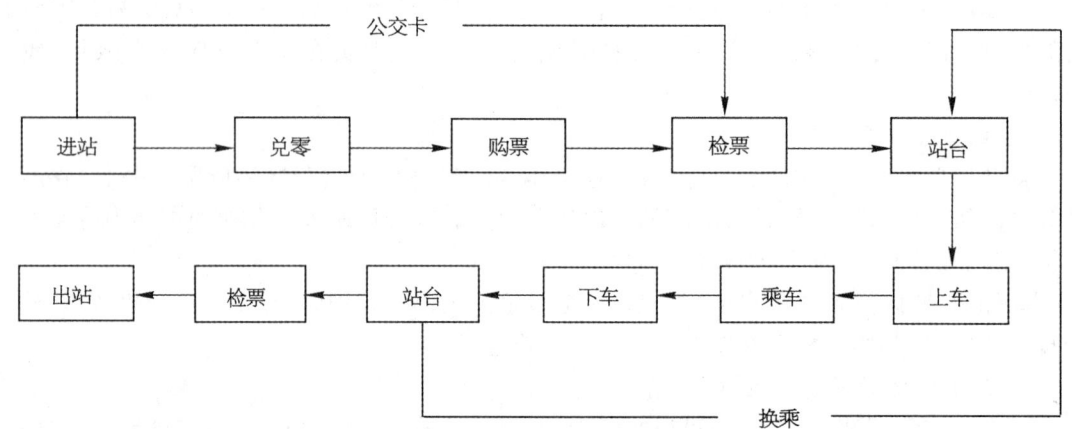

图6-12 乘客在站内的走行径路

乘客从进站起至出站止,始终处于接受车站服务设施服务的状态。以进站上车为例,大体可分为三种接受服务的状态:经由通道等至售检票设备、经过楼层转换至站台、在站台上候车。车站客流组织应做到:乘客在站内走行顺畅安全、距离较短,避免较大客流的对流,客流径路不存在交叉。

2. 改善客流组织措施

改善车站客流组织的途径是提高售检票设备、通道、自动扶梯或楼梯、站台等服务设施的能力(容量),以及将这些服务设施进行合理地运用。对已建成投运的车站,关键是合理运用服务设施,充分发挥服务设施的现有能力。

一般而言,改善车站客流组织的措施主要有:合理设置导向标志、售检票设备和收费区,避免乘客拥挤、促进客流畅通;根据乘客走行径路,调整服务设施运用,引导乘客流线、避免客流交叉;在大客流车站,设置隔离栏杆避免乘客对流;通过拓宽通道、合理疏导(活动移门)等措施消除通道瓶颈。

  3. 大客流时客流组织

  大客流是指客流在某一时段集中到达,使车站候车、滞留的乘客人数接近或达到车站服务设施的设计能力,以及超过线路输送能力的情形。

  车站大客流处置的基本思路是:确保安全、及时疏散。在大客流的情况下,为使车站乘客人数恢复至正常运营情形,应根据预案及时采取有效措施。

  对经常性或可预见的大客流(因大型活动或恶劣天气引起的大客流),除增开列车、适当延长停站时间外,车站应设专门窗口发售应急票,以及采取增设临时检票口或采取进站免检、出站检票等措施尽快疏散乘客。

  对突发性大客流,车站应及时向控制中心等报告,报告的内容包括大客流发生的地点、时间、原因、规模、造成影响等。同时,立即采取有关措施,包括对出入口、自动扶梯、楼梯和站台等重点部位,通过设置临时导向标志、警戒绳和人工引导等方式,疏散乘客、消除拥堵;采取停止售票、关闭部分出入口、出入口进出分流、延缓乘客进站等限流措施;必要时由控制中心下达命令关闭车站。

### 五、乘客投诉处理

  乘客投诉是指乘客对轨道交通运营服务质量提出的抱怨与不满意见,涉及规范服务、列车运行、乘车环境和票款差错等方面。按责任承担,投诉分为有责投诉和无责投诉。在有责投诉中,按事件的严重程度,投诉分为一般投诉和重大投诉。

  在有责投诉中,重大投诉是指乘客通过各种途径对轨道交通运营服务质量进行投诉,经查实确为轨道交通方责任,并且事件的情节与后果严重、给社会造成较大的不良影响。

  轨道交通应制订乘客投诉处理规定。对乘客投诉,应认真受理;车站在受理投诉时应做到态度诚恳、用语得体、依章解释。车站在接到投诉(通知)后,应及时进行调查,并将调查处理情况报告主管部门。对一般投诉,原则上应在 3 日内处理完毕。有关部门应将投诉处理结果答复投诉人,并通过追访了解乘客对投诉处理是否满意。

### 六、客运作业考核指标

  根据运营统计数据,可采用下面 6 个指标对车站客运作业效率和服务水平进行考核。

  1. 车站客运量

  报告期内,车站运送(包括换乘)的乘客人数。

  2. 人均客运量

  报告期内,客运人员人均完成的客运量,计算公式为:

$$人均客运量 = \frac{车站客运量}{车站客运人员} \quad (6-8)$$

  3. 有责乘客投诉率

  报告期内,有责乘客投诉件数与车站客运量之比,计算公式为:

$$有责乘客投诉率 = \frac{有责投诉件数}{车站客运量} \times 100\% \quad (6-9)$$

### 4. 乘客投诉处理率

报告期内，按规定工作日处理完毕、并已答复投诉人的有责乘客投诉件数与有责乘客投诉总件数之比，计算公式为：

$$乘客投诉处理率 = \frac{已处理有责乘客投诉件数}{有责乘客投诉总件数} \times 100\% \qquad (6-10)$$

### 5. 售票差错率

报告期内，票款差错额与票款总额之比，计算公式为：

$$售票差错率 = \frac{票款差错额}{票款总额} \times 100\% \qquad (6-11)$$

### 6. 自动扶梯停用率

报告期内，自动扶梯停用时间与营业时间总和之比，计算公式为：

$$自动扶梯停用率 = \frac{自动扶梯停用时间}{营业时间总和} \times 100\% \qquad (6-12)$$

## 七、客运服务质量评价

### 1. 服务质量概念

研究质量管理的学者对服务质量有不同的定义。比较有代表性是早期的符合性定义与后来的满足性定义。

早期的符合性定义认为：服务质量是以提供的服务是否符合设定标准为衡量依据，符合设定标准的程度反映了服务质量的水平。

后来的满足性定义认为：服务质量是以提供的服务是否满足顾客期望为衡量依据，满足顾客期望的程度反映了服务质量的水平。

上述两个定义均反映了服务质量概念的某一方面，存在一定的片面性。但满足性定义强调服务应以顾客为中心，顾客对服务的期望和体验是评价服务质量的基本依据，显然是一个进步。

1994年，国际标准化组织下属的质量管理和质量保证技术委员会将服务质量定义为：满足规定要求和隐含需要的特性总和。该定义综合了上述两个服务质量定义的内涵。

### 2. 服务质量评价指标

进行车站客运服务质量评价，首先应构建一组评价指标。构建评价指标应符合全面性、针对性、独立性和可操作性等原则。

全面性是指评价指标应能系统地评价客运服务质量。针对性是指评价指标应能反映客运服务质量的主要方面。独立性是指各个评价指标的内涵不能相互替代。可操作性是指评价指标不宜太多，乘客评价意见易于采集与处理。

在构建评价指标时，应在分析车站客运服务内容的同时，重点分析乘客从进站到上车（或从下车到出站）过程中对车站客运服务的期望。根据分析，乘客对车站客运服务的期望主要是便捷、舒适与安全，而车站客运服务的内容主要是乘客导向、售检票、乘降组织、车站环境、对老弱病残孕等乘客的特殊服务等。因此，车站客运服务质量可用便捷性、舒适性和安全性等方面指标来评价。

（1）便捷性：便捷性主要是反映乘客在车站内所需时间和方便程度。对便捷性的评价可以考虑采用导向标志设置、售检票作业、列车信息提供、换乘时间等指标。

(2) 舒适性：舒适性主要是反映乘客对车站及候车环境的总体感知。对舒适性的评价可以考虑采用卫生、温度、湿度、新风量、照明、自动扶梯使用、高峰小时拥挤程度、无障碍化、服务态度、有责投诉及其处理等指标。

(3) 安全性：安全性主要是反映乘客在车站内免除危险的程度。对安全性的评价可以考虑采用候车秩序、站台安全、乘客疏导、应急救援措施等指标。

3. 服务质量评价方法

车站客运服务质量涉及多方面属性，因此评价指标体系是多层次结构。例如，在评价指标体系中，第一层次是综合指标，即乘客满意度；第二层次是要素指标，即便捷性、舒适性和安全性；第三层次是各个特征指标。此外，乘客的评价意见是一种定性评价，具有一定的模糊性。

因此，车站客运服务质量评价是一个典型的多因素、多指标综合评价问题。可以采用模糊综合评价方法来对服务质量进行评价。该评价方法具有数学模型简单、综合评价效果较好等特点。

## 第四节 换乘分析及改善

随着国内轨道交通线网的加快建设和逐步形成，以及市民对减少换乘时间、提高出行质量的要求，换乘问题逐渐凸现、并得到重视。良好的换乘不但关系到轨道交通的服务水平，而且关系到城市公共交通的吸引力。

乘客换乘虽是一个运营组织问题，但与规划设计密切相关。没有合理的换乘规划设计，良好的换乘就难以实现。因此，在线网规划及换乘站设计阶段充分考虑未来运营阶段的客流换乘优化是非常有必要的。

轨道交通的换乘分为乘客在网络内同一线路上换乘、乘客在网络内不同线路间换乘、乘客在轨道交通与其他交通方式间换乘三种情形。

乘客在网络内同一线路上换乘，主要是由于采用衔接交路或非站站停车方案引起。部分乘客在中间站换乘同线路、同方向列车问题可参阅第三章相关内容，本节将重点讨论后面两种情形的换乘问题。

### 一、轨道交通不同线路间换乘

在轨道交通线路交叉或衔接的情况下，列车运行组织可以有各条线路列车独立运行和部分线路列车跨线运行两种情形。

列车跨线运行的优点是乘客无须换乘。但列车跨线运行也存在下列缺点：共线区段的通过能力限制了非共线区段的列车密度提高，从而使乘客的候车时间有所增加；共线区段的列车密度有可能大于客流密度，从而造成运能虚糜；一条线路列车的运行延误可能会传递给网络中的其他线路，从而引起网络中多条线路的列车运行秩序紊乱。

鉴于上述不利于运营的因素存在，在客流量较大的轨道交通网络一般很少采用列车跨线运行组织方案。

轨道交通各条线路列车独立运行时，在不同线路间出行的乘客需要换乘。对乘客换乘而言，提高服务水平的关键是缩短换乘时间，以及减少乘客在换乘中的拥挤等不舒适、不安全。在换乘站，换乘时间长短主要取决于换乘走行距离，而换乘走行距离又与采用的换乘方式直接相关。

1. 线路连接与站台组合

（1）线路连接方式：各条线路的连接主要有交叉、衔接和平行交织等方式。交叉有两线交叉、三线交叉和四线交叉等不同情形；衔接和平行交织通常是两线连接，其中衔接又有 T 形衔接和 L 形衔接两种情形。

（2）站台组合形式：换乘站的站台组合形式分同平面和上下层两类。同平面站台配置组合主要有双岛式、岛侧式和单岛式三种形式，如图 6-13 所示；上下层站台配置组合主要有一字形、岛岛式（十字形）、岛侧式（草字头）、侧侧式（井字形）、T 形和 L 形等形式，如图 6-14 所示。

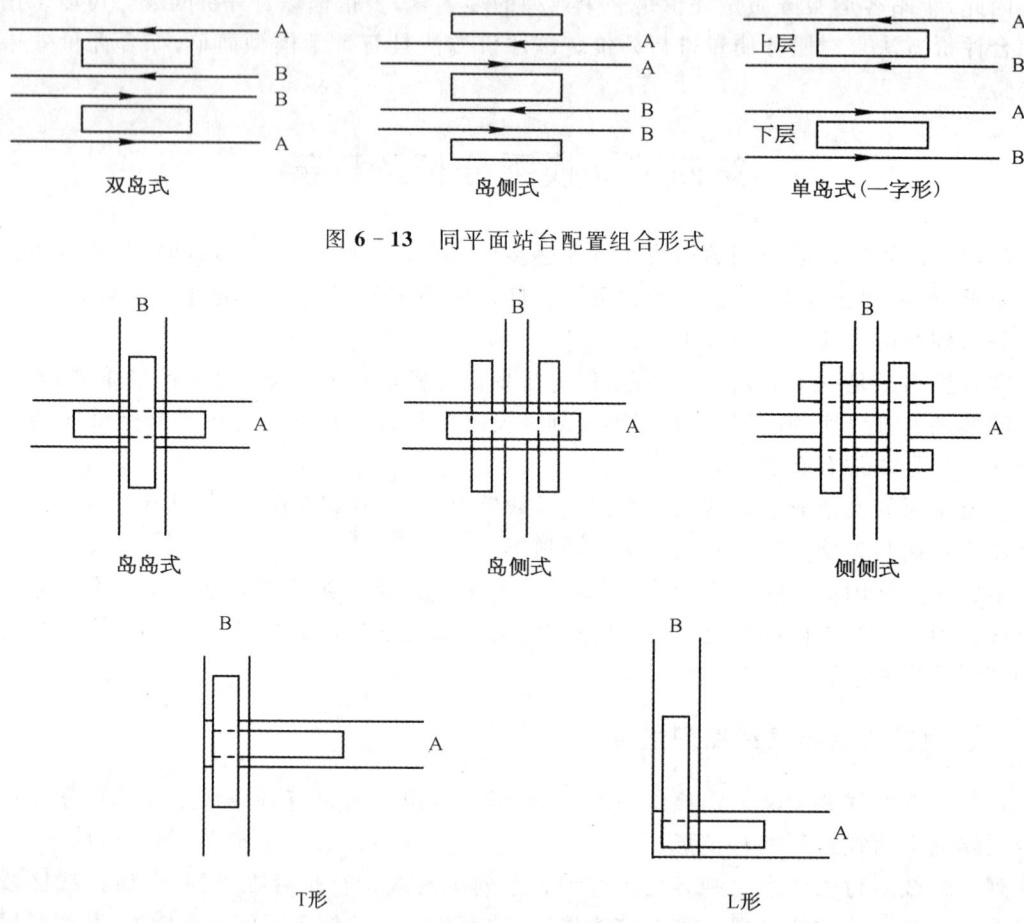

图 6-13　同平面站台配置组合形式

图 6-14　上下层站台配置组合形式

2. 换乘方式

根据乘客在换乘时所利用的换乘设施，换乘方式可分为站台换乘、站厅换乘、通道换乘和站外换乘四种，其中站台换乘、站厅换乘、通道换乘均为站内换乘。

（1）站台换乘：站台换乘是指乘客由下车站台直接到上车站台进行换乘，有同站台换乘和上下层站台换乘两种情形。

1）同站台换乘：同站台换乘是指乘客在同一个站台上进行换乘。

2) 上下层站台换乘：上下层站台换乘是指乘客通过连接上下层站台的自动扶梯（楼梯）进行换乘。

（2）站厅换乘：站厅换乘是指乘客由下车站台经过两线共用的站厅收费区到上车站台进行换乘。

（3）通道换乘：通道换乘是指乘客由下车站台经过连接通道到上车站台进行换乘。通道设置有两种情形，一种是连接两个站台，另一种是连接两个站厅收费区，见图 6-15。

（4）站外换乘：站外换乘是指乘客出站后、再进站的换乘方式。

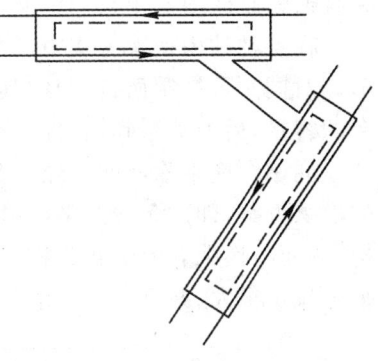

图 6-15 通道换乘示意图

应该指出，实践中采用的往往是几种换乘方式的组合，如同站台换乘与站厅换乘组合，通道换乘与站厅换乘组合等。为使所有换乘方向的乘客均能实现换乘，同站台换乘方式必须辅以其他换乘方式。而通道换乘与站厅换乘组合，对减少预留工程量，降低分期建设难度是有利的。

3. 换乘功能分析

（1）换乘时间：换乘时间主要取决于换乘走行距离，此外还与拥挤等有关。一般而言，各种换乘方式的换乘时间，按同站台换乘、上下层站台换乘、站厅换乘、通道换乘和站外换乘依次增加。

同站台换乘时，在列车共线运行区段的换乘站，乘客在同一站台的同一侧换乘，无换乘走行；在两线平行交织的共用换乘站，乘客在同一站台的另一侧换乘，换乘距离小于站台宽度；因此，同站台换乘的换乘时间最短。但应指出，双岛式站台只能实现 4 个换乘方向的客流在同站台换乘；岛侧式站台只能实现 2 个换乘方向的客流在同站台换乘；单岛式站台，每一层均只能实现 2 个换乘方向的客流在同站台换乘。其余换乘方向的乘客，仍然需要通过站厅（双岛式、岛侧式）或自动扶梯、楼梯（单岛式）进行换乘，换乘时间相应增加。

上下层站台换乘时，采用一字形、十字形、岛侧式或侧侧式上下层站台组合，换乘距离与换乘时间较短；采用 T 形或 L 形上下层站台组合，由于换乘距离增加，换乘时间相应延长。如为减少下层车站的埋深，两个车站拉开一段距离，形成准 T 形或准 L 形换乘，乘客需要通过站厅进行换乘，换乘距离与换乘时间会更长些。

站厅换乘时，乘客换乘走行路线为下车站台→自动扶梯、楼梯→站厅收费区→自动扶梯、楼梯→上车站台。在各种换乘方式中，站厅换乘的换乘距离与换乘时间大体居中。

通道换乘时，换乘距离取决于两线车站连接的情况，连接站台的通道换乘与连接站厅收费区的通道换乘比较，后者的换乘距离较远，因而换乘时间也较长。为提高服务水平，缩短换乘时间，换乘通道长度不宜超过 100 m。

站外换乘时，乘客换乘走行包括出站走行、站外走行和进站走行，换乘距离与换乘时间均是各种换乘方式中最长的。站外换乘，大多数情况是线网规划阶段没有考虑换乘问题。没有站内换乘设施会给乘客带来极大不便，应尽量避免。

（2）换乘能力：换乘能力是指换乘设施在单位时间内能够通过的换乘客流量。换乘能力不足会产生客流拥挤、滞留，导致换乘时间延长和乘客抱怨，甚至还会引发不安全因素。

换乘能力的制约因素是站台、自动扶梯（楼梯）、通道与检票口等服务设施设备的能力，并且通常是受限制于它们中能力最小的设施或设备。

在各种站内换乘方式中,同站台换乘的能力最大,适用于优势方向换乘客流较大的情形。对同站台换乘而言,制约其换乘能力的主要因素是站台宽度与列车间隔,前者关系到站台的容量,后者关系到站台出清快慢。

同站台换乘除前面已经提及的双岛式和单岛式外,还可考虑采用相邻两站均为单岛式的换乘方案,即两条线路平行运行一个区间(含两个车站),两个车站的站台均采用上下层结构,从而将换乘客流疏解到相邻两个车站,见图6-16。该换乘方案的能力更大,适用于换乘客流量很大,并且各个换乘方向客流量比较接近的情形。

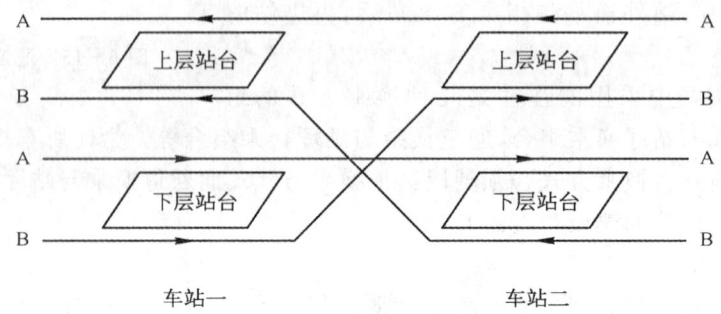

图6-16 相邻两站上下层均为单岛式换乘示意图

在各种站内换乘方式中,上下层站台换乘的能力最小。上下层站台换乘通过自动扶梯(楼梯)进行,换乘能力的瓶颈因素是自动扶梯(楼梯),而站台宽度、长度往往又限制了自动扶梯(楼梯)的数量与宽度。对各种上下层站台配置组合而言,交叉点越少,如十字交叉,换乘能力就越小,反之亦然。实践中,通过增加站台宽度来扩大交叉处面积,是提高上下层站台换乘能力的基本途径。

在平面换乘的情况下,通道换乘与站厅换乘的能力居中。通道宽度可根据换乘客流状况进行加宽,从而提高通道换乘的能力。在垂直换乘的情况下,自动扶梯(楼梯)的能力往往限制了通道换乘能力与站厅换乘能力的最终实现。此外,如果换乘过程中需要进出收费区,则检票口的能力也有可能成为限制因素。

4. 换乘方案设计及选择

(1) 方案影响因素:在进行换乘方案设计时,除应满足换乘时间短、换乘能力大等基本功能外,还应考虑客流组织、工程实施等因素。

1) 客流组织:换乘站的客流,除具有车站客流的一般特征外,还具有客流量大、多方向性等特征。在换乘站的客流中,既有进出站客流,又有换乘客流。就换乘客流而言,在两线连接的换乘站,有4个方向列车到达,8个乘客换乘方向;在三线连接的换乘站,有6个方向列车到达,24个乘客换乘方向;各个换乘方向的客流通常是不均衡的。此外,各种同方向、反方向客流存在流线上的交叉干扰。

鉴于换乘站客流量大、流向复杂,在进行换乘设计时,应注意通过调整设施布局、设置导向标志等措施,避免或减少换乘客流与进出站客流的交叉干扰。例如,采用上下层站台换乘时,除自动扶梯(楼梯)的高差应小些、通过能力的配置应大些外,还应使换乘客流与出站客流的交叉干扰小些;采用通道换乘时,通道设计应考虑避免或减少双方向换乘客流的交叉干扰,以及换乘客流与进出站客流的交叉干扰。

2) 工程实施:缩短换乘时间和提高换乘能力的要求,通常会使换乘设施复杂、施工难度增加。

同站台换乘,两条线路在换乘站相邻区间平行交织。由于线路交叉,需要对线路的曲线、坡道进行特殊处理,工程量相应增加、施工比较复杂,因此需要在线网规划时就统筹考虑。在两线建设分期实施时,为降低施工难度,应将共用换乘站及相邻区间的预留工程处理好。上下层站台换乘,换乘设施布局紧凑,比较容易实现,对线路在区间的走向要求不高。

站厅换乘,两条线路共用站厅收费区。由于上下层站台、自动扶梯(楼梯)布局的不同,换乘设施设计有较多的变化。一般而言,工程量低于同站台换乘、高于通道换乘。在两线建设分期实施时,需要处理好工程预留接口。

通道换乘,在两条线路无法共用换乘站时采用,两线车站的相对位置有一定调整余地。通道换乘布置灵活、施工方便,两线分期建设时,预留工程较少。

从降低施工难度、有利分期建设考虑,一般应避免4条线路在一个换乘点交汇,同时应控制上下层次不超过2个站台层。对三线换乘站,应尽可能形成3个两两相交的换乘节点。换乘节点的衔接部分应做到同步设计,并尽可能同时施工,一次建成。

3) 其他考虑因素:主要有工程投资、施工技术水平、线形是否顺直、地下管线与障碍物、对道路交通影响、轨道交通与其他交通方式的换乘等。为保证换乘设计方案的实现,要求轨道交通线网规划保持稳定、换乘站周边规划用地严格控制。

(2) 换乘方案选择:换乘方案选择是一个多目标函数问题,需要综合考虑线路衔接方式、站位布置形式、站台型式及其组合、换乘时间、换乘能力、工程实施和投资费用等多方面因素。从换乘时间的角度,同站台换乘和十字换乘的换乘时间比较短,但是否适用还需进一步分析。在换乘客流量不大或各个换乘方向的客流比较均衡时,采用同站台换乘并不是最理想的;由于受到自动扶梯(楼梯)能力的限制,十字换乘难以适应换乘客流量较大的情形。而对通道换乘,虽然换乘走行距离较长,但如在通道内设置自动人行道则能缩短换乘时间,当然这会引起换乘设施投资费用的增加。

因此,在工程实施具有可行性,其他条件不成为限制因素的前提下,应优先考虑换乘能力能够适应远期换乘客流需求、换乘时间与投资费用相对较少的换乘方案。根据上述思路,提出换乘方案选优模型如下:

$$\min\{T_{换,i}V+C_{换,i}\} \tag{6-13}$$

Subject to:

$$n_{换,i} \geqslant P_{设计}^{换} \tag{6-14}$$

式中:$T_{换,i}$——第$i$个换乘方案的换乘时间总和(h),$T_{换,i}=T_{走,i}+T_{候,i}$;

$T_{走,i}$——第$i$个换乘方案的换乘走行时间(h);

$T_{候,i}$——第$i$个换乘方案的二次候车时间(h);

$V$——单位时间价值(元/h);

$C_{换,i}$——第$i$个换乘方案的相关费用(元);

$n_{换,i}$——第$i$个换乘方案的换乘能力(人次/h);

$P_{设计}^{换}$——远期高峰小时设计换乘客流量(人次/h)。

换乘方案选优模型采用货币指标统一量纲。公式(6-13)中的换乘时间可根据远期高峰小时设计换乘客流量、各种换乘方式的换乘走行时间与二次候车时间计算确定。其中的换乘走行时间与换乘走行距离、自动扶梯(楼梯)高差、以及自动扶梯(楼梯)和通道的通过能力等因素有关；二次候车时间可按列车间隔的 1/2 近似确定。单位时间价值可按小时国民收入值确定。公式(6-14)是约束条件，强调了任何一个换乘方案的能力均应满足远期高峰小时的换乘客流需求。

5. 换乘改善实例分析

轨道交通人民广场站所在的地区是上海最大的公交枢纽和人员集散地之一。人民广场站又是轨道交通线网中的三线换乘枢纽，轨道交通 1、2、8 号线的人民广场站分别在 1995、2000、2007 年建成运营。

在人民广场换乘枢纽，轨道交通 1、8 号线的站位为平行紧贴设置，1、8 号线与 2 号线的站位为 L 形设置；1 号线为地下 2 层岛式站台，2 号线为地下 3 层岛式站台，8 号线为地下 2 层岛式站台。

在 8 号线未建成运营前，1 号线与 2 号线是通道换乘，经由 1 号线的站厅层(地下 1 层)和 2 号线的站厅层(地下 2 层)。8 号线建成运营后，1 号线与 8 号线的换乘，乘客通过站厅层的换乘门洞进行换乘；1、8 号线与 2 号线的换乘，鉴于原有换乘通道的能力不能满足三线客流换乘，修建了"大三角"地下换乘大厅，乘客通过 1 号线站厅层、换乘大厅的自动扶梯(楼梯)进行换乘。由于三条线路的人民广场站是分期规划、设计与建成的，再加上换乘客流逐年增加，致使人民广场换乘枢纽出现换乘拥挤、客流交叉较为严重的情形。

为了改善人民广场换乘枢纽的换乘环境、提高轨道交通服务水平，运营管理部门经过反复研究论证，重点对下列问题实施了换乘改善：

(1) 1 号线站厅层的换乘拥挤与客流交叉问题：8 号线建成运营后，1、8 号线与 2 号线之间换乘的客流径路交叉集中在 1 号线站厅的北侧，详见图 6-17。实施的改善换乘措施主要有 3 条，参见图 6-18。

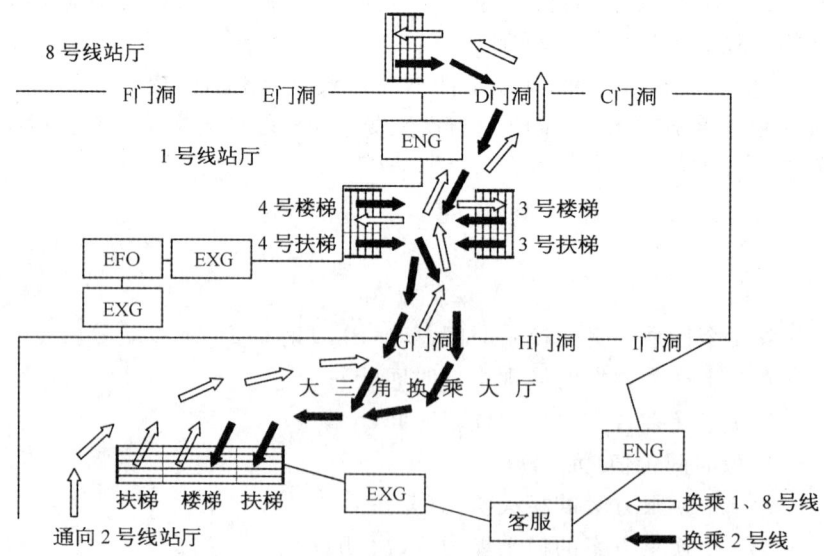

图 6-17 改善换乘前的客流径路示意图

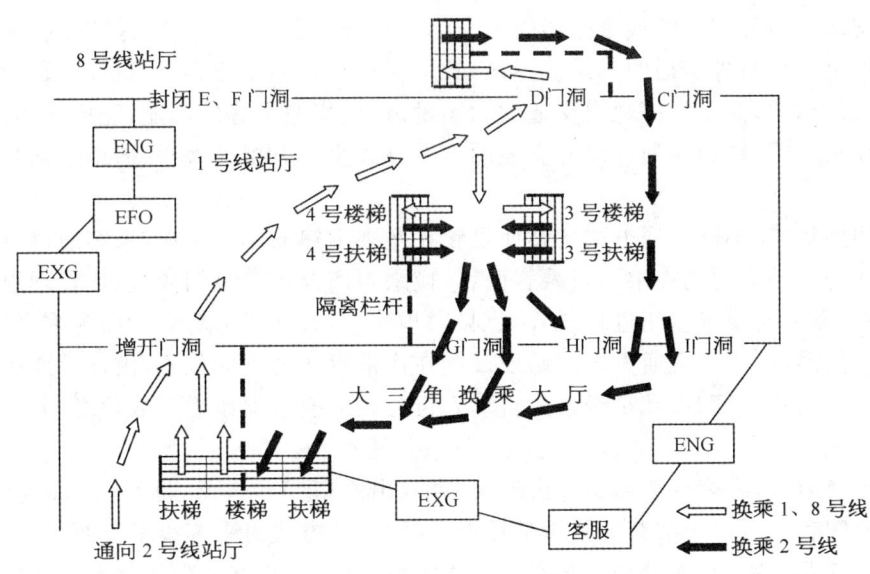

图 6-18 改善换乘后的客流径路示意图

1）在 1 号线站厅北侧增开通向"大三角"换乘大厅的门洞。增开的门洞宽约 6 m，主要用于 2 号线换乘 1、8 号线客流的单向通行；再通过使用隔离栏杆，使 1、8 号线换乘 2 号线客流与 2 号线换乘 1、8 号线客流在楼扶梯区域各行其道。

2）封闭 E、F 两个门洞，外移进、出站检票机的位置，拓宽收费区内的乘客换乘走行通道，使两个方向的换乘客流形成"顺时针"流向，消除了原先的客流径路交叉。

3）在 4 号自动扶梯与 G 门洞、以及 D 门洞处设置隔离栏杆，引导两个方向的换乘客流按"顺时针"方向行走，避免客流径路交叉；高峰时段如在 3 号自动扶梯和 G 门洞处也设置隔离栏杆，可强制部分客经 H、I 门洞换乘 2 号线。

（2）2 号线站厅层的换乘拥挤与客流交叉问题：8 号线建成运营后，2 号线的进站客流与换乘客流在楼扶梯处的拥堵现象较为严重，2 号线站厅通向"大三角"换乘大厅的两个换乘方向的客流径路交叉也较为严重，实施的改善换乘措施主要有 2 条。

1）调整优化 AFC 设备布局。具体包括迁出几家商铺、扩大收费区，将车控室对面一侧的 7 台进站闸机改为 4 台双向闸机，并且旋转 90°设置等。实施该措施后，可控制 2 号线南入口的进站客流量，避免高峰时段 2 号线的进站客流与两个方向的换乘客流在自动扶梯、楼梯处的滞留和拥堵，消除了安全隐患。

2）拆除部分设施设备，增设新的换乘通道，引导 2 号线换乘 1、8 号线的乘客由北端的门洞单向通行，达到与 1、8 号线换乘 2 号线的乘客分流的目的，消除了原先的客流径路交叉。

## 二、轨道交通与其他交通方式换乘

轨道交通与其他交通方式的换乘包括轨道交通与城市对外交通的换乘、轨道交通与市内常规公交的换乘、轨道交通与私人交通的换乘。

1. 与对外交通换乘

轨道交通与对外交通的换乘是指轨道交通与铁路、民航、公路、海运等的换乘。轨道交通线路延伸至城市对外交通的车站或港区,轨道交通车站与铁路客站、机场、长途汽车站、港口等形成换乘枢纽,充分发挥轨道交通的大运量、快速集散乘客的功能,完成接运换乘。

(1) 换乘方式:轨道交通与对外交通的换乘方式主要有层间换乘、通道换乘与站外换乘三种。

在层间换乘时,不同交通方式的站厅设置在换乘枢纽的不同层面,乘客通过自动扶梯完成轨道交通与对外交通的换乘。对乘客而言,换乘距离及换乘时间较短,比较理想。但要实现层间换乘,需要对换乘枢纽进行统筹规划、同步建设,并在票务管理方面为乘客提供方便。

在通道换乘时,不同交通方式的站厅设置在换乘枢纽的不同位置,由通道连接。换乘的便捷性取决于通道长度,以及是否设置自动人行道。从换乘枢纽规划的角度,通道换乘是主要的换乘方式。

在站外换乘时,乘客一般需要走出地面,完成出站(港)和进站(港)的换乘过程,换乘距离及换乘时间较长。由于乘客通常携带行李,这种换乘方式对乘客很不方便。

(2) 与铁路换乘:在轨道交通与对外交通的衔接中,与铁路的衔接是不可缺少的。但国内的轨道交通与铁路,管理体制分属两家、票务系统相互独立,乘客在两者间的无缝换乘目前难以实现。在过去,由于缺乏统筹规划和建设各自进行等原因,轨道交通车站的出入口一般是设置在铁路客站的站前广场,乘客换乘走行距离较远。近年来,新建铁路客站时,便捷换乘问题得到重视。例如,上海南站换乘枢纽在规划建设过程中,较好考虑了换乘问题。

铁路南站是上海主要铁路客站之一,轨道交通1、3号线和规划的L1线在此呈"工字形"交汇。1号线地面车站配合铁路客站建设同步改建为地下二层车站,3号线车站为地面车站,L1线车站为地下三层车站、与1号线共用站厅。由于统筹规划、同步实施,上海南站换乘枢纽实现了轨道交通与铁路的便捷换乘。

(3) 与民航换乘:近年来,许多城市在规划建设连接机场的轨道交通线路,为民航乘客提供快捷的换乘服务。轨道交通机场线建设应注意下面两方面的问题。

首先是客流量大小,它直接关系到机场线的运营效益。因此,需要对客流来源及数量,旅客出行需求特征和机场客流接运市场份额等进行分析。机场线的客流来源相对稳定和单一,由乘坐飞机乘客与接送亲友、机场及周边企业职员构成。分析飞机乘客对接运服务的需求,由于随身携带行李,方便、舒适是主要的;并由于去机场时间通常安排比较充裕,因此快捷是次要的。由于机场巴士和出租汽车在门到门服务方面具有一定优势,因而在机场客流接运市场占有相当份额。目前,上海轨道交通2号线和磁浮线均连接浦东机场,与乘坐地铁或机场巴士到机场相比较,飞机乘客携带行李再换乘磁浮线到机场,不具有方便、舒适与价格方面的优势。

其次是换乘的便捷性。轨道交通车站与机场候机厅应尽可能实现无缝连接。如果连接车站与候机厅的通道较长,应考虑安装自动人行道或配备专用小车供旅客推运行李。换乘径路应设置导向标志。此外,在市中心的机场线车站设置市区航站楼,预先办理除安检以外的登机手续,如行李托运、发放登机牌等,可以方便乘客乘坐机场线换乘飞机。

(4) 与对外交通换乘实例分析:

1) 虹桥综合交通枢纽概况:2010年,虹桥枢纽建成运营。虹桥枢纽汇集了航空、铁路、长途客运、轨道交通、常规公交、出租汽车和社会车辆等各种交通方式,是一个超大型综合交通枢纽,预计 2020 年的枢纽交通集散总量为 110 万人次/日。

虹桥枢纽在水平向由 5 大功能模块组成,由东向西依次为:虹桥机场西航站楼、东交通中心、磁悬浮车站、铁路车站、西交通中心,见图 6-19。东交通中心包括轨道交通、常规公交、出租汽车和社会车辆,主要为民航、磁悬浮乘客提供换乘服务;西交通中心包括长途客运、轨道交通、常规公交、出租汽车和社会车辆,主要为铁路、长途客运乘客提供换乘服务。

图 6-19 虹桥枢纽平面布局示意图

虹桥枢纽在垂直向有 5 大功能层面,它们是:

① 高架道路出发层(12 m)。车辆可在此层面到达任一主体建筑,实现车流的贯通。该层面也是换乘层面,两条换乘通道东起西航站楼、西至铁路车站,中间连接东交通中心与磁悬浮车站。

② 到达换乘廊道层(6 m)。机场与磁悬浮的到达层面,通过坡道和廊桥与东交通中心连接。

③ 地面层(0 m)。包括机场的行李厅与迎客厅,铁路、磁悬浮车站的站线与站台,东交通中心的公交车站与停车区,西交通中心的公交车站与停车区。

④ 地下换乘通道层(-9 m)。在换乘通道层,乘客、行人可步行到达枢纽的各个建筑空间。两条换乘通道东起西航站楼地下站厅,经东交通中心的地铁站厅、磁悬浮地下站厅和出站通道,再经铁路地下站厅和出站通道、西交通中心的地铁站厅、西交通中心的公交车站,然后两条换乘通道合而为一,继续向西至枢纽西部开发区的地下商业街。

⑤ 地铁站线与站台层(-16 m)。轨道交通 2、10 号线东西向横穿枢纽,并设置了两个车站。

在上述 5 大功能层面中,12 m 层、6 m 层和-9 m 层为枢纽的 3 个换乘层,共有 6 条换乘通道,服务于 56 种换乘模式。

2) 轨道交通规划及与对外交通换乘:根据规划,虹桥枢纽有 5 条轨道交通线路汇聚,形成两纵三横布局。5 条线路是已经投入运营的轨道交通 2、10 号线,规划修建的轨道交通 5、17 号线和青浦线,见图 6-20。

轨道交通 2、10 号线由东向西在地下 2 层横穿枢纽,分别在东交通中心和铁路车站西侧设置地下车站;5 号线由南向北、17 号线由北向南引入铁路车站地下 3 层,与 2、10 号线形成换乘;青浦线为低

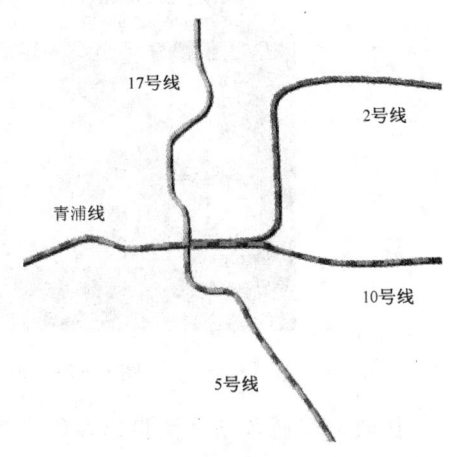

图 6-20 虹桥枢纽轨道交通规划示意图

速磁悬浮线路,由西向东从地下2层进入枢纽西侧,与枢纽其他轨道交通线路形成5线换乘。

虹桥枢纽的对外交通方式包括航空、铁路、长途客运和磁悬浮,如果对外交通换乘方案存在缺陷,将直接影响枢纽功能的实现和乘客换乘的便捷舒适。因此,在枢纽的规划设计中,轨道交通与对外交通换乘的规划设计是影响枢纽线站布置、工程规模的关键因素。

据预测:在航空、铁路的乘客中,有约45%是经由轨道交通进行换乘,显然轨道交通在枢纽对外交通换乘方面具有举足轻重的作用。轨道交通2、10号线由东向西横穿枢纽,并在枢纽的东西轴线上设置了两个车站,加强了枢纽建筑体东西向间的连接与沟通。两个地铁车站的设置贴近铁路车站和机场,与铁路、民航的换乘采取层间换乘与通道换乘相结合的换乘方式,便捷的换乘有助于枢纽快速集散乘客和提高换乘舒适性。远期有5条轨道交通线路引入枢纽,可以进一步发挥枢纽的客流集散、以及轨道交通与对外交通换乘的功能。

2. 与常规公交换乘

轨道交通与常规公交的换乘是指轨道交通与公共汽车等常规公交车辆的换乘。乘坐轨道交通列车出行,常规公交接运是到达轨道交通车站的方式之一。改善轨道交通与常规公交的换乘,主要涉及公交换乘站点设置的优化和公交线网布局及运营的优化,它们对轨道交通吸引客流,提高交通服务水平具有重要作用。

(1) 公交换乘站点设置:由于常规公交系统的运营特性,公交换乘站点设置的弹性较大,它们可以设置在高架车站下面、地下车站地面或附近,也可以设置在建筑设施的地面一层等,乘客通过自动扶梯(楼梯)、通道或人行天桥等进入轨道交通车站,进行换乘。图6-21是法国里尔的一个VAL、轻轨和公共汽车的换乘站,其中VAL、轻轨是同站台换乘,轨道交通与公共汽车是通过自动扶梯(楼梯)的层间换乘。

图6-21 轨道交通与常规公交的良好换乘

按轨道交通车站客流量以及综合换乘情形的不同,轨道交通与常规公交的换乘有一般换乘点和大型换乘点两种。

一般换乘点是指常规公交衔接客流不大的轨道交通中间站。对一般换乘点,要求公交车站尽可能离轨道交通车站的出入口近些。由于缺乏前瞻性考虑,国内轨道交通与常规公交换乘存在换乘距离及时间较长问题。例如,广州地铁1号线沿线的大部分公交站点与地铁车站有相当距离,其中距离在 50~200 m 有 27 个,200~500 m 有 32 个,公交站点与地铁车站间的换乘走行时间平均为 7 min。

大型换乘点是指常规公交衔接客流较大的轨道交通换乘站或终点站,通常还与铁路、长途汽车站衔接,形成综合换乘枢纽。对大型换乘点,理想的规划设计是将轨道交通车站、铁路车站、公共汽车站、出租汽车站、大型商场和地下停车场等布局在同一建筑设施内或由自动扶梯(楼梯)、通道连接的不同建筑设施内,从而实现地下、地面和地上的立体换乘,有效减少街道上的人流、缓解地面交通拥挤。

大型换乘点的公交车站设置,在用地受到限制时,可考虑设置在建筑设施的地面一层,如我国香港的沙田换乘枢纽;在土地利用宽裕时,宜设计成具有多条公交线路车位的港湾式车站。在规划设计时,公交车站与轨道交通车站的间距不宜过远,并应通过采取人车合理分流、设置导向标志等措施,减少换乘过程中的进站客流与出站客流、客流与车流的径路交叉。

(2)公交线网布局及运营:从提高整体运行效率、增加轨道交通客流和减少地面交通拥挤出发,在轨道交通线路投入运营后,应适当调整公交线网布局,如减少平行运营的公交线路,增加垂直方向的接运公交线路等。

轨道交通车站合理接运区的半径大体为 2 500~3 000 m。在超过 3 000 m 时,由于接运时间过长,市民会放弃换乘轨道交通出行。但在缩短公交接运耗时的情况下,能够扩大合理接运区的范围,提高常规公交换乘轨道交通的乘客比例。缩短公交接运耗时的措施有:使乘客一次乘车就能换乘轨道交通,高峰时间增开跨站运行公交线路,开通连接大型住宅区的公交接运专线等。

3. 与私人交通换乘

轨道交通与私人交通的换乘是指轨道交通与自行车、私人汽车等交通工具的换乘。鉴于国内自行车出行的比例较高、私人汽车拥有量增长较快,鼓励采用"停车+换乘"出行方式对轨道交通吸引客流、缓解市区道路拥挤、以及节约能源和保护环境均具有积极意义。

(1)停车点(场)的设置:鼓励采用"停车+换乘"出行方式,在换乘设施方面主要是解决停车点或停车场的设置问题。

为适应自行车换乘的需求,轨道交通车站应设置停车点。对高架车站,可在高架结构下的地面层设置自行车停车点;对地下和地面车站,在出入口附近设置自行车停放场地。自行车停车点的规模取决于采用自行车方式换乘轨道交通的客流大小。

根据对自行车接运区的合理半径、自行车换乘出行目的等进行的分析,合理的自行车接运范围应是以轨道交通车站为圆心、半径为 800~2 000 m 的区域,采用自行车换乘方式的大多是通勤客流。因此,如果自行车接运半径内有大型住宅区,由于到站客流中的自行车换乘比例通常会比较高,自行车停车点的设计规模一般也应大些。

为减少私人汽车进入市中心区,设置公共停车场、提供"停车+换乘"的服务十分必要。停车场的位置一般选择在市区外围的轨道交通车站附近,并结合轨道交通换乘枢纽的建设、车站周边商业与办公设施的建造,统筹安排设置。鉴于城市用地紧张,停车场应尽可能按立体多层设计、充分利用地下空间。

（2）停车收费政策：停车收费政策是城市交通需求管理的重要方面。自行车换乘免费停放，小汽车换乘收取较低的停车费，并对高峰时间内进入市中心区的车辆收取交通拥挤费等措施，均有利于鼓励和推行"停车＋换乘"出行方式。

# 参 考 文 献

[1] 张国宝.城市轨道交通运输组织.北京：中国铁道出版社,2000
[2] 王玫.地下铁道导向系统设计概述.城市轨道交通研究.1999(2):29～31
[3] 许泽成.城市轨道交通视觉导向系统的设计体系研究.城市轨道交通研究.2003(4):41～43
[4] 广州市地下铁道总公司,广州市地下铁道设计研究院.广州地铁二号线设计总结.北京：科学出版社,2005
[5] 崔之鉴.地下铁道.北京：中国铁道出版社,1984
[6] 北京城建设计研究总院.地铁设计规范(GB50157-2003).北京：中国计划出版社,2003
[7] 上海申通地铁集团有限公司.上海市轨道交通客运服务质量标准.上海：2009
[8] 龙颖.关于建立轨道交通运营质量评价体系的分析与探讨.世界轨道交通.2005(3):33～35
[9] 张国宝.地下铁道换乘问题的系统分析.上海交通大学学报增刊.2001:14～17
[10] 葛世平.国内外地铁换乘枢纽站的发展趋势.地铁与轻轨.2000(1):6～8
[11] 谢仁德.地铁换乘方式之我见.地铁与轻轨.2000(1):9～11
[12] 蒋永康.城市轨道交通换乘方式探讨.城市轨道交通研究.2000(3):45～48
[13] 朱效洁.上海轨道交通人民广场枢纽站大客流组织对策研究.城市轨道交通研究.2010(1):1～6
[14] 沈景炎.以轨道交通为骨架构筑城市客运综合枢纽.都市快轨交通.2004(3):19～23
[15] 廖彩凤.关于轨道交通换乘设计若干问题的思考.地下工程与隧道.2005(2):6～10
[16] 曹嘉明,郭建祥等.上海虹桥综合交通枢纽规划与设计.建筑学报.2010(5):20～26
[17] 陈东杰.上海虹桥综合交通枢纽超大型轨道交通系统研究.中国铁路.2009(10):5～10
[18] 晏克非,苏永云等.广州市交通衔接改善方案.交通与运输.2000(6):4～6
[19] 钱治国等译.城市快速轨道交通.北京：中国城市规划设计研究院交通所、情报所

# 第七章 车辆运用与调车作业

轨道交通车辆段与停车场统称为车辆基地。我国的《地铁设计规范》将检修车辆段称为车辆段，运用车辆段称为停车场。在运营线路长度超过 20 km 时，为使线路终点站的首、末班列车时间相同、减少列车空驶里程、以及提供列车的停放场所，应在线路的非车辆段一端增设停车场。

车辆段的作业包括车辆运用作业、车辆检修作业、以及为完成车辆调移而进行的调车作业。停车场除不承担车辆检修作业外，其余作业内容与车辆段相同。

轨道交通网络化概念的一个重要方面是实现资源共享和集约使用。就车辆基地的资源共享而言，主要是指架修、大修资源共享，专用设备资源共享和合址共建资源共享。

## 第一节 概 述

### 一、车辆段技术设备

车辆段技术设备由车库、站场、调机、供电、信号、通信、通风空调和给排水设备等组成。

1. 站场

车辆段的站场由咽喉区与线路两部分组成。

（1）咽喉区：车辆段咽喉区是指连接车库与正线的部分，由出入段线与道岔组成。咽喉区应有若干平行进路，具备一定的通过能力。此外，在满足咽喉区的运营功能前提下，应尽量缩短咽喉区长度，节约用地。

（2）线路：车辆段线路包括出入段线、停车线、列检线、镟轮线、检修线、洗车线、牵出线、试车线、静调线、救援线和联络线等。线路的配置应满足各种生产功能的要求，避免列车或车辆在段内的迂回走行或相互干扰。

1) 出入段线：连接正线与车辆段的线路。尽端式车辆段采用双线，贯通式车辆段可在两端各设置一条单线。出入段线与正线的接轨有平交和立交两种方式。

2) 停车线：用于停放列车的线路。为减少占地和道岔数量，一般每条线按停放两列车设计。为能进行列检作业，部分停车线设有检修坑道。

3) 列检线：用于车辆日常检查的线路，设有检查坑。列检线数一般按运用列车数的 30% 进行配置。

4) 镟轮线：在轮对磨耗不符合使用要求时，可对轮对踏面进行镟修的线路。

5) 检修线：用于车辆定期检修的线路，包括定修线、架修线和临修线等，设有检修坑，并根据检修作业需要配置车顶作业平台、架车机和起重机等设备。

6) 洗车线：用于车辆清洗作业的线路，一般安装自动洗车机，列车以低于 5 km/h 的速度通过洗车设备即可完成车体清洗。

7) 牵出线:用于车辆段内调车作业的线路,根据车库的位置,牵出线通常设置1~2条。

8) 试车线:用于车辆定修、架修后动态调试的线路,试车线一般设在段内靠近检修库一侧。试车线的有效长度应满足按远期列车最高速度和紧急制动进行调试的要求。

9) 静调线:用于新车停放及静态调试的线路。

10) 救援线:用于停放救援列车的线路,一般设置在咽喉区附近。

11) 联络线:与铁路接轨的线路,用于车辆、设备等的调运。

2. 车库

根据车辆段作业内容不同,车库分为停车库、列检库、定修库和架修库。停车库与列检库用于停放车辆、进行列车技术检查等日常作业。定修库与架修库用于车辆定期检修作业,有时统称为检修库。

车库的规模,既与保有的客车数有关,也与车辆检修制度及检修修程有关。采用"状态修"与"在线修"等现代车辆检修理念和检修技术,有助于压缩检修库的建设规模。

3. 调机

调机是调车作业的动力,车辆段通常采用内燃机车或动车作为调机。

### 二、运转车间工作

车辆段运转车间的工作,包括编制车辆运用计划、安排车辆日常运用、配备乘务员、列车出入段作业、车辆段调车作业,以及与列车救援、工程车开行、车辆检修和车辆调试有关的作业等。

《车辆段行车工作细则》简称《段细》,是车辆段行车工作的重要技术文件。《段细》的内容包括车辆段行车技术设备及其使用、管理,列车出入段与调车作业的要求、程序、方法和时间标准等。

《列车操纵规则》又称为《客车司机手册》。《列车操纵规则》的内容包括乘务员出退勤、库内作业、列车运行及操纵和列车故障应急处置等的要求、程序和方法等。

在车辆段,运转值班员是行车组织的领导人,信号楼值班员负责列车进路和调车进路的办理,调车长负责调车作业的指挥,乘务组长负责乘务员的管理。

## 第二节 车辆运用

### 一、列车作业过程

列车作业过程包括列车出车作业、列车正线运行、列车收车作业和列车整备作业四个环节。由于车辆是按规定辆数编成列车后在正线上运行,车辆的运用可用图7-1所示的列车作业过程来描述。

1. 列车出车作业

列车出车作业包括编制发车计划、乘务员出乘、列车出库与出段三部分。

(1) 编制发车计划:发车计划由运转值班员根据使用列车运行图、运营检修用车安排、车场线路存车情况等编制,内容包括列车车次、待发股道、运用车编号等。编制发车计划时,应注意避免交叉发车和保证列车出库顺序无误。发车计划编制完毕后,除应将计划下达给信号楼值班员外,运转值班员还应将计划中列车车次、车号、有无备车、备车车号等内容上报给行车调度员。

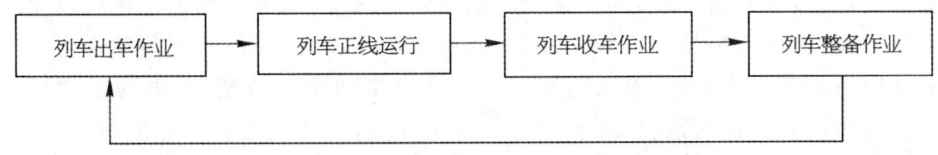

图 7-1 列车作业过程

(2) 乘务员出乘:乘务员应在充分休息的情况下出勤,按规定时间、在规定地点办理出勤手续,领取相关物品。在办理出勤手续时,乘务员应仔细查看行车告示牌上的行车命令、指示和安全注意事项,本次列车出车股道,并认真回答运转值班员的询问、听取运转值班员传达的事项。

办妥出勤手续后,乘务员应对安排值乘的列车按突出重点、兼顾一般的原则进行出车前检查,检查合格后方能发车。检查时发现车辆故障不能担负列车任务时,应及时上报运转值班员并按其指示执行。运转值班员应立即通知检修部门检修故障列车,及时调整乘务员值乘列车的出车次序,并向信号楼值班员传达变更出车计划。

备用乘务员应与值乘乘务员同时出勤,完成备用列车检车程序后,备用乘务员应在车上待命。在发车工作结束后,方可回到乘务员休息室待命。

(3) 列车出库与出段:列车起动前应确认信号开放与库门开启正常,并注意平交道是否有人员、车辆穿越。在规定的出库时间已到而出库信号仍未开放时,乘务员应主动询问信号楼值班员,联系不上时可通过运转值班员询问。

正常情况下,列车经由出段线出段。列车出段凭防护信号机的显示,在出段线的有码区按人工 ATP 方式运行,在出段线的无码区按限速人工驾驶方式运行。在设备故障(咽喉道岔、道岔区轨道电路、牵引供电)或检修施工(车场线路、信联闭设备、接触网)时,列车可以由入段线出段,但应得到行车调度员准许。信号楼值班员在办理列车发车作业时,应确认区间空闲(出、入段线视为区间),停止影响发车进路的调车作业。

2. 列车正线运行

从车辆运用角度,列车正线运行主要涉及列车运行交路、列车驾驶作业和乘务员正线交接班等。

(1) 列车运行交路:列车正线运行的循环交路,以及列车在两端折返站的到、发时刻和出入段时间、顺序由车辆周转图规定(见图 3-20)。

(2) 列车驾驶作业:乘务员在值乘中应注意力集中、不间断瞭望、严禁违章行车。在发现异常、紧急情况时,乘务员应根据有关规章、应急预案,及时采取措施排除故障或险情,确保行车安全与乘客安全。列车故障时的行车办法、发生事故时的应急处置参见第五章与第九章相关内容。

列车进站时,必须带制动进站;对手动驾驶,乘务员应提前做好制动准备。列车进站时,乘务员还应注意对站内及站台进行瞭望,发现异常情况应鸣笛示警,必要时采取紧急停车措施。列车在规定停车点停稳后,乘务员应走出驾驶室,打开靠站台一侧的车门,监护乘客上下车和注意接收发车信号。在收到发车信号、以及确认车门全部安全关闭后,乘务员方可进入驾驶室,在确认出站信号开放后方可启动列车出站。

列车到达折返站、清客完毕后,乘务员应迅速关闭车门;在确认防护前方折返进路的调车信号显示后,方可驶入折返线;列车在规定地点停稳后,应立即办理列车换向作业。

(3)正线交接班:乘务员在正线交接班时,接班乘务员应按规定、提前到指定地点出勤,交班乘务员应将列车技术状态、有关行车命令与注意事项交待清楚,并填写在司机报单上。如接班乘务员因故未能按时接班,交班乘务员应坚守岗位,并报告行车调度员。

3. 列车收车作业

列车收车作业包括列车入段与入库、库内作业两部分。

(1)列车入段与入库:正常情况下,列车经由入段线入段。列车入段凭防护信号机的显示,在入段线的有码区按人工 ATP 方式运行,在入段线的无码区按限速人工驾驶方式运行。在设备故障或检修施工时,列车可以由出段线入段,但应得到行车调度员准许。信号楼值班员在办理列车接车作业时,应确认接车线路空闲,停止影响接车进路的调车作业。

列车入库按调车作业有关规定进行,进入车库前应在车门外一度停车。有人接车时按入库手信号进入车库;无人接车时,乘务员应下车确认库门开启正常、接触网送电后方能进入车库。

(2)库内作业:列车进入车库停稳后,乘务员应对列车进行检查,在确认列车无异常后携带列车钥匙、司机报单及其他相关物品办理退勤手续,然后向乘务组长汇报当日工作情况,并听取次日工作安排与注意事项。

在发现列车技术状态不良时,乘务员应向运转值班员报告并在有关报表中详细记录。在发生列车晚点、掉线、清客、行车事故与救援时,运转值班员应组织当事人及有关人员填写情况报告并及时上报有关部门处理。此外,运转值班员还应对当日列车故障与安全情况进行统计。

4. 列车整备作业

列车整备作业包括列车清洗、列车检修和车辆验收三部分。

(1)列车清洗:列车清洗包括车辆内部的清扫、清洁和车身清洗等,根据清洗计划进行。列车清洗计划应下达给信号楼值班员、调车司机、调车员及其他相关人员。列车清洗时的动车按调车作业办理。

(2)列车检修:列车回库停稳、收车后,如无列车清洗等其他作业,运转值班员应及时与车辆检修部门办理车辆交接手续。未办理车辆交接手续、未经运转值班员同意,检修部门不得擅自进行列检作业。

正在进行列检作业的车辆,未经检修负责人同意,运转值班员不得擅自调动、无关人员不得擅自动车。

(3)车辆验收:运转值班室接到车辆检修部门移交的车辆后,应指派专人对车辆技术状态进行检查,确认车辆技术状态符合正线运行要求后方能接收、投入使用。

## 二、乘务管理

乘务员是轨道交通行车作业的关键工种。列车在区间运行时,乘务员负有列车安全与乘客安全的重要责任。因此,乘务员的招聘选拔、业务培训和平时考核均应围绕建立一支具有较高综合素质、过硬业务水平、较强安全意识的乘务员队伍展开。此外,在乘务管理方面,合理选择乘务方式、优化配备乘务人员,对提高乘务管理水平和企业经济效益具有显著意义。

1. 乘务方式

轨道交通乘务方式有轮乘制和包乘制两种。

(1) 轮乘制:轮乘制是指列车的值乘乘务员不固定,由各个乘务员轮流值乘。采用轮乘制后,有利于合理安排乘务员作息时间,以较少的乘务员完成乘客输送任务。但乘务员对车辆性能、状态的熟悉和对车辆保养的责任心,可能不如包乘制,为此需要通过建立制度、加强教育,明确乘务员的职责、提高车辆保养质量。

目前,大多数轨道交通线路采用轮乘制,这里面既有提高劳动生产率的考虑,也有车辆可靠性不断提高的因素。

(2) 包乘制:包乘制是指列车的值乘乘务员固定,由若干个乘务员包乘包管。采用包乘制后,便于乘务员掌握车辆性能、状态,有利于增强乘务员对车辆保养的责任心。但与轮乘制相比,采用包乘制时,乘务员劳动生产率较低;对车辆运用计划的编制要求较高;另外,夜班乘务员下班不便。

2. 乘务员配备

(1) 配备数计算:乘务员配备数可按下式计算:

$$P_{配备}=(P_{值乘}+P_{替换})D_{循环}(1+\alpha_{备}) \tag{7-1}$$

式中:$P_{配备}$——乘务员配备数(人);

$P_{值乘}$——列车上值乘乘务员总数(人);

$P_{替换}$——折返站替换休息乘务员总数(人);

$D_{循环}$——轮班循环天数(d);

$\alpha_{备}$——乘务员备用系数,一般取10%。

乘务员平均驾驶时间(正线上)可按下式计算:

$$t_{驾驶}=\frac{S_{列}}{V_{旅}(P_{值乘}+P_{替换})D_{出勤}} \tag{7-2}$$

式中:$t_{驾驶}$——乘务员平均驾驶时间(h/d);

$S_{列}$——列车公里总和(km/d);

$V_{旅}$——列车旅行速度(km/h);

$D_{出勤}$——乘务员在轮班循环中出勤天数(d)。

(2) 配备数比较:假设轨道交通线路运营时间为5:30~23:00,使用车组数为10列,图定列车公里为5 120 km/d、列车旅行速度为32 km/h,实行单人值乘,在列车折返站配备3名替换休息的司机。

采用轮乘制时,实行四班二运转,即日班(7:30~16:30)、夜班(16:30~7:30)、休息、休息的轮班制。采用包乘制时,实行五班三运转,即早班(5:30~11:00)、中班(11:00~17:00)、夜班(17:00~回库)、休息、休息的轮班制。

经计算,在采用轮乘制时,需要配备乘务员58人,乘务员平均驾驶时间为6.15 h;在采用包乘制时,需要配备乘务员72人,乘务员平均驾驶时间为4.10 h。包乘制比轮乘制增加定员24.1%。

#### 3. 乘务员录用与培训

乘务工作的专业性质、以及对运营安全的重要性,要求乘务员具有良好的生理素质、心理素质、专业知识与操作技能、工作责任心和安全意识等。在乘务员综合素质的组成中,有些可以通过培训、教育形成,有些则是由先天素质决定的。因此,在录用乘务员时,应该重视与考虑乘务员的职业适应性问题。

(1) 乘务员录用:传统的乘务员录用比较重视学历、身体素质、专业知识和操作技能等,这些无疑都是必要的。但近年来的职业适应性研究表明,在录用轨道交通乘务员时,职业心理素质也应作为职业选拔和淘汰的重要依据。

要进行乘务员职业心理素质测试,首先应明确乘务工作所要求的职业心理素质类型。人的劳动分为肌肉劳动、感知劳动和智力劳动三种。乘务工作的特点要求乘务员在作业过程中不断感知信息、处理信息并做出正确的判断与反应,因此乘务员的劳动属于感知劳动。感知劳动特点与行车安全要求,是确定乘务员职业心理素质类型的基本依据。乘务员职业适应性的研究与实践揭示,合格胜任的乘务员应具备以下一些个性心理特征:智力中等、认知能力良好、反应较快、动作准确协调、情绪稳定、注意的分配与转移较强、性格内向、社会适应性平衡、能适应单调工作等。

(2) 乘务员培训:乘务员培训的内容包括业务学习和思想教育两方面。

根据业务学习内容与要求的不同,业务学习又分为初级、中级和高级三个等级。例如,通过中级培训,学员在已经了解车辆基本构造、掌握列车操作技能、能够独立驾驶列车的基础上,还应具有一定的车辆故障判断及应急处理能力,以及具有带教实习乘务员的能力。

思想教育的内容主要是工作责任心教育、安全意识教育、遵章守纪教育和服务乘客教育等。思想教育应联系实际、注重实效。

## 第三节 调 车 作 业

### 一、基本概念

#### 1. 调车定义

除列车在正线上的运行以外,凡因列车折返、转线、解体、编组和车辆摘挂、取送等作业需要,列车或车辆在线路上进行有目的的调动,都属于调车。

轨道交通的调车作业主要是在车辆段和折返站内进行,调车作业的动力是内燃机车或动车。车辆段调车作业的特点是作业量大和作业复杂。在调车作业中,连挂或摘解一组车辆的作业称为调车钩,它是衡量调车工作量的基本单位。

#### 2. 调车种类

按调车目的的不同,轨道交通调车主要有折返调车、转线调车、解体调车、编组调车、摘挂调车和取送调车等。折返调车是列车在折返站的正线、折返线和渡线等线路上进行的调车作业,其他种类的调车是列车和车辆在车辆段的牵出线、调车线、检修线和洗车线等线路上进行的调车作业。

#### 3. 调车作业方法

调车作业方法有推送法和溜放法两种。推送调车法是指将车辆由一股道调移到另一股道,在调动过程中不摘车的调车方法。溜放调车法是指推送车辆达到一定速度后摘钩制动,使摘解的车组借获得的动能溜放到指定地点的调车方法。

与溜放调车法比较,推送调车法需要的时间较长,但也是一种比较安全的调车方法。轨道交通调车采用的是推送调车法。

4. 调车工作要求

调车作业是轨道交通行车工作的组成部分,也是车辆段和折返站行车工作的重要内容。列车能否按列车运行图正点出发、到达与运行,线路通过能力能否充分利用,很大程度上取决于调车作业的组织和效率。因此,调车工作应达到以下要求:

(1) 及时完成调车任务,保证列车按图运行和其他有关作业按时完成。
(2) 充分运用各种技术设备,采用先进的作业方法,提高调车作业效率。
(3) 确保调车作业安全。

为了实现上述要求,调车工作必须遵守《行规》和《段细》中有关调车作业的规定,建立和健全有关工作制度。

## 二、车辆段调车作业

1. 调车作业领导与指挥

调车作业是一项多工种联合进行的复杂作业,为了安全、协调、迅速地进行工作,按时完成调车任务,必须实行统一领导、单一指挥。

由图 5-4 可知,运转值班员是车辆段的行车工作领导人,因此车辆段调车作业由运转值班员统一领导。所有与调车有关的作业人员,必须认真执行调车领导人的命令、指示,按调车作业计划进行调车作业。调车组的调车长是调车作业的指挥人;在无调车组、手信号调车时,可由运转值班员指定在业务知识和指挥技能方面能够胜任的人员负责调车作业指挥。信号楼值班员负责办理调车作业进路并监控调车作业的安全进行。

2. 调车工作制度

(1) 交接班制度:交接班时,调车组在规定地点对号交接线路存车数、停留车位置、安全及有关注意事项等。

(2) 作业前准备制度:在调车作业前,调车长应将调车作业计划、作业方法向调车司机及其他调车人员传达清楚。调车员应对线路、车辆进行检查,在解体调车作业前,必须确认连接车辆的机械、电路与气路装置已处于拆开状态。

(3) 班后总结制度:每班工作结束后,由调车长负责召集调车组人员,总结本班生产任务完成、安全等情况,遇非正常情况应及时向运转值班员报告。

(4) 要道还道制度:要道还道是指调车长或调机司机向信号楼值班员要道,信号楼值班员在进路准备妥当后向调车长或调机司机还道。在非集中联锁设备或集中联锁设备因故不能使用时,调车作业必须执行要道还道制度。要道还道制度是一项确保安全的互控制度,目的是防止车辆进错股道或发生挤岔事故。

3. 调车作业计划

调车作业计划是调车作业的行动依据,调车作业计划由调车领导人(运转值班员)编制,以书面形式下达给信号楼值班员和调车指挥人。调车作业计划的内容包括担当作业的调机与调车组、作业线路、作业钩数及作业方法等(见表 7-1)。

表 7-1 调车作业通知单

| 调车计划 | | 第 号 | | 调车组 | | 组 |
|---|---|---|---|---|---|---|
| 通知时间 | | | 年 月 日 时 分 | | | |
| 执行时间 | | | 日 时 分至 时 分 | | | |
| 调车作业计划 | | | | | | |
| 股 道 | | 摘 挂 | | 辆 数 | 备 注 | |
| | | | | | | |
| | | | | | | |
| 注 意 事 项 | | | | | | |
| | | | | | | |

原则上,调车作业计划应由调车领导人亲自向调车指挥人传达,以确保调车作业安全、提高调车作业效率。调车长必须在作业前将调车作业计划和有关注意事项向调车司机及其他调车人员传达清楚。

由于调车作业涉及的因素较多,作业中会发生需要变更计划的情况,但变更调车作业计划,常常会因为未传达清楚,使参加调车作业的人员失去协调而产生差错,甚至造成事故。因此,遇调车作业中需变更计划,应停止调车作业,由运转值班员将变更后的计划向信号楼值班员和调车指挥人重新布置,再由调车指挥人将变更后的计划向调车司机及有关人员传达清楚,方可继续进行调车作业。如果计划仅作局部变更,在保证安全的前提下,准许用口头方式进行计划变更的传达。

4. 调车作业组织

在办理调车进路前,信号楼值班员应做到三确认,即确认不存在与调车作业有干扰的接发列车和检修施工作业;确认调车线路空闲;确认调车组做好作业准备。如因故需要取消调车进路,应在调机及车辆未起动前,并在通知调车长和调机司机后,再关闭调车信号、取消调车进路。

在调车作业过程中,信号楼值班员应掌握列车运行图规定的列车出入段时刻,防止因调车作业影响出入段列车的运行。如调车作业影响列车出入段运行,必须得到行车调度员的批准。

调车组由调车长(可由副司机担任)、调机司机和调车员组成。在调车作业前,调车长除布置清楚调车作业计划和有关注意事项外,还应督促和带领调车人员做好作业前准备工作;调车组人员应穿戴好防护用品,准备好信号旗或信号灯,确认对讲机等无线通信设备性能良好。

在调车作业中,调车长应正确及时地显示信号,指挥调车作业进行,组织调车人员按计划、安全地完成调车任务。为了明确调车长和调机司机的职责,根据作业中所处的位置和所具备的了望条件,规定在牵引车辆运行时,前方进路的确认由调机司机负责;在推进车辆运行时,前方进路的确认由调车长负责。如调车长所处位置确认前方进路有困难时,可指派参加调车作业的其他人员确认。

调车作业必须按照防护信号机或调车手信号的显示要求进行。没有信号,调机司机不准动车进行调车作业;在调车作业中,调机司机要时刻注意确认信号,不间断地进行了望,认真执行呼唤应答制,按信号显示要求进行作业;如遇信号显示不清,调机司机应立即停止调车,严禁臆测作业。

调车手信号显示种类包括停车信号,减速信号,指挥列车或车辆向显示人方向来信号,指挥列车或车辆向显示人反方向去信号,三、二、一车距离信号,连挂作业信号等。调车手信号的显示,昼间使用信号旗、夜间使用信号灯;地下站按夜间办理,使用信号灯。调车手信号在对方作出回示后就可停止显示,但停车信号在列车或车辆停车后方可收回。

在进行车辆连挂时,应根据停留车位置的距离,向调机司机显示三、二、一车距离信号。调车司机应注意确认三、二、一车距离信号,并鸣笛回示,然后按信号显示要求进行挂车作业。没有三、二、一车距离信号,调机司机不准挂车。调机司机没有鸣笛回示,调车长应立即显示停车信号。当因天气不良、照明不足或地形地物影响,调车长确认停留车位置有困难时,应派胜任人员在停留车的连挂一端显示停留车位置信号。车辆连挂前要一度停车,车辆连挂后应先试拉,确认连挂妥当后方可起动。

在进行调车作业时,应准确掌握调车速度。在了望条件困难或气候条件不良时,应适当降低调车速度。各种作业情形下的调车速度见表7-2。

表7-2 调车速度

| 调车作业项目 | 速度(km/h) |
| --- | --- |
| 车辆段空线上牵引调车 | 20 |
| 载客车辆调车 | 15 |
| 车库内及检修线上调车 | 5 |
| 接近连挂车辆调车 | 3 |
| 尽头线调车 | 3 |

调车作业结束后,调车组应使列车或车辆停于线路警冲标内方,对暂不移动的列车或车辆应按规定采取防溜措施。

5. 试车作业组织

为确保车辆技术性能符合正线运行的要求,车辆在定期检修后应进行调试,包括车场内调试和正线上调试。车场内调试又分为试车线试车、股道试车与非进路试车三种情形。

(1) 试车线试车:由车辆检修部门向运转值班室提出试车申请,运转值班员通知信号楼值班员布置进路,列车按调车信号驶入试车线进行调试。

(2) 股道试车:股道试车是指车辆在库内线路上进行小范围的动态调试。车辆检修部门向运转值班室提出试车申请,运转值班员派出司机配合试车。

在进行股道试车时,如需要越过线路前方的防护信号机,运转值班员在同意试车前应通知信号楼值班员办理进路。车辆头部越过信号机后,未得到信号楼值班员准许,司机不准擅自退行。

股道试车前应确认无关人员已撤离、止轮器已撤除、线路上无障碍物和股道上已送电。

股道试车时,车辆运行限速 5 km/h。

(3) 非进路试车:非进路试车是指车辆在车场线路上进行大范围的动态调试。车辆检修部门向运转值班室提出试车申请,运转值班员派出司机配合试车。

在进行非进路试车时,建立的非进路只能由库内线路通往车场牵出线,并且该非进路必须封闭。试车司机凭运转值班员填发的《非进路试车许可证》进入封闭进路试车。

司机在调试车辆进入封闭进路前应确认信号显示,进入封闭进路后,车辆可在指定范围内、按规定速度往返运行,进路上的信号机红色灯光显示均可越过。非进路试车完毕后,车辆应停于指定的股道内,由运转值班员收回《非进路试车许可证》并注销,然后通知信号楼值班员非进路试车结束。

信号楼值班员接到运转值班员的非进路试车通知后,在确认试车时间内无计划的接发列车作业、办妥试车进路后,方可同意进行非进路试车。遇有行车调度员临时下达的接发列车作业命令,信号楼值班员应立即停止非进路试车并指示调试车辆停于牵出线待命。

非进路试车前应确认无关人员已撤离、止轮器已撤除、线路上无障碍物和股道上已送电,以确保试车安全。

### 三、特殊情况调车

1. 救援调车

救援列车连挂故障列车,牵引或推送故障列车在适当的车站清客,然后返回车辆段称为救援调车。救援调车兼有摘挂调车和取送调车的特点。

救援调车作业根据行车调度员下达的调度命令和信号显示的要求进行。在手信号调车时,调车指挥人为故障列车的司机。调车指挥人应正确及时地显示调车手信号,救援列车司机应认真确认调车手信号,并鸣笛回示。

在进行救援调车作业时,救援列车应在距故障列车三车距离时一度停车,距一车距离时再度停车,然后按调车指挥人的调车手信号显示进行车辆连挂。车辆连挂后先进行试拉,在确认连挂妥当后,方可起动运行。

救援列车牵引故障列车运行时,调车进路的确认由救援列车司机负责;救援列车推送故障列车运行时,调车进路的确认由故障列车司机负责。

在救援调车作业中,救援列车接近被连挂的车辆或调动载有乘客的车辆时,调车速度应按照有关规定准确掌握(见表7-2)。

2. 越出站界调车

占用区间正线进行调车称为越出站界调车。为保证列车运行和调车作业安全,越出站界调车按照下列作业办法进行。

(1) 双线区间正方向越出站界调车:如区间为自动闭塞,只要确认第一闭塞分区空闲;如区间为非自动闭塞,只要确认区间空闲;车站值班员即可办理调车进路、口头通知调机司机,准许越出站界调车。

(2) 双线区间反方向越出站界调车:在收到停止实行基本闭塞法的调度命令后,车站值班员与邻站办理闭塞手续,并将调度命令发给调机司机作为占用区间的凭证,调机司机凭手信号进入区间调车。调车作业结束后,行车值班员应及时向行车调度员报告、并通知邻站。

3. 手推调车

以人力推移车辆称为手推调车，通常是在短距离移动车辆时采用。正常情况下，原则上不使用手推调车，如确有必要采用手推调车，应得到运转值班员或安全主管部门批准，并有可靠的安全措施，如车辆能随时停住、无触电危险等，以确保作业安全和人身安全。根据规章，线路坡度大于 2.5‰、车辆有溜行可能、装有易爆易燃品车辆、夜间无照明等情形均禁止手推调车。

# 参 考 文 献

[1] 张国宝.城市轨道交通运输组织.北京:中国铁道出版社,2000
[2] 何宗华,汪松滋等.城市轨道交通运营组织.中国建筑工业出版社,2003

# 第八章 票务管理

## 第一节 售检票方式及其自动化

售检票作业是轨道交通为乘客服务的环节之一。在售检票过程中,乘客希望有一个方便、快捷和文明的服务,运营企业也希望通过让乘客满意的服务来树立良好的企业形象和吸引更多的客流。

### 一、售检票方式

1. 开放式售检票

开放式售检票是指车站不设检票口,乘客在上车前或在列车上付费,车上有随机查票,并进行补票与罚款的售检票方式。这种售检票方式一般为客流量较小的轨道交通线路采用,要求国民素质相对较高,并且通常都有政府的财政补贴。实践中,采用这种售检票方式的轨道交通线路还是存在车费收入流失现象。

2. 封闭式售检票

封闭式售检票是指车站设检票口,乘客进出收费区进行检票并完成收费的售检票方式。这种售检票方式能减少或杜绝无票乘车现象,减少或避免车费收入的流失。封闭式售检票又有传统的人工售检票和先进的自动售检票两种方式。

(1) 人工售检票:人工售检票速度慢,存在漏检现象,并且需要配备较多的票务人员。人工售检票方式又分进站检票、出站检票和进出站均检票三种情形。进站检票和出站检票适用于单一票价的轨道交通线路。进站检票是指乘客进入收费区时进行检票,出站时不再检票。出站检票是指乘客无须检票自由上车,但出站时进行检票,由于出站客流到达检票口相对集中,出站检票的作业组织难度较大。进出站均检票适用于实行计程票制的轨道交通线路,乘客进出收费区均进行检票,这种售检票方式运营成本较高。

(2) 自动售检票:自动售检票实行全封闭的计程、计时收费,乘客进出收费区均需通过检票机检票后方能通行,可以实现售票、检票、收费和运营统计的自动化。自动售检票(AFC)系统的应用,是自动售检票方式取代人工售检票方式的基础。运营实践表明,轨道交通采用 AFC 系统具有下列优点:

1) 便于推行计程、计时等多种票制,使乘车收费更趋合理,有助于吸引短途客流。
2) 高效的 AFC 设备,为乘客提供方便快捷的售检票服务,有助于提高服务水平。
3) 能及时、准确、自动地统计票务、收入和客流数据,有助于提高运营组织水平。
4) 能杜绝无票乘车、越站乘车或超时乘车,减少票务和其他相关人员,有助于确保收入、降低成本。
5) 为推行轨道交通的一票换乘、城市公共交通的一卡通和建立智能卡收费管理系统提供了基础。

## 二、自动售检票系统

### 1. AFC系统发展概况

AFC系统在轨道交通的应用可以追溯到20世纪70～80年代，如巴黎地铁在30年前就采用了当时相当先进的磁卡AFC系统，东京营团地铁在1988年4月开始应用磁卡AFC系统。随着IC卡的出现及IC卡技术的发展，一些地铁在90年代先后采用磁卡（单程票）与IC卡（储值票）兼容的AFC的系统。

AFC系统在我国的发展已有20多年历史，上海地铁在20世纪80年代末率先进行采用AFC系统的研究。在90年代中期，磁卡AFC系统技术已相当成熟，而IC卡技术在城市交通收费方面的应用刚刚开始，上海轨道交通1号线最初采用的是磁卡与IC卡兼容的AFC的系统，广州地铁1号线最初采用的是预留IC卡功能的磁卡AFC的系统。近年来，IC卡技术在轨道交通AFC系统的应用规模迅速扩大。非接触式IC卡以其储存量大、保密性强、系统结构简单、运营成本较低、可实现一卡多用等优点，逐步取代了磁卡的地位，成为轨道交通车票的首选媒介。目前，国内新建轨道交通线路的AFC系统均选用非接触式IC卡技术；上海和广州也对早期的AFC系统进行了升级改造。上海在2005年底完成了AFC系统的"一票通"改造，组建了轨道交通票务清分中心，改造后的AFC系统采用非接触式IC卡技术，实现了轨道交通的"一票换乘"。

非接触式IC卡AFC系统的应用使城市公共交通行业的票务联营成为发展趋势，上海的"一卡通"和广州的"羊城通"收费系统目前已拓展到多个城市公共交通领域。例如，上海的"一卡通"可以在常规公交、轨道交通、出租车和轮渡通用，为乘客带来出行便利。

### 2. AFC系统技术制式

AFC系统是集电子技术、计算机通信和微机实时控制等于一体的自动收费系统和数据库系统。在轨道交通AFC系统的发展过程中，先后出现过磁卡AFC系统、磁卡和IC卡兼容AFC系统、IC卡AFC系统三种技术制式。

(1) 磁卡AFC系统：磁卡AFC系统投入应用的时间最早。磁卡车票上涂有两条磁粉物质，一条为磁卡密码、编号等不变信息，另一条为车资、进站时间和地点等可变信息，磁卡车票可作为单程票或储值票使用。磁卡AFC系统技术比较成熟，但也存在下列缺陷：磁卡存储信息有限、用途单一；磁卡密码等信息易被破译、伪造和盗用，安全性较差；读写设备机械结构复杂，购置成本和维护费用较高；乘客使用不熟练和吃卡、误读写等故障均会影响检票机的通过速度。

(2) IC卡AFC系统：IC卡是将一块集成电路芯片封装在塑料基片上（非接触式IC卡内还嵌入一小型天线），在集成电路中有微处理器，微处理器由存储和控制两个单元组成，由于微处理器具有人工智能功能，IC卡又称为智能卡。IC卡具有数据存储能力，其内容可供外部读写与内部处理。随着超大规模集成电路和大容量存储芯片技术的发展，IC卡和IC卡系统所具有的优点使其逐步取代磁卡和磁卡系统。

与磁卡系统相比较，IC卡系统具有下列特点：

1) 使用方便快捷：IC卡与读写设备的信息交换通过触点接触（接触式IC卡）或电磁感应（非接触式IC卡）方式进行，不会产生因机械故障导致的吃卡和误读写等现象，提高了检票机的通过能力。

2) 存储容量大：IC卡数据容量大于8 Kbit(磁卡数据容量小于300 bit)，可划分多个数据区供不同的用途，便于一卡多用。

3) 保密性能强：IC卡复杂完善的加密处理，以及多次双向验证，能有效防止解密、伪造票卡和对数据内容的修改、复制。

4) 使用寿命长：IC卡无机械磨损，可重复使用10万次以上。

5) 设备成本较低：IC卡系统的读写设备为电子设备、无复杂的机械移动部件，造价较低、维修简单。此外，票卡不需维护、能耗较低。因此，IC卡系统的设备购置和运营成本均大大低于磁卡系统。

6) 票卡成本较高：IC卡在应用于单程票时，卡的成本一般远高于票价，如果票卡不能回收，将给运营企业带来经济损失。

根据IC卡与读写设备的信息交换方式，IC卡有接触式IC卡和非接触式IC卡两种。在IC卡的发展早期，使用的是接触式IC卡。接触式IC卡应用于轨道交通AFC系统，最大的问题是乘客插卡不便、通过检票机速度慢，难以适应大客流的情形；接触式IC卡系统对使用环境要求较高，脏、湿环境均会影响读写效果；此外，由于票卡芯片裸露，磨损和污染均会影响票卡的使用寿命。因此，接触式IC卡在轨道交通实用化方面的进展缓慢。

与接触式IC卡相比较，非接触式IC卡在读写时操作简单、无接触、无磨损，只要读写距离在10 cm内，读写设备就可准确读写卡中信息。非接触式IC卡的这种特性，一方面有利于提高检票机的通过能力，另一方面也降低了检票设备的故障率和维护费用。非接触式IC卡的技术上先进性、经济上低成本、以及使用上方便快捷，使其成为轨道交通AFC系统的首选技术制式。

3. AFC系统组成与功能

AFC系统由轨道交通票务清分系统、线路中央计算机系统、车站计算机系统、车站AFC设备和票卡五个层次组成，如图8-1所示。

(1) 轨道交通票务清分系统：票务清分系统由两台冗余配置的服务器、磁带库、管理工作站、监控工作站、局域网设备和编码分拣机等组成，其基本功能有。

1) 对各类票卡进行统一采购、制作、发行和管理，负责所有票卡的编码初始化，以及调配、发放、回收和注销工作。

2) 制定票务清分规则、配置系统运行参数；审核各线路交易数据；对各类数据(费率表、黑名单等)进行维护管理。

AFC系统运行参数有运营类参数和车票类参数两大类。运营类参数包括线路名称表、车站名称表、操作员表、检票机运行参数、自动售票机运行参数、半自动售票机运行参数、系统故障代码和本地语言资源文件等。车票类参数包括国际标准时间(GMT)转换参数、车票类型表、费率表、区域表、非高峰时段表、节日表和车票黑名单等。

3) 从各线路中央计算机系统接受交易数据，根据票务清分规则对各线路的票务收入进行公平、准确、高效的清分；同时与公共交通卡清算中心进行交易数据交换和票务收入清算。

4) 采集客流、票务收入和车票使用等运营信息，进行统计分析，生成各类运营报表。

(2) 线路中央计算机系统：中央计算机系统由服务器、磁带库、管理工作站、监控工作站和局域网设备等组成，其基本功能有：

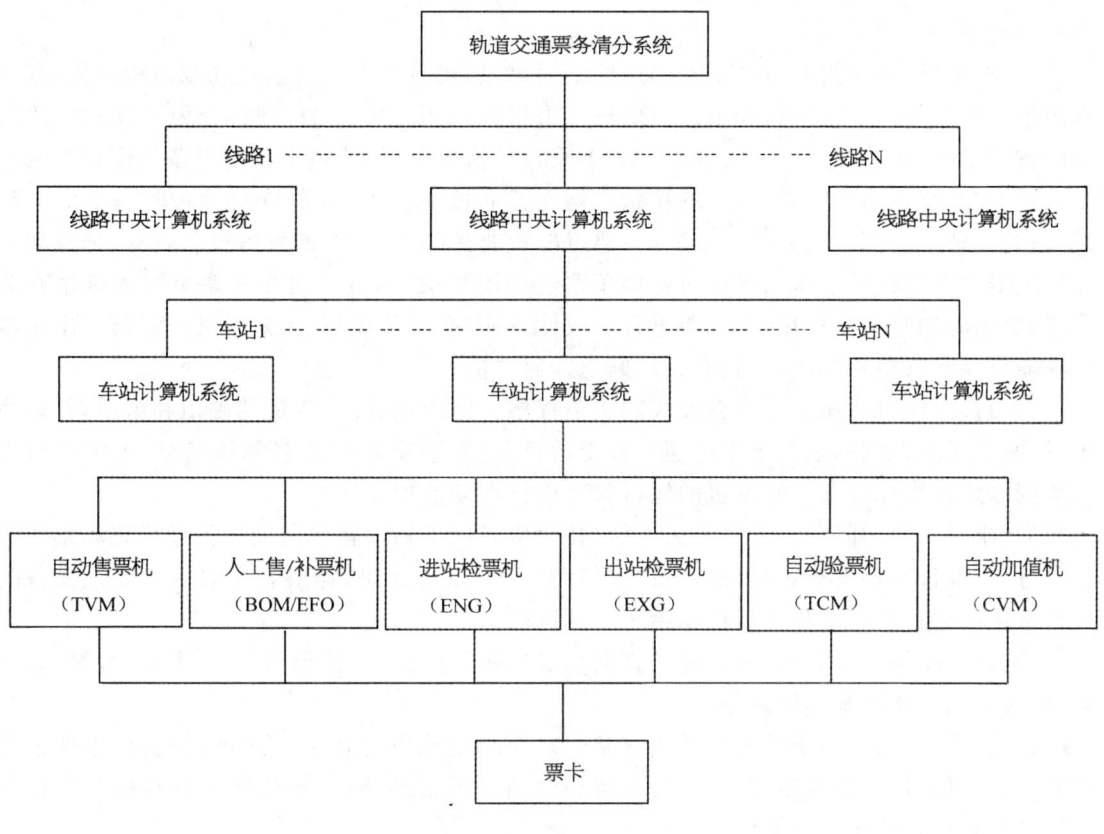

图 8-1 AFC 系统组成

1）接收各车站计算机系统的交易数据，将需要清分的交易数据上传给票务清分系统；同时接受来自票务清分系统的清分数据。

2）从票务清分系统接受 AFC 系统运行参数、费率表和黑名单等信息，并下传给各车站计算机系统。

3）采集客流、票务信息，进行客流和票务收入等统计分析，生成各类运营报表。

4）实时监控 AFC 设备运行，对 AFC 设备维护进行集中管理。

（3）车站计算机系统：车站计算机系统包括车站计算机、监控工作站和数据传输设备等，其基本功能有：

1）从线路中央计算机系统接受 AFC 系统运行参数、费率表和黑名单等信息，并下传给车站终端设备。

2）采集车站终端设备的交易数据和运行状态信息等，并上传给线路中央计算机系统。

3）对车站客流、票务信息等进行统计分析，并生成报表。

4）实时监控车站终端设备运行，具有故障报警、自诊断等功能。

5）设置车站终端设备的各种运营模式。

6）紧急情况下，通过车站计算机发出指令或按下紧急开启装置，使检票机处于自由通行状态，便于乘客快速疏散。

（4）车站 AFC 设备：又称为车站终端设备。车站 AFC 设备包括检票机、自动售票机、

半自动售票机、自动验票机和自动加值机(自动加值验票机)等,车站 AFC 设备的基本功能分别叙述如下:

1) 检票机:又称为闸机。根据用途的不同,检票机分为单向检票机和双向检票机,其中单向检票机又分进站检票机和出站检票机。根据闸门阻挡方式的不同,分为三杆式检票机和门式检票机等。在磁卡与非接触式 IC 卡兼容的情况下,检票机上读写设备的配置有两种方式,一种是兼容通道方式,所有的检票机均配置非接触式 IC 卡的读写设备和磁卡的只读设备;另一种是专用通道方式,大部分检票机配置非接触式 IC 卡的读写设备,小部分检票机配置磁卡的只读设备。检票机可对各类车票进行读写操作,进站时在车票上写入进站有关信息,出站时扣除乘车费用;对车票进行有效性确认,有效票放行、无效票禁止通行。出站检票机能自动回收单程票,以及具有闸门紧急开启功能。

2) 自动售票机:用于乘客自助式购买单程票。能识别、接受指定的硬币和纸币,并能找零,以及对无法识别的现金予以退还。接受运行参数、费率表和黑名单等信息,上传本机交易数据和运行状态信息。对本机的运行状态进行自动监控。

3) 半自动售/补票机:又称为人工售/补票机。用于辅助售票员处理各种售票和票务查询业务,如各种车票发售,车票的赋值、充值和分析,以及退票、补票和车票挂失等。设备的交易数据和运行状态信息自动传输给车站计算机。

4) 自动验票机:用于乘客自助式查询车票的相关信息,包括车票种类、卡号、金额、有效期、以及近期若干次乘车记录等。

5) 自动加值机:用于乘客自助式对储值票用现金或银行转帐方式进行充值,用现金充值时能识别伪币、可以找零,具有分析车票和自动显示余额功能,设备的交易数据和运行状态信息自动传输给车站计算机。

(5) 票卡:轨道交通使用的票卡,目前主要有磁卡和非接触式 IC 卡两种。磁卡通常用于单程票、多程票和纪念票等票种,非接触式 IC 卡通常用于储值票和员工票等票种。

新建轨道交通线路更倾向于选用非接触式 IC 卡 AFC 系统,如大连轨道交通 3 号线的单程票和储值票均采用非接触式 IC 卡,单程票用的是薄型卡,存储容量为 512 bit,因卡的采购成本较低,解决了票、卡价格倒挂的问题。

单程票解决方案除了采用磁卡或薄型非接触式 IC 卡外,还有一种解决方案是采用筹码(TOKEN)。TOKEN 的采购成本较低,使用次数可达 1 000 次,因此每次使用成本很低。此外,TOKEN 的回收机械简单、可靠,由于分拣直接在检票机上进行,车票可在车站内循环。筹码型单程票的缺点是不适宜作为商业广告的载体。天津地铁 1 号线、南京地铁 1 号线和武汉轻轨均采用筹码型(TOKEN)单程票。

4. AFC 系统运营模式

通过线路中央计算机或车站计算机的设置,可使 AFC 系统处于不同的运营模式,以适应列车故障、大客流集中进站等各种非正常运营情况和火灾等紧急情况,确保乘客的利益或安全。

(1) 正常运营模式:采用计程、计时收费运营方式。乘客进出收费区均须持有效车票通过检票机检票后方能通行。检票机根据设定的运行参数、费率表,自动扣减车资,储值票在显示余额后返回给乘客,单程票则进行回收。如车资不足或超过时间,乘客需补票。

(2) 特殊运营模式:主要有下列几种:

1) 列车故障时的运营模式：因列车故障、部分车站处于停运状态时，通过中央计算机或车站计算机的设置，允许已进入收费区的乘客、故障列车清客后下车的乘客不收费通过出站检票机。单程票将不回收，乘客可在今后一段时间内（一般为 7 天）继续使用。如果乘客不准备继续使用，也可退票。

2) 超时、超程忽略的运营模式：由于站台拥挤、列车故障和发生事故等原因，使列车跳站停车或运行时间延长，中央计算机或车站计算机可将有关车站设置为"超时忽略"或"超程忽略"运营模式，对乘客车资不足或超过时间不再补票。

3) 大客流集中进站时的运营模式：在大客流集中进站、而进站检票机能力不足时，车站可发售"应急票"，乘客持"应急票"不通过进站检票机进站，此时中央计算机或车站计算机将其他车站设置为"进站检票忽略"运营模式，允许持"应急票"的乘客通过出站检票机正常出站。

4) 紧急情况下的运营模式：当车站发生火灾、爆炸等危及乘客人身安全的情况时，为及时疏散收费区内的乘客，中央计算机或车站计算机将该车站设置成"紧急"运营模式。此时，检票机的闸门处于自由通过状态，乘客能尽快地撤离。

5) 高峰/非高峰运营模式：通过中央计算机的设置，将每日的运营时间分为高峰时段和非高峰时段，在非高峰时段内，对票价实行折扣优惠，以吸引客流或鼓励乘客在非高峰时段乘车。

## 第二节　AFC 设备配置与布局

### 一、影响配置与布局的因素

车站 AFC 设备配置是研究解决 AFC 设备的选型和配置数问题，而车站 AFC 设备布局则是研究解决 AFC 设备的空间布置问题。影响车站 AFC 设备配置与布局的因素主要有下面四个方面。

1. 高峰小时进出站客流

高峰小时进出站客流的数量是决定车站 AFC 设备配置的主要因素，而高峰小时进出站客流的流向则是确定车站 AFC 设备布局的基本依据。

从客流的时间分布角度，首先应确定进出站高峰小时所在时间，其次是对高峰小时进出站客流进行分析。根据对客流统计资料的分析，车站客流的进出站高峰小时出现时间与断面客流的高峰小时出现时间通常不相同，车站客流的进站高峰小时与出站高峰小时出现时间通常也不相同（见表 2-3），工作日高峰小时进出站客流通常大于双休日高峰小时进出站客流（见表 2-4）。因此，一般可采用工作日高峰小时进出站客流作为计算确定车站 AFC 设备配置数的依据。

从客流的空间分布角度，应根据车站内乘客流向及行程轨迹分别对各个收费区及各组检票机的进出站客流进行分析。此外，还应对上、下行方向客流的到发特征，进出站客流到达检票口的特点（见表 2-8、表 2-9）和进出站客流的径路交叉等进行分析。

2. 车站 AFC 设备使用能力

车站 AFC 设备能力是指 AFC 设备在单位时间内（通常为 1 min）的出票张数或通过人数等。在高峰小时进出站客流一定的情况下，AFC 设备配置数与 AFC 设备能力呈反比关系。

车站 AFC 设备能力可分为设计能力和使用能力。设计能力是理想状态下的设备能力，根据 AFC 系统技术文件提供的数据确定。如检票机的设计能力，主要决定于票卡读写时间、闸门开启时间和乘客通过闸门时间等。在实践中，由于乘客使用票种与熟练程度不同、设备忙闲不均、以及更换票箱和钱箱时的设备停用等原因，车站 AFC 设备的使用能力小于设计能力。因此，应将使用能力作为计算 AFC 设备配置数的依据。AFC 设备的使用能力应通过理论分析与现场实测相结合的方法进行确定。

3. 站台与站厅层设计布局

站台、站厅层设计布局主要涉及站台类型、车站控制室的位置、升降设备的位置和车站出入口的布置等。

站台类型主要有岛式和侧式两种。在采用岛式站台时，各种标高车站的收费区与站台通常不在同一平面上；而在采用侧式站台时，地面车站的收费区与站台可以在同一平面上，但地下车站和高架车站的收费区与站台通常不在同一平面上。

车站控制室的位置主要有站厅一侧、站厅中央和站台一端三种情形。车站控制室设置在站厅中央时，收费区将形成空间上被隔断的布局。

升降设备是指连接地面至站厅、站厅至站台的自动扶梯和步行楼梯。升降设备的位置主要有沿站厅两侧设置和在站厅中央设置两种情形。

车站出入口的布置，有车站出入口与收费区在同一平面上和不在同一平面上两种情形。前者通常出现在地面车站和高架车站，而后者通常出现在地下车站。

站台、站厅层设计布局对收费区及检票机的设置有较大影响，从而影响车站 AFC 设备的配置与布局。

（1）对收费区设置的影响：对收费区设置的影响表现在收费区的集中或分散设置，以及收费区分散设置时是否在空间上被隔断等。

在车站收费区与站台位于不同平面时，如果车站控制室设置在站厅一侧，可以设置 1 个收费区，但在客流较大车站或特殊建筑结构车站也有设置 2 个收费区的情形。如果车站控制室设置在站厅中央，则至少设置 2 个收费区，并且在空间上被隔断。

在车站收费区与站台位于同一平面时，通常是设置 2 个收费区，并且在空间上被隔断。

在高架车站，如果车站出入口与收费区位于同一平面，并且车站出入口布置分散，常会使收费区设置数增加。

（2）对检票机设置的影响：一般而言，在收费区分散设置时，或者是同一收费区双侧进出、以及多组检票机交错布置时，通常都会使检票机配置数增加。

如果车站出入口与收费区位于同一平面且车站出入口分散布置，由于收费区出入口需要混合设置，会增加进出站检票机的配置数。

在岛式站台车站，收费区的自动扶梯、步行楼梯设置在站厅中央区域，如果收费区的出入口设置在自动扶梯、步行楼梯的两侧，会增加进出站检票机的配置数。

在线路两端或靠近线路两端的侧式站台车站，通常上下行到发客流明显，进出站检票机设置位置对进出站客流径路交叉有较大影响。

4. 相对集中管理的要求

在进行车站 AFC 设备配置与布局时，应考虑售检票作业相对集中管理的要求。按相对集中管理的原则,在符合客流流向的前提下,自动售票机、半自动售票机、自动加值机、自动验票机和自动兑币机等设备在非收费区内应尽可能集中布置。在减少客流径路交叉的前提下,同一收费区中的进出站检票机应尽量避免多组设置和交错设置。以实现既能方便乘客进出车站、提高服务水平;又能降低运营成本、提高客运管理效率的优化目标。

## 二、车站 AFC 设备配置

1. 车站 AFC 设备选型

车站 AFC 设备的选型应遵循下列原则:

(1) 可靠性:AFC 设备的可靠性包括运行可靠性、数据可靠性、通信可靠性和设备故障率低等。一旦设备出现故障,可迅速诊断故障模块;任何一台设备故障不会影响其他设备的正常运行。

(2) 安全性:AFC 设备是乘客进出车站时直接操作的设备,因此在设备选型时应确保乘客的人身安全。

(3) 友好性:AFC 设备应具有良好的人机界面、乘客操作简便。此外。设备的造型与色调设计应美观协调,能增进乘客的满意度。

(4) 先进性:AFC 设备的选型不但应达到当前国际先进水平,而且还应具有一定的技术超前意识,确保在未来若干年能够保持采用技术的先进性。

(5) 适用性:AFC 设备的选型应适应轨道交通线网的票务政策,还要适应客流特点和客运组织方案。例如,在短时间内有大客流集中进站的车站宜选用双向检票机。

(6) 经济性:AFC 设备的经济性是指在保证设备的可靠性、先进性、适用性等的前提下,尽可能降低设备的购置成本与运营成本。设备的选型立足国产化或对部分零配件进行国产化,以及备品、备件的低比率均能有效降低成本。

(7) 易维修:AFC 设备的零配件应标准化、模块化,做到设备故障时可快速进行模块更换,实现易维修的目标。

在进行车站 AFC 设备选型时,售票机的性能参数主要有:平均无故障次数、平均故障修复时间、售票机操作方式、售票速度、每次发售车票张数、发售车票种类、硬币与纸币识别能力、是否可以打印票据、是否可以银行卡转帐、网络标准、购置成本和运营成本等;检票机的性能参数主要有:平均无故障次数、平均故障修复时间、检票机通过能力、车票处理速度、客流通过方向控制、紧急情况下闸门状态及是否有利于乘客疏散、是否可以回收车票、网络标准、购置成本和运营成本等。

2. 车站 AFC 设备配置数

(1) 配置数计算公式:

1) 自动售票机:自动售票机配置数可按下式计算:

$$N_{TVM} = INT\left[\frac{P_{上}\ \alpha_{波}\ \beta_{单}}{60 n_{TVM}}\right] \qquad (8-1)$$

式中:$N_{TVM}$——自动售票机配置数(台);

$P_{上}$——高峰小时上车人数(人);

$\alpha_{波}$——高峰小时客流波动系数;

$\beta_{单}$——使用单程票乘客比例系数;

$n_{TVM}$——自动售票机使用能力(张/min)。

2) 进站检票机:进站检票机配置数可按下式计算:

$$N_{ENG} = INT\left[\frac{P_{上}\alpha_{波}}{60n_{ENG}}\right] \quad (8-2)$$

式中: $N_{ENG}$——进站检票机配置数(台);

$n_{ENG}$——进站检票机使用能力(人/min)。

3) 出站检票机:出站检票机配置数可按下式计算:

$$N_{EXG} = INT\left[\frac{P_{下}\alpha_{波}}{60(1-\alpha_{中断})n_{EXG}}\right] \quad (8-3)$$

式中: $N_{EXG}$——出站检票机配置数(台);

$P_{下}$——高峰小时下车人数(人);

$\alpha_{中断}$——出站客流中断系数;

$n_{EXG}$——出站检票机使用能力(人/min)。

4) 其他设备:半自动售票机主要是出售储值票、兼售单程票。由于使用储值票乘客无须每次购票,因此半自动售票机一般可按每个收费区2台进行配置,客流量较大车站可适当增加配置数,半自动售票机使用能力的推荐取值为4张/min。自动验票机和自动加值机一般可按每个收费区1台进行配置。

(2) 计算参数分析:

1) 高峰小时上下车人数:高峰小时上下车人数按预测客流数据,由于不同的客流预测年限有不同的预测客流,在计算确定车站AFC设备配置数时,如果客流预测年限取得较远,运营近期的设备利用率往往就会很低。从设备配置的经济合理出发,客流预测年限一般应取在10年左右,但AFC设备的管线、沟槽等隐蔽设备及有关接口可预留25年的需求。

对分期建设的轨道交通线路,近期线路的终点站会变成远期线路的中间站,这类车站在确定高峰小时上下车人数时,应注意存在近期客流大于远期客流的情形。

2) 高峰小时客流波动系数:高峰小时客流波动系数考虑了因突发或偶然事件所引起的客流波动,该系数取值为1.1～1.4,对附近有体育场馆、影剧院等公共场所的车站可取1.4,其余车站则取1.1。应该指出,为了适应短时间的客流波动而在计算公式中引入乘客波动系数、增加AFC设备的配置数值得商榷。这样考虑,势必会使AFC设备在运营的大部分时间内出现利用率较低的不经济现象。在实际工作中,完全可以考虑通过配置部分双向检票机来加速短时间内的大客流疏散。

在计算AFC设备配置数时,也有文献不采用客流波动系数,而是采用超高峰系数,提出进站客流的超高峰系数应取1.2,出站客流的超高峰系数应取1.4～1.5。研究表明,在高峰小时内确实存在一个约为15～20 min左右进出站客流特别集中的超高峰期,但在计算车站AFC设备配置数时,引入超高峰系数却值得商榷,因为15～20 min的超高峰期毕竟时间较短,如按超高峰期客流配置AFC设备数,则AFC设备在运营的其他时间段会比较空闲或非常空闲,不利于降低运营成本。

3) 使用单程票乘客比例系数:使用单程票乘客比例系数小于1,该系数与车站位置、乘客构成等有关,如居民区附近的车站,高峰小时进站客流以上班为主,单程票的比例一般较低;而连接火车站、机场的车站,高峰小时进站乘客以中转为主,单程票的比例一般较高。因此,理论上全线各站的使用单程票乘客比例系数是不相同的,在实践中,可以根据对车站位置、乘客构成等的分析,将全线各站的使用单程票乘客比例系数确定为 2~3 种。

4) 出站客流中断系数:由于出站客流具有集中到达检票口的特征,而前、后两次列车到达车站又存在一定的时间间隔,致使出站检票机在运用中会出现客流中断现象,为确保出站检票机能力配置与出站客流量及其分布特征相匹配,有必要引入一个出站客流中断系数,该系数的取值小于 1,表示高峰小时内出站客流中断时间所占的比重。出站客流中断时间的长短取决于列车到站间隔的长短和下车人数的多少。因此,全线各站的出站客流中断系数也可根据下车客流量的大小确定为 2~3 种。

5) AFC 设备使用能力:2003 年修订的《地铁设计规范》规定:自动售票机的最大能力为 5 张/min,自动检票机(三杆式、非接触式 IC 卡)的最大能力为 30 人/min。

由于购票使用的硬币面值较小、乘客使用 AFC 设备不熟练、车票损坏,以及更换票箱和钱箱时的设备停用等原因,AFC 设备的使用能力难以达到最大能力。国内一些地铁的 AFC 设备使用情况也证明了这一点。此外,还应该考虑 AFC 设备的合理负荷或一定的能力储备。因此,自动售票机使用能力的推荐取值为 4 张/min,自动检票机使用能力的推荐取值为 20 人/min。

### 三、车站 AFC 设备布局

在 AFC 设备选型和配置数已经确定的情况下,AFC 设备的布局是否优化,直接影响 AFC 系统功能的实现、车站客运管理的效率、以及对乘客的服务水平。

1. AFC 设备布局优化

在站台、站厅层设计布局既定的条件下,AFC 设备布局优化的目标是便于乘客使用 AFC 设备和快速进出收费区、尽可能降低检票机购置和运营成本、便于车站对售检票作业的集中管理。在检票机配置数已经确定的情况下,提出尽可能降低检票机购置和运营成本问题,是因为在车站设置多个收费区或收费区布局为双侧进出的情况下,最终确定的检票机配置数往往会大于计算得出的检票机配置数。

车站 AFC 设备布局优化涉及收费区设置、检票机设置和其他 AFC 设备设置三方面。

(1) 收费区设置:在可能的情况下减少收费区的设置数。减少收费区通常还能减少检票机的配置数。

适当缩小收费区面积。收费区实质上是一个连接非收费区与站台的通道,在能够容纳集中出站的到达客流前提下,适当缩小收费区面积,可以相应扩大乘客进行换零、购票、进站等活动的非收费区面积。

(2) 检票机设置:将进出站检票机由分散设置、交错设置调整为集中设置,有利于发挥检票机的能力。合理确定检票机设置位置通常也能减少检票机的配置数。

在靠近线路两端的侧式站台车站,进出站检票机设置位置与客流发到方向一致,可减少进出站客流径路交叉。每一个检票口的检票机配置不少于 2 台,做到互为备用。

(3) 其他 AFC 设备设置:售票区与进站检票机的距离不宜过近,以避免大客流情况下形成进站客流与购票客流的径路交叉。此外,售票区设置位置应有利于各台进站检票机的均衡使用。

自动售票机、半自动售票机和自动加值机宜集中设置,以方便乘客、便于管理。每一收费区应设置1台半自动售票机作为乘客出站补票使用。

2. AFC设备布局优化实例分析

(1) 实例分析一:某地铁车站为地下车站,岛式站台,站厅有4个出入口,设置1个收费区。该站早高峰小时进站客流主要来向是4号口与2号口,出站客流主要去向是3号口与1号口,而晚高峰小时进、出站客流的流向恰好相反。

该站的原AFC设备布局设计见图8-2,设置2个售票区、8台进站检票机、10台出站检票机、1个补票亭。该布局存在的主要问题:购票、进站、出站乘客形成径路交叉;补票亭只有一个,东端出口处乘客补票不便。

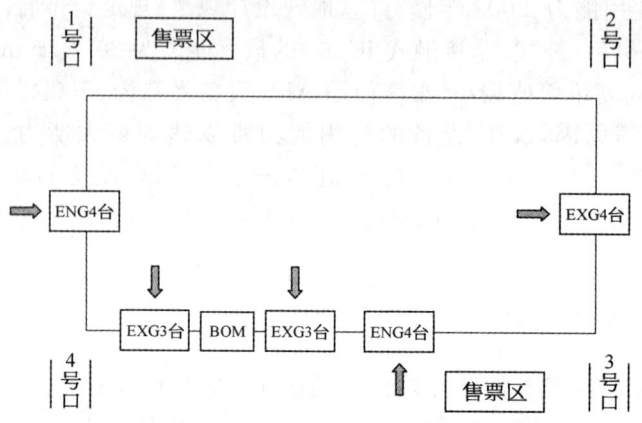

图8-2 AFC设备布局调整优化前

针对上述问题,布局调整方案见图8-3,该调整方案优点是:基本消除了客流径路交叉,解决了乘客补票不便问题,进、出站检票机分开并集中设置。

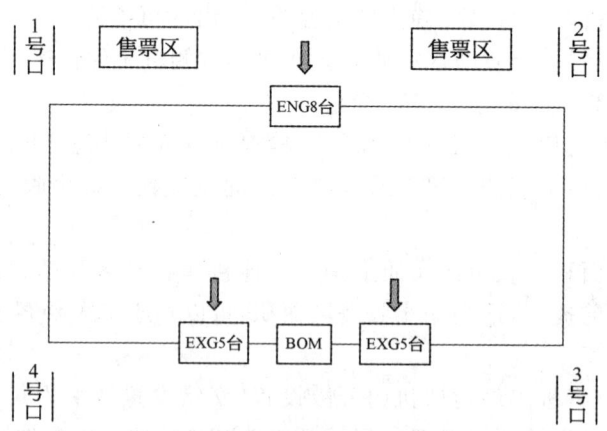

图8-3 AFC设备布局调整优化后

(2) 实例分析二:某地铁车站为高架车站,侧式站台,车站控制室位于站厅一侧。该站进站客流高峰出现在晚高峰时间内,主要是上行出发客流;出站客流高峰出现在早高峰时间内,主要是下行到达客流。

该站的原AFC设备布局设计见图8-4,设置3个收费区、9台进站检票机、10台出站检票机、3个补票亭。该布局存在的主要问题:收费区及补票亭较多;进、出站检票机设置与乘客流向不一致,存在进出站客流径路交叉。

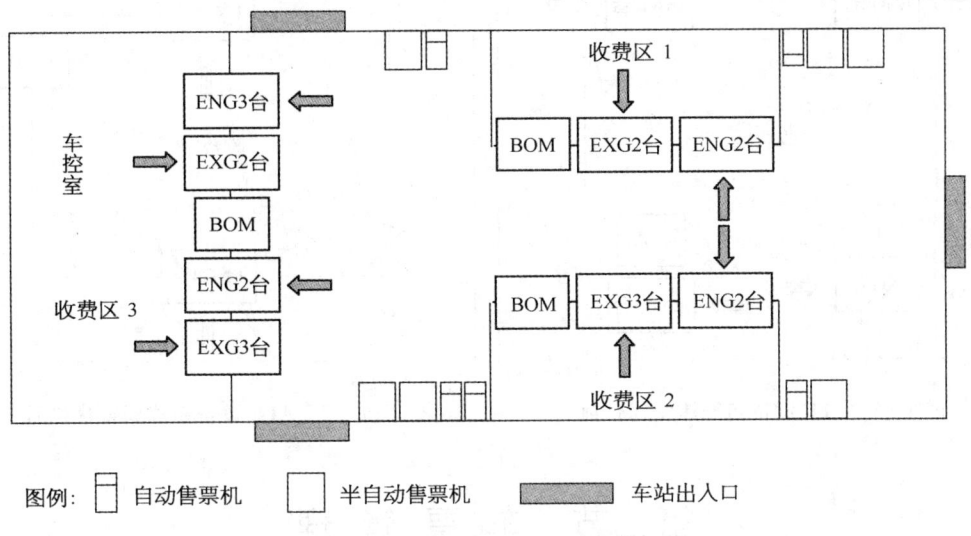

图 8-4　AFC 设备布局调整优化前

布局经过调整优化后,该站收费区及补票亭减少为2个,进、出站检票机配置数各减少1台。进站检票机集中设置在上行出发方向一侧,出站检票机集中设置在下行到达方向一侧,以及半自动售票机位置调整为主要设置在上行出发方向一侧,最大程度减少了进出站客流的径路交叉,见图8-5。

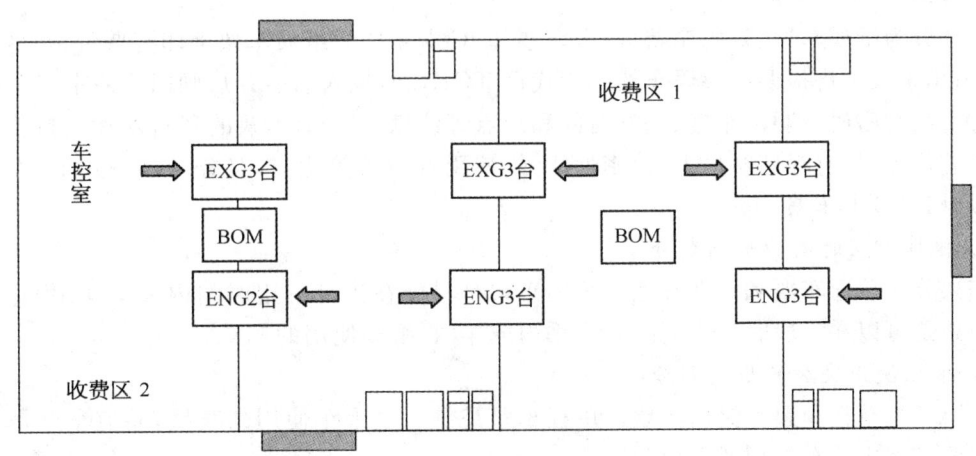

图 8-5　AFC 设备布局调整优化后

(3) 实例分析三:某地铁换乘站为高架车站,岛式站台,自动扶梯与楼梯位置在站厅中央,站厅面积较小。4台进站检票机、6台出站检票机设置在升降设备两侧。该布局存在的主要问题:站厅被收费区隔断,乘客换乘不便,见图8-6。

布局调整方案见图8-7,该调整方案将进、出站检票机分别集中设置在收费区的沿站厅纵向两侧,使非收费区由隔断变为连通及非收费区面积扩大,方便了乘客;出站检票机集中设置后可减少1台。

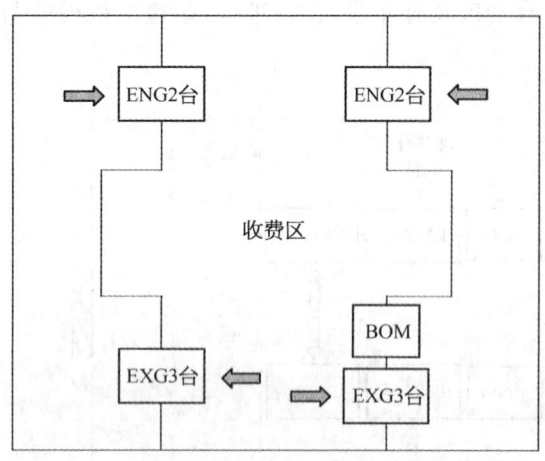

图 8-6　AFC 设备布局调整优化前

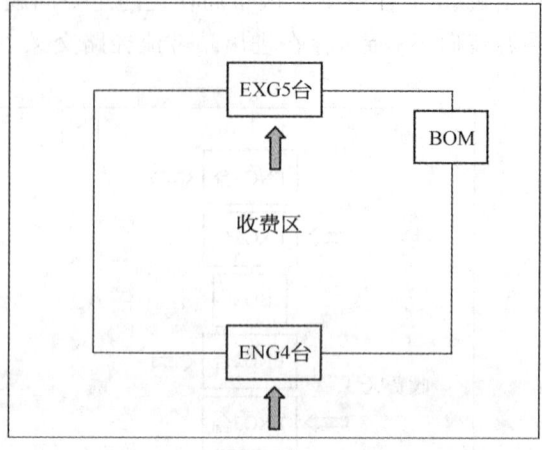

图 8-7　AFC 设备布局调整优化后

## 第三节　车票管理

### 一、车票分类

轨道交通车票的种类可根据车票采用的媒介,车票使用的时间、次数或线路的限制等进行划分。

1. 根据采用的媒介划分

车票分为纸质车票、筹码车票、磁卡车票和 IC 卡车票。纸质车票上印有票价、站名和编号等,适用于人工售检票。筹码车票采用代币 TOKEN,投入后能开启闸门。磁卡车票的塑料基片上载有密码、编号、车资、进站时间和地点等信息。IC 卡车票的塑料基片上封装了集成电路芯片等,具有存储容量大、保密性能强、使用寿命长等优点,又分为接触式 IC 卡车票和非接触式 IC 卡车票。

2. 根据使用时间的限制划分

车票分为普通车票和定期车票。普通车票是只能在当日一定时间内乘车使用的车票,定期车票是可以在一段时间内(如周内、季内或年内)乘车使用的车票。

3. 根据使用次数的限制划分

车票分为单程车票和储值车票。单程车票是供一次乘车使用的车票,储值车票是在车资用完前可多次乘车使用的车票。

4. 根据使用线路的限制划分

车票分为专线车票和联合车票。专线车票是只能在指定线路乘车使用的车票,联合车票是可以在多条线路乘车使用的车票。这里所指的多条线路,既可以是轨道交通线网的线路,也可以是票制一体化下的常规公交线路。

除了以上主要的分类外,根据车票发售对象的不同,车票还有乘车证、学生票等。

下面简要叙述采用自动售检票系统时的各种车票发售与使用特点:

1. 单程票

日常使用,车票有面值,限当日、当站使用,在下车站由出站检票机自动回收。

2. 储值票

日常使用,车票有面值,乘客一次购票、多次使用,并有尾程优惠,可设定使用有效期,使用完毕可回收。

3. 纪念票

为纪念政治、经济、文化等重大事件或题材而限量发售,兼有乘车和收藏功能的车票。车票有面值并有尾程优惠,可设定使用有效期,使用完毕一般不回收。

4. 应急票

在大客流时应急使用,类似单程票,由车站人工发售,使用有效期与使用车站可设定,一般限当日、当站使用,使用完毕回收。

5. 多程票

车票设定使用有效期与使用次数,例如,在使用有效期一个月内、每天乘车不超过规定次数,使用完毕可回收。

6. 公务票

公务票仅限于轨道交通员工使用,有全路网公务票和指定线路公务票两种。为加强票务管理,公务票可设定使用有效期,如仅在月内或季内有效;以及设定允许使用次数,如每天允许持有人进出检票机几次。公务票是一种特殊的多程票。

## 二、车票流程

车票流程见图8-8,新票卡采购回来后,首先在制票中心进行编码、赋值等初始化处理,然后配送给各个车站,通过自动售票机和半自动售票机发售给乘客。乘客持票进出收费

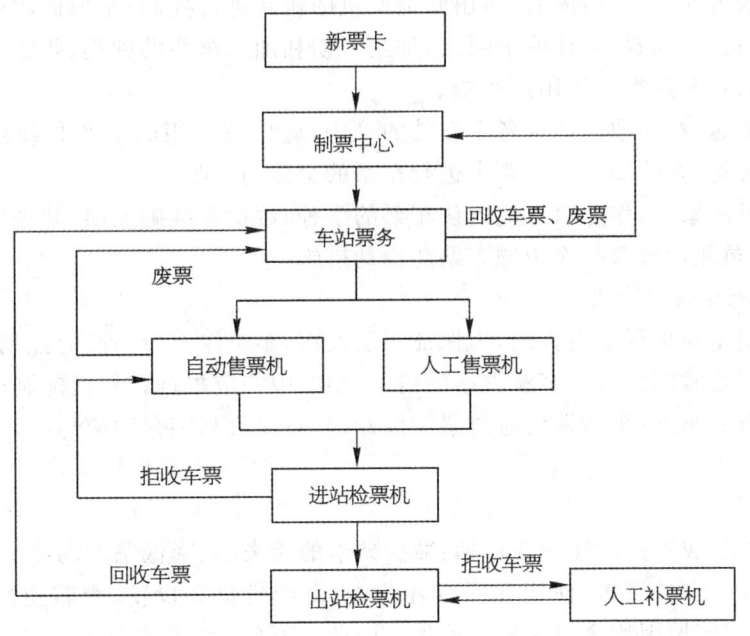

图8-8 车票流程示意图

区时,检票机对有效票给予放行,进站时写入进站有关信息、出站时扣除乘车费用(储值票)或回收车票(单程票、应急票);如遇到出站检票机拒收车票、禁止通行的情形,通常是单程票超程、超时使用或票卡读错误等原因,此时乘客需到补票亭去进行车票分析及处理。出站检票机回收的单程票可在车站重新发售、循环使用,而储值票则应送交制票中心再次编码后才能配送给车站发售。

### 三、车票管理

1. 车票安全

车票流程涉及多个环节,车票安全管理是车票管理的首要问题,关系到整个票务系统的安全、高效运行。车票安全管理的重点是防盗、防火、防作弊等,包括制票中心、车站与车票配送三个环节。

(1) 制票中心:在制票中心,设备方面的安全措施有安装防盗门、密码门和闭路电视监控设备,设置防灾报警和自动灭火系统等。规章制度方面,应制定严格的出入登记制度、钥匙保管与交接制度、工作场所监控制度、票库审核与盘点制度、车票分区管理制度等。作业程序方面,对每一张车票进行动态追踪管理,建立车票分区保管的台帐,制定车票出入库与交接作业程序、车票在制票中心内部流程标准、制票过程作业标准、帐册每日核对作业程序、车票注销与销毁作业程序等。

(2) 车站:在车站,应有专门保管车票的票务用房。票务管理的安全措施有:配置保险柜、安装防盗门、密码门和闭路电视监控设备,制定出入管理制度、房门及保险柜钥匙保管与交接制度,以及车票的存放、保管和交接制度等。

对售票亭,安全措施有:安装密码门、加强钥匙的保管与交接、对进入人员进行严格控制、安装报警装置、将车票放在外部人员触及不到地方等。

在车票回收方面,安全措施有:对出站检票机的钥匙进行控制;车票回收由专人负责,对每日回收的车票进行加封,并注明加封人、加封日期和加封车票的种类、张数;票务审核人员定期核查回收后在车站循环使用的车票。

(3) 车票配送:在车票配送给各个车站的途中,应使用专用的车票装载箱与运输工具、配备保安人员押运、并按作业程序要求进行车票的交接与签收。

在给售票员配票时,作业双方应确认车票的票种、数量等准确无误,并进行书面签收;此外,应制定售票员往返售票亭途中的车票防抢劫措施。

2. 车票保有量与应急票

车票保有量是对单程票而言的,为保证车票发售,车票保有量一般应控制在车票发售量的两倍左右。对短时间内有大客流进站的情形,制票中心应根据计划提前制作应急票,并提前一天配送给有关车站;车站发售应急票应设专窗,对回收和结存的应急票,应按规定上交、不得截留。

3. 降低成本

降低票卡摊销成本的途径主要包括:减少票卡的流失率、降低票卡的废卡率和降低票卡的库存量等。在票卡的发售、使用和回收环节中,由于售检票设备、乘客使用、作业人员截留、票卡清洗不当等原因均会造成票卡流失。因此,为降低票卡的流失率,应有针对性的强化相关作业环节的管理,如做好售检票设备日常维护,改进票卡回收、清洗作业组织,提高售检票作业人员素质等。

### 四、票款流程

票款流程见图8-9,票款来自自动售票机和半自动售票机的车票发售收入,以及乘客因各种票务问题所支付的现金。票款由专人定期收取(自动售票机为钱箱已满、半自动售票机为班后),并根据车站计算机或半自动售票机的打印清单进行清点核对;将票款解缴银行,银行出具解款回单,车站将票款现金日报表、银行解款回单交给票务管理部门,票务管理部门将各站的票款现金日报表、银行解款回单汇总后交给财务部门入帐。

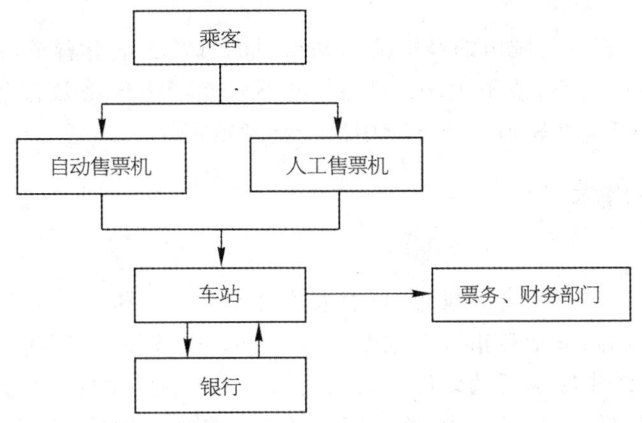

图8-9 票款流程示意图

票款解缴银行有多种模式,如银行到车站收取、第三方到车站收取等。在选择票款解缴银行模式时,尽量减少现金在轨道交通内部的留存是主要考虑因素。

# 参 考 文 献

[1] 张国宝.城市轨道交通运输组织.北京:中国铁道出版社,2000
[2] 赵光初,申香梅.地铁自动售检票(AFC)系统的现状与展望.地铁与轻轨.1996(4):41~45
[3] 张国宝.地铁的票种、票制与售检票方式.交通与运输.1999(3):14~15
[4] 邓先平,陈风敏.我国城市轨道交通AFC系统的现状及发展.都市快轨交通.2005(3):18~21
[5] 白洪波.IC卡在地铁自动售检票系统中的应用与研究.城市轨道交通研究.1999(3):54~57
[6] 胡晖辉.广州地铁自动售检票系统.地铁与轻轨.1998(3):16~18、14
[7] 洪澜.对地铁自动售检票系统单程票解决方案的探讨.都市快轨交通.2004(3):32~35
[8] 何宗华,汪松滋等.城市轨道交通运营组织.北京:中国建筑工业出版社,2003
[9] 张国宝,邵伟中等.地铁车站AFC设备配置与布局优化研究.研究报告.同济大学.2002
[10] 胡晖辉.从客运组织来反思广州地铁AFC系统的设计.地铁与轻轨.2000(1):24~26
[11] 石慧麟.城市轨道交通自动售检票系统设计.城市轨道交通研究.2001(2):61~63、68
[12] 韩申瑶.基于网络化运营的票务系统.现代城市轨道交通.2007(5):9~10、16
[13] 张海燕.地铁的票务收益安全.城市轨道交通研究.2002(3):40~43

# 第九章 运营安全

## 第一节 安全理论

轨道交通的运营安全对城市的经济活动和市民的日常生活有着举足轻重的影响。没有运营安全,就没有生产效率;谈不上服务水平,也不可能产生经济效益和社会效益。因此,"安全第一、预防为主"应在轨道交通运营中给予高度重视。

### 一、安全有关概念

1. 安全

在生产活动领域,关于安全的概念,目前大体有绝对安全和相对安全两种观点。

绝对安全观点认为:安全是指没有危险、不发生事故(故障)或灾害,不存在会引起人员伤亡、设备损坏或系统中断运行的条件。而相对安全观点则认为:绝对安全、零事故可以作为一个不懈追求的目标,但在实践中,绝对安全是不存在的。因此,应把安全理解为危险、故障等发生的概率小到可以忽略的程度,以及它们所造成的对人与环境的伤害能够控制在可接受水平。

2. 危险

在生产过程中,危险是指会引起人员伤亡、设备损坏或系统中断运行的各种不安全因素集合,这些不安全因素可以是现实的,也可以是潜在的;这些不安全因素可能与设备有关,也可能与人有关,还可能与人机环境有关;危险还包含了各种尚未为人类所知,或虽为人类所知但尚未为人类所控制的不安全因素。因此,危险是与安全相对的概念,两者是一种此消彼长的关系。

3. 故障

故障是指在生产过程中发生的意外的、失去控制的事件。在大多数情况下,故障概念与设备不能在规定条件下完成规定功能的情形有关。故障常常引起系统中断运行,严重的故障及对故障处置不当会导致事故发生。

4. 事故

事故也是指在生产过程中发生的意外的、失去控制的事件,事故往往导致人员伤亡、设备损坏或系统中断运行。事故概念侧重于后果已经形成,事故发生的根本原因是危险源。应该指出,事故不是与安全相对的概念。在实践中,认为不发生事故就是安全的,或者没有出现人员伤亡和设备损坏就不算事故,这些都是不正确的。

5. 灾害

灾害是指出人意料、突然发生的事件,常常造成灾难性后果。按照灾害的成因分类,灾害可以分为自然灾害和人为灾害。自然灾害以自然变异为主因,人为灾害以人的因素为主因。灾害具有突发性强、猝不及防、灾度难测和灾因复杂等特点。

6. 安全管理

安全管理是运营管理的重要组成部分。它是以控制危险、防止事故,最大限度减少事故损失为目标而进行的决策、组织与控制等一系列活动。安全管理涉及技术设备选型、作业人员招聘、有关规章制订、应急预案编制、安全教育与检查、事故调查与处理、安全状况统计分析等各方面。有效的安全管理是运营安全有序可控、基本稳定的保证。

## 二、安全理论

安全管理的历史可以追溯到人类社会的早期。人类学会"钻木取火"对人类最终与动物分开具有伟大的意义,但火的使用也给人类带来了灾害、严重威胁人类的安全,因此人类从使用火以来就一直采取各种方法防火。从某种意义上说,防火是人类最早的安全管理。

西方工业革命以后,大规模机器生产使工业安全问题显现出来,由于安全管理与经营者追求超额利润的目标是一致的,在这样一个背景下,安全研究与实践在西方国家得到较快的发展。大量的事故原因与机理的研究、设备与人的可靠性研究、以及系统分析方法的引进,为安全理论的形成奠定了基础。

1. 事故原因研究

事故原因研究通过对大量事故的分析,研究造成事故的原因与机理,寻求事故发生的规律性,从理论上为事故的预测、预防提供科学的依据。

关于早期的事故原因研究,海因里奇(Heinrich)提出的多米诺骨牌理论最著名,该理论认为,伤害是一连串事件、按一定因果关系连锁反应的结果。该理论用五块多米诺骨牌来形象地说明这种连锁反应,即第一块骨牌的倒下会引起后面的骨牌相继倒下,最后一块骨牌的倒下就是伤害的发生。五块骨牌分别表示与事故有关的五方面因素:即遗传及社会环境(M)、人的缺陷(P)、人的不安全行为与物的不安全状态(H)、事故(D)和伤害(A)。该理论还认为,如果消除因果连锁中的危险因素 H,事故过程就可中断,从而避免伤害的发生,如图 9-1 所示。多米诺骨牌理论建立了事

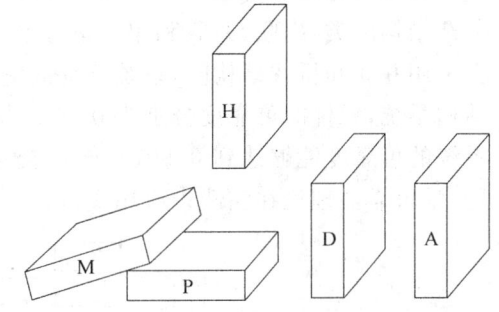

图 9-1 移去因素 H 使事故过程中断

故发生的事件链概念,提出了安全管理的核心是防止人的不安全行为与物的不安全状态,为后来的事故原因与机理研究提供了一种有价值的思路。

近年来的事故原因研究,轨迹交叉理论有一定影响。该理论认为,事故是人的不安全行为和物的不安全状态两大因素综合作用的结果。人的不安全行为和物的不安全状态有着各自的发展过程(轨迹),如果在一定的时空条件下产生交叉就会引发事故。而人的不安全行为和物的不安全状态又是许多因素影响的结果。根据该理论,预防事故发生的关键是设法避免人的不安全行为和物的不安全状态两者运动轨迹的交叉。

2. 设备可靠性研究

设备与安全有直接的关系。如果设备设计不合理、本身不可靠就容易出故障,这意味着存在引发事故的隐患,必然会使安全受到威胁,故障的危险度分级见表 9-1。因此,提高设

备的可靠性和稳定性,是运营安全的重要保障。

表 9-1　故障危险度分级

| 级别 | 故障危险度 | 危险度说明 |
| --- | --- | --- |
| Ⅰ | 灾难的 | 引起人员死亡,导致系统报废 |
| Ⅱ | 严重的 | 引起人员伤害(含严重职业病),导致系统重大损坏 |
| Ⅲ | 临界的 | 引起人员轻度伤害(含轻度职业病),导致系统轻度损坏 |
| Ⅳ | 轻微的 | 不会引起人员伤害、职业病或系统损坏,但引起非计划检修或修理 |

可靠性是元件、设备、系统在规定环境下、规定时间内、规定条件下无故障地完成规定功能的概率。这里,元件与系统的概念是相对的,元件可以是组成设备的部件,也可以是组成系统的设备;系统可以看成是一些设备的集合,但在更大的研究范围内,也可以看成是一项设备子系统。

对设备可靠性的要求主要是下面两个方面:一方面是要求设备本身达到各项可靠性指标,并具有故障导向安全的性能。另一方面是要求设备具有主动防止因人的失误而引发事故的功能。

设备可靠性的基础是元件可靠性,反映可修复元件可靠性的指标有可靠度、平均无故障工作时间(MTBF)、平均故障修复时间(MTTR)、有效寿命和可用度等;反映不可修复元件可靠性的指标有可靠度、故障率和平均寿命(MTTF)等。

系统可靠性除与元件可靠性有关外,还与系统的结构有关。系统的结构有简单结构与复杂结构两类,串联、并联和串并联结构属于简单系统结构,桥式结构属于复杂系统结构。在采用并联和桥式结构时,系统能提高它的可靠性。图 9-2 是一个由五个元件组成的桥式结构系统,元件的可靠度分别为 0.95、0.96、0.97、0.95、0.98,假设元件的故障相互独立,则系统的可靠度能够达到 0.997。轨道交通 ATC 系统的控制计算机采取双机热备、冗余设置,是可靠性理论在实践中应用实例。

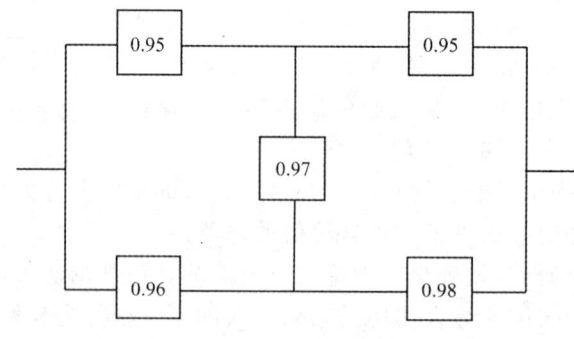

图 9-2　桥式结构系统

3. 不安全行为研究

在引发事故的诸多因素中,人的不安全行为是重要因素之一。在生产过程中,不安全行为是指导致事故发生的人为差错与失误,它的表现形式有:安全意识薄弱,违章指挥与违章作业,作业联系及确认不充分,感知、判断及操作错误,使用不安全设备和应急反应不恰当等。不安全行为,有的是有意识的,如违章作业,但大部分是无意识的。不安全行为研究的重点是不安全行为的产生原因与控制措施。

心理学、社会学方面的研究表明,不安全行为的产生原因非常复杂,但归纳起来主要是态度、个性、能力和人机环境四方面因素。

(1) 态度与安全:态度是指个体对人对事所持有的一种比较稳定的评价和由此产生的行为倾向,态度由认知、情感和行为三种成分组成,它们是协调一致的。认知成分是人对态度对象的评价、意义等的思想认识,情感成分是人对态度对象的喜爱或厌恶等的感情因素,行为成分是人对态度对象的接受或拒绝等的反应倾向。

对安全持不重视态度、在认知上必然是安全意识薄弱、存在麻痹与侥幸思想,反映到行为上则是纪律松懈、有章不循和冒险蛮干等。

(2) 个性与安全:个性是指人在日常活动中经常地、稳定地表现出来的心理倾向性和心理特征的总和。个性造就了每个人具体的、与他人不同的基本心理面貌,决定了每个人具有社会意义的行为方式。个性的形成和发展与人的遗传素质有关,但更多地取决于人的社会实践、所受教育和环境影响等。因此,本质上个性是社会历史的产物。

个性的心理倾向性是指人对现实的态度、以及行为的积极性特征,包括需要、动机、兴趣和爱好等。个性的心理倾向性不但决定了人的行为,还能对人的行为进行调节。

个性的心理特征是指人的气质、性格等。气质表现人的心理活动和行为方式的动力特点,它的形成基础是人的生物学特性(主要是神经系统的特性),因此气质反映的是个性的自然实质。根据高级神经活动类型的不同,现代心理学将气质分为兴奋型(胆汁质)、活泼型(多血质)、安静型(粘液质)和抑制型(抑郁质)四种。性格表现人对现实的态度及与之相适应的、习惯化的行为方式,它的形成基础是人的生活实践,因此性格反映的是个性的社会实质。目前国际上较多采用的是根据情绪稳定性、社会适应性和内、外向性对性格进行分类,将性格分为不安定积极型(A类)、平衡型(B类)、安定消极型(C类)、安定积极型(D类)和不安定消极型(E类)五种,见表9-2。

表9-2 五种性格类型分类法

|  | 情绪稳定性 | 社会适应性 | 内、外向性 |
|---|---|---|---|
| 不安定积极型(A类) | 不稳定 | 较差 | 外向 |
| 平衡型(B类) | 稳定 | 平衡 | 平衡 |
| 安定消极型(C类) | 稳定 | 良好 | 内向 |
| 安定积极型(D类) | 稳定 | 平衡 | 外向 |
| 不安定消极型(E类) | 不稳定 | 较差或一般 | 内向 |

气质和性格在个性发展过程中密不可分,它们共同造成人的个性差异,并且两者是相互影响、相互作用的。气质可以影响性格,对一定性格特征的形成和发展起着促进或阻碍的作用;性格也可以改变气质,在性格的影响、制约下,人能克服气质中的消极方面,或以气质中的积极方面来补偿消极方面。

事故原因研究揭示,需要、动机、兴趣和爱好与事故的发生往往不是一种直接的关系,但需要产生动机、动机支配行为、兴趣和爱好决定了个体从事实践活动的认识与行为倾向,如果在安全管理中忽视这些重要的关系,不利于正确地对员工行为施加影响、进行控制,使其符合安全生产的要求。

劳动动机是员工行为的直接动因,它对工作成效起着决定性的影响。构成劳动动机的要素是员工对劳动报酬的欲望、对劳动过程的直接兴趣和对劳动的社会意义认识。在现实生活中,员工对劳动报酬的欲望表现明显,而对工作缺乏直接兴趣或对劳动的社会意义缺乏认识的情形是客观存在的。因此,掌握员工心理的这种特征、有针对性进行安全管理非常重要。例如,员工对劳动的报酬欲望就应被合理地用来调节他们的工作行为,提高其工作行为的安全性;在对员工进行安全教育的同时,应注意满足员工的合理需要、激励员工的劳动动机、激发员工热爱本职工作,从而在强化安全意识、提高业务技能、消除不安全行为方面收到事半功倍的效果。

关于个性心理特征与安全关系的研究,主要集中在职业适应性方面,研究的重点是员工中是否存在个性上容易出事故和不容易出事故两类人,或者说某些人是否存在事故易发倾向性;如果有,那么这些人的个性心理特征又是什么。在20世纪20年代,国外一些学者通过调查分析,发现许多运输事故集中发生在部分人身上,于是提出了"事故倾向性"理论,把一部分易发事故的人称为"事故易发者"。研究人员还发现事故易发者具有攻击性、好表现自己、爱冒险和蛮干、情绪不稳定和缺乏自制等个性特征。在实践方面,工业发达国家在录用飞行员、列车司机、铁路与电力系统的调度员时均要进行职业心理素质的测试。

员工的个性心理特征符合特定工作性质的需要,对消除不安全行为、降低事故发生率具有重要意义。从20世纪80年代起,我国开始职业适应性方面的研究,航空、铁路、海运和电力系统对职业心理素质问题进行了较多的研究,取得了不少成果。例如,考虑到地铁控制中心工作的特殊性(紧张、有压力、随时准备处理突发性事件),我国香港地铁对拟进入控制中心工作的员工,首先就是进行职业心理素质测试,然后才是业务培训、跟班实习等,将是否具备控制中心工作所要求的职业心理素质和能力类型、水平作为职业选择和淘汰的主要依据。

(3) 能力与安全:能力是指为顺利完成某种活动提供可能性,而且直接影响活动效率的心理特征。能力总是和活动密切相关,只有通过活动才能体现能力和发展能力。

能力分为一般能力和特殊能力两大类。一般能力是指人在多种活动中都表现出来的能力,如感知觉能力、理解能力、判断决策能力、记忆能力和注意能力等,心理学中把一般能力称为智力。特殊能力是指人在某种专业活动中表现出来的能力,特殊能力对于提高专业活动的效率具有重要意义,特殊能力的形成和发展以一般能力的形成和发展为基础。

特殊能力对安全固然是重要的,但一般能力对安全同样是重要的。拉姆西(Ramsay)在1978年提出过一个事故发生顺序模型(Accident Sequence Model),根据该模型,从出现危险到事故发生,中间经历觉察、识别、判断与避险四个阶段。在觉察、识别和判断阶段的任何一个失误均有可能导致事故发生,而对危险的觉察、识别和判断均涉及人的一般能力。实践表明,生产活动中员工的感知觉错误导致判断和反应错误是常见模式,即使感知觉功能没有缺陷或障碍的人也会产生感知觉错误(错觉)的可能。图9-3(a)是一个对比错觉的例子,图中画了一些圆,右边中央的圆因为被较小的圆所包围,所以看起来要比左边那个居于中央的圆要大一点,实际上它们是两个相等的圆。图9-3(b)描述了在知觉两个大小不同的平行四边形时产生的错觉现象,图中 AC 的长度等于 BC 的长度,但看上去好像 AC 要比 BC 长一些。

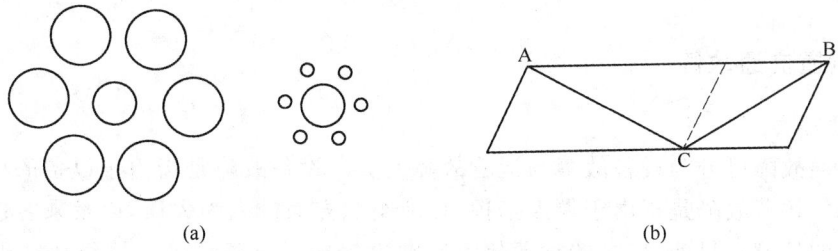

图 9-3 错觉实例

人与人之间的能力差异主要表现在量、质与发展速度三方面。量是指能力水平的差异,质是指能力类型的差异,而发展速度则是指能力发展早晚的差异。

能力、知识与技能是既有区别又有联系。能力是人的比较稳定的心理特征,知识是人所掌握的反映人类思想文化内容的信息,而技能则是人运用知识和经验去完成某一活动的方式。能力制约和影响掌握知识和技能的难易、快慢、深浅和巩固程度,但知识和技能的掌握又会促进能力的提高。在实际工作中,能力、知识和技能都是不可缺少的。

一方面,即使是同等学历,人的能力差异客观存在;另一方面,职业活动中的每一项工作都程度不同地对员工的能力类型和能力水平提出相应的要求。因此,为了加强安全、提高效率,在员工招聘时,对有关工种或岗位的人员进行能力测试是非常有必要的。日本铁路通过智力测验、注意力测验、反应能力测验等各种心理适应性检查,挑选符合工作要求的应聘人员和了解现职人员从事有关工作的心理适应性,有效地保持了员工的能力水平,减少了事故发生。如果招聘进来的员工缺乏工作性质所要求的能力素质,用一般的人员培训方法来补救相当困难,因为在这类培训中能够发展能力,但难以获得根本不具备的能力。

4. 人机工程研究

在工业化、机械化的过程中,伴随着科学技术进步,机器设备使用越来越多,并且越来越复杂。对机器设备而言,通过材料与设计的改善,可靠性可以大幅度提高;但机器设备需要由人去操纵或监控,对作业人员而言,由于生理与心理方面的原因,可靠性的同步提高受到制约,因而出现了作业人员不适应机器设备、经常产生动作失误的情形。在这种情况下,为保证生产安全、提高作业效率,人机工程研究应运而生。

人机工程研究把人、设备与工作环境看成是一个系统,按照以人为中心,设备、环境适应人的原则,研究人、机、环境系统最优组合。人机工程研究的重点是设计合理的人机界面和布置舒适的作业环境,良好的人机系统设计能有效地提高人的工作能力,减少和防止人为差错。

合理的人机界面设计问题,主要研究机器设备的操作特点对人的心理活动有何种要求,对人的心理、行为和作业安全、效率有何影响,以及如何根据人的心理特点,对人机界面进行优化设计等。

舒适的作业环境布置问题,主要研究作业环境的色彩调节、照明设计、噪声和振动控制等。

## 第二节 故障与事故

### 一、轨道交通故障

#### 1. 故障种类

轨道交通故障可分为设备故障与运营故障两类。设备故障是指由于设备的异常状态所引起的故障。运营故障是指由于调度指挥、作业组织方面的人为失误,以及乘客违章等外部因素所引起的故障。目前,广义的运营故障通常也包括了设备故障。故障往往引起列车运行延误和服务水平下降,严重的故障常常引起系统中断运行、甚至引发事故。

按故障对列车运行与运营安全的影响程度,轨道交通设备的故障可以分为完全故障与局部故障。完全故障是指由于某些设备产生故障,使整个系统失去完成规定功能的能力,例如,牵引供电设备故障使列车中断运行。局部故障是指虽然某些设备出现故障,但在采取一定的安全措施前提下,整个系统仍能有条件地完成规定的功能,例如,在 ATP 轨旁设备小范围故障时,根据调度命令,列车在故障区间可以继续运行,但必须是以限速人工驾驶方式运行、并且在故障区间只准一个列车占用。

按故障涉及的设备类型,轨道交通设备的故障可以分为车辆故障、列车运行控制(通号)设备故障、牵引供电设备故障和其他设备故障。车辆故障包括主电路故障、逆变器故障、车载 ATC 故障、车门故障和制动设备故障等。通号设备故障包括中央 ATS 故障、系统错排进路、ATP 设备故障、车站联锁设备故障、发车表示器故障和数据传输故障等。牵引供电设备故障包括变电所设备故障和接触网(轨)故障等。其他设备故障主要有道岔故障、AFC 设备故障和自动扶梯故障等。

根据国内某地铁运营企业 2002、2003 年度的故障统计数据,车辆故障与通号设备故障占了较大比例,车辆故障所占比例约为 38%,通号设备故障所占比例约为 35%。

#### 2. 故障控制

设备(系统)是顺利完成生产活动的物质基础,是重要的生产要素。没有设备,现代生产过程无法进行,同样,如果设备出现故障,现代生产过程也无法正常进行,甚至还会导致和构成事故。

轨道交通的故障,设备故障占了 80% 左右,因此研究与控制设备故障对运营安全与防止事故具有重要意义。

(1) 设备故障规律:设备故障的出现频率与设备所处的使用时期有关,设备使用寿命期分为适应期、稳定期和老化期。在设备投入使用的适应期,由于设备自身需要磨合或者由于操作人员对设备不够熟悉及使用不当等原因,设备故障率较高。设备经过一段时间的使用后,原先引起故障的因素逐渐消除,技术性能趋于稳定,此时进入设备故障偶发的稳定期,这个阶段时间较长。设备经过长期使用后,技术性能逐渐下降,故障→维修→使用→故障的周期逐渐缩短,进入设备故障率最高的老化期。

对引起故障的原因进行分析,直接原因主要是设备状态异常、人的不安全行为和人机系统设计不合理;间接原因主要是设计、运用和维修保养方面存在问题。

(2) 设备故障控制要点:对设备故障的控制应以人为主导、运用设备故障规律,重点做好以下预防性的安全管理。

1) 根据生产过程的特点做好设备的设计、选型,设备应具有故障导向安全的性能。

2) 安装调试、工作环境达到设备运行的技术要求,为设备安全运行创造良好的条件。

3) 通过技术培训使作业人员掌握设备技术性能和安全使用要求,配备达到岗位技术要求的作业人员,为设备安全运行提供人的素质保证。

4) 做好设备在日常运行中的安全检查、维修保养,合理确定设备的检修周期,使设备在使用寿命期内保持良好的技术状态。

5) 设置设备监控系统,如机电设备监控系统、电力监控系统等,对设备运行进行监视、诊断和控制等,确保在第一时间发现故障和有效防避、控制故障。

6) 建立设备故障应急预案。一旦故障发生,可按预案规定的故障处置原则与程序,迅速行动、排除故障,最大限度地降低设备故障对系统正常运行的不利影响,避免事故的发生。

7) 制定保证设备安全运行的技术措施,如建立设备使用操作规程、安全管理制度,建立设备管理台帐,以及做好故障调查分析等。

8) 根据需要与可能,有重点、有步骤地对接近使用寿命期的老、旧设备进行更新或改造。

## 二、轨道交通事故

1. 事故种类

在轨道交通运营与非运营时间内,由于作业人员违章作业、人为差错,技术设备故障或其他内外部因素,造成人员伤亡、设备损坏、中断正常行车或危及行车安全的意外事件均构成事故。

轨道交通事故通常分为行车事故、伤亡事故、火灾与爆炸事故三大类。按照行车作业的内容,行车事故分为列车事故和调车事故两类。按照伤亡人员的身份,伤亡事故分为职工伤亡事故和乘客伤亡事故两类。

根据轨道交通运营安全管理有关规定,按照事故造成的损失,以及对正线列车运行的影响程度,行车事故分为重大事故、大事故、险性事故和一般事故。

(1) 重大事故:

1) 客运列车发生冲突、脱轨、火灾或爆炸,造成下列后果之一时认定为重大事故。

① 人员死亡三人或死亡、重伤共五人。

② 客车中破一辆。

③ 正线行车中断 150 min。

2) 其他列车发生冲突、脱轨、火灾或爆炸,调车作业发生冲突或脱轨,造成下列后果之一时认定为重大事故。

① 人员死亡三人或死亡、重伤共五人。

② 客车大破一辆或中破两辆。

③ 内燃机车大破一辆或轨道车报废一辆。

④ 车辆报废一辆或车辆大破两辆。

⑤ 正线行车中断 150 min。

(2) 大事故:

1) 客运列车发生冲突、脱轨、火灾或爆炸,造成下列后果之一时认定为大事故。
① 人员死亡一人或重伤两人。
② 客车小破一辆。
③ 正线行车中断 90 min。
2) 其他列车发生冲突、脱轨、火灾或爆炸,调车作业发生冲突或脱轨,造成下列后果之一时认定为大事故。
① 人员死亡一人或重伤两人。
② 客车中破一辆。
③ 内燃机车中破一辆或轨道车大破一辆。
④ 车辆大破一辆。
⑤ 正线行车中断 90 min。

在进行重大事故、大事故认定时,对人员伤亡认定,人员是指事故发生时执行职务的作业人员和持有效乘车凭证的乘客,重伤认定应根据国家有关规定进行;对客车、机车和车辆破损,以及大破、中破和小破的认定,应按车辆主管部门有关规定进行;对行车中断时间,按从事故发生时起至客运列车恢复连续通行时止进行统计。

(3) 险性事故:凡事故性质严重,但未造成损害后果或损害后果不够大事故的列为险性事故。险性事故的认定依据是发生下列情形之一:

① 行车有关的情形:包括列车冲突、脱轨或分离;在进路未准备好的情况下接、发列车;未经许可,向占用区间发出列车或向占用站线接入列车;列车冒进信号;列车开错方向或进错股道;电话闭塞法行车时,未办或错办闭塞发车。

② 客运有关的情形:包括客车错开车门、运行途中开门或车未停稳开门;客车车门夹人夹物并造成后果。

③ 其他情形:包括列车运行中,客车齿轮箱或其他重要悬挂件脱落;列车发生火警;障碍物侵入车辆限界并造成后果。

(4) 一般事故:凡事故性质及损害后果不够险性事故的列为一般事故。一般事故的认定依据是发生下列情形之一:

① 行车有关的情形:包括调车冲突、脱轨;挤岔;因错误开放或未及时开放信号致使列车停车;应停站列车在车站通过或应通过列车在车站停车;因车辆故障或其他原因致使正线行车中断 30 min;因行车作业人员出务迟延、影响列车正点运行;调度命令漏发、漏传或错发、错传;错误办理行车凭证发车,或因此影响列车正点发车。

② 其他情形:包括列车运行中,车辆部件脱落或货物装载不良刮坏技术设备;安全主管部门认定为危及行车安全的情形。

应该指出,对于造成特别重大人员伤亡、巨大经济损失,以及性质特别严重、产生重大影响的事故,在国务院颁布的《特别重大事故调查程序暂行规定》中称为特别重大事故或特大事故。根据劳动部的解释,事故造成下列后果之一:人员死亡 50 人及其以上、直接经济损失 1 000 万元及其以上、性质特别严重及产生重大影响,认定为特大事故。

另外,在《上海市处置城市轨道交通运营事故应急预案》中,根据轨道交通运营事故的事态复杂性,涉及市域范围大小,对公共安全、社会稳定和经济秩序造成的危害或威胁程度,以及造成的死亡与重伤人数、直接经济损失、线路中断运营时间等,将运营事故分为特别重大事故、重大事故、较大事故和一般事故四类;其中的一般运营事故又分为 A、B、C 三类。

(1) A 类运营事故:在运营过程中,发生人员伤亡、经济损失、中断运营,达到下列情形之一时认定为 A 类运营事故:

① 造成 2 人死亡,或者 3~10 人重伤。

② 造成 500~1 000 万元直接经济损失。

③ 造成一条运营线路(运营区段)单向中断运营 5 h 以上,或者一条运营线路(运营区段)双向中断运营 3 h 以上。

(2) B 类运营事故:在运营过程中,发生人员伤亡、经济损失、中断运营,达到下列情形之一时认定为 B 类运营事故:

① 造成 1 人死亡,或者 2 人重伤。

② 造成 300~500 万元直接经济损失。

③ 造成一条运营线路(运营区段)单向中断运营 3~5 h,或者一条运营线路(运营区段)双向中断运营 2~3 h。

(3) C 类运营事故:在运营过程中,发生人员受伤、经济损失、中断运营,达到下列情形之一时认定为 C 类运营事故:

① 造成 1 人重伤。

② 造成 5~300 万元直接经济损失。

③ 造成一条运营线路严重晚点 2 h 以上。

按照事故的责任承担,事故分为责任事故和非责任事故。责任事故是指由于有关人员的过失造成的事故,责任事故还可进一步分为全部责任事故、主要责任事故和次要责任事故等,以及分为肇事者责任和管理者(领导者)责任等;非责任事故是指由于客观因素或外部原因造成的事故。

2. 行车事故处理

(1) 事故报告程序:在发生重大事故、大事故,或一时难以判定,但属于列车冲突或脱轨等严重事故时,应立即按规定程序报告。事故发生在区间时,由列车司机报告行车调度员;如不可能,则报告最近车站的车站值班员,由其转报行车调度员。事故发生在车站或段管线内时,由车站值班员或车辆段运转值班员报告行车调度员。

事故报告的事项包括:发生时间(月、日、时、分),发生地点(区间、公里、米、某站、上行或下行正线),列车车次、车组号,关系人员姓名、职务,事故概况及原因,人员伤亡及车辆、线路等设备损坏情况,是否妨碍邻线和是否需要救援等。

行车调度员接到事故报告后,应立即向值班调度主任、公司值班室、以及有关基层段的值班室报告。值班调度主任应立即向公司经理、主管副经理和安全主管部门负责人,以及有关基层段段长和公安分局局长报告。

(2) 事故应急处置:在接到行车重大事故、大事故报告后,控制中心应立即采取应急处置措施,最大限度减少人员伤亡、降低事故损失和防止事故升级,尽快开通线路和恢复按图行车。具体的应急处置措施包括:

1) 在请求救援的情况下,应决定是从车辆段派出救援列车,还是由正线运行列车担当救援列车。如是前者,行车调度员应向车辆段运转值班员下达出动救援列车命令;如是后者，行车调度员应向担当救援任务的列车司机发布调度命令。正线运行列车原则上应先清客，后担当救援任务。

2）关闭事故区间后方站的出站信号，阻止续行列车进入事故发生区间。如果已有列车进入事故发生区间，应采取措施使其退回后方站；在不能退回后方站时，应根据需要向列车司机发布撤离乘客的调度命令。

3）根据需要，通知电力调度员切断牵引电流；向列车司机和有关车站发布撤离乘客的调度命令，调度命令应明确乘客撤离方向及注意事项。

4）在接到救援命令后，救援列车和救援人员应在规定时间内到达事故现场，在救援现场指挥者的主持下确定救援方案，组织实施；所有救援人员必须服从命令、听从指挥，按照分工开展救援工作；在救援过程中，应保持通信的畅通、规范信息的披露。

5）在事故造成人员重伤时，应急处置的基本原则是尽可能抢救伤员生命。如发生在车站，应立即对重伤员采取包扎、止血等急救措施，并及时将重伤员送往医院；如发生在区间，列车司机应通知就近车站组织抢救，并设法迅速将重伤员送往就近车站。

(3) 事故调查、分析与处理：事故调查、分析与处理是安全管理工作的重要内容。事故调查是掌握事故发生经过与基本事实的过程；事故分析在事故调查的基础上进行，重点是分析事故原因和分清事故责任；事故处理，除对事故责任单位、责任人做出处理决定外，还应提出防止同类事故再次发生的技术组织措施或进一步研究建议。

1）事故调查处理主体：行车重大、大事故和险性事故由运营企业负责调查处理，一般事故由事故发生单位负责调查处理。根据《上海市处置城市轨道交通运营事故应急预案》规定：特别重大运营事故的调查处理，按国家有关规定执行；重大、较大运营事故由市政府授权市安全监管部门负责调查处理；一般运营事故，由市交通港口管理局或委托运营企业负责调查处理。

2）事故调查：在事故调查过程中，应进行的工作如下：

① 事故发生后，立即指派专人保护事故现场和进行初步的物证、人证收集。

② 勘查现场，详细检查车辆、线路及其他设备，形成文字、图像等调查记录；必要时，对设备及材料进行物理、化学性能的技术鉴定，或对作业过程、事故发生过程进行模拟试验。

③ 对事故关系人员进行调查，如作业情况、设备状态、事故发生经过，以及年龄、本工种工龄、技术等级、接受安全教育、事故记录等个人信息，取得经本人签字的书面调查记录。

④ 检查作业过程的书面和录音记录，检查有关技术文件的内容和执行情况。

⑤ 调查人员伤亡情况，了解有关部门对伤亡情况的诊断报告。

⑥ 在调查过程中，应注意是否有人为破坏的迹象，对有人为破坏嫌疑的事故，应及时移交公安部门调查处理。

3）事故分析：事故原因的分析包括直接原因分析和间接（本质）原因分析，在进行事故原因分析时，从事故的直接原因入手，找出事故的本质原因，对下一步制定事故预防措施具有重要意义。

事故的直接原因是指直接导致事故发生的因素，通常是设备的异常状态（故障）和人的不安全行为。事故分析人员应了解，人的不安全行为往往与人的个体特征、工作环境有关。

此外，人的不安全行为与设备的异常状态、人机系统的缺陷通常是相互作用的，即作业人员的不安全行为会引起设备的异常状态，而设备的异常状态和人机系统的缺陷也会使作业人员产生不安全行为。

事故的间接原因是指事故直接因素得以形成的原因，又称为事故的本质原因，它们通常是：技术或设备上的缺陷，作业过程组织不合理，设备维修保养不良，规章或作业办法存在问题，技术培训和安全教育不够，以及作业监控、安全管理不到位等。

事故责任分析是在查明事故的直接原因和间接原因后，客观合理地分清事故有关各方的责任，以便做出适当处理，使有关各方吸取事故教训、改进安全工作。

一般而言，如果造成事故的原因主要是违章作业、违章指挥，违反劳动纪律和安全责任制，擅自使设备失去安全故障功能等，应追究肇事者的责任；如果造成事故的原因主要是间接原因，则也应追究管理者（领导者）的责任。

4）事故处理：在完成事故分析后，安全主管部门应提交事故调查报告、认定事故性质和责任、提出事故处理意见、制定防止同类事故再次发生的措施。

如果各方面对事故的分析结论、责任者的处理不能达成一致意见，可提请上级有关部门、仲裁或司法部门裁决处理。

事故处理应坚持"四不放过"原则，即事故原因没有搞清楚不放过、事故责任人没有受到处理不放过、相关人员没有受到教育不放过、预防事故措施没有落实不放过。

### 三、运营安全评价指标

为了全面、准确反映运营安全状况，需要建立安全评价指标。分析安全评价指标，有助于掌握事故（故障）发生规律，找出安全生产、安全管理的薄弱环节和存在问题，从而为进一步加强安全工作提供决策依据。

安全评价指标大体可分为数值指标和比值指标两类。数值指标侧重于从总量上反映运营安全状况。比值指标考虑了完成的工作量，更适用于安全状况的纵向或横向比较。

1. 数值指标

（1）事故次数：统计时，按行车事故、其他事故分别统计。对行车事故，按列车事故和调车事故，以及按重大事故、大事故、险性事故和一般事故分别统计。

（2）责任事故次数：统计口径与事故次数统计相同。

（3）责任事故伤亡人数：按职工伤亡人数、乘客伤亡人数和外部人员伤亡人数分别统计，以及按死亡人数、重伤人数和轻伤人数分别统计。

（4）责任事故直接经济损失：直接经济损失由人员伤亡费用、设备损坏的资产损失、系统中断运行的损失、救援及事故处理费用构成。

（5）行车安全天数。

（6）安全驾驶公里。

（7）车辆故障次数。

（8）列车故障次数。

（9）中央 ATS 系统故障次数。

（10）牵引供电故障次数。

2. 比值指标

(1) 列车事故率：平均每完成百万列车公里所发生的责任列车事故次数，计算公式为：

$$列车事故率 = \frac{责任列车事故次数}{列车公里} \times 10^6 \quad (9-1)$$

(2) 乘客伤亡率：平均每完成亿人公里因责任事故所造成的乘客伤亡人数，计算公式为：

$$乘客伤亡率 = \frac{责任事故乘客伤亡人数}{人公里} \times 10^8 \quad (9-2)$$

(3) 职工死亡率：单位时间内，平均每千人职工因事故所造成的死亡职工数；或者是平均每完成百万单位工作量因事故所造成的死亡职工数。计算公式分别为：

$$职工死亡率 = \frac{因事故死亡职工数}{职工人数} \times 10^3 \quad (9-3)$$

或

$$职工死亡率 = \frac{因事故死亡职工数}{单位工作量} \times 10^6 \quad (9-4)$$

(4) 职工重伤率：统计计算口径与职工死亡率相同。

(5) 车辆临修率：运用车平均每行驶千车公里所发生的临修次数，计算公式为：

$$车辆临修率 = \frac{临修次数}{车公里} \times 10^3 \quad (9-5)$$

(6) 列车故障下线率：客运列车平均每运行万列车公里所发生的因故障回库次数，计算公式为：

$$列车故障下线率 = \frac{列车故障回库次数}{列车公里} \times 10^4 \quad (9-6)$$

(7) 中央 ATS 系统故障率：中央 ATS 系统平均每运行千小时所发生的故障次数，计算公式为：

$$中央\ ATS\ 系统故障率 = \frac{中央\ ATS\ 系统故障次数}{中央\ ATS\ 系统运行小时} \times 10^3 \quad (9-7)$$

## 第三节 突发灾害

给人类与社会带来灾难性后果的突发事件称为灾害。灾害的主要特点是突发性强、发展迅速和后果严重。灾害可以分为自然灾害和人为灾害两大类。自然灾害以自然变异为主因，常见的自然灾害有水灾、大雾、大风、雷击和地震等；人为灾害以人的因素为主因，常见的人为灾害有火灾、爆炸、投毒和恐怖袭击等。灾害具有突发性与破坏性，一旦发生，人员伤亡、财产损失、秩序失控、后果严重，因此防灾减灾是安全管理的重要方面。

### 一、轨道交通重大灾害案例

1969 年 11 月 11 日，北京地铁试运行期间，因车辆电器设备故障引起火灾，造成 3 人死亡、300 多人中毒受伤，2 辆客车被烧毁，地面交通中断一天，火灾直接经济损失 100 多万元。

1987 年 11 月 18 日傍晚，英国伦敦地铁国王十字站（King's Cross station）自动扶梯下面的机房燃起大火，火焰随运行中的自动扶梯上窜并沿售票厅迅速蔓延，惊慌失措的乘客在混乱中夺路而逃。由于火势凶猛、车站地形复杂和消防队员没有带防护面罩等原因，救援工作进展缓慢，大火在燃烧4个多小时后才被扑灭，火灾造成32人死亡、100多人受伤。

1995年3月20日早高峰时间，日本奥姆真理教的成员把装满"沙林"液体的塑料袋放在东京地铁内，然后用雨伞尖将其戳破，毒气随即弥漫在列车中、车站上。受到毒气突然袭击，许多乘客和地铁工作人员瘫倒在地，出现咳嗽、头晕、恶心和呼吸困难，现场秩序一片混乱。在投毒事件中，共有16个车站遭到毒气袭击，造成12人死亡、5 500多人中毒、1 000多人住院治疗。

1995年10月28日夜间，阿塞拜疆首都巴库的一列地铁列车因电路故障起火，由于缺乏经验，司机把列车停在隧道内，给乘客撤离和组织救援带来不利，被困乘客纷纷打碎车窗玻璃夺路而逃，在浓烟中乱成一团，大火直到第二天凌晨才被扑灭。由于车辆燃烧过程中产生大量有毒气体，这场火灾造成558人死亡、269人受伤。

1999年5月30日，在白俄罗斯首都明斯克，因突然下起大雨，参加啤酒节活动的人群纷纷涌入一个地铁站避雨，在车站通道里，由于人多拥挤、发生践踏，造成54人死亡、100多人受伤。

2003年2月18日上午，韩国大邱市地铁1079次列车上发生纵火事件，当时该列车正在驶入中央路站，3分钟后对向1080次列车也进入中央路站，大火又迅速蔓延到1080次列车。大火在燃烧了3个多小时后才被扑灭，火灾造成198人死亡、146人受伤，两个列车的12节车厢全部被烧毁，线路的恢复运营需要几个月的时间。

近年来，欧洲地铁多次发生恐怖分子制造的爆炸袭击事件。2004年2月6日早高峰时间，俄罗斯首都莫斯科一列地铁列车在运行中发生爆炸，造成近50人死亡、130多人受伤。2004年3月11日早高峰时间，西班牙马德里三个轨道交通车站先后发生列车爆炸事件，造成192人死亡、1 500多人受伤。2005年7月7日早高峰时间，英国伦敦地铁发生系列爆炸事件，造成56人死亡、700多人受伤。2010年3月29日早高峰时间，莫斯科地铁的卢比扬卡站和文化公园站接连发生爆炸事件，造成40人死亡、90多人受伤。

分析上述轨道交通重大突发灾害案例，绝大多数轨道交通灾害与人的因素有关，是人为灾害。早期的轨道交通灾害，如火灾发生大多是因为人、机方面的原因；近年来，恐怖组织多次将客流集中的轨道交通作为袭击目标，轨道交通灾害出现了新的情况，提高防恐、反恐能力成为轨道交通运营安全的重要课题。

### 二、轨道交通火灾预防

在轨道交通的灾害中，火灾发生的次数最多、频率最高。轨道交通火灾的发生具有突发性，并且大都是发生在运营时间内、运行列车上。在隧道、车站和列车构成的封闭环境中发生火灾，高温伴随着有毒浓烟，加上被困在一个有限空间的恐怖感往往会使乘客惊慌失措、作业人员应变出错，从而加剧乘客疏散、救人灭火的难度，造成群死群伤，对行车安全和乘客安全造成严重危害。因此，火灾是轨道交通防灾的重点之一。

1. 韩国大邱地铁火灾启示

综合韩国媒体报道和专家分析，纵火事件之所以会造成如此严重的伤亡，直接原因主要是下面三个方面：

（1）没有及时将1079次列车火灾情况报告给控制中心，没有采取措施阻止1080次列车进入车站，致使1080次列车进站后也起火燃烧。

（2）列车到站后，司机没有及时打开车门。车辆起火后，车门因断电无法正常打开；尽管后来用手动方式强行打开几个车门，因车辆间不贯通，疏散的乘客人数有限，大批乘客失去逃生机会。

（3）通风系统的排烟能力不足，现场有毒浓烟滚滚，使救援人员难以迅速接近现场。

显然，大邱地铁在设计、建设阶段就遗留了安全隐患；而地铁员工在火灾中反应出来的安全意识、工作责任心和应急处置能力不够，表明大邱地铁的安全管理存在比较严重的缺陷。吸取大邱地铁火灾的惨痛教训，根据"预防为主、防消结合"的原则，防火问题应在轨道交通的设计、建设和运营阶段都给予充分的考虑与重视。

**2. 设计、建设阶段的防火措施**

（1）采用阻燃、低烟和无卤材料：在材料选择方面，车站建筑物和机电设备、车辆内饰材料和电气设备、隧道中的机电设备等均应尽可能使用阻燃、低烟和无卤材料。采用该措施能有效减少火灾的发生、抑制火灾的扩大和减轻火灾的后果。例如，电缆燃烧将产生浓烟和有毒气体，电缆中卤化合物含量越高，烟雾和毒气释放量就越多，对人体的危害也越大；而电缆燃烧时释放的烟雾和毒气越少，就越有利于人员疏散和救援进行。

（2）设置火灾报警系统：设置火灾报警系统能使火警在第一时间被发现，达到控制火灾和减少损失的目的。火灾报警系统由中央监控设备、车站监控设备、安装在现场的烟感探测器、温感探测器和人工报警装置等组成。火灾报警系统具有火灾探测及报警功能，能监控着火区域防火阀动作状态、控制有关防火卷帘门关闭、控制消防水泵的启动及监控其工作状态。

（3）配备高效消防设备：轨道交通使用的消防设施主要有消火栓灭火系统、气体灭火装置、手提灭火器和自动喷水灭火装置等。消火栓灭火系统通过环状消防供水管网覆盖车站各处。气体灭火装置主要设置在车站、车辆段的设备用房内。手提灭火器主要设置在车站的站厅、站台、通道和设备管理用房内。自动喷水灭火装置主要设置在车站的站厅和站台区域，与火警探测器联锁，在火灾发生时能自动喷水灭火，抑制火势蔓延和减少损失。对自动喷水灭火装置，我国的《地铁设计规范》没有规定必须设置。

（4）提高通风系统排烟能力：在隧道发生火灾时，隧道通风系统应按与乘客撤离方向相反原则迅速排除烟气，并向乘客和消防人员提供新风，形成一定的迎面风速，诱导乘客安全撤离。在车站站厅或站台发生火灾时，车站通风系统进入火灾模式排除站厅或站台烟气，同时防止烟气向站台、出入口或站厅、隧道蔓延。

通风系统排烟能力可用排烟量指标（$m^3/s$）表示。提高通风系统排烟能力有助于快速降低烟气浓度、缩短排除烟气时间，对乘客安全撤离和减少人员伤亡具有重要作用。

（5）设置紧急疏散导向标志：为确保人员迅速安全撤离，在车站的站厅、站台、自动扶梯、楼梯口、通道及拐弯处和出入口均应设置紧急疏散导向标志和应急照明设施；在隧道内及疏散通道每隔100 m设置疏散标志灯。

**3. 运营阶段的防火管理**

在运营阶段，防火管理工作的重点是：健全防火管理体制，编制火灾应急预案，建立应急指挥体系，进行防火安全思想教育，开展防火与应急救援培训，组织火灾应急救援演习，加强易燃易爆危险品管理,确保消防设备技术状态良好,以及检查防火措施落实情况等。下面对防火管理工作中的教育、培训和演习问题做进一步叙述。

(1) 防火安全思想教育:防火安全思想教育内容包括防火安全意识、消防法规规章和遵守劳动纪律等。

防火安全意识教育侧重于提高员工对火灾的严重后果、防火的重要性、以及防火的社会意义与经济意义的认识,通过增强防火安全意识、引导员工安全行为的形成。

消防法规规章教育侧重于帮助员工树立消防法制观念,杜绝消防违法违章行为发生。消防法规规章大体分消防基本法规、消防行政法规和企业防火规章三类。消防基本法规是消防安全管理的最高法规,如《中华人民共和国消防法》。消防行政法规是指由国务院、国务院有关部委或地方政府颁发的消防法规。

实践表明,许多重大事故的发生与劳动纪律松懈、违章作业、违章指挥等有关。因此,在防火管理工作中,必须进行遵章守纪教育、规范员工的工作行为,从而促进安全生产。

(2) 防火与应急救援培训:防火知识与技能的培训分为两种。一种是防火基本知识与技能培训,面向全体员工。另一种是防火专业知识与技能培训,主要是针对相关工种员工和应急救援人员。

应急救援培训通常与防火专业培训相结合。各种火灾情况下的应急救援,人员疏散,伤员急救,行车指挥等的程序、办法与措施是培训的内容重点,但员工自我防护、职业道德和心理辅导方面的内容也不应忽视。

遇到特大火灾,员工是履行职责投入救援、还是丢下乘客自行逃生,这里面有一个职业道德和是否失职的问题。此外,在突发火灾面前,员工表现慌乱、胆怯、优柔寡断,会失去扑灭火灾和人员撤离的最佳时机,心理辅导的目的就是要让员工知道人在紧急状态下的反应会直接影响突发灾害后果及自身的安全。

(3) 火灾应急救援演习:组织火灾应急救援演习的重要性体现在下面几个方面:

1) 发现防火设计、消防设备存在的问题。
2) 检验和完善火灾应急预案。
3) 提高火灾应急处置和综合救援能力。
4) 增强员工防火安全意识。

一场演习要涉及许多单位与部门,还要耗费一定的人力与物力,线路通车后的演习还要考虑对正常运营的影响。因此,现场、综合性的大型演习次数总是有限的,但模拟、单项性演习则应借助于计算机仿真手段经常组织。

现场、综合性的大型演习是一项非常复杂的工作。有关人员对演习情景假设、时间与地点,演习内容与步骤,演习参与单位和人员及其分工,演习的组织机构、后勤保障和安全保卫,以及演习本身的安全均应精心设计与组织。

火灾应急救援演习内容应有针对性,重点是灭火、救人、人员疏散、列车火灾处置、通风系统的火灾运行模式和各种消防设备的使用等。

4. 列车火灾应急处置

列车火灾应急处置应遵循"救人第一、及时扑救、快速撤离"的原则,按照列车火灾应急预案规定的程序、办法与措施进行。

(1) 列车在车站上发生火灾:

1) 列车司机、车站值班员应迅速将火灾情况向控制中心报告。

2) 车站应立即通过广播向车内乘客和候车乘客发出火灾警报,指明乘客应从何路线撤离,并派车站作业人员组织、引导乘客快速疏散,努力把混乱情况控制在最低限度。同时,车站应组织力量进行初期扑救和伤员救护,并将重伤员及时送往医院。

3) 车站通风系统进入火灾模式,检票口和安全出口应全部开放。切断牵引电流,防止救援人员触电。

(2) 列车在隧道内发生火灾:

1) 列车能够继续运行:司机有两种选择,即继续运行至前方站或停车于区间隧道内。从救援难度、乘客撤离、通风照明条件等综合分析,以及比较列车继续运行时间与救援人员到达列车停留位置时间的长短,列车应尽可能运行至前方站,在车站组织乘客撤离和进行灭火救援。此时,司机应迅速将火灾情况向控制中心、邻站报告,并通过广播要求乘客保持镇静。

2) 列车不能继续运行:司机应立即通过广播要求乘客保持镇静,告示乘客撤离方向与方法,乘客撤离方向主要决定于列车着火位置与列车停车位置。此外,司机应迅速将火灾情况、乘客撤离方向报告给控制中心。

根据列车着火位置、列车停车位置、乘客撤离方向和列车运行方向等,控制中心启动相应的送风排烟模式,参见表 9-3。原则上通风排烟方向应与大多数乘客撤离方向相反。

表 9-3 乘客撤离方向与送风排烟方向确定

|  | 列车着火位置 | 列车停车位置 | 乘客撤离方向 | 列车运行方向 | 送风排烟方向 |
|---|---|---|---|---|---|
| 模式一 | 列车中部 | 靠近前方站 | 双向 | 向前方站 | 向前方站 |
| 模式二 | 列车头部 | 区间隧道中部 | 向后方站 | 向前方站 | 向前方站 |
| 模式三 | 列车中部 | 区间隧道中部 | 双向 | 向前方站 | 向前方站 |
| 模式四 | 列车尾部 | 区间隧道中部 | 向前方站 | 向前方站 | 向后方站 |
| 模式五 | 列车中部 | 靠近后方站 | 双向 | 向前方站 | 向后方站 |
| 模式六 | 情况不明 |  |  | 向前方站 | 向前方站 |

在组织乘客撤离时,应切断牵引电流,打开隧道内照明灯;行车调度员应封锁火灾发生区间,停运有关车站。

同时,邻近车站应派救援人员赶往火灾现场,协助乘客撤离和进行扑救,及时对伤员进行救护,并将重伤员送往医院。

### 三、轨道交通防恐反恐

在轨道交通发生的人为灾害中,除了火灾,还有爆炸、投毒等,大多数的爆炸、投毒事件与故意破坏或恐怖袭击有关。这些突发事件对乘客安全和运营安全带来极大威胁,同时也对社会、心理和经济带来严重冲击。

1. 爆炸

爆炸的基本特征是:物质由一种状态迅速转变为另一种状态或气体瞬间发生剧烈膨胀,并释放出巨大能量,使周围介质受到冲击、压缩、抛掷和震动等破坏,产生响声、火光、烟雾和燃烧等现象,有的爆炸还引发火灾。常见的爆炸主要有固体物质爆炸、泄漏气体爆炸和容器爆炸三类。在固体物质爆炸中,炸药爆炸占了多数。

对爆炸事件的预防重点是炸药爆炸。炸药爆炸一般应具有炸药(包括炸药包装)、起爆装置和起爆能源三个条件,预防炸药爆炸的关键是加强危险源(易爆物质)的日常管理与控制。对爆炸事件应编制应急救援预案,在爆炸发生后迅速控制其发展,最大限度缩小爆炸事件造成的损失。对炸药爆炸现场,应着重勘察爆炸点、抛出物、残留物、破坏与伤亡情况,寻找收集爆炸物种类与数量、引爆方式、破坏程度的痕迹物证,判明爆炸事件的性质。

### 2. 投毒

在一定条件下,较小剂量即可引起机体急性或慢性病理变化、甚至危及生命的化学物质称为毒物。毒物通过人体皮肤、呼吸道或消化道进入人体内,引起机体组织和器官病变称为中毒。在东京地铁沙林毒气事件中,人员中毒的最初症状主要反映在呼吸系统和神经系统,如咳嗽、呼吸困难、头晕和看不见东西等。毒物能够以气体、液体、固体和粉尘等形态存在。

对投毒事件的预防,应建立预警机制、编制应急预案,应急预案内容重点是化学中毒事件的报警、中毒伤员急救、排除可疑危险源、布控嫌疑分子和现场组织指挥等的程序和措施。投毒事件发生后,控制现场局面、紧急疏散、稳定情绪、搜寻排除可疑危险源最为关键。除了书面的应急预案,在技术上、物资上也应有相应的准备,如配备防护服、防毒面具等防化装备。在平时,应组织相关的演习、对储备物资妥善管理。

### 3. 俄罗斯莫斯科地铁防恐反恐启示

2004年2月6日早高峰时间,莫斯科地铁列车爆炸事件是一起自杀式恐怖袭击,造成近50人死亡、130多人受伤。

爆炸发生后,列车司机在第一时间迅速向地铁运营指挥中心报告,并要求切断第三轨牵引供电电流;同时通过列车广播向乘客通报,让乘客不要惊慌,指示紧急避险的方法和紧急疏散的路线。在司机报警后不久,地铁列车就与指挥中心失去了联系,司机在第一时间的迅速反应为组织救援赢得了宝贵时间。

接到报警后,莫斯科市政府按反恐预案,迅速成立现场应急处置指挥部,组织指挥救援活动。在30 min内,地铁巴维列茨站集中了20多辆救护车、7辆消防车,地铁汽车厂站集中了50多辆救护车,并调直升飞机迅速飞临现场抢救伤员;莫斯科市公交部门也调集公共汽车到两个地铁站疏散乘客。在2 h内,所有700多名乘客疏散完毕。同时,莫斯科有关部门迅速赶赴现场进行侦查。

接到报警后,地铁运营调度部门及时切断了第三轨牵引供电电流,以防止乘客在疏散过程中触电;立即采取了关闭相邻车站、停止相关线路运营等措施;并全力协助有关方面投入应急处置工作。

爆炸发生后,地铁乘客意识到发生了恐怖袭击,但他们临危不乱,青壮年乘客帮助妇女和儿童下车,搀扶或背着行动困难的乘客离开现场,尽管当时隧道内一片漆黑、浓烟滚滚,但700多名乘客都很镇定,他们相互照顾、搀扶,用布遮鼻以免吸入有害气体,按司机提示的紧急疏散路线有序撤离。在整个撤离过程中,没有发生乘客拥挤、踩踏现象。

莫斯科地铁列车爆炸事件的应急处置实践表明:一旦发生恐怖袭击,在第一时间迅速有效的展开应急处置,市政府指挥有力、运营方措施得当、地铁乘客临危不乱,是避免更多人员伤亡的关键。此外,莫斯科市政府组织安全专家编写防恐反恐资料,并以散发小册子和免费网络下载的形式,宣传普及发生恐怖袭击时地铁乘客自救措施和撤离方法,这些平时的基础工作,对乘客在列车爆炸后保持镇静、正确处置起到了积极的作用,值得借鉴。

4. 国内轨道交通安保措施

由于轨道交通车站与列车上人群密集、易于袭击、以及一旦袭击得手社会影响广泛,近年来欧洲一些国家的地铁多次成为恐怖袭击的目标。而在我国,一些大城市的轨道交通已经进入网络化运营,例如:目前上海已经有 400 多 km 的轨道交通线路投入运营,日均客运量已经达到 600 万人次。在轨道交通线路长、客流大的情况下,轨道交通的公共安全问题已引起各方面的高度关注。

目前,从政府部门到运营企业,都非常重视轨道交通的安保问题,有针对性地采取了一系列加强轨道交通安保的措施:例如,以政府为主导建立统一高效的反恐应急指挥协调体系,修订完善涵盖火灾、爆炸、投毒等恐怖袭击事件的应急处置综合预案。加强重点部位(隧道、重点车站、车站控制室)的巡查与安全防范,确保重点设施设备的安全,北京警方携警犬进驻地铁巡逻;上海地铁在车站控制室配备虹膜或指纹识别装置,加强控制室出入安全管理。配备安检设施与安检人员,对乘客进行强制性安检,防止易燃、易爆、有毒和危险品进站;加强对收费区边栏的巡查,阻止快递货物逃漏安检;增加对车站内垃圾桶等的清理频率。在车站配备反恐设施设备,如防爆桶、防毒面罩、毒气探测装置和视频监控设备等。加强作业人员的防恐反恐培训,适时组织演习,提高反恐技能和突发事件应急处置能力。通过多种方式,对市民及乘客进行防恐反恐知识的宣传普及,广州地铁与市政府有关部门联合拍摄制作了一部专题教育片,系统演示了在地铁发生火灾、爆炸等突发事件时,乘客如何采取自救互救措施,包括使用常用应急设备、有效进行紧急疏散等内容,该专题教育片向全市的学校、街道等单位发放了 6 000 多套,还可在相关网站上下载。

## 第四节 突发事件应急处置

### 一、突发事件分类与响应等级

1. 突发事件分类

轨道交通突发事件是指发生在轨道交通运营管辖范围内,由于运营故障或事故、自然灾害或人为灾害等因素,造成运营中断、人员伤亡、财产损失、秩序失控、危及公共安全的事件。根据突发事件的原因、机理与性质,轨道交通突发事件划分为以下三类:

(1) 运营安全事件:这一类突发事件包括列车冲突、倾覆、脱轨事故,大面积停电,突发大客流和道床伤亡等。

(2) 公共安全事件:这一类突发事件包括火灾、爆炸、投毒和恐怖袭击等。

(3) 自然灾害事件:这一类突发事件包括水灾、大雾、大风、雷击和地震等。

2. 突发事件响应等级

从网络运营管理角度,轨道交通运营分为正常运营、非正常运营和紧急运营三种状态、五个等级。

正常运营状态是指设备运行正常，客流波动正常，没有发生 5 min 以上的列车延误，此时的运营等级为 1（以绿色标识）。

非正常运营状态包括运营等级 2（以黄色标识）和运营等级 3（以橙色标识）。运营等级 2 是指由于设备故障、客流波动或人车冲突等原因造成 5～15 min 的列车延误；而运营等级 3 是指由于设备故障、客流波动或人车冲突等原因造成 15～30 min 的列车延误。

紧急运营状态包括运营等级 4（以红色标识）和运营等级 5（以黑色标识）。运营等级 4 是指由于自然灾害、设备严重故障等突发事件造成一条线路中断运营 30 min 以上，或两条及以上线路中断运营 15～30 min，此时列车运行秩序紊乱、换乘站客流爆满，需要大幅调整运营组织方案；而运营等级 5 是指由于火灾、爆炸、投毒和恐怖袭击等突发事件造成某些线路中断运营、网络运营大面积瘫痪，或发生群体性伤亡等情形。

由上述轨道交通运营状态及运营等级的划分可知，紧急运营状态及运营等级 4、5 通常与发生突发事件相关联。在轨道交通网络应急指挥中心，将紧急运营状态下的突发事件响应等级分为特别重大、重大、较大和一般四个等级。

特别重大突发事件（以红色标识）是指造成网络中断运营 6 h 以上的事件，发生火灾、爆炸、投毒和恐怖袭击等公共安全事件，以及发生 30 人以上的伤亡事件。

重大突发事件（以橙色标识）是指造成两条及以上线路中断运营 3～6 h，或部分线路区段中断运营 6 h 以上的事件，以及发生 10 人以上的伤亡事件。

较大突发事件（以黄色标识）是指造成一条线路中断运营 1～3 h，或部分线路区段中断运营 3 h 以上的事件，以及发生 3 人及以上的伤亡事件。

一般突发事件（以蓝色标识）是指造成一条线路中断运营 30～60 min 的事件，发生 3 人以下的伤亡事件，地面车站和非公共区着火事件，以及气象、公共卫生的红色、橙色预警。

## 二、应急处置基础工作

突发事件应急处置的基础工作包括建立轨道交通应急指挥系统、编制及落实轨道交通突发事件应急预案。

1. 建立应急指挥系统

轨道交通应急指挥系统是城市应急指挥体系的重要组成部分，也是轨道交通系统组织应急救援的现代化指挥平台，承担轨道交通突发事件的应急处置职能。在发生重大突发事件时，有关人员可在网络应急指挥中心、通过专用通信设施了解、汇总和分析相关场所的语音、视频和数据信息，实施应急指挥和组织救援，如现场抢险、乘客疏散、信息传递、资源调配、部门协调和对外联动等。

2. 编制应急预案

突发事件应急预案是应急处置和组织救援的基础。编制应急预案的目的是：保证突发事件的应急处置及时、有序、高效，防止突发事件扩大与升级，以减轻突发事件造成的人员伤亡和财产损失。

应急预案是针对潜在的、可能发生的突发事件，预先编制一个如何应急处置的书面计划，如"上海轨道交通网络运营突发事件处置总体预案"由 18 个应急处置分预案组成，包括列车冲突、倾覆、脱轨事故分预案,突发大客流分预案,道床伤亡事件处置分预案,火灾、爆炸、投毒分预案,防台、防汛分预案和突发公共卫生事件分预案等。

应急预案的基本内容应包括:特定突发事件的定义,报警或报告程序,应急处置组织指挥,应急处置程序与措施,抢险抢修方案,现场急救医疗方案,以及通信、交通、救援物资等内部保障条件和救护、消防、公安等外部支援条件。

应急预案一旦编制完毕,应下达到所有有关人员,如应急处置指挥人员、参与应急处置人员、可能与突发事件直接有关人员,以及可能会受到突发事件影响的人员等。并且还应通过培训与演习来强化上述人员对应急预案的了解与掌握。

3. 落实应急预案

突发事件应急预案的落实包括完善应急救援组织体系、加强救援培训与演习等。

应急救援组织体系涉及领导机构、指挥平台、救援队伍、专家组、救援物资、专用装备、后勤保障和应急联动等方面。领导机构通常由运营企业和有关职能部门的负责人组成,应明确突发事件发生时应急救援的总指挥和现场指挥人。运营公司和维保中心应设置执行应急救援任务的专业队伍。按应急预案要求配备救援器材设备,并确保它们经常处于技术良好状态,是成功进行救援必须具备的物质基础,在平时应有专人负责救援器材设备的保管、养护和维修。完整的救援组织体系还应包括外援单位,因此需要配备负责对外协调联动的人员。

组织救援培训与演习,其目的是使有关人员对应急预案内容、救援知识与救援技术做到应知应会。演习方式可以是模拟演习,也可以是现场演习;可以是单项演习,也可以是综合演习。直接执行救援任务的人员必须定期参加演习,通过演习熟悉救援步骤和方法,掌握救援器材设备使用,以及了解如何进行自我防护等。此外,通过救援演习,还能进一步检验应急预案的可行性、发现应急预案、应急联动方面存在的问题,以便进一步完善应急预案。

### 三、突发事件先期处置

在轨道交通日常运营中,一旦发生突发事件,有关人员应在第一时间按规定的程序、内容向有关方面报告。突发事件报告信息的流程见图 9-4。

对轨道交通突发事件,市政府视突发事件等级、应急处置需要成立市应急处置指挥部,负责突发事件应急处置的统一指挥和组织协调。市应急处置指挥部一般设置在网络应急指挥中心,也可根据需要临时指定指挥场所。市应急处置指挥部下设事故处置、客流疏散和保卫警戒等协调组,具体开展应急处置工作。根据突发事件的发展态势和应急处置需要,一般还成立由政府行业主管部门、市应急联动中心、市应急救援总队等单位和来自各专业领域的专家组成的现场指挥部,负责突发事件的现场应急处置。

市应急联动中心在接到突发事件报告后,立即组织公安、消防、医疗急救等赶赴突发事件现场开展先期处置,迅速控制并防止事态进一步扩大。

运营企业在接到突发事件报告后,根据突发事件响应等级规定,网络应急指挥中心应立即组织相关部门的应急救援队伍投入先期处置,并启动相应的专项应急预案,其中特别重大、重大、较大突发事件应急预案的启动需要得到集团公司应急救援领导机构批准。

运营企业的现场作业人员必须迅速投入应急救援。突发事件先期应急处置的指导思想是：先控制、后处置，救人第一。现场人员应根据各类专项应急处置预案，尽一切可能控制突发事件扩大与升级，以减轻突发事件造成的伤亡损失。

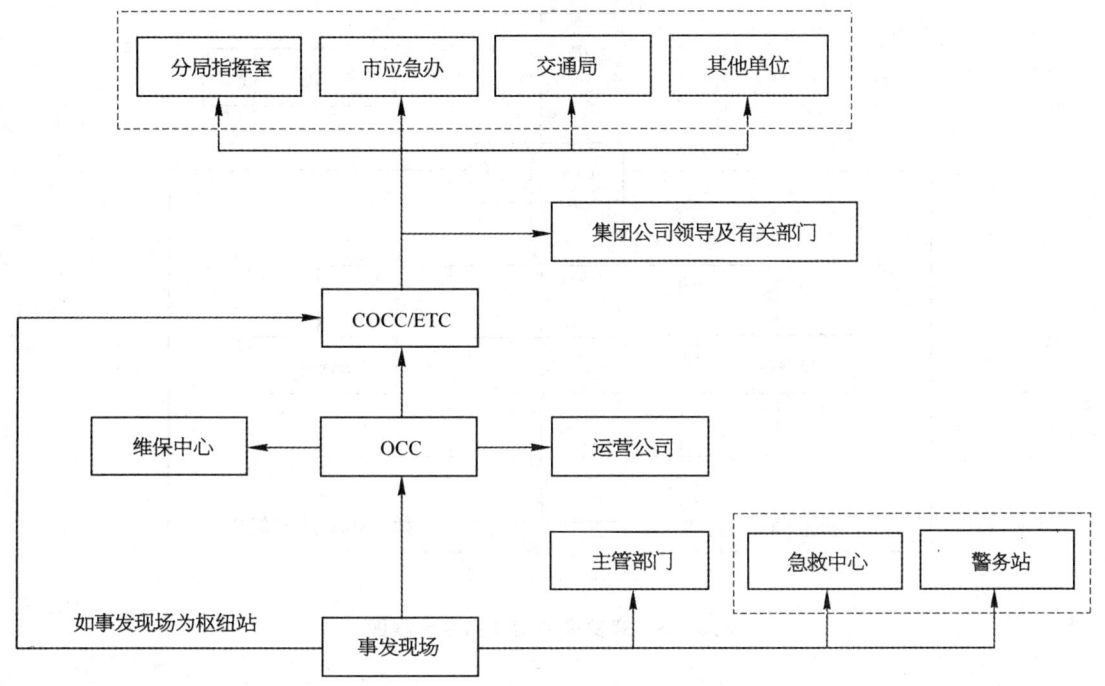

**图 9-4　突发事件报告信息流程图**

突发事件先期应急处置的重点是控制事件源头、危险区域，组织员工和乘客开展自救互救，抢救受伤人员和组织人员撤离。切断和控制突发事件源头是控制事态发展、防止事件升级、减轻事件伤亡损失的关键；控制危险区域既是为了使救援工作不受干扰，也是为了避免无关人员或列车进入使突发事件扩大。在组织危险区域内非救援人员撤离时，救援人员应熟悉地形、明示撤离路线；同时应采取必要的防护措施，如切断牵引电流、通风排烟方向与撤离方向相反等。此外，进行先期应急处置时，还应根据灾情及时采取相应措施，如灭火、排烟、设置警戒线、保护现场和寻找目击证人等。

在抢救受伤人员过程中，急救医疗人员应根据具体情况，采取各种措施对受伤人员进行紧急抢救和治疗。对重伤员，应采取有效措施抢救伤员生命，并及时安排专人送往医院救治。急救医疗小组应掌握重伤员的姓名、性别和受伤情况，送往救治的医院和陪送人员等信息。陪送人员到医院后应尽可能详细、准确地说明重伤员的受伤原因，以便医院及时诊断和进行救治。

突发事件应急处置指挥指令的流程见图 9-5。在进行先期应急处置时，严禁违章指挥、冒险作业，避免在救援过程中发生二次事故，使突发事件升级、增加伤亡损失。

在发生突发事件时，对需要告知市民、乘客的事态及应急措施相关信息，由 COCC/ETC 负责发布。在信息发布方式上，目前上海轨道交通已经实现了"6+1"的全面覆盖，包括电视、广播、网络和微博等。运营企业还应通过车站广播、信息屏等载体，实时播发 COCC/ETC 发布的相关信息，并及时告知乘客撤离路线和避险注意事项。

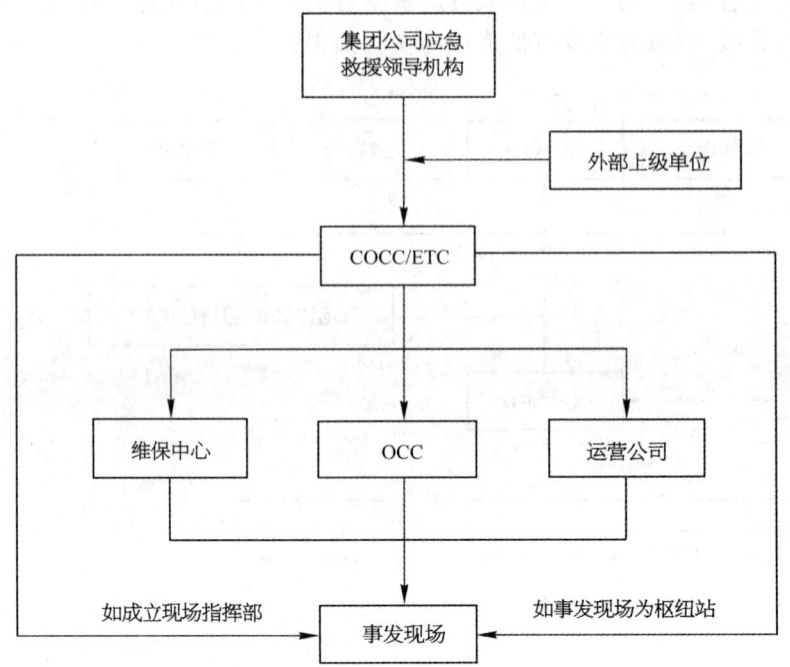

图 9-5　突发事件指挥指令流程图

# 参 考 文 献

[1] 郭永基.可靠性工程原理.北京:清华大学出版社,2002
[2] 张国宝.运输安全心理学.校内讲义.上海:上海铁道学院,1993
[3] 张国宝.城市轨道交通运输组织.北京:中国铁道出版社,2000
[4] 上海市人民政府.上海市处置城市轨道交通运营事故应急预案.上海:2011
[5] 蒋军成.事故调查与分析技术.北京:化学工业出版社,2004
[6] 广州市地下铁道总公司,广州市地下铁道设计研究院.广州地铁二号线设计总结.北京:科学出版社,2005
[7] 张国宝.地铁的防火和救援组织.交通与运输.1990(4):15~16
[8] 王伟.地铁事故应急处理模拟演练初探.地铁与轻轨.2000(3):32~36
[9] 乐梅,王凌.轻轨运营事故应急处理模拟演练初探.都市快轨交通.2005(3):15~17,21
[10] 李启荣,黎少其.地铁列车着火时乘客双向撤离的系统保障研究.城市轨道交通研究.2001(3):34~37
[11] 应名洪等.城市轨道交通网络化建设与运营.北京:中国铁道出版社,2007
[12] 上海申通地铁集团有限公司.上海轨道交通网络运营处置突发事件总体预案.上海:2009

# 第十章　成本效益分析

## 第一节　成本、收入与盈利分析

### 一、运输成本分析

轨道交通运营企业的完全成本称为运输成本,包括运营费用、折旧费用和贷款利息三部分,其中运营费用和折旧费用又分别称为运营成本和折旧成本。在运输成本中,折旧成本占较大比例,通常占 35%～40%;在运营成本中,人员费用占较大比例,其次是用于列车牵引、环控照明等的用电费用。

1. 运营成本构成

运营成本是指日常运营过程中的费用支出,按其性质可以分为营业支出和营业外支出。营业支出按其用途,又可分为营运费用、管理费用和财务费用。

(1) 营运费用:是指运营企业发生的与日常运营有直接关系的各项费用,主要包括:

1) 直接从事生产作业人员的薪酬,如工资、奖金、津贴、补贴、职工福利费,养老、失业等社会保险基金和住房公积金等。

2) 日常运营过程中的用电、材料等费用。

3) 设备的日常维修保养费用。

4) 事故损失费用。

5) 按规定可以在营运费用中列支的其他费用,如办公费、差旅费、劳动保护费和员工奖励等。

(2) 管理费用:是指运营企业管理中所发生的各项费用,以及具有管理性质的各项费用,主要包括。

1) 机关管理人员的薪酬。

2) 机关办公费与差旅费、职工教育经费、土地使用费、技术开发费、营销费、董事会费、业务招待费、咨询费和审计费等。

3) 按规定缴纳的税金。

4) 无形资产和开办费的摊销。

5) 坏帐损失、存货的盘亏或报废。

无形资产是指企业长期使用,但没有实物形态的资产,包括专利权、商标权、土地使用权、专营权和其他特许权等。无形资产按规定使用年限分期摊销,列入管理费用。

开办费是指企业在筹建期间发生的费用,包括筹建期间支出的工资、办公费、培训费、差旅费、施工报废、意外损失,不计入固定资产和无形资产购建成本的利息支出、汇兑损失等。开办费自企业开始运营起分期摊销,列入管理费用,摊销期一般不少于五年。

(3) 财务费用：是指企业为筹集资金所发生的各项费用,主要包括：
1) 利息支出。
2) 金融机构手续费。
3) 汇兑净损失。
(4) 营业外支出：是指运营企业发生的与日常运营没有直接关系的各项费用,主要包括：
1) 营业外各部门人员的薪酬。
2) 固定资产的盘亏、报废或出售损失。
3) 非常损失,如自然灾害损失(扣除保险公司赔款)。
4) 支付违约金、赔偿金或罚款,以及赞助、捐赠支出等。

2. 折旧成本构成

折旧成本是指按一定的折旧方法、每年分摊的固定资产投资费用和大修费用,包括工程购建投资、追加投资和大修费用三部分。

(1) 工程购建投资：是指在轨道交通建设过程中所发生的各项费用。工程购建投资包括工程费用、其他费用、预备费、贷款利息和流动资金,见表10-1。在工程费用中,土建工程费用分为区间、车站和车辆段；设备及安装费用分为车辆、通信、信号、供电、通风与空调、自动扶梯与电梯、自动售检票、给排水与消防、车站机电设备监控和车辆段设备。

表 10-1 轨道交通工程购建投资组成

| 主 项 目 | 子 项 目 | | | |
|---|---|---|---|---|
| 工程费用 | 土建工程 | 轨道工程 | 装修工程 | 设备及安装 |
| 其他费用 | 征地拆迁 | 建设单位管理 | 工程监理 | 勘测设计 |
| 预备费 | 基本预备费 | | 涨价预备费 | |
| 贷款利息 | | | | |
| 流动资金 | | | | |

根据广州地铁2号线首通段工程投资预算(施工图设计),该线路长度为18.25 km,预算总额为103.246亿元,平均每公里造价为5.657亿元。在工程费用中,主要项目占预算总额的比例见表10-2。

表 10-2 工程费用主要项目占预算总额的比例

| 工程费用项目 | 占预算总额比例% | 工程费用项目 | 占预算总额比例% |
|---|---|---|---|
| 土建工程 | 34.22 | 通风与空调 | 4.08 |
| 轨道工程 | 1.51 | 自动售检票 | 2.04 |
| 车辆段设备 | 4.31 | 自动扶梯与电梯 | 1.7 |
| 车辆 | 14.94 | 给排水与消防 | 0.74 |
| 供电 | 7.82 | 车站设备监控 | 0.69 |
| 通信、信号 | 3.95 | 贷款利息 | 3.98 |

(2) 追加投资:是指为适应客流增长、提高运输能力,在运营期内新增固定资产、购置车辆等的费用支出。

(3) 大修费用:是指为使固定资产在寿命期内能保持良好的技术状态所发生的设备更新费用。大修费用的主要项目有车辆、线路、车站和牵引供电设备等。

(4) 折旧成本计算:

1) 基本折旧费计算:在采用直线折旧法时,固定资产的基本折旧费按下式计算:

$$D_{基本} = \frac{A_{原值} - A_{残值}}{Y_d} \tag{10-1}$$

式中:$D_{基本}$——基本折旧费(元);
　　$A_{原值}$——固定资产原值(元);
　　$A_{残值}$——固定资产残值(元);
　　$Y_d$——折旧年限,即固定资产的经济寿命期(年)。

式(10-1)中的固定资产原值包括最初投资与追加投资;固定资产残值是指固定资产在使用寿命期终了时的价值,固定资产残值不进行折旧;折旧年限是指固定资产价值摊销的时间期,该时间期通常是固定资产的经济寿命期,折旧年限的倒数称为折旧率。

2) 大修折旧费计算:在采用直线折旧法时,固定资产的大修折旧费按下式计算:

$$D_{大修} = \frac{\sum C_{大修}}{Y_d} \tag{10-2}$$

式中:$D_{大修}$——大修折旧费(元);
　　$\sum C_{大修}$——固定资产在经济寿命期内的大修费用总和(元)。

**3. 影响运输成本的因素**

成本是反映企业经营活动质量的综合性指标。提高劳动生产率和设备利用率、降低能源与材料消耗、减少其他费用支出、提高企业管理水平,最终都会在成本上综合反映出来。通过成本分析,揭示影响成本变动的因素,为寻求降低成本的途径提供了基础。成本分析的内容主要有成本构成要素分析和单位产品成本变动分析。

轨道交通运输成本构成要素包括薪酬、用电、材料、折旧和其他等。对成本构成要素进行分析,可以揭示运输成本中各部分费用支出的比例、运输成本变动的原因、以及运输成本控制和作业过程中存在的薄弱环节等。

单位产品成本又称为平均成本,是指平均提供一个单位产品需要的成本,如每人公里成本、每客位公里成本或每车公里成本等。单位产品成本变动分析是成本分析的重要内容。对单位产品成本影响较大的因素有客运量、车辆运用、劳动生产率、能源与材料消耗、工程购建投资等。

(1) 客运量对成本影响:客运量增加时,运营成本也会上升,但客运量增加与运营成本上升的速率是不一样的。在提高车辆满载率的情况下,运营成本上升的速率低于客运量增加的速率,即边际运营成本小于边际车费收入。这里,边际运营成本是指每增加运送一个乘客所需要增加的运营成本;边际车费收入是指每增加运送一个乘客所能够增加的车费收入。

短期运营成本分为固定成本与可变成本两部分。固定成本是指不随客运量变化而变动的费用支出,如设备折旧、管理人员工资、贷款利息等;可变成本是指随客运量变化而变动的费用支出,如作业人员薪酬、能耗与材料费用等。客运量增加时,变动成本增加,固定成本不增加或少量增加。从平均成本角度,由于边际运营成本小于边际车费收入,平均可变成本下降;而由于固定成本不增加或少量增加,平均固定成本也下降。因此,客运量增加能降低平均成本。

(2) 车辆运用对成本影响:车辆运用对成本的影响可从车辆使用减少、车辆使用不变和车辆使用增加三种情形进行分析。

客运量一定时,根据客流的时间、空间分布特征,选用特殊列车交路或停车方案能够减少车辆使用,从而使车辆折旧、牵引用电、维修保养等方面的成本降低。

客运量增加、但不增加车辆使用的情形,可参见客运量对成本影响的分析。

客运量有较大增加,因列车编组或列车密度增大,需要增加车辆使用,此时固定成本(车辆折旧成本)和变动成本(牵引用电、车辆检修)均会上升;在增加列车密度情况下,还会增加乘务员工资等支出。在运用车增加使用的初期,运营成本的增加往往会快于客运量的增加。

(3) 劳动生产率对成本影响:劳动生产率是指单位时间内、运营企业员工人均生产的产品数量,如人均完成的客运周转量等。提高劳动生产率能使单位产品成本中的人员费用支出减少,从而降低运营成本。

在劳动生产率提高的同时,如果人员费用支出也有所增加,应使劳动生产率增长快于人员费用支出增长。此时,运营成本降低的百分比可用下式计算:

$$D_{运营} = \frac{P_{人员}(I_{劳动} - I_{人员})}{100 + I_{劳动}} \quad (10-3)$$

式中:$D_{运营}$——运营成本降低的百分比;

$P_{人员}$——人员费用占运营成本的百分比;

$I_{劳动}$——劳动生产率提高的百分比;

$I_{人员}$——人员费用提高的百分比。

(4) 能源消耗等对成本影响:轨道交通网络运营中的能源与材料消耗总量巨大,因此降低能源与材料消耗对降低运营成本具有重要意义。以减少能耗、即用电费用为例,运营成本降低的百分比可用下式计算:

$$D_{运营} = \frac{P_{用电} D_{用电}}{100} \quad (10-4)$$

式中:$P_{用电}$——用电费用占运营成本的百分比;

$D_{用电}$——用电费用降低的百分比。

(5) 工程购建投资对成本影响:工程建设期的购建投资较高,则运营期的折旧成本也会较高。由于折旧成本占运输成本的比重较大,工程购建投资对运输成本影响较大。因此,控制轨道交通的购建投资非常关键,这也是轨道交通建设能良性、可持续发展的基础。

## 二、运营收入分析

### 1. 运营收入构成

轨道交通运营收入可分为车费收入与非车费收入,经常性收入与非经常性收入等。车费收入又称为主营收入,是大多数轨道交通运营企业的主要收入来源。例如,香港地铁的经常性收入,包括车费收入与非车费收入两部分。其中非车费收入又分为车站内商务、其他业务、物业租赁与管理收入三部分,车站内商务收入还可细分为广告、商场租赁和电信服务等收入。

2. 车费收入

车费收入是平均票价与客运量的乘积,即:

$$R_{车费}=F \cdot P \tag{10-5}$$

式中:$R_{车费}$——车费收入(元);

$F$——平均票价(元/人);

$P$——客运量(人)。

影响车费收入的直接因素是票价与客运量。其中,票价又受到成本状况、利润目标、消费水平和政府管制等因素影响;客运量又受到土地利用、人口规模、轨道交通票价与服务水平、常规公交服务价格等因素影响,其中服务水平又包括服务频率、运送速度和换乘便捷等对吸引客流有影响的因素。因此,影响车费收入的间接因素非常多,并且很复杂。

此外,票价对客运量的影响,最终会影响车费收入。根据微观经济学中的需求定理,票价与客运量是一种反方向变动关系。假设影响客运量的其他因素不变,可建立客运量与票价的函数关系式如下:

$$P=f(F)=a-bF \tag{10-6}$$

式中:$a,b$——待定系数。

将式(10-6)代入式(10-5),可得到:

$$R_{车费}=aF-bF^2 \tag{10-7}$$

对式(10-7)求极值,并标定待定系数,可求得车费收入最大时的票价水平。

票价变动对车费收入的影响还可用需求弹性理论作进一步说明。

对需求弹性相对较小的客运需求,如早晚高峰时段的通勤通学出行,出行方式选择余地较小,票价上升、客运量减少,但由于客运量减少的比例小于票价上升的比例,因此车费收入增加;票价下降、客运量增加,但由于客运量增加的比例小于票价下跌的比例,因此车费收入减少。

对需求弹性相对较大的客运需求,如非高峰时段的购物等出行,出行方式选择余地较大,票价变动对车费收入的影响,与上面的情形恰好相反,即票价上升、车费收入减少,票价下降、车费收入增加。因此,轨道交通在客流低谷时段采用差别定价策略、适当降低票价,有利于吸引客流,提高车费收入。

### 三、运营盈利分析

1. 利润构成分析

盈利分析是经济效益分析的重要内容。利润是运营企业在一定时期内生产经营活动的最终财务成果。利润的表达式如下:

$$R=R_{车费}+R_{非}-TC-T+S \tag{10-8}$$

或

$$R=R_{车费}+R_{非}-RC-T \tag{10-9}$$

式中:$R$——利润(元);

$R_{车费}$——车费收入(元);

$R_{非}$——非车费收入(元);

$TC$——运输成本(元);

$RC$——运营成本(元);

$T$——税金(元);

$S$——财政补贴(元)。

式(10-8)适用于运营企业承担完全成本、即运输成本的情形,式(10-9)适用于运营企业在运营上自负盈亏,但不承担折旧成本的情形。由利润的表达式可知,盈利分析是一种综合分析,盈利分析建立在成本、收入分析的基础上,但还要进一步分析运营企业是否承担完全成本,政府是否给予财政补贴或某些特许经营权等。例如,根据香港特区政府与地铁公司签订的营运协议,香港地铁承担完全成本(运输成本)、自负盈亏,没有财政补贴,但拥有政府给予的上盖物业开发权;香港地铁的收入来源包括经常性收入中的车费收入、非车费收入和非经常性收入(物业开发)三部分,其中物业开发收入的贡献最大。因此,尽管香港地铁的车费收入不能抵偿运输成本,但依靠非车费收入和物业开发收入,盈利状况依然良好。

2. 盈亏平衡分析

假设票价不变、暂不考虑非车费收入与税金等,可采用量本利分析方法来研究客运量、成本和利润三者之间的关系。

(1) 量本利分析模型:量本利分析模型的表达式如下:

$$R = F \cdot P - (FC + AVC \cdot P) \tag{10-10}$$

式中:$FC$——固定成本(元);

$AVC$——平均可变成本(元)。

(2) 盈亏平衡点分析:盈亏平衡点分析是寻找一个车费收入等于运营成本的客运量水平。令式(10-10)中的利润 $R$ 为零,即可得到盈亏平衡点的计算公式:

$$P_E = \frac{FC}{F - AVC} \tag{10-11}$$

或

$$P_E = \frac{FC + VC}{F} \tag{10-12}$$

式中:$P_E$——盈亏平衡点客运量(人);

$VC$——可变成本(元)。

图 10-1 中,E 为盈亏平衡点,客运量水平在大于 E 点所对应的客运量时产生盈利,在小于 E 点所对应的客运量时出现亏损。

由盈亏平衡分析可知,影响运营企业经济效益的因素主要是成本与收入,而收入又与客运量、票价有关。在客运量与票价一定时,成本越低、利润越高;在成本、票价一定时,客运量越大、利润越高。

此外,成本、客运量与票价之间也是相互影响的。例如,通过降低成本来实行较低票价,从而吸引更多客流、进而增加收入与利润。

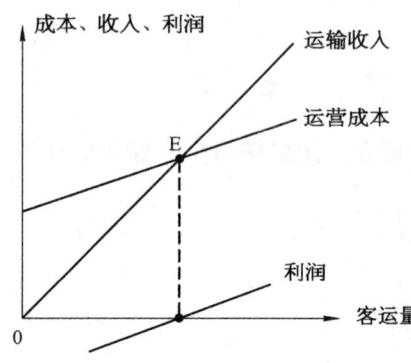

图 10-1 盈亏平衡分析

## 第二节 票价制定

票价与运营企业的车费收入、经济效益有直接关系,也与乘客利益密切相关。此外,在市场经济条件下,票价还对运输服务的需求与供给产生重大影响。因此,在成本效益分析中,有必要对票价制定问题进行深入分析。

### 一、票价制式

票价制式又称为票价结构,票价制式是票价制定的基础。

轨道交通票价制式主要有单一票价制、计程票价制、区段票价制和分区票价制四种。采用何种票价制式,取决于对收费合理化、乘距结构调整和企业经济效益等方面的综合考虑,但也与采用的售检票方式有密切联系,自动售检票方式是轨道交通采用非单一票价制的基础。

1. 单一票价制

不论乘车距离远近,全线实行一种票价。单一票价制的优点是售票速度快,检票可实行单检制,即进站检票、出站不检票。因此,单一票价制的票务管理相对简单,车站售检票设备与人员的投入也可减少。单一票价制通常按平均乘车距离来确定票价,对短距离出行乘客,因票价偏高不利于吸引短途客流;而对长距离出行乘客,又因票价偏低减少了车费收入。另外,在客流统计方面,只能统计上车人数,不能统计下车人数、乘车距离和断面客流量等,不利于运营组织。国内早期建设的地铁,如北京地铁1、2号线长期以来采用的就是单一票价制。

2. 计程票价制

票价根据乘车距离或乘车站数计算。计程票价制提高了收费的合理性,避免了单一票价制的缺点,有利于吸引更多的客流、提高企业的经济效益。计程票价制的缺点是车票种类多、进出站均检票、票务管理与售检票作业比较复杂。因此,采用AFC系统是实行计程票价制的前提,实行计程票价制后,还能实时、准确地进行客流与收益统计,有利于提高运营组织水平。

在根据乘车距离计算票价时,票价是乘车距离与票价率的乘积,如果票价率随乘距的增加而递减,则计程票价的计算公式如下:

$$F_{计程} = F_0 + \sum_{i=1}^{n} D_i R_i \qquad (10-13)$$

式中:$F_{计程}$——计程票价(元);

$F_0$——起步基价(元);

$D_i$——乘车距离(km);

$R_i$——票价率。

上海轨道交通1号线实行计程票价制,票价根据乘车距离计算。2005年9月,上海轨道交通1号线调整后的票价结构见表10-3,乘车距离6 km及其以下时票价为3元、6 km以远的票价按每增加1~10 km递增车费1元计算。广州地铁1号线也实行计程票价制,但票价根据乘车站数计算,票价结构见表10-4,乘车站数3站及其以下时票价为2元,3站以远的票价按每增加 1～3 站递增车费 1 元计算。

表 10-3　上海轨道交通 1 号线票价结构

| 乘车距离(km) | 0～6 | 7～16 | 17～26 | 27～36 | 37～46 |
| --- | --- | --- | --- | --- | --- |
| 计程票价(元) | 3 | 4 | 5 | 6 | 7 |

表 10-4　广州地铁 1 号线票价结构

| 乘车站数 | 1～3 | 4～6 | 7～9 | 10～12 | 13～15 |
| --- | --- | --- | --- | --- | --- |
| 单程票(元) | 2 | 3 | 4 | 5 | 6 |
| 100 元储值票(元) | 1.8 | 2.7 | 3.4 | 4.1 | 4.5 |

3. 区段票价制

区段票价制是将轨道交通线路划分成若干个区段，乘客在同一区段内乘车采用单一票价、跨区段乘车采用计程票价。因此，区段票价制兼有单一票价制和计程票价制的特点。区段票价制与单一票价制相比，收费比较合理；与计程票价制相比，收费比较简单。在采用区段票价制时，为使乘车收费合理，对在两个区段的相邻站间上下车可按在同一区段内乘车进行收费。

4. 分区票价制

分区票价制是将轨道交通线网划分成若干个区域，乘客在区域内乘车采用单一票价、跨区域乘车则采用多级计程票价。分区票价制便于乘客在不同公共交通方式间换乘，也便于推行综合票价政策。但对乘车距离较近的跨区域乘车，需要制定特殊票价。欧洲的一些城市实行了分区票价制，如巴黎按同心圆方式将城市公共交通圈划分成 8 个计费区域。

实行分区票价制时，计费区域的划分应尽可能做到对乘客、企业和城市公共交通的发展均是相对有利的。为了合理的划分计费区域，必须对市民的出行方式选择、出行目的、出行距离、出行流量和出行成本等进行详尽的调研与分析。

## 二、票价制定

1. 运价制定理论

票价制定是在一定的运价理论指导下进行的。

(1) 劳动价值理论：该理论认为，商品(服务)的价格必须以价值为基础，价格是商品(服务)价值的货币表现形式。

根据劳动价值理论，运输服务的价值是由运输过程中消耗的劳动力价值、生产资料价值和运输服务所创造的剩余价值所组成。其中，消耗的生产要素构成了运输成本，创造的剩余价值即为利润。因此，运输价格应是围绕运输服务的价值波动，它可按运输成本加上一定的利润率来制定。

劳动价值理论考虑了运输生产的必要劳动消耗，即活劳动和物化劳动的消耗，对运价制定无疑是有指导意义的。但它也存在若干缺陷，如不能反映市场供需关系和市场竞争对运价制定的影响；运价及利润完全是以运输成本为基础，不利于促进运营企业经营管理的改善。

（2）均衡价格理论：该理论认为：在市场经济条件下，商品（服务）的价格由需求和供给共同决定，某种商品（服务）的需求和供给相等时的价格称为均衡价格。

按照均衡价格理论，运价最终是由运输市场的供需关系所决定，运价会对运输市场的需求或供给变动作出反应，并始终围绕均衡价格波动。应该指出，均衡价格理论是以完全竞争市场为前提的，因此它的应用也是有条件的。

（3）厂商理论：该理论认为，每个企业都面临着市场竞争，因此每个企业在决定产量的同时还要合理确定价格，以便实现利润最大化。利润是成本与收益的差额，因此，厂商理论从成本与收益的角度研究如何制定价格。

根据厂商理论，在垄断竞争的市场条件下，当某一运价水平能使边际收益等于边际成本时，运营企业能在短期达到利润最大化；而当某一运价水平能使边际收益等于边际成本，同时平均收益又等于平均成本时，运营企业能在长期达到利润最大化。实践中，运营企业通常是以短期成本为基础来制定运价。

2. 国内票价制定特点

影响轨道交通票价制定的因素主要有运输成本、客运需求、市场竞争和公益性目标等，国内轨道交通票价制定具有以下特点：

（1）政府对票价实行管制：轨道交通是服务性行业，提供准公共产品，通常由一家或少数几家运营企业垄断经营，具有一定的自然垄断性，这就决定了政府对轨道交通的票价进行管制。

（2）票价不按运输成本制定：运输成本由运营成本、折旧成本和贷款利息三部分组成。轨道交通属于资金密集型基础设施，投资额大、回报期长、年度折旧成本很高。如广州地铁1999年测算的成本票价达到15.3元，深圳地铁运营第一年测算的成本票价达到18.3元。显然，从乘客消费能力角度，以运输成本来制定票价是不现实的。

（3）票价与物价指数联系不紧密：在政府管制票价的情况下，票价调整周期往往较长，票价变动滞后于物价指数变动。运营企业无法对票价进行及时调整，一定程度上影响了运营企业对客运需求的调节和自我积累、追加投资的能力。而单次票价调整幅度过高，又引起客流骤减，使运输能力得不到充分利用。

（4）票价未体现鼓励长距离出行：在实行计程票价制时，起步基价以远的票价是按每多乘车几公里或几个站递增车费1元计算，即不是实行递远递减的票价率。另外，在各条轨道交通线路未采用统一票制的情况下，乘客因为不能一票换乘，即使出行距离并不长也要增加一定的车费支出。票价制定中的上述情形，影响了轨道交通对长距离出行客流的吸引力。由平均票价不到3元/人次（上海调价后不到4元/人次）的数据可知，在轨道交通运送的乘客中，短距离出行客流占了相当大的比例，而短距离出行客流应是常规公交的主要服务对象，这反映了轨道交通与常规公交服务功能的重叠。

3. 票价制定原则

社会效益与企业效益兼顾是轨道交通票价制定的基本出发点，具体地说，轨道交通票价制定应遵循下列原则：

（1）兼顾公益性目标：兼顾公益性目标要求票价以较低水平制定，目的是吸引客流转向有利于节约能源、保护环境、缓解道路拥挤和减少交通事故的城市公共交通方式，解决日益严重的城市交通问题,实现城市社会经济的可持续发展。

但票价水平较低并不是说不考虑成本。如果在制定轨道交通票价时不考虑成本,结果必然是运营企业连年巨额亏损、失去持续经营能力,新的投资者不敢进入、轨道交通线网建设难以为继,使轨道交通的建设与运营陷入恶性循环。

同样,票价水平较低并不是说轨道交通的票价应与常规公交的票价看齐。对建设与运营方而言,轨道交通的成本远高于常规公交的成本;对乘客方而言,轨道交通具有快速、准时、舒适、安全等优点。考虑到上述因素,轨道交通的票价高于常规公交的票价是有理由的。

(2) 以运营成本为基础:根据轨道交通的建设投资与票务收入实际情况,现阶段轨道交通起始票价可根据运营成本加上一定的利润率等制定,见式(10-14)。为体现票价以较低水平制定,实际执行票价可低于计算票价。票价的调整应考虑运营成本、物价指数的变动和居民收入水平的变化。一般而言,票价调整幅度可与物价指数变动幅度同步,但不宜超过居民的实际收入增幅。

$$人公里票价 = 人公里运营成本 \times (1 + 利润率 + 税费率) \quad (10-14)$$

由于实际票价与成本票价存在较大差额,轨道交通的发展需要政府在财政、税收和信贷等方面给予扶持,如财政补贴、沿线土地开发权、减免营业税与关税、调整折旧方法等。应该指出,票价以运营成本为基础,再参考运输市场平均利润水平来制定,目的是能保本盈利。但在运营成本不合理时,也会出现票价背离运输服务价值的情况。因此,企业应通过提高劳动生产率、提高车辆满载率、加强企业管理、引进市场机制等各种途径和措施来降低运营成本。

(3) 有助于调节客流:在城市公共交通体系中,合理的分工应是:轨道交通以吸引中、长距离出行客流为主,常规公交是轨道交通的补充,以吸引短距离出行客流为主。票价过低,将使大量短距离出行客流转向轨道交通,造成运输能力紧张、乘客服务水平降低。而票价过高,轨道交通又将失去对长距离出行客流的吸引力,导致运输能力的浪费、经济效益的下降。

在票价水平、客流量、运输能力三者关系中,票价水平是引起客流量变化的重要原因,而客流量大小又决定了运能—运量相适应的程度。因此,在制定票价时,应充分发挥票价的调节客流功能,使轨道交通处于良好的运营状态。

理论上,存在一个有助于使运量与运能达到相适应的票价水平。一般而言,在高峰时段运能紧张的情况下,可采用较高的票价水平,如华盛顿地铁的高峰时段票价是非高峰时段票价的1.5倍。在非高峰时段运能富余的情况下,可采用较低的票价水平,即优惠票价。非高峰时段采用优惠票价,有助于客流的削峰填谷,在缓和高峰时段运能紧张的同时,还能提高非高峰时段的列车满载率;此外,非高峰时段采用优惠票价对吸引潜在客流,提高轨道交通经济效益具有积极意义。

4. 票价制定策略

在票价制定原则已经确定的情况下,运营企业可根据市场供需关系、运输服务水平和客运需求的价格弹性等采取相应的票价制定策略。

(1) 差别定价策略:由于运输服务供给在一定的时空条件下总是相对稳定的,当运输市场供需平衡被打破,出现运输供给小于或大于客运需求时,采用差别定价不仅可能,而且非常必要。

在运输供给小于客运需求时,可采用以"削峰填谷"为主的票价制定策略;反之,出现运输供给大于客运需求时,则宜采用以吸引客流为主的票价制定策略。例如,递远递减的票价率、客流高峰时段适当提高票价、客流低谷时段适当降低票价等均是差别定价策略的运用。

根据不同的服务水平制定不同的票价也是差别定价策略的运用。从乘客消费心理的角度分析,乘客对票价的认同程度,除与收入水平有关外,还与服务频率、运送速度、安全准点和便利舒适等方面的满意度有密切关系。因此,在服务水平较高,并且乘客对运输服务价值的认同程度也较高的情况下,可以采用票价较高的定价策略。

(2) 折扣定价策略:折扣定价是一种向乘客让利的票价制定策略,折扣有现金折扣和数量折扣两种。

现金折扣是指乘客购买储值票时给予金额折扣或票价折扣的优惠,储值票面值越大、使用时间越长,给予的折扣优惠也越高。如 50 元面值储值票按 97 折优惠发售,100 元面值储值票则按 95 折优惠发售等。广州地铁对持储值票乘车实行票价折扣优惠,对起步基价,50 元储值票按 95 折票价优惠、100 元储值票按 9 折票价优惠、学生票则按 7 折票价优惠,对起步基价以远,乘车站数越多、票价折扣优惠也越多,参见表 10-4。

数量折扣是指乘客乘车累计达到一定次数或金额,赠予若干免费乘车次数或给予每次乘车的票价优惠。上海轨道交通自 2005 年 11 月起,对使用公共交通卡乘坐轨道交通列车的乘客,在每自然月乘车金额满 70 元后,当月再乘坐轨道交通列车每次按 9 折票价优惠。

合理运用向乘客让利的折扣定价策略,有利于吸引更多的客流,并有助于提前收进票款,加快运营企业的资金周转。

(3) 价格弹性与定价策略:客运需求的价格弹性是指票价变动的百分比所引起的客流量变动的百分比,价格弹性的大小可用弹性系数 $E_P$ 来表示,计算公式如下:

$$E_P = \frac{客流量变动的百分比}{票价变动的百分比} \qquad (10-15)$$

当 $E_P < -1$,即客流量变动的百分比大于票价变动的百分比时,表示客运需求富有价格弹性;当 $-1 < E_P < 0$,即客流量变动的百分比小于票价变动的百分比时,表示客运需求缺乏价格弹性。

对轨道交通客运需求的价格弹性进行分析,可以得到以下一些结论:

1) 早晚高峰时段通勤、通学类出行的价格弹性相对较小;而非高峰时段购物等出行的价格弹性则相对较大。

2) 在乘车距离较远的情况下,价格弹性相对较小;而在乘车距离较近的情况下,价格弹性则相对较大。

3) 在收入水平较高的情况下,价格弹性相对较小;而在收入水平较低的情况下,价格弹性则相对较大。

4) 在出行方式选择余地较小的情况下,价格弹性相对较小;而在出行方式选择余地较大的情况下,价格弹性则相对较大。

价格弹性为测算客流量对票价变动的反应程度提供了依据。在制定票价时,定价策略的运用必须考虑价格弹性。对价格弹性相对较大的客运需求,采用薄利多销的定价策略容易奏效,可以达到吸引客流和增加收入的目的。而对价格弹性相对较小的客运需求,提高票价对客流的分流或削峰填谷的作用往往不够显著。

## 第三节 提高经济效益

轨道交通运营企业是否具有较强的盈利能力、良好的经济效益,除了对运营企业自身的生存至关重要,还对轨道交通可持续发展具有重大影响。

轨道交通的造价很高,没有多元化的投资,轨道交通的发展速度难以满足城市社会经济的发展要求。但轨道交通项目如果没有盈利前景,吸引非国有资本来投资只是一种不切实际的愿望。

提高运营企业经济效益,需要开源节流,开源是增加收入与利润来源,节流是控制与降低成本。开源与节流应同时并举,只讲开源、不讲节流,增加的收入会被上升的成本所抵消;而只讲节流、不讲开源,则购建费用很难通过成本控制来收回。

鉴于轨道交通完全成本很高,仅靠车费收入难以盈利,这就需要在政策方面、以市场化的方式给予必要的、合理的扶持,使运营企业能有一定的经济效益。

### 一、降低成本

1. 提高劳动生产率

反映轨道交通劳动生产率的指标主要有员工数/每公里、客运周转量/每员工和运营收入/每员工等。如上海轨道交通 2010 年的运营指标中,员工数/每公里配置不超过 58 人;香港地铁 2005 年完成的客运周转量/每员工为 1.13 百万人公里。

提高劳动生产率,有以下三个途径:
(1) 员工人数不变,提高客运周转量(运营收入)。
(2) 客运周转量(运营收入)维持一定水平,裁减冗员。
(3) 既提高客运周转量(运营收入),又裁减冗员。

鉴于运营成本中的人员费用支出占较大比例,一般而言,裁减冗员对降低运营成本总是有利的。实际工作中可考虑采取的减员措施主要有:

(1) 采用自动化设备:采用自动售检票系统、列车自动控制系统后,可相应减少车站售检票人员和行车作业人员。

(2) 岗位重新设计:现代管理理论认为,工作设计正在经历一个从分工过分专业化到工作扩大丰富化的发展过程。对传统的岗位设置进行详尽分析,重新设计工作岗位,或将部分工作岗位科学合并,可以减少作业人员配备。

(3) 优化劳动组织:对乘务员等轮班制员工的作息时间安排,超劳固然不行,但达不到周工作小时势必要增加人员配备。因此,有必要优化乘务员劳动组织,提高劳动生产率。

(4) 精简管理部门:在组织结构设计方面,部门设置、管理跨度都应遵循减少管理层次的原则;从管理人员配备角度,公司管理部门的人员不宜超过员工总数的 15%。

(5) 引进市场机制:将某些业务,如车站与车辆的清洁,车辆的架修与大修等,通过招标方式交给第三方去做,也是可以考虑采取的措施。

2. 提高设备利用率

轨道交通是资金密集型行业,设备购置价格、维持费用均较昂贵,如能提高设备利用率,可有效降低成本。

在这方面,提高车辆(列车)满载率尤其重要。在客流分布一定的情况下,研究采用合理的列车编组与列车交路方案,能减少车辆使用,从而降低车辆折旧、牵引用电、车辆检修等方面的成本支出。在投入使用车辆数不变的情况下,加大营销力度、争取更多客流,能提高车辆满载率,从而降低每车公里或每客位公里的成本。

此外,合理配置车站 AFC 设备数量,共享控制中心、车辆基地、主变电站等资源,采用均衡修、部件修等车辆维修模式,对节省购建投资、降低运输成本都具有重要意义。

### 3. 降低用电等消耗

制定节能降耗指标,降低用电、材料等消耗,能有效降低运营成本、提高经济效益。以用电消耗为例,列车牵引、环控、照明等用电费用在运营成本中仅次于员工薪酬费用。根据广州地铁1号线2003年的用电量统计,环控用电占总用电量的51.08%,约为牵引用电的两倍。按上海轨道交通1号线的统计数据,2003年的主营业务成本为3.48亿,总耗电量为10 481.5万千瓦小时,其中牵引耗电量为5 106.0万千瓦小时。

影响列车牵引用电消耗的因素主要有列车编组辆数、列车满载率、列车加速起动、进出站坡度等,涉及运营组织、设备选型和线路设计等方面。

轨道交通的内部空气环境由通风和空调系统进行控制。影响环控用电消耗的因素主要有夏季最热月平均温度、全年平均温度、高峰小时列车对数与编组辆数乘积、是否安装站台屏蔽门等。如"地铁设计规范"规定:在夏季最热月平均温度超过25℃,全年平均温度超过15℃,且高峰小时列车对数与编组辆数乘积大于120时,可采用空调系统。从发展趋势看,为提高乘车舒适度、使用空调的条件会有所降低。

从节省车站环控用电消耗角度,安装站台屏蔽门值得推荐。广州地铁2号线安装站台屏蔽门后,与地铁1号线比较,环控用电消耗降低30%～40%,车站空调设备投资减少约50%,尽管增加了站台屏蔽门的建造费用,但降低运营成本的效果仍很明显。

### 4. 降低工程造价

工程造价直接关系到运营期的折旧成本和贷款利息的高低,控制工程造价能为控制运输成本打下良好的基础,而脱离国情的工程造价最终会抑制轨道交通发展。

(1) 合理确定技术标准:对工程造价有较大影响的技术标准涉及线路类型、运能水平和速度目标值,以及是地下线、还是高架线或地面线等方面。一般而言,技术标准高、运送能力大,工程造价也相应较高,但如果没有足够的客流,难免出现入不敷出的局面。因此,控制成本问题在线路的规划设计阶段就应给予充分考虑。人口规模及客流水平不同的城市,在规划建设轨道交通线路时,应从经济实用出发,研究选择最适合自身的轨道交通类型及技术标准,没有必要一味选择技术标准最高、运送能力最大的轨道交通类型。如果这样做,线路投入运营后,高运输成本、低车费收入将使企业运营陷入困境。

(2) 提高设备国产化率:轨道交通车辆、机电设备投资在工程造价中约占50%左右。如果进口国外车辆和机电设备,不但购置价格很高,并且将来的零配件采购价格也受制于国外供货商,使运营期的折旧成本、运营成本上升。为降低工程造价,加快轨道交通发展步伐,提高车辆、机电设备的国产化率(政策要求达到70%)势在必行。

## 二、增加收入

### 1. 车费收入

车费收入是运营企业的主营收入,车费收入与票价和客运量水平有关。

(1) 关于票价:目前,实际执行的票价与体现完全成本的票价有较大的差距,但这并不意味着票价上升的空间很大。从城市发展的整体与长远利益、以及从改善低收入阶层的出行条件出发,票价水平不能脱离市民的购买力,这也是政府对票价进行管制的原因所在。

在与收入水平、物价指数挂钩的基础上,适当提高票价,通常能达到增加车费收入的目的。但采用差别定价策略,在客流低谷时段适当降低票价,同样也能增加车费收入。

(2) 关于客运量:客运量对增加车费收入的意义是显而易见的,尤其是在运能富余的情况下,增加客运量是投入小、产出大的提高经济效益的措施。

客运量问题涉及多个方面,就轨道交通外部而言,车站吸引范围内的土地利用状况对客流生成有较大影响,适当地减少平行运营的常规公交线路对提高轨道交通客运量也有积极意义。

对轨道交通自身而言,加快线网建设、提高轨道交通在中心城的面积覆盖率和与主要客流集散点的连通率,使乘客利用轨道交通出行方便、快捷,可以提高公交客运量中的轨道交通所占比重。此外,研究乘客需求、提高服务水平也是吸引客流的重要措施。

评价轨道交通服务水平的指标主要有:服务频率、列车正点率、便利舒适和乘客安全等。从提高乘客满意度、吸引更多客流与增加运营收入出发,轨道交通全体员工都应把服务与经营、收入、利润联系起来,树立起服务经营观念。

2005 年,我国香港地铁以 91 km 线路完成 86 640 万人次客运量,一个重要的原因是优质的服务。香港地铁公司的服务水平评价项目包括:列车时刻表兑现率、列车正点率、列车服务可靠性(列车运行多少公里出现一次 5 min 及其以上的延误)、车票可靠性(使用车票多少次出现一次车票失误)、车站 AFC 设备可靠性、自动扶梯和乘客升降机可靠性、列车和车站的温度及通风(列车、站台和站厅分别为 26 ℃、27 ℃ 和 29 ℃ 及其以下)、列车清洁程度(车厢每天清洁)、7 天内回复乘客查询等。对上述服务水平评价项目,香港地铁公司在营运协议目标的基础上,提出要求更高的服务承诺,并在实际工作中切实达到并超出。以列车服务可靠性和车票可靠性为例,2005 年的服务承诺分别为 50 万 km 和 0.8 万张,实际完成为 92.85 万 km 和 1.26 万张。

据媒体报道,国内某新建轻轨线路的设计日客运量为 21 万人次,但运营初期每天实际客运量不足 2 万人,车费收入不足 3 万元,而运营费用、贷款利息平均每天却要支出 50 多万元。上述案例从反面说明客运量对运营企业的收支平衡是如何重要。为避免类似情形出现,在轨道交通线网规划过程中,线路走向必须与客流方向一致,并且达到一定的数量级。

### 2. 非车费收入

运营企业实行多元化经营,拓宽收入与利润来源,香港地铁的成功经验值得研究和借鉴。香港地铁的非车费收入有两部分,一部分反映在经常性收入中,另一部分是非经常性收入。

(1) 经常性收入:香港地铁的经常性收入包括车费收入、车站内商务及其他业务收入、物业出租及管理收入三部分。车费收入是主业收入,后两项收入是副业收入。其中的车站内商务及其他业务收入,主要是指广告、商店租赁和电信服务等方面的收入。

在香港地铁的经常性收入中,主、副业收入大体是七三开,主业收入占主导地位,但副业收入的比例有上升的趋势。另外,主、副业收入均在稳步增长,这种局面实质上是主、副业相互促进的结果。地铁客流的增长使车站广告位、小商店铺位的商业价值提升,而车站内各类服务所提供的方便又吸引了更多的客流。

(2)非经常性收入:香港地铁的非经常性收入主要是物业开发利润,它得益于香港特区政府的优惠政策,即根据地铁建设协议,地铁公司取得上盖物业开发权,物业开发商承担建造住宅、商场、写字楼、停车场和酒店的投资与风险,而地铁公司可从物业开发中获取利润。2001~2005年,在香港地铁折旧前总利润中,物业开发利润占50%左右。由于物业开发利润不存在折旧,如果扣除折旧成本,物业开发利润对总利润的贡献将更大。但也应指出,物业开发与新线建设有一定关联,因此这部分利润属于非经常性收入。

在上海,申通地铁集团提出:在轨道交通基本网络(2012年建成13条线路、运营里程超过500 km、日均客运量达到800万人次)形成后,要力争使非车费收入与车费收入形成相对合理的比例。为此,采取了一系列资产经营举措,包括强化枢纽站周边物业开发、商业开发和整合传媒、信息开发资源等,在稳步提高轨道交通客运效益的同时、努力实现较快地提高轨道交通增值效益。

### 三、政策扶持

#### 1. 政策扶持的依据

从微观角度,轨道交通运营亏损是普遍现象,收支不能平衡的直接原因是乘客支付的车费远低于运输成本,根本原因是轨道交通投资巨大,使得折旧成本、完全成本很高。按轨道交通完全成本测算定价,票价将达到10多元,显然是超出了乘客的消费能力。但在运营亏损的情况下,如果没有合理的政策扶持,轨道交通的投资者、运营者将难以持续经营,最终会抑制轨道交通的发展。

从宏观角度,轨道交通的公益性质明显、社会效益显著,城市的社会经济发展、市民的生活质量提升,均受益于轨道交通的发展。这也是世界各地依然纷纷修建轨道交通线路,以及各国政府给予轨道交通政策扶持的主要原因。将轨道交通产生的社会效益,如沿线土地增值的政府收益,以政策扶持的形式返回给投资者、运营者,可吸引较多的投资者进入轨道交通领域,从而实现轨道交通发展与社会经济发展的良性互动。

轨道交通的社会效益是指轨道交通给运营企业以外的整个社会带来的经济效益。从时间的角度,轨道交通的社会效益可以分为短期效益和长期效益。这样划分,主要是强调有的社会效益能在运营初期就产生;而有的社会效益则需要在运营若干年后才能产生。从能否定量计算的角度,轨道交通的社会效益可以分为有形效益和无形效益。有形效益是指可以用货币计量的社会效益,而无形效益是指难以用货币计量的社会效益。

轨道交通的社会效益可以概述如下:

(1)节约出行时间:轨道交通可以节约乘客出行时间,而乘客则可利用节约的时间去从事社会生产和其他的社会、个人活动,产生社会效益。

(2)减轻交通疲劳:在拥挤、不舒适条件下长时间乘车会引起人体机能下降,产生交通疲劳。对通勤人员,交通疲劳会使劳动生产率下降。而轨道交通的舒适、快速,有助于减轻交通疲劳。

(3) 减少公交支出：由于轨道交通分流了常规公交的客运量，常规公交的投资和运营费用相应减少，如公交车辆购置和车辆维修保养等。

(4) 缓解交通拥挤：交通拥挤既使行车速度降低、油耗增加和运营成本上升，也使乘客出行时间和出行成本增加。轨道交通出行的快速、舒适和安全，有利于吸引客流，从而减少地面交通的客流和车流。

(5) 减少交通事故：轨道交通以路权专用为主，发生事故的频率低于地面交通。此外，轨道交通对地面交通的分流，也使地面交通的安全情况有一定改善。

(6) 节约土地使用：中心城内，轨道交通线路常敷设在地下隧道或高架轨道上。即使是地面线路，就乘客人均占用土地面积而言，轨道交通也是各种城市客运交通方式中最少的。

(7) 促进经济发展：轨道交通能使沿线土地增值，带动车站周围地区商业发展，给相关产业带来商业机会，从而增加就业和税收，促进经济发展。

(8) 降低能源消耗：从能耗的角度，轨道交通采用电力牵引，并在人公里能耗上是各种城市客运交通方式中最低的。

(9) 减轻环境污染：轨道交通是环境友好型的城市客运交通方式，与道路交通相比，无尾气排放、噪声影响较小，环境污染治理费用降低。

(10) 引导城市合理布局：发展轨道交通对城市各区域功能的优化调整、居民住宅区的合理布局，以及卫星城镇的加快发展等都起到积极的促进作用。

2. 扶持政策的选择

扶持政策的类型：轨道交通的运营亏损可分为非经营性亏损和经营性亏损两种情形。政策扶持的目标是非经营性亏损，使运营企业能收支平衡、略有利润。

从成本承担的角度，轨道交通的投资、运营模式大体有下面两种。

(1) 承担运输成本模式：该投资、运营模式的特点是承担完全成本，轨道交通的投资、运营合一，轨道交通企业承担工程投资、贷款利息和运营费用。对经营亏损，政府给予财政补贴或给予某些特许经营权、使其能收支平衡。

(2) 承担运营成本模式：该投资、运营模式的特点是承担部分成本，轨道交通的投资、运营分开，轨道交通企业只对运营费用及追加投资、大修费用等自负盈亏，不承担折旧费用和贷款利息。在轨道交通发展、运营初期，政府通常给以一定的财政补贴。

由上面的分析可知，政府的政策扶持主要是财政补贴和给予特许经营权两方面：

(1) 财政补贴：财政补贴是国内外采用较多的政策扶持方式，财政补贴的具体措施包括：亏损全额补贴、税收优惠或减免、少提或不提折旧、贷款利息减免、贴息贷款和各种经营补贴等。

(2) 特许经营权：政府给予某些特许经营权，轨道交通企业借此获得利润，并补偿主业经营的成本或亏损。香港地铁通过政府给予的上盖物业开发权，从物业发展商处得到的利润占折旧前总利润的50%左右，为地铁盈利和线网建设打下了基础。

扶持政策的具体选择，取决于轨道交通的投资体制、地方政府的经济实力、经济发展的市场化程度，以及轨道交通沿线的开发现状等。但不管选择何种扶持政策，均应达到下面两方面效应。一是企业有内在动力去控制成本、增加收入；二是新的投资者能看到盈利前景、有兴趣参与投资。

## 参 考 文 献

[1] 保罗·萨缪尔森等著,萧琛等译.经济学(第十六版).北京:华夏出版社,1999
[2] 中华人民共和国铁道部.铁路运输企业成本费用管理核算规程.北京:中国铁道出版社,1998
[3] 广州市地下铁道总公司,广州市地下铁道设计研究院.广州地铁二号线设计总结.北京:科学出版社,2005
[4] 张国宝.城市轨道交通运输组织.北京:中国铁道出版社,2000
[5] 马健,艾阳.城市轨道交通的投资价值分析.城市轨道交通研究.2003(4):1~6
[6] 张国宝.地铁的票种、票制与售检票方式.交通与运输.1999(3):14~15
[7] 蔡顺利.地铁计程制票价方案研究.城市轨道交通研究.1999(2):48~52
[8] 何禹将.制定地铁票价的若干问题.城市轨道交通研究.2000(1):20~22
[9] 朱效洁.上海城市轨道交通的票价票制探讨.城市轨道交通研究.2003(4):23~26
[10] 北京城建设计研究总院.地铁设计规范(GB50157—2003).北京:中国计划出版社,2003
[11] 张国宝.加快城市轨道交通设备的国产化进程.城市轨道交通研究.2000(1):1~5
[12] 应名洪等.城市轨道交通网络化建设与运营.北京:中国铁道出版社,2007
[13] 张国宝.试论交通项目国民经济外部效益定量评价.综合运输.1996(12):11~14
[14] 陈云、王浣尘等.城市轨道交通建设的扶持政策与补贴方式研究.城市轨道交通研究.2005(1):13~17

# 附录　轨道交通常用缩略语英汉双解

| | | |
|---|---|---|
| ACB | axle counter block | 计轴区段 |
| ACR | area of control region | 控制区域 |
| ACS | access control system | 门禁系统 |
| AFC | automatic fare collection | 自动售检票 |
| AGT | automated guideway transit | 自动导向交通 |
| AMT | authorization for manual train | 人工列车授权 |
| AOA | area of authority | 授权区域 |
| AP | access point | 接入点 |
| AR | automatic reversal | 自动折返 |
| ARS | automatic route setting | 进路自动排列 |
| ATC | automatic train control | 列车自动控制 |
| ATO | automatic train operation | 列车自动驾驶 |
| ATP | automatic train protection | 列车自动防护 |
| ATPM | automatic train protection manual mode | ATP 防护人工驾驶 |
| ATR | automatic train regulation | 列车自动调整 |
| ATS | automatic train supervision | 列车自动监控 |
| ATT | automatic train tracking | 列车自动跟踪 |
| AVM | automatic vehicle monitoring | 车辆自动监控 |
| BAS | building automatic system | 环境与设备监控系统 |
| BOM | booking office machine | 人工售票机 |
| CBTC | communication based train control | 基于通信的列车控制 |
| CC | central computer | 中央计算机 |
| CCO | central control operator | 控制中心调度员 |
| CCR | central control room | 中央控制室 |
| CCTV | closed circuit television | 闭路电视 |
| CLOW | center local operation workstation | 中央联锁工作站 |
| COCC | comprehensive operation coordination center | （网络）运营协调中心 |
| CoMET | Community of Metros | 国际地铁协会 |
| CSC | contactless smart card | 非接触式智能卡 |
| CTC | centralized traffic control | 调度集中 |
| CVM | card vending machine | 自动加值机 |
| DCC | depot control center | 车辆段控制中心 |

| 缩略语 | 英文 | 中文 |
|---|---|---|
| DCS | data communication system | 数据通信系统 |
| DMC | depot maintenance controller | 车辆检修调度员 |
| E/S | encoder/sorter | 编码/分拣机 |
| EB | emergency brake | 紧急制动 |
| ECS | environment control system | 环控系统 |
| EFO | excess fare office machine | 人工补票机 |
| EMCS | electrical and mechanical control system | 机电设备监控系统 |
| ENG | entry gate | 进站检票机 |
| ESB | emergence stop button | 紧急停车按钮 |
| ETC | emergency treatment center | （网络）应急指挥中心 |
| EXG | exit gate | 出站检票机 |
| FAS | fire alarm system | 火灾报警系统 |
| FSB | full service brake | 全常用制动 |
| IC | integrated circuit | 集成电路（卡） |
| ISCS | integrated supervisory control system | 综合监控系统 |
| LCO | local control operator | 车站值班员 |
| LMA | limit of movement authority | 移动授权限制 |
| LOW | local operation workstation | 联锁工作站 |
| LRT | light rail transit | 轻轨交通 |
| LRV | light rail vehicle | 轻轨车辆 |
| M | motor car | 动车 |
| MAU | movement authority unit | 移动授权单元 |
| MCBF | mean cycles between failures | 平均无故障次数 |
| MMI | man machine interface | 人机界面 |
| Mp | motor car with pantograph | 带受电弓动车 |
| MRU | mobile radio unit | 移动无线单元 |
| MTBF | mean time between failures | 平均无故障时间 |
| MTTR | mean time to repair | 平均故障修复时间 |
| NCO | non communicating obstruction | 非通信障碍物 |
| NCT | non communicating train | 非通信列车 |
| OBRU | on-board radio unit | 车载无线单元 |
| OCC | operation control center | （线路）运营控制中心 |
| PA | public address | 公共广播 |
| PIS | passenger information system | 乘客信息系统 |
| PM | people mover | 专线型中运量自动导向交通 |
| PMI | | 计算机联锁 |
| PRT | personal rapid transit | 网络型小运量自动导向交通 |
| PSD | platform screen door | 站台屏蔽门 |
| RM | restricted manual | 限速人工驾驶 |

| | | |
|---|---|---|
| RMF | restricted manual forward | 限制人工向前 |
| RMR | restricted manual reverse | 限制人工向后 |
| RRT | rapid rail transit | 快速轨道交通 |
| SC | station computer | 车站计算机 |
| SCADA | supervision control and data acquisition | 电力监控系统 |
| SD | security device | 安全单元 |
| SM | supervised manual | ATP防护人工驾驶 |
| SOD | service oriented development | 服务引导开发 |
| SRS | schedule regulation sub system | 时刻表调整子系统 |
| T | trailer | 拖车 |
| $T_c$ | trailer with cab | 带司机室拖车 |
| TCM | ticket checking machine | 自动验票机 |
| TMIS | train management information system | 列车信息管理系统 |
| TO | train operator | 列车司机 |
| TOD | train operator display | 列车司机显示器 |
| TOD | transit oriented development | 交通引导开发 |
| TSR | temporary speed restriction | 临时限速 |
| TVM | ticket vending machine | 自动售票机 |
| TZ | transition zone | 转换区域 |
| UMT | urban mass transit | 城市大运量交通 |
| URM | unrestricted manual | ATP切除人工驾驶 |
| URT | urban rail transit | 城市轨道交通 |
| VOBC | vehicle on-board controller | 车载控制器 |
| WM | wash mode | 洗车模式 |
| WRU | wayside radio unit | 轨旁无线单元 |
| WSP | wayside signalling protection | 轨旁信号保护 |
| ZC | zone controller | 区域控制器 |